Scholz/Glade   Betreuungsrecht

Anwalt Skript

Betreuungsrecht

Von RiAG Martin Scholz
und
Rechtsanwalt und Dipl.-Betriebsw. August Glade, München

DeutscherAnwaltVerlag

Die Deutsche Bibliothek – CIP-Einheitsaufnahme

Betreuungsrecht [Medienkombination] / von Martin Scholz und August Glade. – Bonn: Dt. Anwaltverl.
   (Anwaltskript)
   ISBN 3-8240-0302-3

Buch. 1999
CD-ROM. 1999

Copyright 1999 by Deutscher Anwaltverlag, Bonn
Satz und Druck: Richarz Publikations-Service GmbH, St. Augustin
ISBN: 3-8240-0302-3

Vorwort

Das vorliegende Werk ist eines aus der Praxis, für Praktiker aller Berufsgruppen geschrieben. Es will kein Lehrbuch sein mit entsprechend hohem Abstraktionsgrad, sondern die im Alltag häufig auftretenden Probleme ansprechen, praxisorientierte Lösungsmöglichkeiten aufzeigen und Denkanstöße bieten; die Lösungshinweise geben manchmal auch nur die persönlichen Ansichten der Verfasser zu dem jeweiligen Problem wieder. Aus diesem Blickwinkel wird das gesamte Betreuungsrecht dargestellt, wobei die Änderungen der Novelle, die zum 1.1.1999 in Kraft trat, vollständig miteingearbeitet wurden; soweit in der Praxis Berührungspunkte mit der bis 1998 geltenden Gesetzeslage auftauchen (z. B. Vergütungsfragen), wird zusätzlich die bisherige Praxis dargestellt.

Die vorgestellten Fälle sind stets solche aus der Praxis, gerade auch die, die beim ersten Lesen »erfunden« wirken.

Die Rechtsprechung ist bis November 1998 berücksichtigt.

Breitenbrunn, München im November 1998

Inhaltsverzeichnis

Musterverzeichnis	13
§ 1 Einleitung	**15**
A. Das Betreuungsgesetz (BtG)	15
B. Die praktische Arbeit mit den Gesetzesnormen	15
C. Übergangsfälle	16
D. Regelungsbereiche im Betreuungs- und Unterbringungsrecht	17
I. Materielles Recht	17
II. Verfahrensrecht	17
§ 2 Übersicht über die Krankheitsbilder	**19**
A. Der Krankheitsbegriff in §§ 1896 ff. BGB und im BayUG	19
B. Medizinische Übersicht	20
I. Demenz	20
II. Psychosen	21
III. Suchterkrankungen	22
IV. Geistige Behinderungen	23
V. Literatur	23
C. Die Auswahl des medizinischen Sachverständigen	23
D. Sachverständige aus nichtmedizinischen Bereichen	28
§ 3 Die weiteren Beteiligten im Betreuungs- und Unterbringungsverfahren	**29**
A. Der Betroffene	29
B. Der »Antragsteller«	30
C. Der Verfahrenspfleger	31
D. Die Betreuungsstelle	36
E. Das Vormundschaftsgericht	36
F. Der Betreuer	36
G. Die Angehörigen i. w. S.	36
§ 4 Das gerichtliche Verfahren im Betreuungs- und Unterbringungsrecht	**37**
A. Die Errichtung einer Betreuung	37
B. Die materiellen Voraussetzungen einer Betreuungseinrichtung nach § 1896 BGB	49

	I. Person des Betroffenen	49
	II. Psychische Krankheit/körperliche, geistige oder seelische Behinderung und Feststellung derselben	49
	III. Unfähigkeit zur Besorgung seiner Angelegenheiten (ganz oder teilweise) durch den Betroffenen infolge seiner Krankheit	50
	IV. Erforderlichkeit der Betreuung, § 1896 II BGB	51
	1. Vorhandene Vollmacht	51
	2. Vorhandensein anderer Hilfen	54
	3. Fall des § 16 VwVfG (Vertreter von Amts wegen)	54
C.	Die Erweiterung der Betreuung – der Einwilligungsvorbehalt – die Eilentscheidung	55
	I. Die Erweiterung der Betreuung	55
	1. Wesentliche Erweiterung der Aufgabenkreise der Betreuung	55
	2. Unwesentliche Erweiterung der Aufgabenkreise	55
	II. Die Eilentscheidung	55
	III. Der Einwilligungsvorbehalt	56
	IV. Anordnung eines Einwilligungsvorbehalts im Eilverfahren	58
D.	Die Verlängerung der Betreuung	64
E.	Betreuerauswahl – Betreuerwechsel aus wichtigem Grund – Entlassung – Tod des Betreuers	66
	I. Die Betreuerauswahl	66
	II. Die Betreuerentlassung gemäß § 1837 BGB, der Betreuerwechsel, Tod des Betreuers	73
	1. Die Entlassung des Betreuers	73
	2. Wahrnehmung der Aufsicht durch das Vormundschaftsgericht (zugleich Lösung 10)	75
	3. Betreuerwechsel	76
	a) Verfahren	76
	b) Materielle Voraussetzungen	77
	4. Tod des Betreuers	79
F.	Aufhebung und Einschränkung der Betreuung	80
G.	Überprüfung der Betreuung	82
H.	Unterbringung	82
	I. Übersicht	82
	II. Die einstweilige Unterbringungsanordnung	83
	III. Die endgültige Unterbringungsanordnung	98
	IV. Unterbringungsähnliche Maßnahmen	102
	V. Verlängerung dieser Maßnahmen	109
J.	Mitteilung von Entscheidungen – Akteneinsichtsrecht	109

§ 5 Alternativen zur Einrichtung einer Betreuung – Beratung in der anwaltlichen Praxis — 111
- A. Anwaltliche Beratung bei der Vorsorgevollmacht — 111
- B. Muster: Vorsorgevertrag/Vorsorgevollmacht — 114
- C. Zur Betreuungsverfügung — 116

§ 6 Führung der Betreuung — 117
- A. Rechtliche Stellung des Betreuers im Verhältnis zum Betreuten — 117
  - I. Die Novelle — 117
  - II. Der Betreuer als gesetzlicher Vertreter — 118
  - III. Die Beschränkung der gesetzlichen Vertretung — 119
  - IV. Übertragung der Vollmacht — 119
  - V. Verpflichtung des Betreuers; Betreuerausweis — 120
  - VI. Die Haftung des Betreuers — 120
- B. Genehmigungsbedürftige Rechtsgeschäfte — 123
  - I. Fälle der Sterilisationsgenehmigung nach § 1905 BGB — 123
  - II. Maßnahmen nach § 1906 BGB — 124
  - III. Ärztliche Maßnahmen — 124
    1. Übersicht — 124
    2. Checkliste: Genehmigung von gefährlichen medizinischen Eingriffen gemäß § 1904 BGB — 125
  - IV. Wohnungsaufgabe, § 1907 BGB — 132
  - V. Sonstige rechtsgeschäftliche Genehmigungen, insb. im Vermögensbereich — 133
    1. Weitere Verträge nach § 1907 III BGB — 133
    2. Grundstücksgeschäfte — 134
    3. Verfügung über Giro- und andere Konten — 137
    4. Anlegung von Betreutengeld — 142
    5. Prozesse gegen Verwandtschaft — 143
    6. Schenkungen nach §§ 1908 i II, 1804 BGB in Abgrenzung zu § 1908 i. V. m. § 1624 BGB — 143
    7. Sonstige Geschäfte nach §§ 1908 i I i. V. m. 1822 1–4, 6–13 BGB — 143
    8. Familienrechtliche Genehmigungsvorbehalte — 144
- C. Rechnungslegungspflichten ggü. dem Gericht — 144
- D. Die sonstige Überwachung des Betreuers durch das Gericht — 147
- E. Fortführung der Geschäfte nach Aufhebung der Betreuung bzw. Tod des Betroffenen — 147
  - I. Pflichten des Betreuers — 148
  - II. Verbliebene Befugnisse beim Betreuer beim Tod des Betroffenen — 148
- F. Weitere typische Sachverhalte — 149

§ 7 Vergütungsfragen ... 151

- A. Die »Bezahlung« des (anwaltlichen) Betreuers nach bisherigem Recht ... 151
  - I. Aufwendungsersatz nach § 1835 BGB ... 152
  - II. Die Vergütung nach § 1836 BGB aF. ... 152
  - III. Der Aufwendungsersatz ... 164
- B. Vergütung und Aufwendungsersatz des (anwaltlichen) Betreuers nach neuem Recht ... 165
  - I. Die Vergütung des Betreuers bei mittellosen Betroffenen ... 165
  - II. Die Vergütung des Betreuers bei vermögenden Betroffenen ... 172
  - III. Der Aufwendungsersatz ... 175
  - IV. Übergangsfälle ... 176
  - V. Das neue Festsetzungsverfahren ... 176
  - VI. Der Regreßanspruch der Staatskasse ... 180
- C. Die Vergütung des Verfahrenspflegers ... 180
  - I. Die Vergütung des Verfahrenspflegers nach altem Recht ... 180
  - II. Zur Bezahlung des Verfahrenspflegers nach der Novelle ab 1. 1. 1999 ... 185

§ 8 Meldepflicht des § 1908 k BGB ... 189

§ 9 Führung der Betreuung in der Praxis ... 191

- A. Einstieg ... 191
  - I. Wichtige Informationen ... 191
  - II. Informationsbeschaffung ... 193
    1. Muster: Fragebogen persönliche Daten ... 194
    2. Muster: Fragebogen wirtschaftliche Daten ... 195
    3. Muster: Adressliste von Kontaktpersonen ... 196
    4. Muster: Mitteilung der Betreuung ... 197
    5. Muster: Aufforderung zur Auskunfterteilung an Bank ... 197
    6. Muster: Aufforderung zur Auskunfterteilung an Krankenkassen/Krankenversicherungen ... 198
    7. Muster: Aufforderung zur Auskunfterteilung an Leistungsträger (wie z.B. Rententräger, Sozialamt usw.) ... 199
    8. Muster: Anforderung eines Grundbuchauszuges beim Grundbuchamt ... 200
    9. Muster: Auskunft über Einheitswert beim Finanzamt ... 200
    10. Muster: Aufforderung zur Auskunfterteilung an Brandversicherung ... 201
    11. Muster: Aufforderung zur Auskunfterteilung an Versicherungen ... 201
    12. Muster: Aufforderung zur Auskunfterteilung an Lebensversicherungen ... 202

	13. Muster: Aufforderung zur Auskunfterteilung an Bausparkassen	203
	14. Muster: Aufforderung zur Auskunfterteilung an Finanzamt	203
	15. Muster: Aufforderung zur Auskunfterteilung an behandelnden Arzt	204
	16. Muster: Nachweis der Betreuereigenschaft	205
III.	Dringende Maßnahmen	206
IV.	Weitere Maßnahmen	210
	1. Beantragung von Leistungen etc.	210
	2. Muster: Checkliste zur Überprüfung von Leistungen etc.	211
	3. Sonstige Maßnahmen	211
B.	Typische Sachverhalte	212
I.	Aufgabenkreise – Befugnis und Beschränkung zugleich	212
	1. Grundlagen	212
	2. Muster: Einrichtung eines Dauerauftrages	217
	3. Muster: Lastschriftermächtigung	217
II.	Wohnungsauflösung	224
	1. Maßnahmen des Betreuers	224
	2. Muster: Checkliste Wohnungsauflösung	227
	3. Muster: Abmeldung von Strom/Gas/Wasser bei den jeweiligen Versorgungsunternehmen	228
	4. Muster: Kündigung des Fernsprechanschlusses bei dem jeweiligen Fernmeldeamt	229
	5. Muster: Abmeldung von Radio und TV bei der GEZ	229
	6. Muster: An-/Ab-/Ummeldung beim Einwohnermeldeamt	230
	7. Muster: Auftrag an Versteigerungshaus	231
	8. Muster: Antrag auf Ausstellung einer Ersatzlohnsteuerkarte	232
III.	Unterbringung zu Hause	232
IV.	Gesellschaftliche Ereignisse	236
V.	Unternehmensfortführung	241
VI.	Verkauf einer Immobilie	243
VII.	Die Pflichten des Betreuers nach der Abgabenordnung	247
VIII.	Ehescheidung	254
IX.	Altenteil/Leibgeding	256
X.	Ablösung	260
XI.	Das Ende einer Betreuung	263
Literaturverzeichnis		269
Stichwortverzeichnis		271
Rechtsprechungsverzeichnis		279
Benutzerhinweise zur CD-ROM		285

Musterverzeichnis

M 1	Vorsorgevertrag / Vorsorgevollmacht	114
M 2	Fragebogen persönliche Daten	189
M 3	Fragebogen wirtschaftliche Daten	195
M 4	Adressliste von Kontaktpersonen	196
M 5	Mitteilung der Betreuung	197
M 6	Aufforderung zur Auskunfterteilung an Bank	197
M 7	Aufforderung zur Auskunfterteilung an Krankenkassen / Krankenversicherungen	198
M 8	Aufforderung zur Auskunfterteilung an Leistungsträger (wie z.B. Rententräger, Sozialamt usw.)	199
M 9	Anforderung eines Grundbuchauszuges beim Grundbuchamt	200
M 10	Auskunft über Einheitswert beim Finanzamt	200
M 11	Aufforderung zur Auskunfterteilung an Brandversicherung	201
M 12	Aufforderung zur Auskunfterteilung an Versicherungen	201
M 13	Aufforderung zur Auskunfterteilung an Lebensversicherungen	202
M 14	Aufforderung zur Auskunfterteilung an Bausparkassen	203
M 15	Aufforderung zur Auskunfterteilung an Finanzamt	203
M 16	Aufforderung zur Auskunfterteilung an behandelnden Arzt	204
M 17	Nachweis der Betreuereigenschaft	205
M 18	Checkliste zur Überprüfung von Leistungen etc.	211
M 19	Einrichtung eines Dauerauftrages	217
M 20	Lastschriftermächtigung	217
M 21	Checkliste Wohnungsauflösung	227
M 22	Abmeldung von Strom / Gas / Wasser bei den jeweiligen Versorgungsunternehmen	228
M 23	Kündigung des Fernsprechanschlusses bei dem jeweiligen Fernmeldeamt	229
M 24	Abmeldung von Radio und TV bei der GEZ	229
M 25	An-/Ab-/Ummeldung beim Einwohnermeldeamt	230
M 26	Auftrag an Versteigerungshaus	231
M 27	Antrag auf Ausstellung einer Ersatzlohnsteuerkarte	232

§ 1 Einleitung

A. Das Betreuungsgesetz (BtG)

Das Betreuungsgesetz (BtG) wurde 1990 verabschiedet mit Wirkung ab dem 1.1.1992. Es ersetzt seither die Vormundschaft über Volljährige (§§ 1896–1908 a BGB aF) sowie die Gebrechlichkeitspflegschaft (§ 1910 BGB aF). Mit dem BtG sollte die Entmündigung Volljähriger abgeschafft werden, den Begriff gibt es nun nicht mehr. Zu berücksichtigen ist jedoch, daß viele Betroffene sich weiterhin »entmündigt« fühlen, zumal dieser Begriff ja auch weit über den juristischen Sprachgebrauch hinaus Verwendung gefunden hat. Im übrigen verliert nach § 13 BWahlG, Art. 2 BayLWahlG derjenige das Wahlrecht, der eine Betreuung in allen Angelegenheiten erhält;

   vgl. hierzu auch Zimmermann, Das Wahlrecht des Betreuten, FamRZ 1996, 79 ff.

Gleichzeitig geändert wurde ferner das **Verfahrensrecht**, welches im wesentlichen im Gesetz über die Angelegenheiten der freiwilligen Gerichtsbarkeit (FGG) konzentriert wurde; das FGG beinhaltet nunmehr auch wesentliche Verfahrensvorschriften im Bereich des öffentlich-rechtlichen Unterbringungsrechts, welches materiell jedoch weitgehend als Ländersache (= Sicherheitsrecht, Art. 70 GG) geregelt ist. Dem Bund steht zur Regelung des Verfahrensrechts jedoch die konkurrierende Gesetzgebungskompetenz nach Art. 74 I Nr. 1 GG zu.

Die Novelle, die weitgehend zum 1.1.1999 in Kraft tritt, enthält keine »Komplettrenovierung« des Betreuungsrechts; allenfalls für den Bereich des **Vergütungsrechts** läßt sich dies feststellen, wobei dieser Bereich offensichtlich von den Haushaltsinteressen der Bundesländer bestimmt wurde. Ansonsten finden sich etliche Detailneuerungen, von denen die wichtigsten die Präzisierungen zur Vorsorgevollmacht betreffen, sowie geringfügige Erleichterungen im Verfahrensrecht. Der Gesetzgeber »drohte« bereits mit einer neuen Novelle, vgl. hierzu das Schlußwort.

B. Die praktische Arbeit mit den Gesetzesnormen

Die praktische Arbeit mit den Gesetzesnormen wird erheblich erschwert 2 durch

- unzählige »Buchstabenparagraphen«,
- viele Querverweisungen.

Die Verweisungen im materiellen Teil des Betreuungsrechts kulminieren in § 1908 i BGB, der eine Vielzahl von Vorschriften des Vormundschaftsrechts über Minderjährige für anwendbar erklärt. Die praktische Erfahrung lehrt, daß gerade diese Querverweisungen hinsichtlich der Folgenormen weitgehend unbekannt sind. Diese Vorschriften sind für den Betreuer jedoch wichtig, da sie die **praktische Führung der Betreuung** regeln.

C. Übergangsfälle

3 Mit Inkrafttreten des BtG am 1.1.1992 lagen mehrere hunderttausend Vormundschaften und Gebrechlichkeitspflegschaften vor. Gemäß Art. 9, § 1 I BtG wurden diese in Betreuungen umgewandelt, die jedoch von Amts wegen gemäß Art. 9, § 2 BtG binnen 10 Jahren, also bis Ende 2001 zu überprüfen sind; war die Vormundschaft oder Pflegschaft vor dem 1.1.1992 bereits 10 Jahre oder länger angeordnet, mußte die Überprüfung bis zum 31.12.1996 abgeschlossen sein.

Welche Folge eintritt, wenn diese Überprüfungsfristen nicht eingehalten werden, hat – soweit ersichtlich – in der Literatur noch keinen Niederschlag gefunden, wahrscheinlich auch deshalb, weil die erste Frist erst 1996 abgelaufen ist. U.E. hat das Verstreichen der Frist jedoch – ähnlich wie bei der Frage der Überprüfung einer Betreuung nach Ablauf der in § 69 I Nr. 5 FGG genannten Frist – keine materiell-rechtlichen Auswirkungen. Die Betreuung bleibt bestehen bis zur Aufhebung,

> MüKo-Schwab § 1896 BGB Rn 12.

z.B. Wie sinnvoll diese Überprüfungen sind, zeigt das folgende

> *Beispiel:*
> Im Jahre 1942 ordnete das AG Karlsbad (!) die Vormundschaft über die angeblich debile Frau M an und gab ihr den Verwandten X als Vormund. In den Kriegswirren verloren sich zunächst einmal beide für mehrere Jahre aus den Augen, obwohl es beide in den Münchner Raum verschlug. Frau M führte ein völlig unbehelligtes Leben, übte einen Beruf aus, eröffnete Bankkonten, über die sie auch verfügte und ging Anfang der 80er Jahre in Rente. Trotz Kriegswirren waren ihre Akten jedoch irgendwann beim zuständigen AG München gelandet. Die Überprüfung erfolgte beim zuständigen Richter zunächst durch ein persönliches Gespräch mit (nach neuer Terminologie) der Betroffenen und dem Betreuer, was zur alsbaldigen Aufhebung der Betreuung für Frau M führte, jedoch zur Einleitung eines Betreuungsverfahrens für ihren mittlerweile völlig dementen ehemaligen Vormund X.

Im Gebiet der ehemaligen DDR gilt weitgehend das gleiche Recht, Art. 233 § 14 EGBGB,

> Palandt-Diederichsen § 1896 BGB Rn 1.

Obwohl das BtG **vor** der Wiedervereinigung am 3.10.1990 verabschiedet, aber erst danach in Kraft gesetzt wurde, war es – wie sich aus dem Einigungsvertrag Anlage I Kap. III Sachgebiet A Abschnitt III Nr. 13 a (»Für das gerichtliche Verfahren über Unterbringungsmaßnahmen sind die Vorschriften des Betreuungsgesetzes vom 12. September 1990 [BGBl. I S. 2002] anzuwenden«, übrigens mit dem interessanten Ergebnis, daß im Gebiet der ehemaligen DDR Teile des neuen Rechts früher galten als im übrigen Bundesgebiet!) ergibt –, Ziel der Vertragsparteien, es auch in der ehemaligen DDR zur Anwendung zu bringen.

D. Regelungsbereiche im Betreuungs- und Unterbringungsrecht

I. Materielles Recht

Materiell sind wie folgt geregelt:

- **Das Betreuungsrecht** in §§ 1896–1908 i BGB; die letzte Norm verweist jedoch auf eine Vielzahl von Vorschriften aus dem Bereich der Vormundschaft über Minderjährige ab §§ 1784 ff. BGB und sogar auf eine Norm des Familienrechts (§ 1632 I – III BGB). **4**

- **Beim Unterbringungsrecht** muß unterschieden werden zwischen folgenden Bereichen, wobei hier nur die ersten beiden behandelt werden:

  - **Unterbringung oder unterbringungsähnliche Maßnahmen auf Veranlassung eines Betreuers oder des Bevollmächtigten oder an dessen Stelle des Vormundschaftsgerichts, § 1906 BGB.** Mit unterbringungsähnlichen Maßnahmen sind z.B. Bettgitter, Bauchgurte etc. gemeint (s. unten und § 1906 IV BGB).

  - **Öffentlich-rechtliche Unterbringung** aufgrund landesgesetzlicher Normen, z.B. in Bayern aufgrund des Gesetzes über die Unterbringung psychisch Kranker und deren Betreuung (BayUG).

  Zur Unterscheidung: Die sog. zivilrechtliche Unterbringung erfolgt ausschließlich »zum Wohl des Betreuten«, die sog. öffentlich-rechtliche Unterbringung erfolgt grundsätzlich, um Gefahr für andere im Rahmen der öffentlichen Sicherheit und Ordnung abzuwenden, vgl. Art. 1 I BayUG.

  Abgrenzungsfall: Alte Dame im Altenheim, die nachts umherirrt und sich auf andere Bewohner in deren Betten setzt (wobei es hierbei leider schon zu Todesfällen kam!).

  - Strafrechtliche Unterbringung **gemäß §§ 63 ff. StGB bzw. vorläufig anstelle der Untersuchungshaft gemäß § 126 a StPO.**

II. Verfahrensrecht

Verfahrensrechtlich ist v.a. das FGG von Bedeutung, jedoch existieren auch entsprechende Regelungen im BGB; für bundesgesetzlich geregelte öffentlich-rechtliche Unterbringungsmaßnahmen z.B. nach dem Ausländerrecht regelt ferner das Gesetz über das gerichtliche Verfahren bei Freiheitsentziehungen (FreihEntzG, Sartorius Nr. 617) den entsprechenden Ablauf.

§ 2 Übersicht über die Krankheitsbilder

Bei allen Rechtsnormen sollte man die Menschen, für die sie geschaffen wurden, nicht vergessen – kranke und deshalb hilfsbedürftige Menschen.

Da Krankheit im bestimmten Umfang auch regelmäßig ein **Tatbestandsmerkmal** ist, sowohl bei den Normen über die Einrichtung einer Betreuung als auch bei den hier zu erörternden Unterbringungsmaßnahmen, sollen häufige Krankheitsbilder vorab in einer groben Übersicht dargestellt werden; hervorgehoben sei ausdrücklich, daß diese Übersicht weder den Anspruch der Vollständigkeit noch gar der medizinischen Genauigkeit erhebt;

> vgl. hierfür z.B. die Darstellung bei Schmidt/Böcker, Betreuungsrecht, 2. Auflage 1993; oder aber Baer, Psychiatrie für Juristen, 1988.

Es ist die subjektive Sicht der Verfasser auf die Alltagsarbeit, was jedoch dem medizinisch nicht Vorgebildeten den Einstieg vielleicht erleichtert.

A. Der Krankheitsbegriff in §§ 1896 ff. BGB und im BayUG

§ 1896 I BGB fordert für die Einrichtung einer Betreuung die Feststellung einer **1** »psychischen Krankheit« oder einer »körperlichen, geistigen oder seelischen Behinderung«; das Unterbringungsgesetz handelt von Personen, die »psychisch krank oder infolge Geistesschwäche oder Sucht psychisch gestört« sind.

Der Gesetzgeber hat für den Bereich der Betreuung dies in der amtlichen Begründung,

> BT-Drucksache 11/4528, S. 115 ff.,

näher konkretisiert und statt der früher verwandten Begriffe der Geisteskrankheit und -schwäche auf diese verzichtet, sich vielmehr dem aktuellen medizinischen Sprachgebrauch angenähert. Unter den Begriff der **psychischen Erkrankungen** fallen daher:
- endogene Psychosen (körperlich nicht begründbar)
- seelische Störungen, insb. exogene Psychosen und Demenzen (körperlich begründbar)
- Suchterkrankungen
- Persönlichkeitsstörungen (Neurosen und Psychopathien)

Seelische Behinderungen sind die **bleibenden** psychischen Beeinträchtigungen in Teilbereichen der Hirnleistung infolge einer psychischen Krankheit,

> Schmidt/Böcker Rn 7: Erfaßt die dauernde Beeinträchtigung die gesamte Hirntätigkeit, liegt gleichzeitig auch eine psychische Krankheit vor,

während mit der geistigen Behinderung v.a. der Bereich der angeborenen oder erworbenen Intelligenzdefekte erfaßt werden soll.

Bei den körperlichen Behinderungen (Blindheit, Lähmungen u.v.a.) ist zu beachten, daß diese häufig Ursache für auch psychische Erkrankungen oder geistige Behinderungen sind, was verfahrensrechtlich von Belang ist. So kann Folge einer nichtadäquaten Förderung im Kindesalter häufig ein Zurückbleiben in der geistigen Reifung sein; in solchen Fällen sollte die Dauer der Überprüfungsfrist der Betreuung nach § 69 I Nr. 5 FGG besonders sorgfältig festgestellt werden.

Die Schwere der Erkrankung spielt bei ihrer Feststellung keine Rolle, sondern erst bei weiteren Tatbestandsmerkmalen, insbesondere bei der Erforderlichkeitsprüfung in § 1896 II BGB, s. dazu unten.

2 Im **Bereich der öffentlich-rechtlichen Unterbringung** z.B. nach BayUG ist zu beachten, daß der Krankheitsbegriff im Sicherheitsrecht weiter gefaßt ist. Während der Begriff »psychische Krankheit« in § 1896 BGB an die Krankheitsheitsbilder der Psychiatrie anlehnt,

> MüKo-Schwab § 1896 BGB Rn 8,

geht der gleiche Begriff in Art. 1 BayUG weiter, der »alle Arten geistiger Abnormität erfaßt«,

> Zimmermann Art. 1 BayUG Rn 2;

eine Einschränkung erfolgt hier jedoch durch den weiteren Gesetzestext, s. unten.

B. Medizinische Übersicht

Aus Sicht der Alltagsarbeit kommen am häufigsten vor:
- Demenzen, insbesondere Altersdemenzen
- Psychosen einhergehend mit Wahnvorstellungen verschiedenster Art
- Suchterkrankungen
- Geistige Behinderungen

I. Demenz

3 Die **Demenz**, also die Erkrankung, mit der wir alle mit einem hohen Wahrscheinlichkeitsgrad – je älter, desto sicherer – rechnen müssen, gehört in die weite Gruppe der seelischen Störungen und beginnt vor dem 60. Lebensjahr schnell und heftig, sonst schleichend. Zunächst ist ein Verlust des Kurzzeitgedächtnisses, später des Langzeitgedächtnisses festzustellen. Im Endstadium liegt eine völlige Zerstörung der geistigen Tätigkeit vor, der Betroffene ist voll pflegebedürftig und stirbt schließlich an dieser chronischen, nicht heilbaren Erkrankung.

Die Demenz unterteilt sich in die sog. Multiinfarktdemenz, bei der sich die o.a. Symptome durch die additive Wirkung zahlreicher kleinerer Gefäßverschlüsse ergeben, und der wesentlich häufigeren Alzheimer-Erkrankung, die sich in einem massiven Nervenzellenabbau zeigt.

Zu beachten ist in der Praxis, daß v.a. in der ersten Phase den Betroffenen der Gedächtnisverlust bewußt ist, sie sich dessen schämen und es ihnen teilweise hervorragend gelingt, potemkinsche Dörfer der geistigen Funktionsfähigkeit aufzubauen, die manchmal erst nach längeren Anhörungen als solche zu erkennen sind.

In gleicher Weise sind insbesondere Alkoholkranke (Stichwort Korsakow-Syndrom) lange Zeit in der Lage, Normalität vorzuspiegeln. Auch bei ihnen sind die Symptome auf Dauer ähnlich denen der Demenzkranken.

II. Psychosen

Die **körperlich (derzeit) nicht begründbaren Psychosen** unterteilen sich in die 4 schizophrenen Krankheitsbilder und die affektiven Psychosen. Schon seit dem Altertum wurde ein Teilbereich der letzten Krankheitsform mit »Melancholie« bezeichnet, erfaßt werden heute v.a. die endogenen Depressionen und Manien, wobei beim gleichen Betroffenen häufig beide Erscheinungsformen im Wechsel auftreten.

In der depressiven Phase besteht eine hohe Suizidgefahr!

In der Manie besteht eine gehobene bis euphorische Stimmung (»Fliegen können«), Antriebssteigerung und Selbstüberschätzung. Als krankhaft sind häufig diese Symptome nicht ohne weiteres erkennbar; so ist den Verfassern eine Betreuung für einen Maniker bekannt, der sehr überzeugend millionenschwere Bauprojekte mit diversen Banken verhandelt (zuletzt Gründung einer Universität), wobei sich die beteiligten Geschäftspartner über Monate hinweg über die Irrealität der Ideen täuschten.

Kennzeichen der schizophrenen Krankheitsbilder sind v.a. Affektstörungen (Gleichgültigkeit, inadäquate Affektivität), formale Denkstörungen (Denkzerfahrenheit, Danebenreden), Wahnideen (Beziehungs-, Verfolgungswahn) als Auseinanderfallen der objektiven Gegebenheiten und der subjektiven Überzeugungen, Halluzinationen (Stimmenhören, Leibhalluzinationen) und Ich-Störungen (Gefühl der Gedankenbeeinflussung, Persönlichkeitsspaltung, körperliche Beeinflussungserlebnisse wie Bestrahlungen).

Auch hier ist eine erhöhte Suizidgefahr zu beachten; so führt Böcker,

<small>Schmidt/Böcker Rn 811,</small>

aus, daß sich ca. 5 % aller Schizophrenen im Verlauf der Erkrankung das Leben nehmen und Suizidversuche bei 13–25 % der Kranken beobachtet werden, wobei

bei dieser Krankheitsform im Gegensatz zu anderen Erkrankungen die Suizidversuche häufig völlig unvermittelt auftreten.

III. Suchterkrankungen

5 Die verschiedenen Suchttypen werden jedermann leidlich geläufig sein. Besonders zu beachten ist jedoch folgender rechtlicher Aspekt sowohl im Unterbringungs- als auch im Betreuungsverfahren: Von der Rechtsprechung wird Suchtverhalten **allein** zwar als Mangel, aber nicht als psychische Krankheit gewertet,

> BayObLG NJW 1990, 774 f.; a.A. MüKo-Schwab § 1896 BGB Rn 10 unter Berufung auf den RegE aaO. S. 116.

Sucht muß vielmehr die **Folge einer psychischen Erkrankung** sein oder umgekehrt bereits ein solches Ausmaß angenommen haben, daß wegen der damit verbundenen Symptome (beispielsweise erhebliche Gedächtnislücken wie bei Korsakow-Syndrom) die Schwelle einer psychischen Erkrankung erreicht wird.

Der Gesetzgeber hat daher auch in Art. 1 BayUG Handlungsmöglichkeiten in solchen Fällen nur bei Personen aufgezeigt, die »infolge Sucht psychisch gestört« sind. Sucht und Geisteskrankheit sind zu unterscheiden.

Dies führt zu dem Dilemma, daß man – vergröbert gesagt – beim Suchtkranken erst zuwarten muß, bis er in der Gosse gelandet ist, um ihn anschließend wieder herauszuziehen, wobei diverse Schäden dann schon irreversibel eingetreten sein können. Eine vorherige Hilfestellung zur Vermeidung des Absturzes ist nur in Akutphasen möglich, beispielsweise die Unterbringung und Fixierung eines deliranten Alkoholabhängigen während des körperlichen Entzugs oder zur Abwehr einer Gefahr für Dritte.

Beim Beklagen dieses Dilemmas sollte man sich allerdings auch vor Augen führen die Freiheit des einzelnen Menschen, sich selbst Schaden zufügen zu dürfen. Es gibt in vielfacher Hinsicht selbstschädigendes Verhalten. Nicht nur Eßverhalten, Tabak und Arbeitssucht, sondern auch tägliches Verhalten im Straßenverkehr könnten hierunter subsumiert werden. Würde man ein gewisses Maß an selbstschädigenden Verhaltensweisen nicht tolerieren, so wäre einer »aktiven Psychiatrie« und staatlicher Zwangsbeglückung Tür und Tor geöffnet. Wenn nun ein erwachsener, gesunder Mensch eine besonders effiziente Form der Selbstschädigung gefunden hat, kann ihm das grundsätzlich nicht verwehrt werden – so traurig dies im besonderen Einzelfall ist.

Dies sollte bei Suchtkranken jedoch nicht den Blick für Akutgefährdungen verschließen, die ein Handeln zumindest unter den Gesichtspunkten des öffentlich-rechtlichen Unterbringungsrechts im einzelnen erforderlich werden lassen. Das Entzugsdelir wurde schon angesprochen. Zu beachten ist auch, daß sich beim Abklingen der Rauschwirkung vieler Drogen schwerste Depressionen einstellen

können, die eine hohe Suizidgefahr mit sich bringen. In der öffentlichen Diskussion im übrigen (bewußt oder aus Dummheit) verharmlost und verschwiegen werden die drogeninduzierten Psychosen, auch und häufig nach dem Gebrauch von angeblich »weichen« Drogen wie Cannabis, ferner die Gefahr eines sog. »flashback« (sog. Nachhallpsychose ohne erneute Drogeneinnahme), unter dem 10–25 % der langjährigen Hasch-Konsumenten leiden sollen,
> Baer S. 122.

IV. Geistige Behinderungen

Es handelt sich hierbei zumeist um angeborene oder in früher Kindheit erworbene **Intelligenzstörungen** verschiedenen Ausmaßes. Hierbei ist im Einzelfall weniger die Erhebung des Krankheitsbildes schwierig als vielmehr – auf einer späteren Subsumtionsebene – die Frage, in welchen Bereichen der Betroffene überhaupt einer Hilfestellung bedarf und ob er dieser noch weiterhin bedarf. **6**

Man sollte dabei nicht übersehen, daß die Grenzen zwischen Behinderung und Normalität sehr fließend sein können, gerade auch abhängig davon, in welchem Umfeld der Betreffende lebt.

V. Literatur

Einen guten Überblick für Nichtmediziner über die diversen Erkrankungen, Symptome und Behandlungsmethoden verschafft das Buch von Schmidt/Böcker,
> Schmidt/Böcker, Betreuungsrecht, insb. Rn 551 ff.,

während das Werk von Baer,
> Baer, Psychiatrie für Juristen,

darunter leidet, daß es die sehr wechselvolle Entstehungsgeschichte der Erklärung diverser Krankheitsbilder ausführlich nachvollzieht und dadurch eine Übersicht für den Laien erschwert.

C. Die Auswahl des medizinischen Sachverständigen

§§ 68 b, 69 d II, III, 69 f, 69 i, 70 e, 70 i FGG enthalten Regeln zur Person und Qualifikation des Sachverständigen und bestimmen, in welchen Fällen die Einholung eines Gutachtens erforderlich ist, wann im übrigen ein sogenanntes »ärztliches Zeugnis« als ausreichend erachtet werden darf. Aus § 68 b I 2 FGG im Umkehrschluß ergibt sich, daß der Sachverständige mindestens auch Mediziner sein muß, der im übrigen im Unterbringungsverfahren zumindest Erfahrungen auf dem Gebiet der Psychiatrie haben muß, § 70 e I FGG. § 69 i FGG regelt Ausnahmen von diesen Grundsätzen. **7**

Fall 1:

Seit 1990 befindet sich der Betroffene B aufgrund einer schwersten geistigen Behinderung in einer geschlossenen Abteilung des Bezirkskrankenhauses. Zur Vorbereitung der 1997 fälligen Entscheidungen über die Verlängerung der Betreuung wie auch der Genehmigung der Unterbringung in der geschlossenen Abteilung eines Krankenhauses will das Gericht den derzeit behandelnden (dem Gericht nicht näher bekannten) Oberarzt im Bezirkskrankenhaus beauftragen. Welche Vorschriften sind zu beachten?

Lösung 1:

I. Im Bereich des FGG gilt zunächst **§ 12 FGG** und damit das sogenannte **Freibeweisverfahren**. Aus dieser Vorschrift ergibt sich daher keine Pflicht zur Einholung eines förmlichen Sachverständigengutachtens. Im übrigen ermöglicht auch § 15 FGG unter Verweis auf die entsprechenden ZPO-Vorschriften (§§ 402 ff. ZPO) die Einholung eines solchen.

II. Verlängerung der Betreuung

1. Gutachten/ärztliche Zeugnis

8   Über § 12 FGG hinausgehend fordern § 68 b FGG vor der Erstbestellung, § 69 i VI FGG vor der Verlängerungsentscheidung die Einholung eines Sachverständigengutachtens. § 68 b FGG stellt dazu in S. 4 weitere – über §§ 402 ff. ZPO hinausgehende – Anforderungen: Der Sachverständige hat den Betroffenen **persönlich** zu untersuchen und zu befragen. Im Gutachten sind nach § 68 b I 5 FGG Umfang der notwendigen Aufgabenkreise und Dauer der Betreuung anzugeben.

Allerdings läßt § 69 i VI 2 FGG bei der Entscheidung über die Verlängerung einer Betreuung auch die Vorlage eines medizinischen Attests ausreichen, wenn sich daraus und aus der persönlichen Anhörung des Betroffenen durch das Gericht ergibt, daß sich der Umfang der Betreuungsbedürftigkeit offensichtlich nicht verringert hat.

Nach § 69 i I 2 FGG könnte das Gericht ab dem 1.1.1999 von der Einholung eines Sachverständigengutachtens absehen, wenn ein solches bereits in den letzten sechs Monaten eingeholt worden war. Diese Vorschrift ist jedoch hier nicht anwendbar, da § 69 i I FGG ausschließlich von der Erweiterung der Aufgabenkreise handelt.

9   Der **Unterschied Gutachten – ärztliches Zeugnis/medizinisches Attest** liegt im Umfang: Das ärztliche Zeugnis sollte die für ein Gutachten notwendigen Gesichtspunkte beinhalten, allerdings genügt eine verkürzte Form.

Ein weiterer Unterschied besteht in der Art, wie es in das Verfahren eingeführt wird: Die Einholung des Sachverständigengutachtens und die Auswahl des Gutachters obliegt nach §§ 15 FGG, 404 ZPO dem Gericht, während das ärztliche

Zeugnis vom Betroffenen selbst oder auch einem anderen Verfahrensbeteiligten (Betreuer, Behörde oder Krankenhaus, welche die Betreuung anregen) vorgelegt werden kann, die damit auch die Auswahlmöglichkeit hinsichtlich des Ausstellers haben,

> Jürgens § 68 b FGG Rn 13.

So liegt es – die Betreuungsverlängerung isoliert betrachtet – hier nahe, den Betreuer um ein aktuelles ärztliches Zeugnis zu bitten. Von einem Betreuer, der Betreuungen im Umfang einer Berufsausübung führt, wird seitens der Gerichte **erwartet**, daß ein solches Zeugnis auch ohne besondere Anforderung vorgelegt wird.

Ein ärztliches Zeugnis genügt im Einzelfall übrigens auch bei:

- Einrichtung einer Betreuung durch einstweilige Anordnung nach § 69 f I Nr. 2 FGG
- Bestellung eines Betreuers auf ausdrücklichen Antrag des Betroffenen selbst, § 68 b I 2 FGG
- Einstweiliger Anordnung einer Unterbringungsmaßnahme nach §§ 70 h I 2, 69 f I FGG
- Anordnungen oder Verlängerungen sogenannter unterbringungsähnlicher Maßnahmen nach §§ 1906 IV BGB, 70 e I 3, 70 I 2 Nr. 2 FGG

2. Die Auswahl des Sachverständigen

Grundsätzlich hat das Gericht einen Sachverständigen persönlich zu beauftragen, §§ 15 FGG, 404 ZPO,

> Thomas/Putzo § 404 ZPO Rn 4 ff.

Wie sich aus § 1 II ZSEG ergibt, können jedoch auch Behörden zu Sachverständigenleistungen herangezogen werden. Jedoch ist strittig, inwieweit Kliniken Fachbehörden sind,

> zum Streitstand vgl. Thomas/Putzo § 404 ZPO Rn 7 und Kopp § 98 VwGO Rn 15,

so daß eine Bestellung des »jeweils behandelnden Oberarztes« nicht möglich wäre; dies würde vielmehr eine grds. unzulässige Auftragsübertragung i.S.v. § 407 a II ZPO darstellen, da die persönliche Verantwortung des vom Gericht bestellten Sachverständigen aufrechterhalten bleiben muß (zu denken ist ja auch an §§ 153 ff. StGB!). Nach Art. 25 BayKrhsG können Krankenhäuser der Gebietskörperschaften nur als Regie- oder Eigenbetriebe, als selbständige Kommunalunternehmen des öff. Rechts oder in einer Rechtsform des Privatrechts betrieben werden. Damit scheiden sie als Behörden i.S.v. Art. 1 II BayVwVfG aus.

Die Praxis lehnt sich eher an die Rechtsprechung des BVerwG an, wonach die Beauftragung der Klinikleitung mit der Ermächtigung zur Weitergabe an den behandelnden Arzt möglich ist,

> BVerwG NJW 1969, 1591 nach Thomas/Putzo § 404 ZPO Rn 7.

Vom Wortlaut des ZSEG wird dies wohl abgedeckt; zudem ist zu bedenken, daß bei Beauftragung des behandelnden Arztes eine Individualisierung stattgefunden hat und gerade keine selbständige Auftragsweitergabe durch den Sachverständigen erfolgt, sondern diese vom Gericht angeordnet ist.

U.E. ist diese Praxis auch vom Gesetz gedeckt, §§ 15 FGG, 360 S. 2 ZPO, wenn den Verfahrensbeteiligten dies bekannt gemacht wurde,

> BGH NJW 1985, 1399, 1400.

Hinsichtlich der Qualifikation eines Sachverständigen bestehen im Bereich des **Betreuungs**rechts keine gesonderten Vorschriften, so daß die Auswahl dem pflichtgemäßen Ermessen des Gerichts obliegt; so liegt es nahe, ggf. Fachärzte auf dem Gebiet der Psychiatrie oder Neurologie oder Ärzte mit einschlägiger Erfahrung auf diesem Gebiet auszuwählen. Dies ergibt sich aus der Art der festzustellenden Krankheit, die gemäß § 1896 BGB regelmäßig eine »psychische« sein wird,

> vgl. hierzu BayObLG FamRZ 1993, 351 ff. **[E1]**.

Bei Assistenz- oder Nichtfachärzten ist gemäß § 12 FGG die Sachkunde besonders festzustellen,

> Jürgens § 68 b FGG Rn 4; gleiches soll für Ärzte des höheren öffentlichen Gesundheitsdienstes der staatlichen Gesundheitsämter in Bayern gelten, BayObLG FamRZ 1997, 1565 f.

In der Praxis geschieht dies häufig durch die Feststellung der Dauer der Berufsausübung, wobei zwei Jahre als ausreichend angesehen werden können.

Nach h.M., z.B. Jürgens,

> Jürgens § 68 b FGG Rn 9,

soll die gerichtliche Anordnung der Einholung eines Sachverständigengutachtens sowie die Auswahl des Gutachters als Zwischenentscheidung nicht anfechtbar sein; diese Meinung erfaßt angesichts des Wortlauts von § 68 b III 2 FGG nicht den Fall der Befangenheit des Gutachters nach §§ 15 FGG, 406 V ZPO.

3. Zum Inhalt des Gutachtens

11 Dieses soll folgende Fragen beantworten:

- Welche Untersuchungsmethoden?
- Welche Krankheit / Behinderung?
- Welche darauf begründete Defizite?
- Heilungschancen?
- Freie Willensbestimmung des Betroffenen, wenn nein, wo?
- Aufgabenkreise für Betreuung?
- Dauer der Betreuung?
- Alternativen?
- Kann Gutachten Betroffenen bekanntgegeben werden oder sind hiervon gesundheitliche Nachteile zu besorgen?

Die Erfahrung lehrt, daß solche Gutachten nicht unbedingt in der Mehrzahl sind; häufig geben sich die Verfahrensbeteiligten zufrieden, wenn das Gutachten die strittigen oder zweifelhaften Punkte klärt;

> vgl. KG FamRZ 1995, 1379 ff; für Unterbringung BayObLG FamRZ 1995, 695 f; sehr vertiefend Nedopil, Klinik, Begutachtung und Behandlung zwischen Psychiatrie und Recht, 1996.

4. Vorführung zur Begutachtung und Unterbringung zur Beobachtung zwecks Gutachtenserstellung

Die Möglichkeit hierzu gibt § 68 III und IV FGG, wobei die Entscheidung zur zwangsweise Vorführung zur Untersuchung nicht anfechtbar ist, § 68 b III 2 FGG.

12

Umstritten ist, inwieweit eine Vorführung gemäß § 68 b III FGG erst dann erfolgen darf, wenn der Betroffene zuvor angehört worden ist und sich hierbei weigert, sich begutachten zu lassen,

> Bumiller/Winkler § 68 b FGG Nr. 3.

U.E. ergibt sich aus dem Umkehrschluß nach § 68 b IV 2 FGG, der fordert, daß bei einer Unterbringung zum Zweck der Gutachtenserstellung eine persönliche Anhörung des Betroffenen erfolgen muß, daß bei § 68 b III FGG lediglich der Amtsermittlungsgrundsatz nach § 12 FGG gilt: Ergibt sich aus den Erkenntnissen des Vormundschaftsgerichts, daß der Betroffene sich einer Begutachtung nicht unterziehen wird (z. B. aus früheren Verfahren oder aus den nunmehr bekannten Symtomen von Wahnideen o.ä.), darf eine Vorführung nach § 68 b III FGG angeordnet werden;

> offen bei Jürgens § 68 b FGG Rn 14.

Andernfalls würde im Einzelfall wertvolle Zeit zu Lasten des hilfsbedürftigen Betroffenen verstreichen, u. a. dadurch, daß dieser – schon aus Nachweisgründen – zunächst förmlich geladen werden müßte. Allerdings steht dann zu erwarten, daß der Betroffene dem Briefträger gar nicht öffnen wird; eine Abholung des niedergelegten Schriftstückes auf der Post ist in diesen Fällen ebenso unwahrscheinlich, so daß man nach Vornahme der Prozedur genauso weit steht wie ohne.

In seltenen Einzelfällen ermöglicht § 68 b IV FGG sogar die Unterbringung des Betroffenen zum Zweck der Vorbereitung einer Gutachtenserstellung, allerdings nur nach persönlicher Anhörung des Betroffenen und längstens für drei Monate, §§ 68 b IV 2–4 FGG. Trotz des Verweises auf § 68 b III FGG sind diesbezügliche Anordnungen mit der unbefristeten Beschwerde nach § 19 FGG anfechtbar,

> BayObLG FamRZ 1994, 1190 **[E2]**.

III. Verlängerung der Unterbringung

13 In diesem besonders grundrechtsrelevanten Bereich stellt § 70 e FGG **besondere Anforderungen an die Qualifikation des Gutachters**, er soll regelmäßig Facharzt für Psychiatrie sein, mindestens aber Erfahrungen auf diesem Gebiet haben.

Im vorliegenden Übungsfall ergibt sich jedoch noch eine weitere Hürde: § 70 i II 2 FGG verlangt, daß hier ein externer Gutachter bestellt wird, da der Betroffene bereits länger als 4 Jahre untergebracht ist und weiterhin untergebracht werden soll.

Schließlich ist für die Genehmigung der Verlängerung einer endgültigen Unterbringungsmaßnahme stets ein Gutachten, nicht nur ein ärztliches Zeugnis notwendig.

Ergebnis:
Der ins Auge gefaßte Oberarzt scheidet daher aufgrund des § 70 i II 2 FGG als Gutachter bezüglich der Verlängerung der Unterbringung aus. Es ist sinnvoll, sowohl zur Frage der Verlängerung der Betreuung als auch der Unterbringung einen externen Sachverständigen zu beauftragen.

D. Sachverständige aus nichtmedizinischen Bereichen

14 Nach verschiedenen Meinungen,

> bspw. Oberloskamp BtPrax 1998, 18 ff.,

sollen als Gutachter i.S.v. § 68 b FGG auch beispielsweise Sozialpädagogen oder ähnliche Berufsgruppen in Betracht kommen, wobei man sich dann u. a. auf die Entstehungsgeschichte der Vorschrift stützen will. Diese Ansicht ist jedoch schon deshalb falsch, weil bei Heranziehung der Historie gern das Ergebnis derselben, nämlich die parlamentarisch verabschiedeten § 68 b FGG und § 1896 BGB übersehen werden. Eine Betreuung darf erst dann eingerichtet werden, wenn ein Gutachter die Notwendigkeit einer solchen bejaht. Hierzu gehört zwingend die Feststellung einer Erkrankung im Sinn von § 1896 BGB, die eben den Mediziner erfordert. Allenfalls zur Feststellung weiterer Tatbestandsvoraussetzungen können sonstige Personen als Gutachter bestellt werden; denkbar sind Testpsychologen, um das Ausmaß einer Behinderung festzustellen,

> Jürgens § 68 b FGG Rn 4.

§ 3 Die weiteren Beteiligten im Betreuungs- und Unterbringungsverfahren

Im wesentlichen sind dies:
- Betroffener – »Antragsteller«
- Verfahrenspfleger
- Betreuungsstelle
- Sachverständiger (s.o. § 2)
- Richter
- Rechtspfleger
- Betreuer
- Angehörige i.w.S.

A. Der Betroffene

Ideal wäre es gerade in der anwaltlichen Praxis, wenn »Betroffener« der entscheidungsfähige Mandant wäre, der Vorsorge leisten und selbst für die Zukunft – soweit möglich – sein Schicksal bestimmen will (zur Vorsorgevollmacht vgl. unten aufgeführtes Muster). Aus diesem Grund wird weiter unten (§ 5) auf die Beratung solcher Mandanten eingegangen. Altenheime gehen teilweise sehr »aktiv« mit Vorsorgemöglichkeiten um, indem bereits dementen Mandanten »Vorsorgevollmachten« bei Unterschrift unter dem Heimvertrag abgeschwatzt werden. Zumindest läßt sich im Ernstfall für das Heim leichter die (Be-)Handlungsfähigkeit darstellen;

1

> zur Frage des § 134 BGB in diesem Zusammenhang vgl. Palandt-Diederichsen vor § 1896 BGB Rn 8 bei routinemäßiger Einholung solcher »Vollmachten«.

Der Betroffene ist im Verfahren mit umfassenden Rechten ausgestattet, auf die bei den einzelnen Beispielen eingegangen werden wird. Hier sei nur hervorgehoben seine umfassende Verfahrensfähigkeit nach §§ 66, 70 a FGG, unabhängig von seinem Geisteszustand.

Fall 2:

Der Sohn eines Betroffenen hat beim Vormundschaftsgericht die Einrichtung einer Betreuung für seinen Vater angeregt. Die mit den Kindern zerstrittene Stiefmutter ist hiermit überhaupt nicht einverstanden. Sie wendet sich an eine Rechtsanwältin, die mit ihr nach Hause geht und sich dort vom völlig dementen, aber noch körperlich rüstigen Betroffenen eine Vollmacht unterschreiben läßt. Kann die Rechtsanwältin den Betroffenen im Verfahren vertreten und bekommt sie nach Abschluß des Verfahrens vom Betroffenen ein Honorar?

Lösung 2:

Nach § 66 FGG (ähnlich § 70 a FGG im Unterbringungsverfahren) steht einer Vertretung des Betroffenen durch die Rechtsanwältin eigentlich nichts im Weg. Diese Vorschriften wurden jedoch erlassen, um die Rechte des Betroffenen im Verfahren zu stärken,

> Jürgens § 66 FGG Rn 1,

nicht um ihn zum Objekt von Mißbrauch zu machen.

Erforderlich ist daher, daß der Betroffene zum Zeitpunkt der Vollmachtserteilung zwar nicht unbedingt geschäftsfähig war, jedoch den »natürlichen Willen« besaß, für eine – ihm vielleicht auch unverständliche – Angelegenheit einen anderen gegen Entgelt zu beauftragen. Wenn er sich dessen gar nicht bewußt ist, führt auch § 66 FGG nicht zur Wirksamkeit einer solchen Mandatierung. § 66 FGG hat u.E. nur eine klarstellende Funktion, da regelmäßig bei Statusfragen bis zur Klärung der Betroffene so behandelt wird, als ob er den strittigen Status innehabe. Außerdem ist die Vorschrift auch Folge der Intention des Betreuungsrechts, gerade nicht mehr über die Geschäftsfähigkeit zu entscheiden. Im Zweifelsfall wirkt daher § 66 FGG zugunsten des Betroffenen; angesichts der hochgradigen Demenz des Betroffenen im vorliegenden Fall kam es nicht zu einer wirksamen Mandatierung. Die Abgrenzung ist im Einzelfall jedoch schwierige Beweisfrage, wobei im Zweifel von dem natürlichen Handlungswillen ausgegangen werden sollte.

Die Frage des Honorars verlangt darüber hinaus eine vertragliche Anspruchsgrundlage; der Abschluß eines Anwaltsvertrages setzt Geschäftsfähigkeit voraus. Da der Betroffene vorliegend völlig verwirrt ist, ist eigentlich seine diesbezügliche Willenserklärung gemäß § 105 BGB nichtig. Ein vertraglicher Honoraranspruch würde somit grundsätzlich, trotz § 66 FGG, ausscheiden. Die Ansicht von Heinrichs,

> Palandt-Heinrichs vor § 104 BGB Rn 10,

daß aus § 66 FGG quasi partielle Geschäftsfähigkeit folgt, stärkt zwar die Intentionen der §§ 66, 70 a FGG, ist jedoch zumindest vom Wortlaut des Gesetzestextes nicht gedeckt: §§ 66, 70 a FGG sprechen nur von Verfahrensfähigkeit, nicht von Geschäftsfähigkeit. Jedoch gilt es hier gerade, die Interessen des Betroffenen zu wahren, weshalb dieser Ansicht gefolgt werden kann. In Betracht kommen ansonsten Ersatzmöglichkeiten z.B. nach den Grundsätzen der Geschäftsführung ohne Auftrag.

B. Der »Antragsteller«

2 Da im Bereich des Vormundschaftsrechts das Verfahren fast ausschließlich von Amts wegen geführt wird, gibt es keine förmlichen Anträge, sondern nur **Anregungen** an das VormG; dies ist insbesondere wichtig für eine »Antrags«-

rücknahme, die das Gericht nicht bindet, sondern nur ein gemäß § 12 FGG zu beachtender Hinweis ist, daß sich die Einrichtung einer Betreuung erledigt haben könnte. In der Praxis weckt bei den Gerichten die »Antragsrücknahme« aufgrund von »Erledigung« oft den Verdacht, daß hier ein besonders großes Betreuungsbedürfnis vorliegt, insbesondere dann, wenn der »Antragsrücknahme« die Ausfertigung einer Generalvollmacht beigefügt wurde, deren notarielle Tinte noch nicht ganz trocken ist.

Gerade bei »Antragsrücknahme« empfiehlt sich deshalb grundsätzlich die Einholung eines medizinischen Sachverständigengutachtens.

In der anwaltlichen Beratung insbesondere von Angehörigen der Betroffenen sollte man auf diesen Amtsverfahrensgrundsatz hinweisen; mit der Anregung an das Gericht gibt man das Verfahren aus der Hand, verlagert aber zeitweise zum Ausgleich auch Verantwortlichkeiten.

Das Verfahren im Bereich der öffentlich-rechtlichen Unterbringung ist hingegen grundsätzlich,

Ausnahme in Eilfällen vgl. Art. 10 II (Polizei), IV (Leiter einer Einrichtung) BayUG,

als reines Antragsverfahren ausgestaltet, vgl. z.B. Art. 5 BayUG. Eine Antragsrücknahme hat hier verfahrensbeendenden Charakter.

C. Der Verfahrenspfleger

Das Rechtsinstitut des Verfahrenspflegers entspricht der deutschen Rechtssystematik, wonach eine Person, die – aus welchen Gründen auch immer – an der Wahrnehmung ihrer Rechte gehindert ist, einen »Vertreter« zur Interessenswahrnehmung zur Seite gestellt bekommt. Der Verfahrenspfleger ermöglicht – gerade für Betroffene im betreuungsrechtlichen Bereich – überhaupt erst die Gewährung des rechtlichen Gehörs, Art. 103 I GG. Seine Bestellung erfolgt im Betreuungsverfahren nach § 67 FGG, im Unterbringungsverfahren nach § 70 b FGG. **3**

Rechtssystematisch einen Bruch stellt der ab 1.1.1999 geltende § 67 I 3 FGG dar, der die Bestellung eines Verfahrenspflegers **entbehrlich** machen soll, wenn ein Interesse »offensichtlich« nicht besteht; problematisch erscheint dies insbesondere in den Fällen des § 67 I Nr. 1 FGG, in denen von der persönlichen Anhörung gemäß § 68 II FGG abgesehen werden soll. Die Vorschrift vermag auf den ersten Blick Berechtigung darin finden, daß ein vom Gericht bestellter Verfahrenspfleger seinem »Brötchengeber« schon nicht zu harsch in die Parade fahren wird; auch sehen viele Praktiker den Verfahrenspfleger schon deshalb als überflüssig an, weil nach ihrer Ansicht auch der Betroffene, der seine Interessen selbst nicht mehr vertreten kann, immerhin dadurch geschützt ist, daß sein Verfahren vor einem unabhängigen Gericht stattfindet. Zu vermuten ist, daß sich der Gesetzgeber im Hinblick auf den neu geschaffenen Ersteintritt der Staatskasse bezüglich der Ver- **4** gütung des Verfahrenspflegers, §§ 67 III, 70 b I 3 FGG, durch die Neuformulierung Kosten ersparen wollte, indem er diese Vorstellungen aus der Praxis ansprach.

Das schlechte Gewissen des Gesetzgebers zeigt sich immerhin auch darin, daß er grundsätzlich im Unterbringungsverfahren die bisherige Regelung in § 70 b FGG (noch?) beibehalten hat und eine Begründungspflicht in § 67 I 4 FGG für die Nichtbestellung vorgesehen hat. Inwieweit jedoch die Praxis wesentlich von der Neuformulierung berührt wird, bleibt abzuwarten; in vielen Fällen scheint es schon bisher zu einer eher weiten Auslegung des § 67 I 1 FGG (alte Fassung) gekommen zu sein, wonach es nicht zu einer Verfahrenspflegerbestellung kam, weil nicht »zur Wahrnehmung der Interessen des Betroffenen erforderlich«. Nunmehr wird diese weite Auslegung durch § 67 I 3 FGG ausgedehnt auf die besonders gravierenden Regelbeispiele des § 67 I 2 FGG.

5 Der **Verfahrenspfleger** ist ein Pfleger eigener Art, nicht den Regeln des BGB, sondern nur den **objektiven Interessen** des Betroffenen unterworfen. Wichtig ist die unterschiedliche Dauer seiner Bestellung: Während nach § 67 II FGG seine Bestellung für jeden Rechtszug gesondert erfolgen muß, endet die Bestellung im Unterbringungsverfahren nach § 70 IV FGG grundsätzlich erst mit der Rechtskraft der Entscheidung.

Der Gesetzestext in §§ 67 I 6, 70 b III FGG, wonach die Bestellung eines Verfahrenspflegers unterbleiben soll, wenn der Betroffene von einem Rechtsanwalt oder anderem geeigneten Bevollmächtigten vertreten wird, legt nahe, daß der Gesetzgeber regelmäßig die Bestellung eines Rechtsanwalts zum Verfahrenspfleger intendierte, da die Wahrnehmung fremder Rechtsinteressen gerade zu dessen typischen Berufsbereich zählt. Soweit sonstige Personen als Verfahrensbevollmächtigte auftreten, sind sie jedoch nicht durch die Vorschriften des Rechtsberatungsgesetzes daran gehindert, § 3 Nr. 6 aE. RBerG.

Die neu geregelten Vergütungsansprüche des Verfahrenspflegers werden im gesonderten Kapitel § 7 behandelt.

Fall 3:

Im Rahmen der gerichtlichen Ermittlungen über die Notwendigkeit einer Betreuungsanordnung für den Betroffenen Müller bestellt das Amtsgericht nach Eingang des Sachverständigengutachtens, welches dem Betroffenen eine mittelschwere Intelligenzminderung bescheinigt, Rechtsanwalt Anton zum Verfahrenspfleger.

Nach Vornahme der weiteren gesetzlich vorgeschriebenen Verfahrensschritte wird als Betreuer der Diplomsozialpädagoge Rettich bestellt. Rechtsanwalt Anton legt hiergegen Beschwerde ein und begründet diese wie folgt:

»Die Beschwerde richtet sich nicht gegen die Bestellung eines Betreuers als solches, sondern gegen die Auswahl eines Sozialpädagogen. Zwar ist der Betroffene selbst mit Herrn Rettich voll zufrieden, er hat mich sogar ausdrücklich gebeten, keine Beschwerde einzulegen. Im vorliegenden Fall hat Herr Rettich jedoch nicht die nötigen Fachkenntnisse, um den Betroffenen hinreichend zu vertreten. Gegen den Betroffenen laufen derzeit fünf strafrechtliche Ermittlungsverfahren bei der Staatsanwaltschaft, u. a. wegen Schwarzfahrens, wegen Betruges und Ladendiebstahl. Der Gutachter im Strafverfahren hat dem Unterzeichner mündlich vorab bedeutet, daß beim Betroffenen wohl nur verminderte Schuldfähigkeit in Betracht kommt.

Ferner ist der Großvater des Betroffenen vor vier Wochen verstorben; er hat dem Betroffenen ein größeres Bar- und Grundvermögen als Erbe hinterlassen, ohne Testamentsvollstreckung anzuordnen. Hinsichtlich des Grundvermögens ist eine schwierige Erbauseinandersetzung zu erwarten, da die Verwandtschaft heillos zerstritten ist.«

Bei dem für die Beschwerde zuständigen Landgericht geht ein Schreiben des Betroffenen, getippt von seinem Betreuer, ein:

»Werte Richter,
ich will, daß Herr Rettich mein Betreuer bleibt; ich bin voll mit seiner Arbeit zufrieden. Außerdem brauche ich keinen Verfahrenspfleger.«

Wie ist über die Beschwerde zu entscheiden?

Lösung 3:

I. Zulässigkeit der Beschwerde

1. Das LG ist zuständig gemäß § 19 II FGG; die Beschwerde ist auch statthaft; zu beachten ist, daß dies nicht gilt für eine Beschwerde gegen die Bestellung als Verfahrenspfleger, da es sich hierbei nur um eine Zwischenentscheidung handelt,

> BayObLG FamRZ 1995, 301 f. **[E3]**, str., vgl. Jürgens § 67 FGG Rn 14,

die nach hRspr. unanfechtbar ist, da nur verfahrensfördernd, vgl. in diesem Zusammenhang auch § 68 b III 2, IV 5 FGG.

2. Die Bestellung zum Verfahrenspfleger im Betreuungsverfahren wird spätestens mit einer endgültigen, die Instanz abschließenden Entscheidung wirkungslos,

> Jürgens § 67 FGG Rn 13;

§ 69 g FGG hilft hier ebenfalls nicht weiter.

Jedoch stellt § 67 II FGG klar, daß die Stellung des Verfahrenspflegers Einlegung und Begründung eines Rechtsmittels mitumfaßt; im übrigen ist im **Betreuungs**verfahren in jeder Instanz gesondert ein Verfahrenspfleger zu bestellen, § 67 Abs. 2 FGG.

Jedoch könnte Rechtsanwalt Anton die Beschwerdebefugnis fehlen, da der Betroffene (oder sein Betreuer?) sich ausdrücklich seiner Beschwerde widersetzt.

Der Verfahrenspfleger nach §§ 67, 70 b FGG unterfällt weder den Regeln der §§ 1909 ff. BGB noch ist er Prozeßpfleger i.S.v. § 53 ZPO. Er hat vielmehr eine eigenständige Position zwar neben dem Betroffenen, gleichwohl aber für ihn. Seine Bestellung dient zunächst der Wahrung des rechtlichen Gehörs aus Art. 103 I GG bei Personen, die sich nicht selbst vertreten können,

E4
> vgl. LG München I FamRZ 1995, 1440 f. **[E4]** zur Übersendung von Sachverständigengutachten.

Die Aufzählung in §§ 67, 70 b FGG ist daher bei weitem nicht abschließend.

Im Gegensatz zum Prozeßpfleger berührt seine Bestellung jedoch nicht die Verfahrensfähigkeit des Betroffenen, vgl. §§ 66, 70 a FGG; **divergierende Anträge** von Betroffenen und Verfahrenspfleger sind daher möglich,

> a. A. wohl LG Lübeck zu § 70 b FGG, FamRZ 1995, 1597 f., wenn es dem Verfahrenspfleger das **eigene** Beschwerderecht abspricht.

Insbesondere hat der Verfahrenspfleger die **objektiven** Interessen des Betroffenen zu vertreten,

> Bumiller/Winkler § 67 FGG Nr. 1.

Zu diesem Zweck ist er wie der Betroffene am Verfahren zu beteiligen; erfolgt dies nicht, liegt bereits ein Verstoß gegen das rechtliche Gehör vor, was im Beschwerdeverfahren zur Aufhebung führen würde. Aus der objektiven Wahrnehmung der Betroffeneninteressen durch den Verfahrenspfleger ergibt sich auch, daß dieser nicht an Wünsche oder Weisungen des Betroffenen gebunden ist.

Die Beschwerdebefugnis liegt daher vor.

3. Eine Beschränkung der Beschwerde nur auf die Frage der Betreuerauswahl ist möglich,

> BayObLG FamRZ 1996, 419 f.

II. Begründetheit der Beschwerde

7   1. An dieser Stelle soll nur kurz auf § 1897 BGB, insbesondere dessen Abs. 4 hingewiesen werden. Es ist strittig, ob nach § 1897 IV 1 BGB ein anderer Betreuer bestellt werden kann mit der Begründung, beispielsweise ein Rechtsanwalt könne die Aufgabenkreise (hier Vertretung in Strafverfahren, Vermögenssorge, zumindest erbrechtliche Angelegenheiten) **besser** wahrnehmen,

> dagegen Palandt-Diederichsen § 1897 BGB Rn 20; MüKo-Schwab Rn 22 unter Erwähnung der gegenteiligen Meinung des Rechtsausschusses des Bundestags; das BayObLG FamRZ 1996, 509 ff., läßt einen Betreuerwechsel nach § 1908 b BGB zu, wenn der neue Betreuer »erheblich geeigneter« ist als der bisherige.

Fraglich ist, inwieweit die Bestellung eines Sozialpädagogen dem Wohl des Betroffenen zuwiderläuft. Das Gericht hat diesen unbestimmten Rechtsbegriff auszufüllen und entsprechende Abwägungen vorzunehmen.

Angesichts der hier erforderlichen Rechtskenntnisse im Straf- und Erbrecht läuft u.E. die Bestellung eines Sozialpädagogen den Interessen des Betroffenen zuwider; ein Rechtsanwalt ist hier nicht nur geeigneter, ein Sozialpädagoge vielmehr **ungeeignet**, schon aus Kostengründen, da der Sozialpädagoge seinerseits einen Rechtsanwalt mandatieren muß, was den Betroffenen (der den Betreuer aus eigener Tasche bezahlen muß, da vermögend) zweimal belastet. Denn der Sozialpädagoge hat ja den ausgewählten Rechtsanwalt – stundensatzpflichtig – zu beaufsichtigen;

> zur nur eingeschränkten Möglichkeit der Überprüfung der Betreuerauswahl in der Rechtsbeschwerdeinstanz vgl. BayObLG FamRZ 1996, 507 f.

Ferner ist regelmäßig ein Sozialpädagoge schon von der Ausbildung her nicht befähigt, erb- oder strafrechtliche Verfahren zu klären, was sich auch am normalen Mandatierungsverhalten der Bevölkerung zeigt. Dem Wohl des Betroffenen läuft ein ungeeigneter Betreuer immer zuwider.

2. Es besteht sowohl die Möglichkeit der eigenen (auch Sach-) Entscheidung, gleich, ob die Beschwerde für (un-) zulässig oder (un-) begründet gehalten wird, sowie der Aufhebung und Zurückverweisung unter der Verpflichtung einer Neuentscheidung, insbesondere bei schwerwiegenden Verfahrensmängeln,

> Bumiller/Winkler § 25 FGG Nr. 1.

3. Gegebenenfalls kann auch eine **Beiordnung eines Rechtsanwalts** gemäß §§ 14 FGG, 121 ZPO in Betracht kommen, **8**

> vgl. z.B. LG Aachen FamRZ 1998, 108 f. **[E5]**.

Nachdem die bisherige Möglichkeit der Rechtsanwälte, Verfahrenspflegertätigkeiten nach der BRAGO abzurechnen, durch die Novelle zum 1.1.1999 in §§ 67 III, 70 b I 3 FGG beseitigt wurde, wird sich in Zukunft vielleicht öfter die Frage stellen, wie die Konkurrenz zwischen §§ 14 FGG, 121 ZPO einerseits und §§ 67, 70 b FGG andererseits aufzulösen ist. Der beigeordnete Rechtsanwalt behält nämlich seinen Gebührenanspruch gegen die Staatskasse nach der BRAGO, modifiziert nach §§ 121 ff. BRAGO, während der Verfahrenspfleger diese Möglichkeit ja verloren hat.

Die regelmäßige Fallkonstellation wird die des § 121 III ZPO sein, wonach »besondere Umstände«, eben die fehlende Vertretungsfähigkeit des Betroffenen im Betreuungs- und Unterbringungsverfahren, die Beiordnung eines Rechtsanwalts »erfordern«.

Allerdings setzt eine Beiordnung stets einen Antrag des Betroffenen voraus, der zwar im Hinblick auf §§ 66, 70 a FGG keine Geschäftsfähigkeit des Betroffenen voraussetzt, jedoch immerhin ein irgendwie geartetes Tätigwerden. Sofern jedoch eine solche Tätigkeit des Betroffenen vorliegt, wird der Beiordnung eines Rechtsanwalts nach §§ 14 FGG, 121 III ZPO der Vorzug gebühren gegenüber einer Verfahrenspflegerbestellung; dies dürfte sich bereits aus §§ 67 I 6, 70 b III FGG ergeben, im übrigen aus den Freiheitsgrundrechten des Betroffenen, der ja ggf. im Wege des Regresses immer noch für die Verfahrenspflegerbestellung aufkommen muß.

D. Die Betreuungsstelle

9 Diese gibt es dank des § 1 BetreuungsbehördenG, sie soll Betreuer beraten und das Vormundschaftsgericht unterstützen. Die Qualität dieser Behörden sowie die Arbeitsweise ist bundesweit höchst unterschiedlich.

Die Behörde hat keine Antragsrechte, aber eine Beschwerdebefugnis gemäß § 69 g I 1 aE. FGG in Betreuungs-, gemäß §§ 70 m II i.V.m. 70 d FGG in Unterbringungsverfahren.

E. Das Vormundschaftsgericht

10 Wie in vielen anderen Bereichen der freiwilligen Gerichtsbarkeit ist hier eine Aufgabenverteilung zwischen Richtern am Amtsgericht und Rechtspflegern vorgesehen. Die Kompetenzverteilung regeln §§ 3 Nr. 2a, 14 RPflG; auf einzelne wichtige Punkte wird später eingegangen werden. Grundsätzlich kann als Richtschnur gelten, daß der Richter für das Ob einer Entscheidung, der Rechtspfleger für das Wie, die Ausführung, zuständig ist.

Erinnert sei in diesem Zusammenhang an § 8 RPflG, der Richterhandeln auch dann gültig sein läßt, wenn der Richter Aufgaben des Rechtspflegers wahrgenommen hat.

F. Der Betreuer

Gemäß der Intention des Gesetzgebers zur persönlichen Betreuung streicht § 1897 I BGB den Vorrang der Einzelbetreuung heraus.

Auf die Auswahl und die Pflichten bei der Führung der Betreuung wird später eingegangen werden.

G. Die Angehörigen i.w.S.

Diese sind – z.B. als Ehepartner – im höchsten Maße mitbetroffen, weshalb ihnen eigene Anhörungs- und Beschwerderechte zustehen gemäß §§ 68 a, 69 g, 70 d, 70 m FGG.

§ 4 Das gerichtliche Verfahren im Betreuungs- und Unterbringungsrecht

A. Die Errichtung einer Betreuung

■ Das **Verfahren** bei Einrichtung einer Betreuung läuft in folgenden Schritten ab: **1**
- Zuständiges Gericht, §§ 35, 65 FGG
- Bestellung eines Verfahrenspflegers, § 67 FGG, oder Beiordnung eines Rechtsanwalts, §§ 14 FGG, 121 ZPO
- Einholung eines Sachverständigengutachtens oder ärztlichen Zeugnisses, § 68 b FGG
- Anhörung bestimmter Personenkreise und Stellen, § 68 a FGG
- Anhörung des Betroffenen und Verschaffung des unmittelbaren Eindrucks, § 68 FGG
- ggf. Schlußgespräch gemäß § 68 V FGG

■ Die **materiellrechtlichen Voraussetzungen** einer Betreuungseinrichtung sind gemäß § 1896 BGB folgende:
- Person des Betroffenen; grds. volljährig, § 1908 a BGB, Auslandsberührung Art. 24 EGBGB
- Psychische Krankheit oder körperliche, geistige oder seelische Behinderung, ggf. ärztlich festgestellt
- Unfähigkeit des Betroffenen zur Besorgung seiner Angelegenheiten **infolge** der Krankheit bzw. der Behinderung
- Erforderlichkeit der Betreuung gemäß § 1896 II BGB (Vollmacht? Vorhandensein anderer Hilfen?)

Fall 4:

Der gerontopsychiatrische Dienst (eine ambulante Versorgungseinrichtung) regt durch die dort angestellte Fachärztin Dr. F beim Amtsgericht – Vormundschaftsgericht – unter Vorlage eines qualifizierten Gutachtens die Einrichtung einer Betreuung für den Betroffenen E, München, an. Dieser ist nunmehr 80 Jahre alt, seine Schwester, die sich bisher um ihn gekümmert habe, sei aus München weggezogen. Dem gerontopsychiatrischen Dienst ist E gemeldet worden, weil er in seiner Wohnung verwahrlost. Dem Gericht schreibt Dr. F weiter:

»Bei meinem Hausbesuch am 1.6.1995 finde ich Herrn E nackt auf seinem Bett sitzend vor. Die Wohnungstür öffnen mir ein Mann und eine Frau von ca. 40 Jahren (beide verwahrlost und leicht angetrunken). Laut Aussage von Frau Z ist das Paar obdachlos, und Herr E hat sie bei sich aufgenommen. Der Wohnraum, in dem alle drei leben, ist unglaublich schmutzig. Am Boden, am Fensterbrett, auf dem Tisch und den Matrazen finden sich Berge von angegorenen, z.T. verdorbenen Essensresten und stark verschmutzten Wäschestücken, umkreist von einem Schwarm von Fliegen. Herr E selbst weist am ganzen Körper Kratzspuren und multiple Hautinfektionen auf ... Allen bisherigen Versuchen, seine hygienische Situation und die seiner Wohnung zu verbessern, hat sich Herr E bisher vehement widersetzt; »man dürfe Essen nicht wegwerfen«. Nach einer Grundreinigung wegen Kakerlaken vor einem Jahr trat bald wieder der oben beschriebene Zustand ein.

... Herr E scheint komplexere Zusammenhänge nicht mehr zu realisieren. Während meines Besuches bleibt er nackt am Bettrand sitzen.

... Die Stimmung ist gut, und Herr E erzählt eloquent aus seiner Jugend. Das Langzeitgedächtnis erscheint weitgehend intakt, jedoch ist eine deutliche Einbuße des Kurzzeitgedächtnisses, der Merkfähigkeit sowie der Urteils- und Kritikfähigkeit zu bemerken. Diagnostisch handelt es sich um ein hirnorganisches Psychosyndrom mit extremer Verwahrlosung.«

Die Schwester des Betroffenen und sein Vermieter treten dieser Anregung auf Einrichtung einer Betreuung bei.

Die vom Gericht um Sachermittlung gebetene Betreuungsstelle gab folgende Stellungnahmen ab:

»... Die gesetzlichen Voraussetzungen des § 1896 BGB werden **nicht** erfüllt. Ich möchte daher anregen, das Betreuungsverfahren einzustellen. Es bestehen ausreichend andere Hilfen .... Eine Betreuungsanordnung wäre insgesamt als unverhältnismäßig anzusehen.

... Der Betroffene hat sich ausdrücklich gegen eine Betreuungsanordnung ausgesprochen ... Es ist nicht Aufgabe des Vormundschaftsgerichts mit einer gesetzlichen Vertretung seine *(sic!)* willensfähigen Bürger zu erziehen oder zu maßregeln.

... Herr E möchte in seiner Wohnung bleiben. Er ist bereit, die Hilfe von ambulanten Diensten in Anspruch zu nehmen. Mit einer Entmüllung seiner Wohnung ist er nur bedingt einverstanden. Er verwies darauf, daß ihm durch bisher durchgeführte Entmüllungen Sachen weggekommen sind.

... Herr E wird von dem ambulanten Hilfsdienst ... an den Wochentagen täglich mehrere Stunden aufgesucht. ... Über den ... Verein soll die ambulante Versorgung fortgeführt werden. ...

Es wurde angegeben, daß der Betroffene Urin getrunken haben soll. Das Trinken von Urin mag bei anderen Menschen Ekelgefühle auslösen – es stellt jedoch keinen Handlungsbedarf dar. Ich möchte nur darauf hinweisen, daß im Bereich der Naturheilkunde eine Eigenurinbehandlung als therapeutisch wirksam angesehen wird ...«

Nach Anhörung vor Ort stellt der zuständige Richter das Betreuungsverfahren im Hinblick auf ausreichende anderweitige Hilfen ein.

Gegen diesen Beschluß legen Dr. F und die Schwester des Betroffenen Beschwerde ein sowie der Vermieter des Betroffenen, der die Bestellung eines gesetzlichen Vertreters wünscht zwecks Durchsetzung von Räumungsansprüchen.

Lösung 4:

I. Entscheidungsreife beim LG

Zunächst stellt sich die Frage, ob das Landgericht sofort – quasi nach Lage der Akten – entscheiden kann. **2**

1. Abhilfeentscheidung des AG

Eine (Nicht-)Abhilfeentscheidung des Amtsgerichts ist möglich, aber nicht erzwingbar; das FGG kennt nicht das zwingende Abhilfeverfahren wie beispielsweise § 306 StPO für die dort angesiedelte Beschwerde.

Jedoch sind §§ 18 und 12 FGG zu beachten; wenn das Amtsgericht Kenntnis von neuen Tatsachen, z.B. im Rahmen der Beschwerdebegründung erhält, ist es verpflichtet, ggf. neu zu entscheiden (und damit ggf. gleichzeitig der Beschwerde das Rechtsschutzbedürfnis zu entziehen). Das LG kann jedoch das Amtsgericht nicht zur Vornahme einer »(Nicht-) Abhilfeentscheidung« zwingen,

> Bassenge/Herbst § 21 FGG Rn 2.

Nach Einlegung einer weiteren Beschwerde ist diese Möglichkeit im übrigen nach § 29 III FGG verbaut, allerdings erfaßt diese Vorschrift nicht Änderungen für die Zukunft aufgrund einer Änderung der tatsächlichen Verhältnisse,

> Bumiller/Winkler § 29 FGG Nr. 6.

Gemäß § 18 II FGG wäre zwar eine solche Neuentscheidung in Unterbringungssachen nicht möglich, da gegen diese gemäß §§ 70 m, 70 g III 1 FGG das Rechtsmittel der sofortigen Beschwerde statthaft ist. Allerdings gestattet § 70 i I 1 FGG jederzeit die **Aufhebung** einer Unterbringungsmaßnahme, so daß zumindest in dieser Richtung eine »Abhilfe« möglich wäre; nur so kann effektiver Grundrechtsschutz sichergestellt werden.

2. Weitere Verfahrensschritte

Immerhin gelten nach § 69 g V 1 FGG im Beschwerdeverfahren die gleichen Vorschriften wie im ersten Rechtszug, eine gesondert in diesem Bereich aufgenommene Vorschrift, die aber sogleich in S. 2–4 entwertet wird. **3**

Zunächst kann sich das Gericht im Hinblick auf die Ermittlung des medizinischen Sachverhalts auf die erstinstanzlich eingeholten Gutachten stützen, § 69 g V 4 FGG.

Die Pflicht zur persönlichen Anhörung und zur Verschaffung des unmittelbaren Eindrucks nach § 68 I 1 FGG besteht zwar (und entgegen einer Praxis an manchen Gerichten für die **ganze** Kammer, vgl. § 69 g V 2 FGG,

E6
> vgl. auch § 68 I 4 FGG als Maßstab und OLG Hamm FamRZ 1996, 1372 **[E6]** sowie OLG Düsseldorf FamRZ 1995, 118 f.,

wie sich insbesondere auch an der Verschärfung des Wortlauts in der Novelle 1999 zeigt), jedoch kann davon Abstand genommen werden, wenn diese Verfahrensschritte im ersten Rechtszug bereits vorgenommen wurden und keine neuen Erkenntnisse zu erwarten sind. Beispiele hierfür sind Beschwerden, die als unzulässig verworfen werden sollen oder die ausschließlich Rechtsprobleme aufwerfen,

> Jürgens § 69 g FGG Rn 17.

Ansonsten ist es angezeigt, den Betroffenen erneut anzuhören, wenn nach dem Akteninhalt »irgendeine« Veranlassung besteht;

> BVerfG NJW 1984, 1025; vgl. auch BayObLG FamRZ 1998, 453 f. zur Frage der notwendigen **persönlichen** Anhörung durch das LG als Beschwerdeinstanz.

Dies gebietet bereits die besondere Hervorhebung in § 69 g V FGG, zumal aus § 12 FGG heraus bereits gefolgert wird, daß grundsätzlich im Bereich der Freiwilligen Gerichtsbarkeit »regelmäßig« persönliche bzw. mündliche Anhörungen zu wiederholen sind, auch außerhalb des Geltungsbereichs von § 69 g V FGG;

> Bassenge/Herbst § 23 FGG Rn 5; so auch BayObLG vom 11.12.1996 (3Z BR 247/96), das von einer grundsätzlichen Anhörungspflicht der Beschwerdeinstanz ausgeht.

Im konkreten Fall mögen die Schilderungen der Zustände drastisch sein; das Riechen derselben verschafft jedoch erst den wichtigen »unmittelbaren« Eindruck. Das Beschwerdegericht muß sich selbst ein Bild machen, inwieweit ambulante Hilfen vor Ort die Betreuung entbehrlich machen könnten; zudem ist das Krankheitsbild »hirnorganisches Psychosyndrom« ein äußerst weit gefächertes, welches einen persönlichen Eindruck erst recht erfordert, um eine effiziente Sachverständigenkontrolle sicherzustellen. Eine Anhörung vor Ort ist daher zunächst geboten, bevor über die Beschwerde weiter sachgerecht entschieden werden kann,

> vgl. auch Schmidt/Böcker Rn 226.

II. Zulässigkeit der Beschwerden

1. Statthaftigkeit gemäß § 19 I FGG

4 Man sollte sich gleich an dieser Stelle bewußt machen, daß man sich mit dem FGG in einem völlig anderem Verfahrensrecht befindet. Während die ZPO von der Parteimaxime beherrscht wird, gilt gemäß § 12 FGG der Amtsermittlungsgrundsatz. Man kann daher die Rechtsbereiche des FGG in die Nähe des Verwaltungsrechts ansiedeln. Ein Gedanke, der als Leitmotiv einen Zugang zum FGG ermöglicht.

Liegt eine »Verfügung« des Gerichts i.S.v. § 19 FGG vor? Verfügungen sind Entscheidungen des Richters, die auf Feststellung oder Änderung der Sach- oder Rechtslage abzielen oder eine begehrte Änderung ablehnen. Die Ablehnung, einen Betreuer zu bestellen, stellt eine solche Verfügung dar, nachdem sie gemäß §§ 16, 69 a FGG bekanntgemacht wurde (anders bei sog. Zwischenentscheidungen wie Verfahrenspflegerbestellung).

2. Zuständigkeit

Zuständiges Beschwerdegericht ist das LG gemäß § 19 II FGG, hier also das LG München I.

3. Beschwerdegericht

Einlegung der Beschwerde beim AG München oder LG München I als Beschwerdegericht, § 21 I FGG, schriftlich oder zu Protokoll der Geschäftsstelle, § 21 II FGG.

4. Anwaltszwang

Kein Anwaltszwang, trotz Gang zum LG, arg. e. § 29 FGG.

5. Frist

Grds. keine Frist, arg. e § 22 FGG; hier interessierende Sonderregeln §§ 69 g IV, 70 g III 1, 70 m FGG.

6. Verfahrensfähigkeit

Diese könnte vorliegend problematisch sein, wenn – aus welchem Grund auch immer – der Betroffene selbst Beschwerde eingelegt hätte. Auf den Streit, wann Verfahrensfähigkeit im Bereich der FGG vorliegt, braucht hier nicht eingegangen werden, da § 66 FGG im Bereich des Betreuungs- und § 70 a FGG im Bereich des Unterbringungsrechts eine besondere Verfahrensfähigkeit – unabhängig vom Geisteszustand – postulieren.

7. Rechtsschutzbedürfnis

Dieses kann v.a. dann fehlen, wenn das AG mittlerweile gemäß § 18 FGG von seiner jederzeitigen Änderungskompetenz Gebrauch gemacht hat. Im Ggs. zum Verwaltungsverfahren ist die **Durchführung** dieses Abhilfeverfahrens jedoch nicht Zulässigkeitsvoraussetzung für die Beschwerde.

Im übrigen ergibt sich das Rechtsschutzbedürfnis bereits regelmäßig aus der Beschwerdeberechtigung.

8. Beschwerdeberechtigung

11 a) Gemäß § 20 II FGG ist jeder tatsächliche oder potentielle Antragsteller beschwerdeberechtigt. Nach dem Sachverhalt wäre dies Frau Dr. F, die mit ihrem »Antrag« das Verfahren in Gang gebracht hat. § 20 II FGG gilt jedoch nur für sog. echte Antragsverfahren, z.B. Erbscheinerteilungsverfahren, in denen der Antrag Verfahrensvoraussetzung ist. Wie sich schon aus § 1896 I 1 BGB ergibt, ist das Betreuungsverfahren kein solches Verfahren, aus § 20 II FGG Vorschrift ist die Ärztin nicht beschwerdeberechtigt.

b) Die Beschwerdeberechtigung gemäß § 20 I FGG verlangt – bei Nichtantragsverfahren – die Möglichkeit einer Beeinträchtigung eines subjektiven materiellen Rechts, welches die Ärztin ebenfalls nicht behaupten kann.

Die **Beschwerde** von Frau Dr. F ist daher als **unzulässig** zu verwerfen.

c) Im Betreuungs- und Unterbringungsverfahren ergibt sich aus §§ 69 g und 70 m II i.V.m. 70 d FGG eine besondere Beschwerdeberechtigung. Nach § 69 g I FGG ist daher die **Schwester beschwerdeberechtigt,** da sie in der Seitenlinie im zweiten Grad mit dem Betroffenen verwandt ist,

> vgl. §§ 69 g I FGG, 1589 BGB.

d) Problematisch ist die **Beschwerdeberechtigung des Vermieters**. § 69 g FGG gibt ihm keine Beschwerdeberechtigung. Hierbei ist aber zu beachten, daß § 69 g FGG die Beschwerdeberechtigung im Betreuungsverfahren nicht abschließend regelt, sondern daneben weiterhin die allgemeine Vorschrift des § 20 FGG gilt, hier dessen Abs. 1. Dort genügt eine materielle Beschwer, gestützt auf ein eigenes materielles Recht (nicht nur Interesse), welches dem Beschwerdeführer als **eigenes** Recht zusteht,

> Bassenge/Herbst § 20 FGG Rn 5,

wobei sich die Verletzung dieses Rechts aus der Entscheidung selbst unmittelbar ergeben muß,

> vgl. insoweit BayObLG FamRZ 1996, 1369 f. **[E7]**.

Beim Vermieter scheidet dies jedenfalls dann aus, wenn er ohne konkreten Eigenbezug Beschwerde einlegen würde. Hier will der Vermieter jedoch einen eigenen Kündigungs- und Räumungsanspruch durchsetzen; da eine Bestellung eines Prozeßpflegers gemäß § 57 I ZPO häufig an dessen weiterem Tatbestandsmerkmal »Gefahr im Verzug« scheitern wird, wäre ohne Betreuerbestellung der Vermieter möglicherweise in seinem Grundrecht auf Justizgewähr in Bezug auf Vermietungsstreitigkeiten verletzt i.S.v. § 20 FGG.

Für diese Ansicht spricht, daß nach h.M. ausnahmsweise eine Betreuung auch einmal ausschließlich im Interesse Dritter angeordnet werden kann,
> Palandt-Diederichsen § 1896 BGB Rn 7;

in der Praxis der Beschwerdegerichte dürfte dies jedoch nur sehr eingeschränkt so gesehen werden, unter Berücksichtigung der Tatsache, daß eine Regelung wie § 57 I Nr. 3 FGG im Bereich des Minderjährigenrechts im Betreuungsrecht fehlt, wobei dieses Argument auch umkehrbar ist,
> so Jürgens § 69 g FGG Rn 9.

U.E. hat der Vermieter im vorliegenden Fall auch eine Beschwerdebefugnis.

III. Begründetheit der Beschwerde

1. Ordnungsgemäßes Verfahren in der 1. Instanz

a) Zuständiges Gericht

aa) Sachlich sind im Bereich des Vormundschaftsrechts die Amtsgerichte gemäß § 35 FGG zuständig.

12

Eine kleine Anmerkung an dieser Stelle: Je länger man sich mit den Verfahrensvorschriften im Bereich des Betreuungsrechts befaßt, umso leichter übersieht man, daß neben den §§ 65 ff. FGG grundsätzlich auch die allgemeinen Vorschriften und Grundsätze des FGG zum Tragen kommen.

bb) Die örtliche Zuständigkeit liegt, nachdem E seinen gewöhnlichen Aufenthalt in München hat, beim AG München gemäß § 65 FGG (auf § 65 FGG soll im übrigen im Rahmen dieses Buches nicht näher eingegangen werden; die Vorschrift produziert jedoch unter den Gerichten fast ebensoviel Streit wie bei den Betreuern die Vergütungsfragen).

cc) Funktionell für die Betreuerbestellung zuständig ist regelmäßig der Richter, nicht der Rechtspfleger gemäß § 14 I Nr. 4 RPflG; letzter bleibt zuständig, wenn nur ein sog. Überwachungsbetreuer gemäß § 1896 III BGB bestellt werden soll.

b) Bestellung eines Verfahrenspflegers nach § 67 FGG

Nachdem hier kein Katalogfall des § 67 FGG vorliegt, ist im Wege der Auslegung zu ermitteln, wann die Interessen des Betroffenen die Bestellung eines Pflegers für das Verfahren erforderlich machen.

13

Hier sei nochmals daran erinnert, daß die Bestellung eines Verfahrenspflegers der Durchsetzung des Anspruchs des Betroffenen auf rechtliches Gehör nach Art. 103 GG dient. Immer dann, wenn der Betroffene dieses Recht nicht mehr selbständig wahrnehmen kann, sollte ein Verfahrenspfleger bestellt werden,
> Bassenge/Herbst § 67 FGG Rn 2.

Es ist auch nicht erkennbar, inwieweit nach dem neuen Wortlaut des § 67 I 3 FGG ein Interesse des Betroffenen an der Nichtbestellung eines Verfahrenspflegers offensichtlich nicht bestehen soll; schon der Aspekt, daß vier Augen mehr als zwei sehen, führt zur Verfahrenspflegerbestellung; im übrigen dient diese auch der Absicherung der erstinstanzlichen Richtertätigkeit, da andernfalls offen ist, inwieweit die Beschwerdeinstanz die nach § 67 I 4 FGG erforderliche Begründung der Nichtbestellung akzeptiert (zum Sonderproblem des § 69 a III 3 FGG s. dort).

Im vorliegenden Fall sind die Ausführungen der untersuchenden Ärztin zu beachten, wonach beim Betroffenen deutliche Einbußen im Kurzzeitgedächtnis, bei Merk-, Urteils- und Kritikfähigkeit vorliegen. Kraß formuliert: Wer fünf Minuten nach dem Lesen eines Gerichtsbeschlusses dessen Existenz und Inhalt vergessen hat, kann seine Rechte aus Art. 103 GG nicht wahrnehmen, sofern er sich nicht selbst einen Verfahrensbevollmächtigten besorgt hat, § 67 I 3 FGG. Damit ist – da ein Ermessen des Gerichts nicht besteht (»bestellt das Gericht ...«, hieran ändert auch die Neufassung der Vorschrift nichts, das Ermessen ist erst gegeben, wenn ein Interesse des Betroffenen offensichtlich nicht vorliegt) –, die Einschaltung eines Verfahrenspflegers auch dann unabweisbar, wenn das Gericht beabsichtigt, gemäß den Wünschen des Betroffenen (so die Betreuungsstelle) **keinen** Betreuer zu bestellen; dies folgt schon aus der Tatsache, daß § 67 FGG objektives Recht sichert, der Disposition des Betroffenen mithin entzogen ist,

> Jürgens § 67 FGG Rn 8.

Schon aus dem Grund der unterlassenen Verfahrenspflegerbestellung und der diesbezüglich fehlenden Begründung ist hier die Entscheidung des AG aufzuheben gewesen; insoweit läge auch tatsächlich ein Fall vor, in dem die Beschwerdeinstanz ohne weitere eigene Anhörung **diese** Entscheidung fällen könnte.

Der Verfahrenspfleger ist von dem jeweils (sachlich wie funktionell) zuständigen Gericht zu bestellen. Der entsprechende Beschluß ist weder im Fall der Ablehnung noch der Bestellung eines Verfahrenspflegers gesondert anfechtbar,

> BayObLG FamRZ 1995, 301 f. und FamRZ 1996, 357 f. **[E3]** ausdrücklich für die Bestellung in 1. Instanz mit ablehnender Anmerkung Bienwald,

da es sich um eine Zwischenentscheidung handelt, die keinen direkten erheblichen Eingriff in Rechtspositionen des Betroffenen darstellt, auch wenn der Verfahrenspfleger die Stellung eines gesetzlichen Vertreters,

> Jürgens § 67 FGG Rn 12,

hat, der möglicherweise vom Betroffenen selbst auch noch im Wege des Regresses bezahlt werden muß,

> zur Gegenmeinung vgl. statt vieler Jürgens § 67 FGG Rn 14.

Jedoch hat der Gesetzgeber zu erkennen gegeben, daß sogar bei weitaus einschneidenderen Eingriffen in Freiheitsrechte des Betroffenen keine Anfechtbarkeit gegeben sein soll, vgl. § 68 b III 2 FGG. Im übrigen ist die Sachlage vergleichbar mit der Bestellung eines Prozeßpflegers nach § 57 ZPO, die ebenfalls unanfechtbar ist,

Thomas/Putzo § 57 ZPO Rn 6,

was letztlich der Verfahrensbeschleunigung dient.

Entgegen Meinungen der Literatur,

Bumiller/Winkler Nr. 4, Bassenge/Herbst § 67 FGG Rn 9,

muß dies auch für die Frage der Ablehnung der Bestellung eines Verfahrenspflegers gelten; ggf. ist diese Frage in der Beschwerde gegen die Endentscheidung mitzuprüfen.

c) Anhörung zu beteiligender Personen oder Stellen

Dies sind regelmäßig Ehegatten, Eltern, Pflegeeltern und Kinder des Betroffenen gemäß § 68 a S. 3 FGG, sofern der Betroffene nicht mit erheblichen Gründen widerspricht. Solche sind hier jedoch nicht vorhanden. **14**

Der Betreuungstelle ist nur dann Gelegenheit zur Stellungnahme zu geben, wenn es der Betroffene verlangt oder dies der Sachaufklärung dient, § 68 a S. 1 FGG. Sie ist hier erfolgt.

Einer **Person des Vertrauens** des Betroffenen soll ggf. ebenfalls die Möglichkeit zur Stellungnahme eingeräumt werden, § 68 a S. 4 FGG

d) Anhörung des Betroffenen, Verschaffung des unmittelbaren Eindrucks und Schlußgespräch

Diese sind gemäß § 68 FGG unabdingbar, soweit ein Betreuer bestellt werden soll; deshalb konnte dies hier unterbleiben – von § 12 FGG abgesehen. Wegen der weitergehenden Rechte des Betroffenen (Ort der Anhörung, Durchführung der Anhörung durch den erkennenden Richte u. a.) sei auf den weiteren Wortlaut der Vorschrift verwiesen. **15**

Neu aufgenommen wurde § 68 I 3 FGG, wonach das Gericht bei der Unterrichtung über den weiteren Verfahrensablauf den Betroffenen in geeigneten Fällen auch auf die Möglichkeit einer Vorsorgevollmacht und deren Inhalt hinweist. Da die Vorsorgevollmacht jedoch Geschäftsfähigkeit voraussetzt, kommt diese Belehrung weitgehend nur in Betracht bei Fällen des § 1896 I 3 BGB, also nur in Fällen rein körperlicher Behinderung. Soweit ersichtlich erfolgten solche Hinweise in der Vergangenheit (schon aus Gründen der Arbeitsersparnis in der Zukunft), so daß diese Neuformulierung eine unnötige Aufblähung des Gesetzestextes darstellt.

Fall 5:

Zwecks Überprüfung der Frage, ob hinsichtlich der Betroffenen X, einer kindlich gebliebenen 30-jährigen Frau, der die Psychiaterin völlige Geschäftsunfähigkeit im Bereich ihrer Vermögensangelegenheiten attestiert, eine Betreuung sowie ein Einwilligungsvorbehalt angeordnet werden soll, lädt das Gericht die Betroffene zur Anhörung in die Gerichtsräume; es erscheint terminsgemäß die Betroffene zusammen mit ihrem Ehemann; gerade wegen des Ehemanns wurden Betreuung und Einwilligungsvorbehalt angeregt, da dieser von seiner Ehefrau in der Vergangenheit durch Ausübung körperlicher Gewalt erhebliche Vermögensteile erlangte.

Zu Beginn der Anhörung teilt der Ehemann mit, er sei die Person des Vertrauens seiner Frau, was diese mit Kopfnicken bestätigt. Er wird dennoch gebeten, zunächst vor der Tür zu warten. Wird die Anhörung ordnungsgemäß durchgeführt?

Lösung 5:

Fraglich ist zunächst, ob gemäß § 68 I FGG die Anhörung der Betroffenen überhaupt in den Gerichtsräumen erfolgen darf. Nach § 68 I 2 FGG muß zumindest der unmittelbare Eindruck, zweckmäßigerweise dann auch die Anhörung, beim Betroffenen in seiner üblichen Umgebung stattfinden, wenn es der Betroffene verlangt oder es – ohne daß dieser widerspricht – der Sachaufklärung dient. Zweck der Vorschrift ist es auch, daß der Betroffene sich sicherer fühlt und daher freier bei der Anhörung seine Rechte wahrnehmen kann.

Die Voraussetzungen liegen hier jedoch nicht vor; umgekehrt kann die Sachaufklärung gerade gebieten, einen Betroffenen ins Gericht zu laden, um festzustellen, ob er noch in der Lage ist, adäquat auf an ihn herangetragene Probleme zu reagieren (selbst kommen, Transport organisieren, Weg finden, telefonisch absagen etc.). Wenn nur die Ehefrau – wie hier – geladen wird und diese prompt mit Gatten erscheint, bestätigt dies indiziell bereits die Meinung der Sachverständigen.

Gemäß § 68 IV 2 FGG hat das Gericht dem Wunsch des Betroffenen, eine Person des Vertrauens bei der Anhörung mitzuhaben, zu entsprechen. Hierbei handelt es sich um eine zwingende Vorschrift,

> Jürgens § 68 FGG Rn 12,

so daß die Anhörung ggf. nicht ordnungsgemäß durchgeführt ist, da der Ehemann hinausgebeten wurde.

U.E. ist dies jedoch im vorliegenden Fall rechtmäßig und sogar gemäß § 12 FGG geboten, da festzustellen ist, inwieweit die Betroffene sich selbst gegen ihren Ehemann durchsetzen kann. Dabei ist dessen Präsenz schädlich; § 12 FGG ist der Vorrang vor § 68 IV 2 FGG einzuräumen, sofern man nicht der – allerdings unüberprüfbaren – Meinung ist, daß der Ehemann gar nicht »Person des Vertrauens« ist; das übergeordnete Landgericht München I hat die Ansicht gebilligt, ohne näher auf das Problem einzugehen.

Die Durchführung der Anhörung war daher rechtmäßig.

Zu beachten bleibt bei der Anhörung, daß aus den in § 68 II FGG genannten Gründen diese selbst zwar unterbleiben kann (trotzdem soll nach der Novellierung des § 67 I 3 FGG trotz Art. 103 GG die Bestellung eines Verfahrenspfleger nicht zwingend sein!), jedoch nicht die Verschaffung des unmittelbaren Eindrucks des Gerichts. Das entscheidende Gericht muß diese Handlungen selbst vornehmen, auf Rechtshilfe darf im Inland nur ausnahmsweise gemäß § 68 I 4 FGG zurückgegriffen werden; bei im Ausland befindlichen Betroffenen ist dagegen die Rechtshilfe schon aus Gründen der Achtung fremdstaatlicher Souveränität geboten, wie § 68 I 5 FGG klarstellt.

Der Fall einer (nur teilweisen) Nichtanhörung liegt auch vor, wenn, was sonst zur Wahrung des rechtlichen Gehörs unbedingt erforderlich ist,
> BayObLG FamRZ 1995, 695 f.,

das Gutachten dem Betroffenen zur Vermeidung von gesundheitlichen Schäden nicht oder nur auszugsweise eröffnet wird; auch dann ist ein Verfahrenspfleger zu bestellen.

Zum Ort der Anhörung und v.a. der Verschaffung des unmittelbaren Eindrucks **16** sei noch folgendes bemerkt: Entgegen der h.M. verbietet der Wortlaut des § 68 I 2 FGG dem Gericht nicht das Betreten der Wohnung des Betroffenen mit der sogar möglichen Folge, daß dann eine Betreuung nicht angeordnet werden kann,
> Jürgens § 68 FGG Rn 4.

Die Widerspruchsmöglichkeit dreht vielmehr die Regel des § 68 FGG um, wonach grds. das Gericht sich den unmittelbaren Eindruck in der üblichen Umgebung des Betroffenen verschaffen soll. Jedoch kann im Einzelfall gerade aus dem nicht verdrängten § 12 FGG zu folgern sein, daß ein Sachverständigengutachten von den Zuständen vor Ort gefertigt wird, §§ 15 I und 68 b FGG.

Wegen des Inhalts einer solchen Anhörung wird auf § 4 Rn 75 ff. (Unterbringungsverfahren) des Buches verwiesen.

e) Schlußgespräch

Ein Schlußgespräch soll nach § 68 V FGG erfolgen, wenn die Gewährung **17** rechtlichen Gehörs dies erfordert oder es der Sachaufklärung dient. Häufig fällt dies schon rein zeitlich mit der am Ende des Verfahrens erfolgenden Anhörung des Betroffenen zusammen. In Fällen des § 68 II FGG ist es ggf. mit dem Verfahrenspfleger durchzuführen.

f) Inhalt und Bekanntmachung der Entscheidung

Dies richtet sich nach §§ 69 und 69 a FGG. Notwendiger Inhalt der Entscheidung **18** sind nach § 69 I FGG neben den Personalien von Betroffenem und Betreuer die Bezeichnung der Aufgabenkreise, die Darlegung der juristischen Person, für die der Betreuer im Einzelfall tätig ist, Ausführungen zum Einwilligungsvorbehalt, Dauer der Überprüfungsfrist und eine Rechtsmittelbelehrung. Nach § 69 II FGG ist jede Entscheidung zu begründen.

Rechtsanwälte, die im Rahmen ihrer Berufsausübung Betreuungen führen sowie andere Berufsbetreuer, sollten darauf achten, daß § 69 FGG an völlig unerwarteter Stelle, nämlich in § 1836 I 1, 2 BGB (der über § 1908 i BGB im Betreuungsrecht ebenfalls anwendbar ist) eine Ergänzung erfahren hat: Die Feststellung des Vormundschaftsgerichts, daß der Betreuer die Betreuung im Rahmen seiner Berufsausübung führt, ist unabdingbare Voraussetzung für einen späteren Vergütungsanspruch des Betreuers! Gerade in der Anfangsphase der Anwendung des neuen Rechts dürfte die Gefahr groß sein, daß die Gerichte diese Vorschrift übersehen, so daß ein neu bestellter Berufsbetreuer ggf. sofort in diesem Punkt Beschwerde einlegen muß. Als Vorsichtsmaßnahme ist ferner bei den Vormundschaftsgerichten zu beantragen, daß für vor dem 1.1.1999 berufsmäßig übernommenen Betreuungen eine entsprechende Klarstellung herbeigeführt wird.

Insbesondere aus dem Krankheitsbild heraus zu entscheiden, ist die Frage der Festsetzung des Überprüfungszeitraums, so daß bei schubförmig verlaufenden Krankheitsbildern je nach Schubdauer und – abstand der Überprüfungszeitraum entsprechend kurz sein kann,

> BayObLG FamRZ 1995, 510 f. **[E8]**.

Hingewiesen sei auf die Feststellung des Zeitpunkts des Wirksamwerdens der Entscheidung nach § 69 a III 2, 3 FGG nF., der sich in der Praxis entgegen den Gesetzesintentionen zum Regelfall entwickelt hat. Die Novelle hat für die Praxis eine Erleichterung verschafft, indem die Entscheidung im Fall der Anordnung der sofortigen Wirksamkeit nicht mehr nur bei Übergabe an die Geschäftsstelle ihre Wirkung entfaltet (schwierig abends um 18 Uhr im Krankenhaus), sondern jetzt auch bei Bekanntgabe der Entscheidung und der Anordnung der sofortigen Wirksamkeit an den Betroffenen und an den Verfahrenspfleger (in diesem Zusammenhang ist die Frage interessant, ob z.B. bei bewußtlosen Betroffenen die Verfahrenspflegerbestellung trotz des Wortlauts des neuen § 67 I 3 FGG nicht schon aus Gründen der Wirksamkeit der Entscheidung zwingend erforderlich ist; oder sollte es Intention des Gesetzgebers gewesen sein, nicht nur das rechtliche Gehör abzuschaffen, sondern auch noch die Bekanntgabe der Entscheidung?).

Der Inhalt einer Beschwerdeentscheidung richtet sich nach § 25 FGG, in Unterbringungsverfahren nach § 70 f FGG.

Ein Verstoß gegen die zwingenden Inhaltsnormen (sog. **Prinzip der Einheitsentscheidung**) führt zur Ergänzung oder Anfechtbarkeit,

> Jürgens § 69 FGG Rn 6.

g) *Zustimmungserklärungen*

19 Ggf. sind noch Zustimmungserklärungen gemäß §§ 1897 II, 1900 BGB einzuholen.

B. Die materiellen Voraussetzungen einer Betreuungseinrichtung nach § 1896 BGB

I. Person des Betroffenen

Ab dem 17. Lebensjahr kann unter der Voraussetzung des § 1908 a BGB mit Wirkung ab der Volljährigkeit eine Betreuung eingerichtet werden.

Beispiel:
Kurdische Eltern beantragen für ihre achtzehnjährige Tochter wegen deren schweren Behinderungen die Einrichtung einer Betreuung; die Sachverständige bejaht die medizinischen Voraussetzungen zur Einrichtung einer Betreuung, teilt jedoch mit, daß die Eltern das im Paß genannte Geburtsdatum der Betroffenen als falsch ansehen, diese sei erst sechzehn Jahre alt. Eine Altersbestimmung über medizinische Gutachten erfolge z.B. über die Zähne, erfordere jedoch die Extraktion eines solchen; im übrigen sei mit einer Ungenauigkeit von +/- 1 Jahr zu rechnen. Behördliche Aufklärung scheitert am Flüchtlingsstatus der Familie.

Das Verfahren muß derzeit eingestellt werden, eine Vermutung der Volljährigkeit ist nicht möglich,

vgl. auch Umkehrschluß in Palandt-Diederichsen § 1908 a BGB Rn 1,

da dies einen Eingriff in die Elterngrundrechte nach Art. 6 GG darstellen würde. Die Eltern würden bei Erziehung ihrer Tochter plötzlich stärker der Aufsicht des Vormundschaftsgericht unterworfen sein.

Sofern der Betroffene Ausländer ist, kann nach deutschem Betreuungsrecht für ihn eine Betreuung nur angeordnet werden, wenn er seinen Aufenthalt im Inland hat, Art. 24 I 2 EGBGB. Dann richtet sich auch der Inhalt der angeordneten Maßnahmen gemäß Art. 24 III EGBGB nach dem deutschen Recht; vorläufige Maßregeln unterfallen nach Art. 24 III EGBGB dagegen dem Recht des anordnenden Staates.

II. Psychische Krankheit/körperliche, geistige oder seelische Behinderung und Feststellung derselben

Hier wurde das hirnorganische Psychosyndrom festgestellt, wobei unterstellt werden soll, daß die Erstattung des Sachverständigengutachtens nach § 68 b FGG erfolgte.

Es muß in diesem Zusammenhang nach ganz einhelliger Meinung auch festgestellt werden, ob der Betroffene mit einer Betreuung **einverstanden** ist; soweit dies nicht der Fall ist, ist die Anordnung einer Betreuung nur möglich, wenn der Betroffene aufgrund seiner psychischen (!) Erkrankung in den jeweiligen Bereichen seinen Willen nicht frei bestimmen kann, also zumindest **partiell geschäftsunfähig** ist.

III. Unfähigkeit zur Besorgung seiner Angelegenheiten (ganz oder teilweise) durch den Betroffenen infolge seiner Krankheit

22 § 1896 I 1 BGB stellt klar, daß der medizinische Befund allein noch nicht ausreicht, um eine Betreuung anzuordnen. Es ist im Einzelfall herauszuarbeiten, in welchem **Aufgabenkreis** der Betroffene krankheitsbedingt seine Angelegenheiten nicht mehr zu regeln vermag, wobei die richterliche Feststellung in beide Richtungen getroffen werden muß,

> Jürgens § 1896 BGB Rn 10.

Dinge, die auch ein Gesunder einem fachkundigen Dritten (Arzt, Rechtsanwalt) überläßt, rechtfertigen bei einem Kranken allein keine Betreuung,

> Palandt-Diederichsen § 1896 Rn 18,

es sei denn, er ist gerade krankheitsbedingt nicht mehr in der Lage, sich fachkundigen Rats Dritter zu bedienen oder diesen zu beschaffen. Dies ist insbesondere der Fall im Bereich der (ggf. nur partiellen) Geschäftsunfähigkeit,

> Palandt-Diederichsen § 1896 BGB Rn 17.

Es ist hierbei auf die konkrete Lebenssituation des Betroffenen abzustellen; lebt ein dementer und mittelloser Mensch gut versorgt und glücklich im Altenheim (die Heimkosten trägt die Sozialhilfe, das monatliche Taschengeld gibt er allein aus), werden sich nur wenige Aufgabenkreise finden lassen, in denen eine Betreuung angezeigt ist (Heimkontrolle, Zuführung zur ärztlichen Behandlung und Aufenthaltsbestimmung insoweit).

Nicht haltbar ist jedoch die Position,

> vgl. hierzu und zum folgenden Entschließungsantrag der SPD-Bundestagsfraktion vom 1.4.1998, BT-Drucksache 13/10331,

wonach der »sozialpflegerische Ansatz« der Betreuungsverhältnisse gestärkt werden müsse. Danach soll eine Betreuung in der Regel verzichtbar sein, wenn »der Hilfsbedürftige nur für einzelne von vornherein bestimmte Willenserklärungen einer gesetzlichen Vertretung bedarf«. In diesen Fällen soll das Vormundschaftsgericht diese Willenserklärungen des Betroffenen ersetzen.

Man stelle sich dies vor für den Einzelfall des Abschlusses eines Heimvertrages: Wer sucht das Heim aus, wer kontrolliert es? Wer in der Praxis sieht, wie manche Altenheime ihre sozialhilfeberechtigten Bewohner noch bei der monatlichen Getränke- oder Wäscheabrechnung über den Tisch ziehen (1 DM für das Waschen eines (!) Waschlappens), vermag angesichts solcher Reformideen nur den Kopf schütteln. Der Jurist wird – wenn seine Ausbildung nur lange genug zurückliegt – an das unsägliche »besondere Gewaltverhältnis« erinnert, in dessen Rahmen Grundrechtseinschränkungen auch ohne gesetzliche Grundlagen möglich gewesen sein sollen und das vom Bundesverfassungsgericht,

> bspw. NJW 1972, 811 ff.,

zu Recht als verfassungswidrig eingestuft wurde. Unter Betonung fürsorglicher Aspekte soll nun der Heimbewohner nur noch dem »Schutz« (?) des »Großen Bruders« anvertraut, besser unterworfen sein.

Wer stellt eigentlich Sozialversicherungsanträge? Ist dann beabsichtigt, daß irgendeine Hilfsperson, deren Qualifikation nicht überprüft wurde, die Anträge ausfüllt und den Geschäftsunfähigen unterschreiben läßt? Kann der Rententräger, dem später die Demenz des Antragstellers bekannt wird, die Rente zurückfordern oder diese wenigstens für die Zukunft streichen?

Die Reformideen zeigen, welche unbedachten Folgen solche »reformerische« Aktivitäten haben, wenn man herausstreicht: »Als Staatsaufgabe setzt die Sicherstellung von Betreuung mehr voraus, als das Zivilrecht leisten kann, da dieses sich wesentlich mit der Regelung von vorgegebenen Rechtsbeziehungen beschäftigt.«

Vielleicht kann man sich in Bonn/Berlin einmal daran erinnern, daß schon die Beschaffung eines Brotes regelmäßig entweder eine Straftat oder aber einen Kaufvertrag (also eine Rechtsbeziehung) voraussetzt.

Ermutigt werden die genannten Kreise jedoch schon durch die bisherige Fassung des § 1896 II 2. Hs BGB – Stichwort »andere Hilfen« –, die jedoch lediglich eine faktische Hilfestellung meinen,

> Jürgens § 1896 BGB Rn 19,

Rechtsvertretung aber gerade ausschließen.

Im vorliegenden Fall leidet der Betroffene unter erheblichem Verlust des Kurzzeitgedächtnisses sowie der Urteils- und Kritikfähigkeit; diese Feststellungen der Sachverständigen werden von keiner Seite in Zweifel gezogen. Die Behauptung der Betreuungsstelle, daß der Betroffene gesund sei, wird durch keine Anhaltspunkte untermauert. Bei diesem Krankheitsbild ist auch festzustellen, daß die völlig desolate Situation des Betroffenen infolge der Krankheit kulminierte.

Schließlich ist er auch nicht in der Lage, sich gegen eine Kündigungs- oder Räumungsklage des Vermieters zur Wehr zu setzen.

IV. Erforderlichkeit der Betreuung, § 1896 II BGB

Dieser Gedanke schließt an § 1896 I BGB an und benennt in § 1896 II 2 BGB besonders zwei Fälle, in denen eine Betreuung nicht angeordnet werden darf: **23**

1. Vorhandene Vollmacht

Unter diesem Gesichtspunkt zeigt sich der Nutzen einer sog. **Vorsorgevollmacht**, die – wenn sie umfassend genug ist – eine Betreuungsanordnung ausschließt. Ein Muster einer solchen Vollmacht ist im folgenden (§ 5 Rn 6) abgedruckt. Ihre Wir- **24** kung in der Praxis ist – rechtstheoretisch – durch die Novelle 1999 hervorgehoben worden, indem nunmehr ausdrücklich eine Bevollmächtigung auch in Bereichen der Gesundheitsfürsorge und der Freiheitsentziehung ermöglicht, diese ggf. aber der gerichtlichen Kontrolle unterworfen wurde, §§ 1904, 1906 BGB n.F.

Die Vorsorgevollmacht hat sich aber in der Praxis bisher nicht durchgesetzt. Die meisten vorgelegten Vollmachten sind entweder inhaltlich nicht ausreichend (insbesondere fehlen oft Bevollmächtigungen im medizinischen und im Bereich der Freiheitsentziehungen) oder sie sind (Regelfall) vom Altenheim im Zusammenhang mit der Unterschrift unter einen Heimvertrag »abgenötigt« oder aber (oft kumulativ) vom Betroffenen in einem Zustand der Geschäftsunfähigkeit abverlangt worden.

Den Verfassern sind Generalvollmachten bekannt, die die Verwandten eine Betroffene unterschreiben ließen, nachdem sie Kenntnis vom Sachverständigengutachten hatten, wonach bei der Betroffenen umfassende Geschäftsunfähigkeit vorliegt. Unter Ausnützung dieser Vollmacht ließ man sich ein Wertpapierdepot der Betroffenen im Wert von ca. 1/4 Mio. DM übertragen.

Die Vollmacht wird sich auch in Zukunft schwerlich durchsetzen: Das Wirksamkeitsproblem einmal beiseite gelassen, setzt die Vollmachtserrichtung die Beschäftigung mit dem eigenen körperlichen Verfall und Tod voraus. Um eine Betreuung wirklich überflüssig zu machen, bedarf die Vollmacht ausdrücklich der **Regelungsbereiche**, die in §§ 1904, 1906 BGB angesprochen sind, z.B.: Wer darf anordnen, den Betroffenen ans Bett zu fesseln, wer entscheidet über lebensbedrohliche medizinische Maßnahmen, die auch tödlich sein können? Weitere schwierige Fragen: Ist die Vollmacht heute noch wirksam, wenn sie vor zehn Jahren ausgestellt wurde? Im Moment des Wirksamkeitseintritts der Vollmacht ist der Betroffene wehrlos geworden: Hat er dann noch Vertrauen zum Vollmachtnehmer?

Außerdem sei hier ausdrücklich auf den Gesetzestext des § 1896 II aE. BGB hingewiesen: »Die Betreuung ist nicht erforderlich, soweit die Angelegenheiten des Volljährigen durch einen Bevollmächtigten ... **ebenso gut** (Hervorhebung durch Verfasser) wie durch einen Betreuer besorgt werden können.« Es sei daran erinnert: Der Bevollmächtigte ist **nur berechtigt, nicht aber verpflichtet** zu handeln; der Betreuer ist hingegen nach § 1901 BGB auch Verpflichteter und zusätzlich auch noch der Kontrolle des Vormundschaftsgerichts unterworfen. Das nachfolgende Muster (§ 5 Rn 6) beinhaltet deshalb auch eine Beauftragung des Bevollmächtigten, die dieser in der Urkunde annehmen sollte; der Beauftragte sollte jedoch die Möglichkeit haben, sich von diesem Auftrag lösen zu können, jedoch nur mit der Maßgabe, daß nahtlos im Anschluß daran eine Betreuung eingerichtet wird. Es sollte daher eigentlich von einem »Vorsorgevertrag« gesprochen werden.

Da bei einer Vielzahl von Rechtsgeschäften Formvorschriften bestehen, sollte der Vorsorgevertrag notariell beurkundet werden. Zwar ist eine Vollmacht nach

§ 167 II BGB grundsätzlich formfrei, jedoch ist herrschende Rechtsprechung beispielsweise zu § 313 BGB, daß die unwiderrufliche Vollmacht zu Grundstücksgeschäften der Form des § 313 BGB unterworfen ist. Die Vorsorgevollmacht behandelt jedoch gerade die Fälle, in denen die Vollmacht für den Vollmachtgeber **unwiderruflich geworden** ist.

Die **Beurkundungspflicht** sollte jedoch den Rechtsanwalt nicht davor abschrecken, entsprechend beratend und vorbereitend tätig zu werden. Beachtet werden soll, daß das nachfolgende Muster (§ 5 Rn 6) sehr weitgehend abgefaßt ist.

Zudem ist in der Beratungspraxis zu beachten, daß der Kreis der bevollmächtigbaren Personen durch §§ 1896 II 2, 1897 III BGB nF. eingeschränkt ist: Wer zu einer Anstalt, Heim o.ä., in welchem der Betroffene lebt, in enger Beziehung steht (Arbeitsverhältnis, auch Ehegatte eines Arbeitnehmers),

> Palandt-Diederichsen § 1897 BGB Rn 13,

kann nicht zum Betreuer bestellt werden, damit auch nicht Partner eines Vorsorgevertrages sein. Diese Regelung sieht auf den ersten Blick bezüglich des Vollmachtnehmers klarer aus, als sie tatsächlich ist.

a) § 1896 II 2 BGB regelt zunächst einmal nur, wann eine Betreuung entbehrlich sein soll, nämlich dann, wenn der Betroffene jemanden bevollmächtigt hat, der nicht zum Kreis der in § 1897 III BGB genannten Personen gehört. Schon aus dem Grundsatz der Privatautonomie muß jedoch folgen, daß auch in den Fällen des § 1897 III BGB eine Vorsorgevollmacht möglich ist, sie führt dann nur nicht zur Entbehrlichkeit einer Betreuung, sondern möglicherweise zu einer nach § 1896 III BGB.

Unangesprochen und durch das Betreuungsrecht eigentlich nicht vorgezeichnet, jedoch auch nicht untersagt, ist die Bevollmächtigung von juristischen Personen. Damit eröffnet sich Mißbrauchspotential, wenn beispielsweise mit einem Pflegeverein ein Vorsorgevertrag geschlossen wird; dieser unterfällt bei ambulanter Pflege zu Hause nicht einmal den Beschränkungen des § 1897 III BGB, wenn man diese Vorschrift nicht analog anwenden will.

b) Auch stellt sich beim Vorsorgevertrag das Zeitpunktproblem: Sinnvoll und wünschenswert wäre, wenn jeder solche Vereinbarungen trifft und treffen kann; zwischen der Vollmachtserteilung und dem Eintritt deren Wirksamkeit können (hoffentlich) Jahre, wenn nicht Jahrzehnte vergehen. Tritt bei einem bestellten Betreuer später die objektive Ungeeignetheit nach § 1897 III BGB ein, so ist dieser nach § 1908 b I BGB zu entlassen; fraglich ist, ob bei einem Vollmachtnehmer, der nach der Vollmachtserteilung und vor oder nach Eintritt der Wirksamkeitsbedingung die Qualifikation des § 1897 III BGB erfüllt, ein Betreuer zu bestellen ist oder ob die Privatautonomie insoweit nicht den Vorrang genießt, insbesondere dann, wenn der Vollmachtgeber den Qualifikationseintritt noch billigen konnte.

Nicht angesprochen ist ferner, ob nicht der Bevollmächtigte Anspruch auf Auslagenersatz haben soll wie der Betreuer eines nichtvermögenden Betroffenen nach Maßgabe des § 1835 BGB gegenüber der Staatskasse. Da eine Erstattungsregel nicht vorgesehen ist, wird derzeit eine Bevollmächtigung eher vermögenden Kreisen vorbehalten sein.

Anzumerken bleibt noch, daß eine Bevollmächtigung zur Sterilisationsgenehmigung nach dem Umkehrschluß aus § 1904 BGB nicht möglich ist; jedoch dürfte ein solch gravierender Eingriff sowieso nur bei solchen Menschen denkbar sein, die aufgrund ihrer Behinderung nie in der Lage sind, eine wirksame Vorsorgevollmacht zu erteilen.

2. Vorhandensein anderer Hilfen

25 Darauf spielt der Sachbearbeiter der Betreuungsstelle an; gemeint sind z.B. die Hilfestellungen des ASD oder anderer **caritativer Einrichtungen**, aber auch die Einbindung des Betroffenen in familiäre oder Nachbarschaftshilfe.

In der Praxis werden – soweit dadurch insgesamt eine Betreuung verhindert werden soll – solche ambulanten Hilfen überschätzt. Zumeist im medizinischen Bereich ist die betreffende Person selbst nicht mehr in der Lage, sich adäquate Hilfe zu verschaffen. Es verbleibt dann nur die »Zwangsbehandlung« in Krisenfällen durch (vielleicht) herbeigerufene Ärzte, die die juristische Grundlage ihrer Behandlung in der Geschäftsführung ohne Auftrag bzw. im Notstandsrecht suchen müssen. Eine adäquate medizinische Versorgung einschließlich einer **rechtlich tragfähigen Behandlungsbasis** für die Ärzte ist **nicht** gewährleistet.

Auch ist nicht nachzuvollziehen, wie ein Betroffener wie E durch ambulante Dienste sich adäquat gegen den Vermieter zur Wehr setzen kann.
Gerade im Hinblick auf die Erforderlichkeitsprüfung ist es auch notwendig, daß sich auch die Beschwerdeinstanz vor Ort ein genaues Bild verschafft, vielleicht im Rahmen von § 12 FGG auch unangemeldet, um – die Lage beschönigende – Reinigungsaktionen zu unterbinden.

3. Fall des § 16 VwVfG (Vertreter von Amts wegen)

26 An dieses Rechtsinstitut des **Verwaltungsverfahrens** sei an dieser Stelle erinnert. Da eine Betreuung nach dem Gesagten erforderlich ist, wird das Landgericht die Entscheidung des Amtsgerichts aufheben. Da eine Auswahl zur Betreuerperson bisher nicht erfolgt ist, wird die Sache an das Amtsgericht zur Neuentscheidung zurückverwiesen werden, um dem Betroffenen nicht eine Tatsacheninstanz zu nehmen; auch fehlt dem Landgericht bisher die Kompetenz zur Betreuerauswahl, da insoweit die Entscheidung gar nicht vorgelegt werden konnte.

Auf die Frage der Auswahl eines Betreuers wird weiter unten eingegangen werden.

C. Die Erweiterung der Betreuung – der Einwilligungsvorbehalt – die Eilentscheidung

I. Die Erweiterung der Betreuung

1. Wesentliche Erweiterung der Aufgabenkreise der Betreuung

Dann sind die gleichen Verfahrensschritte vorzunehmen wie bei Einrichtung einer Betreuung, § 69 i I 1 FGG; **dies gilt nach der Novelle nicht** für Verfahrenshandlungen nach §§ 68 I oder 68 b FGG (also **persönliche** Anhörung, Verschaffung des unmittelbaren Eindrucks und Einholung eines Sachverständigengutachtens), wenn diese in den letzten 6 Monaten bereits einmal erfolgten, § 69 i I 3 FGG. Eine (nicht notwendig persönliche) Anhörung des Betroffenen wie auch der in § 68 a FGG genannten Personenkreise bleibt aber weiterhin erforderlich. Viel ist mit der Erleichterung nicht gewonnen, erspart wird i.d.R. allenfalls das Sachverständigengutachten.

27

Zu beachten ist u.E. auch, daß trotz § 69 i I 3 FGG nF. der **Amtsermittlungsgrundsatz** nach § 12 FGG vorrangig zu beachten bleibt; die Entbehrlichkeit der genannten Handlungen liegt nur dann vor, wenn beispielsweise das Sachverständigengutachten das Vorliegen der medizinischen Voraussetzungen bezüglich der neu in die Betreuung aufzunehmenden Aufgabenkreise bejaht hat.

2. Unwesentliche Erweiterung der Aufgabenkreise

In diesen Fällen, die regelbeispielhaft in § 69 i I 3 FGG aufgezählt sind, gilt das gleiche wie in den Fällen des § 69 i I 2 FGG, wenn die genannten Verfahrenshandlungen 6 Monate zurückliegen.

Wichtig ist in beiden Fällen, daß nach der Intention des Gesetzgebers auch hier bei kommunikationsunfähigem Betroffenen die neue Regelung des § 67 I 3 FGG zum Verfahrenspfleger greift. Ggf. kann dann die Betreuungserweiterung auch mit wirkungsloser Anhörung stattfinden.

II. Die Eilentscheidung

Die Eilentscheidung setzt die Beachtung folgender Verfahrensschritte voraus:

28

- ■ **Zulässigkeit** des Erlasses einer einstweiligen Anordnung im Betreuungsrecht
- ☐ Zuständiges Gericht, insb. auch § 65 V FGG
- ☐ Anordnungsgegenstand i.S.v. § 69 f I FGG, ggf. auch über § 69 i I FGG
- ☐ Behauptung der Anordnungsvoraussetzungen nach § 69 f Nr. 1 FGG, insb. »Gefahr«
- ☐ Vorlage eines ärztlichen Zeugnisses, § 69 f I Nr. 2 FGG
- ☐ Bestellung eines Verfahrenspflegers, § 67 FGG, sofern nicht offensichtlich unnötig im Sinn von § 67 I 3 FGG nF.

☐ Persönliche Anhörung des Betroffenen, nach der Novelle 1999 nicht mehr des Verfahrenspflegers (womit ein redaktionelles Versehen beseitigt wurde), soweit nicht nach §§ 69 f I 3, 69 d I 3 FGG darauf verzichtet werden soll, weil der Betroffene durch die Anhörung erhebliche Nachteile für die Gesundheit in Kauf nehmen müßte (beispielsweise weil er auf einer Intensivstation für Brandverletzte mit schwersten Verbrennungen liegt und jedes Infektionsrisiko minimiert werden muß) oder weil er nicht in der Lage ist, seinen Willen kundzutun.

☐ Anhörung des ggf. bestellten Verfahrenspflegers, Umkehrschluß aus § 69 f I 4 FGG

Die letzten drei Voraussetzungen sind bei »Aufschubgefahr« ggf. verzichtbar (sogenannte »Eilige einstweilige Anordnung«), dann aber nachzuholen.

III. Der Einwilligungsvorbehalt

29   Der Einwilligungsvorbehalt nach § 1903 BGB ist die Konsequenz aus der Intention des Betreuungsrechts, den Betroffenen soviel **Eigenverantwortung** wie möglich zu belassen; mit der Anordnung einer Betreuung wird daher grundsätzlich keine Aussage über die Geschäftsfähigkeit getroffen (wenn auch das Vormundschaftsgericht aus Zweckmäßigkeitsgründen häufig den medizinischen Sachverständigen im Hinblick auf zweifelhafte Rechtsgeschäfte der jüngeren Zeit – Stichwort Generalvollmacht – darum bitten wird, auch in diese Richtung den Betroffenen zu untersuchen).

Jedoch bedürfen Betroffene, die krankheitsbedingt z.B. zum Abschluß von für sie belastenden Haustürgeschäften neigen, in Einzelfällen des Schutzes ähnlich wie Minderjährige. In diesen Fällen ermöglicht die Anordnung eines Einwilligungsvorbehalts, daß die Willenserklärung dann in ihrer Wirksamkeit sich nach §§ 1903 I 2, 108-113, 131 II und 206 BGB richtet, im Wesentlichen daher bei zweiseitigen Rechtsgeschäften schwebend unwirksam, bei einseitigen nichtig ist.

Wesentliche Neuerung gegenüber dem früheren Vormundschaftsrecht ist, daß der Einwilligungsvorbehalt **mit einem Aufgabenkreis verbunden** sein muß: ohne einen entsprechenden Aufgabenkreis ist ein Einwilligungsvorbehalt nicht möglich, umgekehrt entfaltet er seine Wirkung auch nur innerhalb dessen!

In der Praxis sollte mit der Verhängung eines Einwilligungsvorbehalts besonders vorsichtig umgegangen werden; spätestens dessen Anordnung wirkt gerade aus Sicht des Betroffenen »entmündigend«. Zudem birgt er die Gefahr, daß noch mehr als sonst Geschäftspartner – aus berechtigter Angst, mit einem Geschäftsunfähigen zu verhandeln – auch bei Rechtsgeschäften, die nicht vom Einwilligungsvorbehalt umfaßt wären, sich nur noch an den Betreuer wenden. Diese Tendenz besteht – aus Sicht von Geschäftspartnern – im Alltag der Betroffenen zumindest im Vermögensbereich schon jetzt. Viele Banken genehmigen Auszahlungen an Betroffene nur nach Rücksprache mit dem Betreuer, da sie andernfalls das Risiko der Doppelleistung fürchten. Diese Konstellation hat allerdings umgekehrt den Vorteil, daß hierdurch im Betreueralltag eine Vielzahl von an sich notwendigen Einwilligungsvorbehalten vermieden werden.

- **Materiellrechtliche Voraussetzungen** der Anordnung eines Einwilligungsvorbehalts nach § 1903 BGB sind daher:

- ☐ **Aufgabenkreis eines Betreuers, in dessen Rahmen ein Einwilligungsvorbehalt angeordnet werden soll**; damit ist zugleich klargestellt, daß überhaupt die Voraussetzungen einer Betreuung vorliegen müssen.

- ☐ **Kein ausgeschlossener Aufgabenkreis:** In Bereichen des § 1903 II BGB ist die Anordnung eines Einwilligungsvorbehalts nicht möglich. Insbesondere bei Eheschließung und Verfügungen von Todes wegen soll es ausschließlich auf Geschäfts-, Ehe- und Testierfähigkeit ankommen, vgl. z.B. §§ 1303, 1304, 2229 BGB.

- ☐ **Erhebliche Gefahr** für Person oder Vermögen des Betroffenen

- ☐ Gefahr ist Folge von **krankheitsbedingtem Unvermögen des Betroffenen,**
    BayObLG FamRZ 1993, 851 **[E9]**.

- ☐ **Erforderlichkeit:** Bestehen andere, weniger einschneidende Möglichkeiten (s. obiges Bankbeispiel), darf ein Einwilligungsvorbehalt nicht erfolgen.

Die **Rechtsfolgen** ergeben sich aus dem o.a. Verweis ins Minderjährigenrecht mit einer Ausnahme nach § 1903 III 2 BGB: Soweit eine Willenserklärung des Betroffenen nur geringfügige Angelegenheiten des alltäglichen Lebens erfaßt, greift der Einwilligungsvorbehalt nur ein, wenn ausdrücklich auch diese Bereiche in die Anordnung des Einwilligungsvorbehalts mitaufgenommen wurden. Aus diesem Grund sind zahlreiche Einwilligungsvorbehalte (»Der Betroffene bedarf für alle Rechtsgeschäfte vermögensrechtlicher Art, soweit sie einen Betrag von 50 DM übersteigen, einer Einwilligung«) nur aus Gründen der Rechtsklarheit in der Formulierung vertretbar, sind jedoch durch bloße Wiederholung des Gesetzestextes überfrachtet.

Keine Voraussetzung ist vorhandene Geschäftsfähigkeit. Auch bei Geschäftsunfähigen kann ein Einwilligungsvorbehalt angeordnet werden,

    Palandt-Diederichsen § 1903 BGB Rn 5;

mit diesem dreht sich nämlich im Prozeßfall faktisch die **Beweislast** zugunsten des Betroffenen um, da der Gegner die Einwilligung des Betreuers nachweisen muß, während ansonsten der Betreuer die Geschäftsunfähigkeit des Betroffenen beweisen muß. Daran zeigt sich aber auch die oben angesprochene Gefahr, daß der Einwilligungsvorbehalt zur »faktischen Geschäftsunfähigkeit« im Alltag führt.

IV. Anordnung eines Einwilligungsvorbehalts im Eilverfahren

31 **Fall 6:**

Für den Betroffenen S wurde Ende 1996 eine Betreuung eingerichtet mit den Aufgabenkreisen »Aufenthaltsbestimmung, Heilfürsorge, Vertretung in strafrechtlichen Angelegenheiten«; gegen den Betroffenen war ein Ermittlungsverfahren anhängig. Im Hinblick auf den letzten Aufgabenkreis sowie auf die Tatsache, daß der Betroffene ohne Verwandten- oder Freundeskreis ist, wurde ihm Rechtsanwältin R zur Betreuerin bestellt. Die Überprüfung dieser Entscheidung soll 2001 anstehen.

Im Februar 1997 beantragt die Betreuerin die Erweiterung der Aufgabenkreise um »Vermögenssorge«, verbunden mit der Anordnung eines Einwilligungsvorbehalts. Zur Begründung führt sie an, daß im Rahmen der Strafverteidigung ans Licht kam, daß der Betroffene wahllos bei verschiedensten Lieferanten Waren bisher im Gesamtwert von ca. 50.000 DM bestellt habe, ohne diese gebrauchen, geschweige denn bezahlen zu können, da er seit Jahren weitgehend von der Sozialhilfe lebe. Er habe massive Probleme mit seinen Gläubigern und den Banken, da er mit Geld nicht umgehen könne.

Auf Vorhalt sei er zwar einsichtig, werde aber kurze Zeit später immer wieder »schwach«. Ihre Androhung ihm gegenüber, sie werde beim Gericht den nunmehr vorgebrachten Antrag stellen, schrecke ihn nicht weiter. In den letzten 2 Wochen habe er wieder Bestellungen über 5.000 DM getätigt. Zu Verhandlungen mit Gläubigern sei der Betroffene in keiner Weise befähigt.

Sie bittet daher um Erlaß einer Eilentscheidung. Hinsichtlich der medizinischen Seite verweist sie auf das beigefügte Attest des den Betroffenen behandelnden Nervenfacharztes, der u. a. attestiert, daß der Betroffene im Bereich der Vermögenssorge schon seit mindestens einem halben Jahr geschäftsunfähig ist.

Lösung 6:

In Betracht kommt der Erlaß einer einstweiligen Anordnung nach § 69 f FGG.

1. Zulässigkeit des Erlasses einer einstweiligen Anordnung

a) Zuständigkeit des Gerichts

32 Zunächst gilt wiederum § 65 I FGG; im Bereich des Erlasses einer einstweiligen Anordnung gibt § 65 V FGG jedoch den weiteren Gerichtsstand des Orts des Fürsorgebedürfnisses. Hierbei ist jedoch zu beachten, daß die Zuständigkeit nach § 65 V FGG eine subsidiäre ist; sobald der dringliche Fall entschieden wurde, erlischt die Zuständigkeit des Gerichts aus § 65 V FGG, es hat die Akten an das gemäß § 65 I FGG zuständige Gericht zu übersenden, welches ohne weitere Verfahrensschritte das Verfahren fortführen muß; insbesondere ist weder Platz für ein Abgabeverfahren nach §§ 65a, 46 FGG noch für weitere Zweckmäßigkeitsüberlegungen,

> BayObLG FamRZ 1996, 1339f.

Im Bereich vieler Amtsgerichte kommen solche Eilfälle häufig vor, wenn in deren Gerichtssprengeln große, beispielsweise Bezirkskrankenhäuser oder Reha-Kliniken liegen.

Im vorliegenden Fall ergibt sich die Zuständigkeit auch aus § 65 I FGG.

b) Anordnungsgegenstand

Nach § 69 f I FGG kommen für den Erlaß einer einstweiligen Anordnung lediglich vorläufige Betreuerbestellung und vorläufiger Einwilligungsvorbehalt sowie Entlassung des Betreuers (§ 69 f III FGG) in Betracht. **33**

Da jedoch nach § 69 i I FGG bei Erweiterung der Betreuung grds. die Verfahrensvorschriften gelten wie bei Ersteinrichtung einer Betreuung, ist auch hinsichtlich der Erweiterung der Betreuung um den Aufgabenkreis »Vermögenssorge« eine einstweilige Anordnung statthaft,

> Jürgens § 69 i FGG Rn 2.

Für den Einwilligungsvorbehalt ist dies normiert.

c) Behauptung, daß Anordnungsvoraussetzungen vorliegen und mit Aufschub nicht zugewartet werden kann

Dies ergibt sich aus § 69 f I Nr. 1 FGG; im Rahmen der Zulässigkeitsprüfung muß der schlüssige Vortrag als solches genügen bzw. das Vorliegen der Voraussetzungen ernsthaft möglich sein, **34**

> h.M., vgl. Knöringer, Freiwillige Gerichtsbarkeit, S. 38;

ein Nachweis ist erst bei der Begründetheit zu erbringen.

Hier ergibt sich die Gefahr, daß der Betroffene sich immer weiter verschuldet und ggf. auch weitere Anzeigen wegen Betruges seitens der Gläubiger erhält.

Fraglich ist, ob die beantragten Maßnahmen dieser Gefahr begegnen und ob sie – angesichts der Vermögenslosigkeit des Betroffenen – nicht unnütz sind, da er jenseits der Pfändungsfreigrenzen sein Leben fristet. So hat das BayObLG entschieden, daß der Aufgabenkreis »Vermögenssorge« nicht in Betracht kommt, wenn weder Vermögen vorhanden ist noch Einkünfte erzielt werden,

> BayObLG BtPrax 1995, 64, 65.

In einem solchen Fall wäre ein dringender Grund nicht einmal schlüssig vorgetragen, der Erlaß einer einstweiligen Anordnung daher unzulässig.

Jedoch gilt dies dann nicht, wenn das »Vermögen« durch Anhäufung von Schulden ständig weiter geschädigt wird, so daß der Betroffene immer weiter ins soziale Abseits kommt. Da weitere Verpflichtungsgeschäfte nach Anordnung eines Einwilligungsvorbehalts nur mit Zustimmung der Betreuerin wirksam werden,

§ 1903 BGB, sind die beantragten Maßnahmen geeignet, in Zukunft vorzubeugen,

> BayObLG FamRZ 1997, 903 f.

Auch hindert die Geschäftsunfähigkeit eines Betroffenen nicht die Anordnung eines Einwilligungsvorbehalts. Zwar ist eine entsprechende Willenserklärung in jedem Fall nichtig; jedoch dreht sich im Zivilprozeß nach den allgemeinen Beweislastregeln bei Verhängung des Einwilligungsvorbehalts die Beweislast faktisch zugunsten des Betroffenen um. Muß er normalerweise dartun, daß er bei Abschluß eines Vertrages geschäftsunfähig war, wird bei Vorliegen eines Einwilligungsvorbehalts kein Gläubiger überhaupt nur eine Klage anstrengen. Aus diesem Grund hat das (Nicht-)Vorhandensein von Geschäftsunfähigkeit weder positiven noch negativen Einfluß auf die Frage, ob ein Einwilligungsvorbehalt angeordnet werden soll,

> Klüsener/Rausch NJW 1993, 617, 619; Palandt-Diederichsen § 1903 BGB Rn 5.

d) Bestellung eines Verfahrenspflegers, § 69 f I Nr. 3 FGG

35 Diese ist nur dann erforderlich, wenn ein solcher nach Maßgabe des § 67 FGG (s.o) zu bestellen wäre.

e) Persönliche Anhörung von Betroffenen und ggf. Anhörung des Verfahrenspfleger

36 Diese ist nach § 69 f I Nr. 4 FGG vorzunehmen. Für diese Anhörung gilt nicht § 68 FGG, vielmehr folgende Besonderheiten:

- Anhörung grds. auch durch ersuchten Richter möglich, § 69 f I 2 FGG
- Unterlassung der Anhörung des Betroffenen bei:
  - Befürchtung erheblicher Nachteile für die Gesundheit des Betroffenen, §§ 69 f I 3, 69 d I 4 1. Alt. FGG
  - offensichtlicher Unfähigkeit des Betroffenen, seinen Willen kundzutun, §§ 69 f I 3, 69 d I 4 2. Alt. FGG

In diesen beiden Fällen ist jedoch jedenfalls ein Verfahrenspfleger zu bestellen und anzuhören, § 69f I Nr. 3 FGG iVm dem Rechtsgedanken aus § 67 I 2 Nr. 1 FGG und § 69 f I Nr. 4 FGG.

Zu berücksichtigen ist jedoch im vorliegenden Fall, daß § 69 i I FGG im Fall der nur unwesentlichen Erweiterung der Betreuung nur die Anhörung, nicht die persönliche Anhörung des Betroffenen verlangt; anderes kann auch nicht im Verfahren auf Erlaß einer einstweiligen Anordnung gelten.

f) Einholung eines ärztlichen Zeugnisses über den Gesundheitszustand des Betroffenen, § 69 f I Nr. 2 FGG

37 Ungeklärt ist nach der Novelle 1999, inwieweit im vorliegenden Fall auf Verfahrenshandlungen bezüglich der Anhörung und der Einholung eines ärztlichen

Zeugnisses nach der geänderten Vorschrift des § 69 i I FGG verzichtet werden kann. Immerhin lagen im vorliegenden Fall Anhörung i.S.v. § 68 I FGG und Einholung eines Sachverständigengutachtens nach § 68 b FGG noch keine 6 Monate zurück. Die bisherige gesetzliche Systematik zu den alten §§ 68 ff., 69 d, 69 f, 69 i FGG sollte in Bezug auf das Eilverfahren sicherstellen, daß die langwierigen Verfahrensvorschriften im Bereich der Betreuungsbestellung und -erweiterung nicht zu erfüllen waren im Hinblick auf die Gefahrenlage in Eilfällen; hierfür gab § 69 f FGG mit Spezialregeln über Anhörung und medizinische Sachaufklärung Erleichterungen. Soweit nun jedoch durch Gesetzesänderungen im **Hauptsacheverfahren** Erleichterungen ermöglicht wurden, soll § 69 f FGG sicherlich keine Verschärfung der Verfahrensvorschriften darstellen.

Im vorliegenden Fall kann – soweit unter den Gesichtspunkten des § 12 FGG vertretbar – zumindest auf die Erholung eines ärztlichen Zeugnisses verzichtet werden, sofern das bei Prüfung der Errichtung der Betreuung eingeholte Sachverständigengutachten entsprechend tragfähig ist. Zwar spricht die Gesetzeskette §§ 69 i I, 69 f I Nr. 2 FGG lediglich vom Verzicht auf ein entsprechendes Gutachten; wenn jedoch bereits auf ein Gutachten verzichtet werden kann im Hauptsacheverfahren, dann erst recht im Eilverfahren.

Über § 69 f FGG gilt also grundsätzlich weiterhin § 69 i I FGG; diese Vorschrift verlangt nämlich bei nur unwesentlichen Erweiterungen nicht einmal die Vorlage eines ärztl. Attests, geschweige denn eines Gutachtens,

Bassenge/Herbst § 69 i FGG Rn 4.

Fraglich ist, ob die erstmalige Anordnung der Vermögenssorge wesentlich ist oder nicht; u.E. handelt es sich hier um eine wesentliche Erweiterung, da zusätzlich zum Aufgabenkreis »Vermögenssorge« auch noch ein Einwilligungsvorbehalt angeordnet werden soll,

so im Ergebnis auch Jürgens § 69 i FGG Rn 3.

2. Zulässigkeit des Erlasses einer eiligen einstweiligen Anordnung

In § 69 f I 4 FGG versteckt sich eine weitere Möglichkeit zum Erlaß einer sog. eiligen einstweiligen Anordnung, die es ermöglicht, **ohne** Bestellung eines Verfahrenspflegers und **ohne** dessen Anhörung sowie des Betroffenen eine Anordnung zu erlassen, so daß nur folgende Bedingungen erfüllt sein müssen: **38**

a) Zuständiges Gericht

s. oben Rn 32

b) Anordnungsgegenstand

s. oben Rn 33

c) Behauptung, daß Anordnungsvoraussetzung vorliegen und mit Aufschub nicht zugewartet werden kann

Voraussetzung hierfür ist jedoch, daß **Gefahr im Verzug** vorliegt und das Gericht die fehlenden Verfahrenshandlungen unverzüglich **nachholt**.

Die Neigung der Gerichte, solche Maßnahmen ohne jegliche Anhörung zu erlassen, dürfte gering sein. Zu denken ist v.a. daran, daß schon streitig ist, ob die Tätigkeit der Vormundschaftsgerichte dem Spruchrichterprivileg nach § 839 II BGB unterfallen; sicher ist jedoch, daß ohne Anhörung des Betroffenen oder wenigstens an seiner Stelle eines Verfahrenspflegers dieses Privileg nicht greift,

> Palandt-Thomas § 839 BGB Rn 68.

3. Zum Inhalt einer solchen Entscheidung

a) Ärztliches Attest

39 Erforderlich ist zunächst die **Vorlage eines ärztlichen Attests** über den Zustand des Betroffenen, § 69f I Nr. 2 FGG, s.o., fraglich ist, mit welchem Inhalt (zum Unterschied zum Gutachten s.o. § 2). Nach h.M.,

> Jürgens Rn 4 und Bumiller/Winkler § 69f FGG Nr. 2,

soll das ärztliche Attest auch zum Vorliegen der dringenden Gründe für (hier) die Erweiterung der Betreuung und Notwendigkeit eines Einwilligungsvorbehalts Stellung zu nehmen, eine Auffassung, die vom Gesetzestext nicht gedeckt ist, gerade auch, wenn man den Wortlaut von § 69 f I Nr. 2 FGG mit dem von § 68 b FGG vergleicht. Der Meinung von Bassenge/Herbst,

> Bassenge/Herbst § 69f FGG Rn 5,

ist daher der Vorzug zu geben; das Gericht muß im Rahmen von § 12 FGG ggf. weitere Ermittlungen vornehmen und seine Schlüsse ziehen.

b) Vorhandensein dringender Gründe für Einrichtung oder Erweiterung der Betreuung bzw. Anordnung eines Einwilligungsvorbehalts

40 Eine Glaubhaftmachung reicht hierbei aus, § 12 FGG kommt zur Anwendung.

aa) Betreuungsanordnung

Hier kann das Prüfungsraster für die Einrichtung einer Betreuung abgeprüft werden.

bb) Betreuungserweiterung

Hier gilt das gleiche; Krankheit, daraus resultierendes Unvermögen und Erforderlichkeit für den neu beantragten Aufgabenkreis müssen geprüft und bejaht werden.

Zu beachten ist, daß der Einwilligungsvorbehalt gemäß § 1903 I BGB stets nur im Rahmen eines Aufgabenkreises angeordnet werden kann; eine isolierte Anordnung hier z.B. ohne Betreuungserweiterung auf Vermögenssorge kommt nicht in Betracht. Der angeordnete Einwilligungsvorbehalt führt sodann gemäß § 1903 I 2 BGB dazu, daß die Willenserklärung des Betroffenen im gleichen Umfang nur wirksam werden kann wie die eines beschränkt Geschäftsfähigen.

cc) Gefahr durch Aufschub der Maßnahme bis zur endgültigen Entscheidung des Gerichts?

Dies liegt hier vor in Form der sicher zu erwartenden weiteren Selbstschädigung des Betroffenen durch Eingehung weiterer finanzieller Verpflichtungen.

dd) Gefahr im Verzug bei eiliger einstweiliger Anordnung?

Diese muß über die »Aufschubgefahr« von § 69 f I Nr. 1 FGG so groß sein, daß der Verzicht auf die sonst zwingenden Anhörungen gerade geboten ist, ein seltener Fall, der eher im medizinischen Bereich eine Rolle spielen kann.

Nur in diesem Fall übrigens wird § 1897 IV, V BGB hinsichtlich der Betreuerauswahl relativiert, vgl. § 69 f I 5 FGG nF.

c) Dauer der Maßnahme/Ende

Zu beachten ist § 69 f II FGG, wonach eine solche Maßnahme nur für max. 6 Monate, die auf ein Jahr verlängerbar sind, auszusprechen ist. Im Gegensatz zur normalen Betreuungsanordnung erlischt eine Betreuungsanordnung durch einstweilige Anordnung automatisch mit Fristablauf, wenn nicht zuvor anderweitig entschieden wurde,

> Jürgens § 69 f FGG Rn 8.

41

d) Rechtsbehelf

Im Hinblick auf die Betreuungserweiterung ist statthaft die Beschwerde, im Hinblick auf einen einstweilig angeordneten Einwilligungsvorbehalt ist statthaft die fristgebundene sofortige Beschwerde nach § 69g IV FGG (Einlegungsfrist zwei Wochen ab Bekanntmachung der Entscheidung). Allerdings wäre hier die Nichteinhaltung der Frist unschädlich, wenn auf einfache Beschwerde die Betreuungserweiterung aufgehoben wird, da dann der Einwilligungsvorbehalt ohne weiteres wegfällt,

> Bassenge/Herbst § 69 g FGG Rn 13.

42

4. Sonstige Eilmaßnahmen im materiellen Recht

§§ 1846, 1908 i BGB, s. unten § 4 Rn 75 ff.

43

D. Die Verlängerung der Betreuung

Fall 7:

44 Für die damals 19jährige B, die am sogenannten Down-Syndrom (früher Mongolismus) leidet, war am 20.7.1992 ihre Mutter als Betreuerin mit umfassenden Aufgabenkreis (»alle Angelegenheiten einschließlich Anhalten, Entgegennahme und Öffnen der Post«) bestellt worden. Am 1.10.1997 werden dem zuständigen Richter die Akten erneut vorgelegt mit einem Schreiben der Mutter, die die Verlängerung der Betreuung anregt unter Fortfall des Aufgabenkreises »Vermögenssorge«, da die Betroffene über keinerlei Vermögen verfügt und sie ihr Taschengeld in Höhe von 300 DM im Monat verantwortungsvoll einteilt und ausgibt. Unter welchen Voraussetzungen kann die Betreuung verlängert werden?

Lösung 7:

I. Verfahrensvoraussetzungen

§ 69 i VI FGG regelt das Verfahren bezüglich der Entscheidung über die Verlängerung der Betreuung. Zu beachten ist im vorliegenden Fall zunächst, daß ein **Überschreiten der Frist** nicht zur Beendigung oder Erlöschen der Betreuung führt. Dies ergibt sich aus dem Vergleich der Wortlaute von § 69 I Nr. 5 und § 70 f I Nr. 3 FGG,

> Bassenge/Herbst § 69 FGG Rn 6 und § 69 i FGG Rn 20; anders beim Auslaufen einer einstweiligen Anordnung.

45 Ansonsten gelten gemäß § 69 i VI FGG die Vorschriften über die Erstbetreuung in gleicher Weise mit den in S. 2 genannten Ausnahmen, also:

- Zuständigkeit des Gerichts, § 65 FGG
- Bestellung eines Verfahrenspflegers, § 67 FGG, da beim vorliegenden Krankheitsbild die Möglichkeit, die Verfahrensrechte selbst wahrzunehmen, kaum vorhanden sein dürfte.
- Anhörung der in § 68 a FGG genannten Personen und Stellen, soweit die weiteren Voraussetzungen hierfür erfüllt sind.
- Persönliche Anhörung des Betroffenen, Verschaffung des unmittelbaren Eindrucks und Schlußgespräch.

II. Materielle Voraussetzungen der Betreuungsverlängerung

46 Hier sind wiederum die Voraussetzungen der §§ 1896 f BGB zu prüfen, s.o.; statt eines Gutachtens genügt jedoch ein **ärztliches Zeugnis**, wenn sich aus diesem und der persönlichen Anhörung des Betroffenen ergibt, daß der Umfang der Betreuungsbedürftigkeit sich nicht verringert hat, vgl. § 69 i VI 2 FGG.

Jürgens,

§ 69 i FGG Rn 17,

verlangt hierbei, daß im Ergebnis das Zeugnis wie ein Gutachten gemäß § 68 b FGG zu erstellen sei im Hinblick darauf, »daß die Verfahrensgarantien der Erstbestellung erhalten bleiben sollen«. Diese Ansicht übersieht, daß § 69 i VI FGG die Verfahrensgarantien insoweit gerade einschränkt. Immerhin ist bereits einmal ein Gutachten eingeholt worden; gerade am Beispiel des Down-Syndroms – das nach heutigem Stand der Forschung nicht heilbar ist – zeigt sich der Irrwitz, eine einem Gutachten angenäherte Form einer medizinischen Stellungnahme zu verlangen. Ausreichend – so auch der Gesetzeswortlaut – ist u.E. die Bestätigung der Diagnose; sinnvoll kann auch die ärztliche Feststellung sein, inwieweit – z.B. durch therapeutische Fortschritte – sich der Betreuungsumfang verändert hat.

Jedoch sei festgehalten, daß **aus persönlicher Anhörung und ärztlichem Attest zusammengenommen** sich der von § 69 i VI FGG geforderte Eindruck ergeben muß, nicht aus jedem Teil allein.

Fraglich wäre noch, ob tatsächlich ein Gutachten eingeholt werden muß, nachdem sich offensichtlich die Betreuungsbedürftigkeit bezüglich der Vermögenssorge verringert hat. Der Gesetzeswortlaut legt dies zunächst nahe. Jedoch kommt dann zusätzlich § 69 i III FGG zum Tragen, der bei Einschränkung des Aufgabenkreises weder ein Gutachten noch ein ärztliches Zeugnis verlangt.

Somit kann die Betreuung hier unter Vorlage des ärztlichen Zeugnisses und nach erfolgter persönlicher Anhörung verlängert werden unter Wegfall des Aufgabenkreises der Vermögenssorge.

In diesem Zusammenhang sollte man die menschliche Komponente der gerichtlichen Verfahrenshandlungen bei der Verlängerung der Betreuung nicht aus dem Auge verlieren. Da gibt es z.B. eine Mutter, die 18 Jahre lang unter vielfältigen Opfern ihr Kind großgezogen hat unter Erduldung viel größerer Sorgen, als eine Kindeserziehung im allgemeinen mit sich bringt; irgendwann nach dem 18. Geburtstag kommen erst ein Gutachter, später Verfahrenspfleger, Protokollführer und Richter, Betreuung wird beschlossen, beim Rechtspfleger kann sich die Mutter später – nach Belehrung – den Betreuerausweis abholen. Dieses Procedere in abgeschwächter Form alle fünf Jahre? Der Verfasser hat sich angewöhnt, bei Ersteinrichtung einer solchen Betreuung die Beteiligten gleich auf das regelmäßige Ritual hinzuweisen und den Gesetzgeber dabei entschuldigend in Schutz zu nehmen; häufig bleibt jedoch ein schales Gefühl, daß die Betreuer sich zu Unrecht kontrolliert fühlen, während sie sonst mit vielen Sorgen allein bleiben.

Andererseits ist eine »Kontrolle« **im Sinn einer Kontaktaufnahme** durchaus bedeutsam; so kann im Einzelfall darauf hingewiesen werden, daß es sinnvoll ist, ein behindertes Kind auch in gewissem Umfang abzunabeln, da eines Tages die Eltern nicht mehr leben werden. Aber: Im Referat des Verfassers läuft eine Betreuung für einen Mitte der 30er Jahre in Deutschland (!) geborenen, bei den Eltern lebenden Mann mit Down-Syndrom, den die Eltern in der Nazizeit versteckten, sein Überleben ermöglichten und schon aus dieser Erfahrung heraus niemals ihren Sohn in fremde, geschweige denn staatliche »Obhut« geben werden. Seit 60 Jahren pflegen sie ihr Kind. Der Gedanke des Verfassers ist bei dieser Akte immer wieder: »Wir – die Schönwetterjuristen und Verfahrensrechtsgaranten – haben dort alle **nichts** verloren ...«.

Im Zusammenhang mit § 69 i VI FGG stellt sich auch die Frage, ob der **Übergang** von einer Betreuung, die in einer einstweiliger Anordnung ihren Beginn nahm, hin zu einer endgültigen Betreuung nicht eine Verlängerung im Sinn von § 69 i VI FGG darstellt. Ergebnis wäre jedoch, daß nie ein Gutachten einzuholen wäre, weshalb ein solcher Weg eine Umgehung des § 68 b FGG darstellt; § 69 i VI FGG meint daher nur die Verlängerung einer endgültig eingerichteten Betreuung,

> in die gleiche Richtung für den Fall der Überprüfung nach BtG Art. 9 § 2 OLG Hamm FamRZ 1995, 433 ff.

E. Betreuerauswahl – Betreuerwechsel aus wichtigem Grund – Entlassung – Tod des Betreuers

I. Die Betreuerauswahl

Fall 8:

47 Die Betroffene B wird nach wiederholtem Schlaganfall in ein Krankenhaus eingeliefert, halbseitig gelähmt; das Sprachzentrum war bereits bei einem vorherigen Schlaganfall zerstört worden; nach Auskunft der Ärzte ist eine Besserung nicht mehr zu erwarten. Sie benötige einen Betreuer in allen Aufgabenkreisen, an eine Rückkehr nach Hause sei aus diversen pflegerischen Gründen nicht zu denken, u. a. auch deshalb, weil auf dem Land, wo die Betroffene bisher gewohnt habe, die Strukturen für eine ambulante Versorgung nicht hinreichend vorhanden seien.

Die Betroffene hat drei Kinder, einen Sohn, der Arzt ist, und zwei Töchter, die beide ihren Haushalt und Kinder versorgen. Ihrer ältesten Tochter hat die Betroffene schon vor Jahren ihr Haus bei Landsberg, in welchem die älteste Tochter und bisher auch die Betroffene wohnten, überschrieben unter Vorbehalt eines lebzeitigen Nießbrauchs.

Unter den Kindern herrscht Streit, wie mit der Mutter weiter verfahren werden soll. Die älteste Tochter will in jedem Fall die Mutter nach Hause holen und dort selbst pflegen, außerdem will sie alleine die Betreuung führen. Der Sohn plädiert für den Versuch einer Rehabilitationsmaßnahme in einer Fachklinik, sollte diese scheitern, will er seine vollpflegebedürftige Mutter in ein Heim bringen. Im übrigen wäre er bereit, die Betreuung zu übernehmen.

Die zweite Tochter meint, daß »nur das Beste« für die Mutter gut genug sei; dies sei jedenfalls aber nicht eine Pflege durch die älteste Tochter; diese habe schon in der Vergangenheit nur Fürsorge geheuchelt, um an das Haus zu kommen, wie es dann auch geschehen sei; im übrigen habe sie sich immer einen Dreck um die Mutter gekümmert, ihr allenfalls Minimalstpflege angedeihen lassen. Die Hinzuziehung ambulanter Dienste habe sie stets abgewehrt, wohl auch aus dem Grund, daß von der Rente der Mutter in Höhe von 3.000 DM pro Monat stets ein Großteil als »Haushaltsgeld« an die älteste Tochter geflossen sei, wie auch wohl ein Teil der nicht unbeträchtlichen Sparbücher die älteste Tochter habe ausgeben dürfen.

Im übrigen habe sie nie ein gutes Verhältnis zur Mutter gehabt; sie täte ihr zwar leid, eine Betreuung möchte sie jedoch nicht übernehmen.

Die Betreuungsstelle schlägt angesichts der Zerstrittenheit der Familie und der Tatsache, daß die Betroffene keine Betreuungsverfügung o.ä. gefertigt hat, als Betreuer die Diplom-Sozialpädagogin T vom XY-Betreuungsverein vor. Das Gericht erwägt die Einsetzung eines Rechtsanwalts zumindest in Teilbereichen.

Wen kann das Gericht am sinnvollsten zum Betreuer bestellen?

Lösung 8:

1. Auswahl der zweiten Tochter

Zwar besteht grundsätzlich eine Rechtspflicht zur Übernahme einer zumutbaren **48** Betreuung nach § 1898 I BGB, jedoch ist die Nichtbeachtung dieser Pflicht weitgehend sanktionslos; allenfalls Schadenersatzansprüche nach §§ 1908 i I, 1787 I BGB sind denkbar.

Die zweite Tochter kann im übrigen angesichts ihrer Weigerung, die Betreuung zu übernehmen, auch gemäß § 1898 II BGB nicht zur Betreuerin bestellt werden; § 1787 II BGB ist angesichts des eingeschränkten Verweises in § 1908 i I BGB nF. im Betreuungsrecht nicht anwendbar.

In der Praxis der im Rahmen ihrer Berufsausübung die Betreuung führenden Personen stellt sich die Frage, ob § 1898 I BGB insoweit nicht wenigstens die Pflicht zur vorläufigen Übernahme der Betreuung an diesen Personenkreis normiert (mit der genannten Schadensersatzfolge), auch wenn im Einzelfall noch gar kein Einverständnis zur Betreuungsübernahme vorliegt, § 1898 II BGB. Da nach wohl h.M. die Zustimmungserklärung nach § 1898 II BGB die Wirksamkeit der Betreuerbestellung nicht berührt,

> Damrau-Zimmermann § 1899 Rn 1,

allenfalls im Beschwerdeweg angreifbar macht, muß – angesichts der Schadensersatzfolge – zumindest der Rechtsanwalt oder Berufsbetreuer die Betreuung bis zu seiner Entlassung gewissenhaft führen. Gleiches gilt zwar auch für Privatpersonen wie hier der zweiten Tochter, jedoch wären bezüglich des Verschuldens im Rahmen der Prüfung des § 1787 I BGB höhere Anforderungen zu stellen.

2. Auswahl im übrigen

49 Ausgangspunkt sind § 1897 I (Grundsatz der persönlichen Betreuung) und IV BGB (s. bereits oben) als Festschreibung des **Vorrangs des Willens des Betroffenen**. Erfahrung der Verfasser ist, daß bei der Erstbestellung größtmögliche Sorgfalt zu verwenden ist, da die oberinstanzliche Rechtsprechung den Kontinuitätsgedanken bei der Frage eines späteren Betreuerwechsels sehr hoch einstuft. Ob sich dies ändert unter dem Eindruck des mit der Novelle 1999 neu geschaffenen § 1897 VI BGB, der ja eine Durchbrechung des Kontinuitätsgedanken darstellt, muß noch unentschieden bleiben.

§ 1897 IV BGB ist auch der Ansatzpunkt für sog. **Betreuungsverfügungen**, mit denen der Betroffene in (hoffentlich) guten Tagen eine Person seines Vertrauens benennt, die zum Betreuer bestellt werden soll bzw. – negativ – wer nicht in Betracht kommen soll. Zumindest über den letzten Wunsch wird sich ein Gericht kaum hinwegsetzen können, da immer eine andere Person, zumindest ein Betreuer, der das Amt in irgendeiner Form berufsmäßig übernimmt, auffindbar sein wird.

Über einen positiven Wunsch des Betroffenen kann sich das Gericht nur hinwegsetzen, wenn der Vorschlag dem Wohl des Betroffenen zuwiderläuft oder ein Fall des § 1897 III BGB vorliegt,

> MüKo-Schwab § 1897 BGB Rn 23.

Zusätzlich muß aber der Vorgeschlagene die **allgemeinen Anforderungen**, die an einen Betreuer gestellt werden, erfüllen:

50 ■ **Natürliche Person**; nur ausnahmsweise durch einen Verein, wiederum hilfsweise durch Behörde, §§ 1897 I, 1900 I, IV BGB

51 ■ **Volljährigkeit und volle Geschäftsfähigkeit** werden von der h.M. verlangt,

> Palandt-Diederichsen § 1897 BGB Rn 6, Sonnenfeld Rn 79, Schmidt/Böcker Rn 55,

unter Hinweis auf § 1902 BGB, eine Ansicht, die zwar sicherlich sinnvoll ist, jedoch angesichts von § 165 BGB nicht ganz so auf der Hand liegt, wie dargestellt wird. Die Frage der beschränkten Geschäftsfähigkeit ist daher eine Frage der Eignung der ins Auge gefaßten Betreuungsperson; im Einzelfall kann denkbar sein, einen 17-jährigen zu bestellen, der vielleicht die einzige Person ist, die Kontakt zum Betroffenen aufbauen kann,

> in diese Richtung auch Jürgens § 1897 BGB Rn 10.

Immerhin wird in § 1908 i BGB nicht auf § 1781 BGB verwiesen, der im Bereich des Minderjährigenrechts im übrigen auch nur eine Sollvorschrift ist.

52 ■ **Ausschluß von Interessenskollisionen:** Dieses Erfordernis ergibt sich aus dem Gesetzeswortlaut des § 1897 V a. E. und III BGB, der nur einen besonderen Fall der Interessenskollision darstellt, wobei bei diesen Absätzen ausnahmsweise schon die abstrakte Gefahr genügt.

Gefordert wird ansonsten die **konkrete** Gefahr einer Interessenskollision; daher ist die abstrakte Erbmöglichkeit kein Grund für die Ablehnung einer Person; andernfalls würden Kinder als Betreuer regelmäßig ausscheiden. Daß nur eine konkrete Gefahr ausreichen kann, ergibt sich bereits aus Abs. 5 der Vorschrift, da dort mit den direkt bezeichneten Personenkreisen bereits nur solche, die abstrakt gesehen in Interessenkollision zu dem Betroffenen stehen,

> a. A. für Vermögenssorge Palandt-Diederichsen § 1897 Rn 8 unter Berufung auf OLG Düsseldorf, eine fragwürdige Haltung: Der geldgierige Erbe wird für den Betroffenen gar nicht erst Geld ausgeben wollen, also scheidet er überhaupt aus,

zu berücksichtigen sind. Außerdem sollen die in §§ 1908 i II 2 BGB genannten Angehörigen auch dann berücksichtigt werden, wenn etwaigen Gefahren mit Aufsichtsmitteln begegnet werden kann,

> BayObLG vom 3.12.1997, Az. 3 Z BR 364/97.

Die potentielle Erbberechtigungen oder Unterhaltsverpflichtungen der Kinder allein stehen daher einer Bestellung der Kinder zu Betreuern im vorliegenden Fall nicht im Weg. Hinreichend konkret wird bei der ältesten Tochter die Gefahr im Hinblick auf § 181 BGB, als die Wahrnehmung der Rechte der Mutter aus dem Nießbrauch sich gerade gegen die Tochter als Verpflichtete richtet. Zudem könnte die Neigung, die Mutter in ein Heim zu geben, durch die Aussicht auf die zumindest faktische Befreiung von der Nießbrauchslast gefördert werden.

Zwar kann daran gedacht werden, durch eine Beschränkung der Aufgabenkreise (z. B. erhält die älteste Tochter weder den Aufgabenkreis »Abschluß eines Heimvertrages« noch »Aufenthaltsbestimmung«, diese nehmen dann andere Betreuer wahr, § 1899 BGB) der Tochter dies unmöglich zu machen; dies wäre aber eine Lösung nur auf dem Papier, die auf faktische Gegebenheiten keine Rücksicht nimmt.

Im Referat des Verfassers wurden einem Betreuer ausdrücklich die o.a. Aufgabenkreise nicht eingeräumt, dennoch schaffte er die Betroffene sofort in ein Heim und schloß im Namen der Betroffenen einen Heimvertrag ab, was der Heimträger akzeptierte, obwohl ihm vom Betreuer das Original des Betreuungsbeschlusses vorgelegt worden war. Es handelts sich i.ü. um ein geschlossenes Heim in einem anderen Gerichtssprengel, was der Betreuer zusätzlich ausnutzte.

Auch soll die Gefahr der Interessenkollision nicht mehr vorliegen, wenn feststehe, daß der ins Auge gefaßte Betreuer interessensgemäß handelt,

> Schmidt/Böcker Rn 65.

Diese Ansicht – wie eigentlich ermittelbar – verkennt den Einfluß sonstiger Angehörigen; wie sieht der Ehemann der ältesten Tochter dies?

Im Hinblick auf die Vorhaltungen der zweiten Tochter kann ohne weitere Ermittlungen jedenfalls die älteste Tochter nicht uneingeschränkt eine Betreuung übernehmen.

Gegen den Sohn könnte theoretisch sein Beruf sprechen, da er als Arzt vielleicht leichter medizinische Maßnahmen bei seiner Mutter genehmigt, die zwar lege artis sind, aber möglicherweise nicht unbedingt geboten (Beispiel: Blasendauerkatheder contra Windeln). Den Verfassern sind jedoch bisher entsprechende Anhaltspunkte bei Ärzten – sobald es um die **eigenen** Verwandten geht – nicht begegnet.

Hinsichtlich des Streits unter den Kindern, ob die Betroffene nach Hause kann oder nach gescheiterter Rehabilitation in ein Heim kommt, läuft eine Betreuung hier eher auf den Sohn zu, da nach Sachverhalt neutrale (im Einzelfall prüfen, inwieweit der Sohn Einfluß nehmen konnte!) Ärzte die Möglichkeit einer Pflege zu Hause verneinen.

Zumindest zum jetzigen Zeitpunkt spricht daher alles für eine Bestellung des Sohnes als Betreuer.

Zur Veranschaulichung: Eine konkrete Interessenskollision zeichnet sich auch ab in folgendem

Fall 9:

Rechtsanwalt M ist Betreuer seines Stiefvaters, da die ebenfalls lebende Ehefrau dazu nicht mehr in der Lage war; die Rente des im Heim lebenden Stiefvaters über 3.500 DM reicht für die Heimkosten; die zu Hause lebende Ehefrau erhält 500 DM Unterhalt. Der Betreuer beantragt beim Gericht die Genehmigung der Darlehensaufnahme über 20.000 DM namens des Stiefvaters; dieser habe eine Erbschaft über 60.000 DM angetreten, die in ca. einem halben Jahr ausbezahlt werde; er wolle jedoch der Mutter schon heute größere Summen monatlich auszahlen. Die Gefahr der Interessenkollision in Bezug auf die Unterhaltspflicht des Sohnes hat sich hier konkretisiert: Er will den Stiefvater mit Zinsverpflichtungen belasten, um eigenen Unterhalts- oder Regreßansprüchen gegenüber Mutter bzw. Sozialamt zu entgehen.

Angehörige der Zeugen Jehovas können als Betreuer ausscheiden im Hinblick auf deren Einstellung zu bestimmten medizinischen Behandlungsmaßnahmen, es sei denn, der Betroffene gehört schon lange dieser Sekte an.

53 Dem Vorschlag der Betreuungsstelle, einen sog. Vereinsbetreuer (§ 1897 II 1 BGB) zu bestellen, steht angesichts § 1897 V BGB schon die Eignung des Sohnes entgegen. Dies läßt sich bereits aus der Ansiedlung des Betreuungsrechts im **Privat**recht entnehmen, auch wenn an keiner Stelle im Gesetz ein ausdrücklicher Vorrang der Privatpersonen vor Behörden- oder Vereinsbetreuern postuliert ist,

> so auch MüKo-Schwab § 1897 BGB Rn 4.

Die unterschiedlichen Betreuertypen

- privater Einzelbetreuer und hier vorrangig nach der Novelle 1999 der ehrenamtliche Betreuer, § 1897 I, VI BGB
- Vereinsbetreuer i.S.v. § 1897 II 1 BGB

- Behördenbetreuer i.S.v. § 1897 II 2 BGB
- Verein als Betreuer, § 1900 I – III BGB
- Behörde als Betreuer, § 1900 IV BGB

sind daher in dieser Reihenfolge zu prüfen; nachrangig genannte sind jeweils nur subsidiär zu bestellen; die von der Betreuungsstelle vorgeschlagene Vereinsbetreuerin ist daher – selbst wenn die Kinder als Betreuer nicht in Betracht kämen – überhaupt nur zu berücksichtigen, wenn kein geeigneter professioneller Einzelbetreuer gefunden werden kann. Wie es Schwab mit schöner Deutlichkeit formuliert:

»Unübersehbar wird durch die Konstruktion des Behördenbetreuers die dahinterstehende Betreuung durch die Behörde selbst bloß maskiert (Einwilligung der Behörde zur Bestellung des Betreuers, jederzeitige Entlassung des Betreuers auf Antrag der Behörde, § 1908 b IV 1, 3 BGB; Aufwendungsersatz und Vergütung allein für die Behörde, § 1908 h BGB). Gleiches gilt für den Vereinsbetreuer. Die Wirklichkeit der Betreuung nach § 1897 II dürfte sich von der nach § 1900 BGB kaum unterscheiden. Daher muß die private Einzelbetreuung den Vorrang vor der Bestellung von Vereins- und Behördenbetreuern haben, soweit der Betroffene nicht einen gegenteiligen Willen äußert.«,

MüKo-Schwab § 1897 BGB Rn 4.

Die Praxiserfahrungen der Verfasser haben gezeigt, daß der von Schwab noch verwendete Konjunktiv nicht mehr nötig ist, der Vereinsbetreuer ist ähnlich wie der Behördenbetreuer zumindest in Ballungsräumen eine überlebte Figur, zumal die weiteren Aufgaben nach § 1908 f BGB, die ein Betreuungsverein zu erfüllen hätte (und für die erhebliche öffentliche Mittel verausgabt wurden), oft nicht erfüllt werden.

In der Praxis wird dies manchmal von der Betreuungsstelle »herbeigeführt« durch Zuführung des vorgeschlagenen Vereinsbetreuers zum Betroffenen, der glücklich ist, überhaupt jemanden kennenzulernen und diesen Vereinsbetreuer dann »wünscht«.

Dem ist nur noch der Hinweis auf § 69 b I 3 FGG hinzuzufügen.

- **Familiäre oder freundschaftliche Bindungen,** § 1897 V BGB: Die Notwendigkeit deren Berücksichtigung ergibt sich – für den Fall, daß der Betroffene keinen Vorschlag gemacht hat – aus § 1897 V BGB. Daraus und aus § 1987 IV 3 BGB muß auch umgekehrt gefolgert werden, daß ein entgegenstehender Wille grds. an der Betreuerbestellung hindert. Bei Personen, die nur über einen sehr kleinen diesbezüglichen Kreis verfügen, empfiehlt sich die Bestellung eines Berufsbetreuers oder Rechtsanwalts, um die wenigen Freundschaften nicht – z.B. mit Zwangseinweisungen – zu belasten. **54**

- **Eignung zur persönlichen Betreuung:** Die Notwendigkeit hierzu ergibt sich aus §§ 1897 I i.V.m. 1901 BGB. **55**

Hier können im Einzelfall eine Fülle von Momenten plötzlich zu Auswahlkriterien werden. Wichtig ist, daß der Betreuer die notwendige Zeit für die Führung der gesetzlichen Vertretung im persönlichen Kontakt mit dem Betroffenen aufbringen kann (was »persönliche Betreuung« i. ü. bedeutet, nicht etwa die Vornahme von Pflegehandlungen,

> Jürgens § 1897 BGB Rn 14).

Der ins Auge gefaßte Betreuer muß daher die notwendige Zeit haben; dies richtet sich nach dem Einzelfall; starre Stückzahlregelungen für Berufsbetreuer (»keinesfalls über 50«) existieren leider in manchen Köpfen, gehen jedoch an der Sache vorbei. Fünf neu übertragene Betreuungen sind jedenfalls eine sehr hohe momentane Belastung, während die Führung von fünfzig Betreuungen, bei denen nur noch ein geringerer Bedarf an »rechtlicher« Vertretung (§ 1897 I BGB und die neue Überschrift zum Betreuungsrecht!) besteht, eine deutlich geringere Arbeitsbelastung sein kann. Gerade Berufsanfänger sollten sich hüten, aus Angst davor, »am Markt« nicht anders bestehen zu können, zuviel Betreuungen auf einmal zu übernehmen.

Eine **Mindestfallzahl** wird sich allerdings in Zukunft verstärkt herausbilden über die Hintertür der neuen Vergütungsregelungen: Nach § 1836 I 4 BGB wird die berufsmäßige Führung einer Betreuung ab 11 übertragenen Fällen gesetzlich vermutet.

Daß nach der Novelle 1999 eine die Betreuung berufsmäßig führende Person nur nachrangig zum Ehrenamt gemäß § 1897 VI BGB nF. bestellt wird, ist mittelbar auch durch das neue Beschwerderecht der Staatskasse nach § 69 g I 2 FGG nF. sichergestellt.

56 Zu beachten ist, daß im Bereich einer Eilentscheidung nach § 69 f I 5 FGG ein Betreuer auch abweichend von § 1897 IV, V BGB bestellt werden kann. Nach dem Gesetzeswortlaut des neuen § 69 f I 5 FGG soll dies nicht für § 1897 VI BGB gelten, so daß auch bei einer Eilentscheidung zunächst ein ehrenamtlicher Betreuer gesucht werden müßte – eine Folge, die überhaupt nicht zum Charakter einer Eilentscheidung paßt und angesichts der Verzichtbarkeit auf eine Berücksichtigung des § 1897 IV und V BGB eher gesetzgeberisches Versehen zu sein scheint.

Im übrigen können folgende Punkte beispielsweise eine Rolle spielen:

- Sprach- oder sonstige Kommunikationskenntnisse (auch Gebärdensprache)

- besondere (beruflichen) Kenntnisse, Rechtsanwälte, Steuerberater, Erfahrung mit besonderen Behindertengruppen oder Krankheitsbildern (u. a. Drogen)

- Die fehlende örtliche Nähe des Betreuers zum Betroffenen soll nicht ohne weiteres einer Bestellung entgegenstehen.

Da die Notwendigkeit zum persönlichen Kontakt steigt mit dem Umfang der Aufgabenkreise,
> Palandt-Diederichsen § 1897 BGB Rn 7,

ist bei geringer Betreuungsbedürftigkeit eine größere räumlich Distanz denkbar.

Scharf abzulehnen ist hingegen die Meinung des OLG Köln,
> FamRZ 1996, 506 f.,

wonach »der Umstand, daß die Betroffene völlig unzureichend orientiert und eine sinnvolle Verständigung mit ihr nicht möglich ist, gerade keinen besonders intensiven, d.h. häufigen persönlichen Kontakt« erfordere, eine Entscheidung, der noch die Fussel des grünen Tischbezugs anhaften: Gerade im Bereich der Demenz funktionieren oft nur noch kleine Ausschnitte des Altgedächtnisses, die aber weiterhin angesprochen werden sollten, weil dadurch eine Restkommunikation möglich bleiben kann; zumindest bei der Abwägung mehrerer Verwandter kommt daher der räumlichen Nähe eine Bedeutung zu.

Im Hinblick auf etwaige Rechtsmittel sei nochmals die o. a. Entscheidung,
> BayObLG FamRZ 1996, 419 f.,

in Erinnerung gerufen, die die Beschränkung der Beschwerde auf die Betreuerauswahl zuläßt mit der Folge, daß dann nur noch – trotz des Grundsatzes der Einheitsentscheidung im Betreuungsrecht – diese Frage zu prüfen ist, während dem Beschwerdegericht die Prüfung der weiteren Voraussetzungen der Betreuungseinrichtung zu prüfen versagt ist.

II. Die Betreuerentlassung gemäß § 1837 BGB, der Betreuerwechsel, Tod des Betreuers

1. Die Entlassung des Betreuers

Folgende Prüfungspunkte sind zum Verfahren beim Betreuerwechsel zu beachten: **57**

Das **Verfahren** richtet sich nach §§ 69 i VII, 69 d I 3, 12 FGG: **58**

- Funktionelle Zuständigkeit zumeist beim Richter, vgl. aber §§ 1908 b III und IV, 1896 III BGB
- Anhörung des Betreuers, ggf. persönliche Anhörung bei Widerspruch des Betroffenen gegen die Betreuerentlassung
- Rechtliches Gehör für den Betroffenen, regelmäßig wegen § 69 i VII, VIII FGG in Form der persönlichen Anhörung, aber Verzichtsmöglichkeit nach § 69 d I 3 FGG
- Bestellung und Anhörung des Verfahrenspflegers unter der Voraussetzung des § 67 FGG

- Ggf. Anhörungen nach §§ 69 i VIII, 68 a FGG; insbesondere die letzte Vorschrift ist hinsichtlich der Anhörungspflicht von Ehegatten, Eltern und Kindern verschärft worden.

59 Folgende **materielle Punkte** sind zu beachten:

- **Wichtiger Grund** i.S.v. § 1908 b I BGB oder

60 ☐ Entlassungsverlangen des Betreuers wegen Unzumutbarkeit, § 1908 b II BGB oder

☐ Vorschlag einer gleich geeigneten Person durch Betroffenen, § 1908 b III BGB oder

☐ Vereins- bzw. Behördenverlangen nach § 1908 b IV BGB oder

☐ Übernahme der Betreuung durch natürliche Person statt Verein oder Betreuer, § 1908 b V BGB oder

☐ **nach der Novelle** Übernahme der Betreuung durch einen ehrenamtlichen Betreuer statt einem Rechtsanwalt oder Berufsbetreuer, §§ 1908 b I 2, 1897 VI BGB nF.

Im Einzelfall wäre zu prüfen, ob eine Entlassung eines Rechtsanwalts oder Berufsbetreuers in Fällen des § 1908 b I 2 BGB nF. nicht gegen Art. 12 GG (Berufsfreiheit) verstößt, insbesondere nachdem der Gesetzgeber mit dem Erlaß des neuen »Berufsvormündervergütungsgesetz« (BVormVG, eine sprachliche Meisterleistung) dabei ist, ein neues Berufsbild anzuerkennen.

61 ■ **Milderes Mittel**, insbesondere aufsichtliche Maßnahmen nach §§ 1908 i I, 1837 BGB statt der Entlassung wegen Pflichtenverstoß möglich? Fraglich ist, ob die Prüfung des milderen Mittels bei dem neu geschaffenen Entlassungsgrund nach §§ 1908 b I 2, 1897 VI BGB (Ehrenamt statt Berufsausübung) möglich wäre, beispielsweise durch Akzeptierung einer geringeren oder Pauschvergütung nach dem neu geschaffenen §§ 1908 i I, 1836 b I Nr. 1 BGB.

Immerhin hat das Gericht ein – wenn auch angesichts des Wortlauts des § 1908 b I 2 BGB nF., »soll«, geringes – Ermessen, ob ein Betreuerwechsel in diesem Fall vorzunehmen ist.

Es ist sicher ratsam, bei Entlassungsentscheidungen, die sich auf §§ 1908 b I 2, 1897 VI BGB nF. stützen wollen, eine saubere Grundrechtsabwägung anzustellen, wobei es fraglich ist, welches Grundrecht gegenüber Art. 12 GG abzuwägen wäre; über die Motivation zum Erlaß der neuen Vorschriften schweigt sich der Gesetzgeber aus, die SPD-Fraktion hat zu Recht dagegen gestimmt, da damit nur Kostendämpfung betrieben werde,

vgl. BT-Drucksache 13/10331 S. 36.

§ 69 g I 2 FGG nF. spricht dann aber die Motivation des Gesetzgebers klar aus, es geht um Haushaltssanierung, gegen die das einzelne Grundrecht des Betreuers aus Art. 12 GG und das des Betroffenen aus Art. 1, 2 GG abzuwägen sind.

Hinzu kommt, daß §§ 1908 b I 2, 1897 VI BGB nF. eine Durchbrechung des Kontinuitätsgedankens darstellt, der im Hinblick auf die psychische Verfassung der meisten Betroffenen sehr bedenklich stimmt: Immerhin soll ja § 1897 VI BGB nicht die Bestellung von – dem Betroffenen bekannten und vertrauten – Verwandten oder Freunden sichern (diese Aufgabe erledigt § 1897 V BGB), sondern die Bestellung von »Berufsbetreuern« im Ehrenamt, also wieder ein neues Gesicht für die demente alte Frau, die sich gerade noch mit Mühe an das des bisherigen Rechtsanwalts oder Berufsbetreuers gewöhnt hat ...

- **Betreuung überhaupt noch fortzuführen**, § 12 FGG?
- **Neue Betreuerbestellung nach §§ 1908c**, 1897 BGB

Statthafter Rechtsbehelf bei Entlassung des Betreuers gegen seinen Willen (auf den etwaigen entgegenstehenden Willen des **Betroffenen** kommt es nicht an) ist die sofortige Beschwerde nach § 69 g IV Nr. 3 FGG, ansonsten die einfache Beschwerde. **62**

Zu beachten ist, daß der neu geschaffene Entlassungsgrund »Ehrenamt statt Berufsausübung«, §§ 1908 b I 2, 1897 VI BGB nF. besichert wird durch ein eigenes neues Beschwerderecht des Vertreters der Staatskasse nach § 69 g I 2 FGG nF.

Fall 10:

Wie oben Fall 9 (§ 4 Rn 52); der Betroffene ist nicht mehr kommunikationsfähig, wie aus der Akte bekannt ist. Welche Möglichkeiten hat das Vormundschaftsgericht im Hinblick auf den Betreuer?

2. Wahrnehmung der Aufsicht durch das Vormundschaftsgericht (zugleich Lösung 10)

Gemäß § 1908 i I BGB gelten § 1837 I – III BGB auch im Betreuungsrecht. Das Vormundschaftsgericht ist aufsichtspflichtig und hat durch Ge- und Verbote ggf. einzugreifen, die ggf. mittels Zwangsgelder durchgesetzt werden. **63**

Eine Haftung des Betreuers bei Zuwiderhandlung käme gegenüber dem Betroffenen aus §§ 1908 i I i.V.m. 1833 BGB in Betracht, soweit ein Verschulden vorliegt; dieses Verschulden läßt sich bei Verstößen gegen gerichtliche Verfügungen leichter nachweisen.

Hier käme das Verbot zur Darlehensaufnahme in Betracht. Das allein hilft jedoch nicht über das grundsätzliche Problem der vorliegenden Interessenkollision hinweg; der Sohn wird – Böswilligkeit unterstellt – seinem Stiefvater so wenig wie möglich aus dessen Rente zur Verfügung stellen, um einen hohen Restbetrag

Einkommen zum Unterhalt der Mutter zur Verfügung zu halten, damit nicht der Betreuer als Sohn gemäß § 1602 BGB zum Unterhalt herangezogen wird.

Damit scheiden auch Zwangsgelder zur geordneten Steuerung aus.

3. Betreuerwechsel

64 Die §§ 1908 b und c BGB ermöglichen Betreuerwechsel aus wichtigem Grund.

a) Verfahren

65 Hier sind §§ 69 i VII FGG und 69 d I 3 FGG sowie § 12 FGG zu beachten. Folgende Vorgehensweise empfiehlt sich:

aa) Anhörung des Betreuers

Anhörung des Betreuers zur Frage der Entlassung, hier im Hinblick auf die angeführte Interessenskollision; die Notwendigkeit hierzu ergibt sich aus Art. 103 GG (§ 69 i VII 1 FGG gilt nur für den Fall des Widerspruchs des Betroffenen), die Form bestimmt sich nach § 12 FGG, Freibeweisverfahren, so daß auch eine telefonische Anhörung ausreichen kann.

bb) Rechtliches Gehör für den Betroffenen

Auch hier richtet sich die Form zunächst nach § 12 FGG; ein Verweis auf § 68 FGG erfolgt nicht; nur im Fall eines Widerspruchs schreibt § 69 i VII die **persönliche** Anhörung des Betroffenen vor. Beides ist hier nicht möglich, da der Betroffene nicht kommunikationsfähig ist.

Da aber gleichzeitig ein neuer Betreuer zu bestellen sein wird, muß die persönliche Anhörung auch gemäß § 69 i VIII FGG erfolgen, also stets, allerdings ersetzbar nach §§ 69 i VIII, 69 d I 4 FGG.

cc) Bestellung eines Verfahrenspflegers

Dies ist erforderlich nach § 67 FGG; zwar ist § 67 I Nr. 2 FGG nicht anwendbar, jedoch gebietet Art. 103 GG die Bestellung, um dem Betroffenen das rechtliche Gehör zu sichern.

dd) Anhörung des Verfahrenspflegers

ee) Ggf. persönliche Anhörung des Betreuers

im Fall, daß der Verfahrenspfleger der Betreuerentlassung widerspricht; die Notwendigkeit der persönlichen Anhörung des Betreuers ergibt sich aus § 69 i VII 1 FGG i.V.m. der Stellung des Verfahrenspflegers als gesetzlicher Vertreter der Betroffenen im Verfahren: Sein Widerspruch ist daher der des Betroffenen, wenn dieser sich nicht selbst artikulieren kann.

ff) Zuständigkeit für die Vornahme des Wechsels

Liegt zumeist beim Richter, vgl. aber § 14 Nr. 4 RPflG für Fälle des § 1908 b III, IV und § 1896 III BGB.

gg) Anhörung der Behörde und anderer Personen

Nur, soweit § 68 a FGG dies vorschreibt, vgl. § 69 i VIII FGG, der ja bei der Entlassung eines Betreuers im Hinblick auf die Neubestellung regelmäßig mit anzuwenden ist.

b) Materielle Voraussetzungen

aa) Betreuerwechsel

Ein Betreuerwechsel kann nach §§ 1908b, c BGB vorgenommen werden, wenn **66**
- ein wichtiger Grund vorliegt, insbesondere seine Eignung nicht mehr gewährleistet ist, § 1908 b I BGB
- der Betreuer die Entlassung verlangt, weil nunmehr ihm die Führung derselben nicht mehr zugemutet werden kann, 1908 b II BGB
- der Betroffene eine gleich geeignete Person als neuen Betreuer vorschlägt, § 1908 b III BGB
- Verein oder Behörde es verlangen für ihnen angehörige Betreuer, § 1908 b IV BGB
- statt Verein oder Behörde nunmehr eine natürliche Person die Betreuung übernimmt, § 1908 b V BGB
- der Fiskus entlastet werden will, §§ 1908 b I 2, 1897 VI BGB nF.

Im vorliegenden Fall kommt ein Wechsel des Betreuers nach § 1908 b I BGB in Betracht, da der Sohn zumindest derzeit im Spannungsfeld Stiefvater/Mutter steht, einerseits die vorhandene Rente zwischen Stiefvater und Mutter aufteilen muß und andererseits auch noch selbst aufgrund seines rechtmäßigen Handelns mit Regreßansprüchen gegen sich seitens des Sozialamts oder Unterhaltsansprüchen seiner Mutter rechnen muß.

Im Gegensatz zur Literatur,

beispielhaft MüKo-Schwab § 1908 b BGB Rn 3 ff.,

und einer vordringenden Rechtsprechung,

LG München I vom 12.8.1998, Az. 13 T 2995/98,

sollten in der Praxis die Gründe im Sinn der Abs. 1 und 2 nicht zu eng ausgelegt werden, sofern der Wunsch nach Betreuerwechsel zumindest auch vom Betreuer ausgeht und es sich hierbei um einen ehrenamtlichen Betreuer handelt. Zwar besteht ein hohes Kontinuitätsinteresse für den Betroffenen, jedoch kann eine persönliche Betreuung bei Ablehnung auf einer der beiden Seiten nicht mehr in adäquat persönlicher Weise geführt werden. Anderes muß jedoch für Betreuer gelten, die im Rahmen ihrer Berufsausübung Betreuungen führen; sie müssen auch zu gewissen Kompensationen in der Lage sein.

67 **Zu beachten** bleibt, daß § 1908 b BGB eine Schutzwirkung nur zugunsten des Betroffenen entfaltet, nicht aber zugunsten von Verwandten, auch nicht die in § 69 g FGG aufgezählten Personen. Die Ablehnung eines Antrags einer Mutter auf Entlassung eines Betreuers unter Bestellung ihrer Person ist daher nicht mehr anfechtbar,

E11 BayObLG FamRZ 1996, 508 f. **[E11]**, bestätigt durch BGH FamRZ 1996, 607 f.

Die Beschwerdebefugnis kann auch nicht aus §§ 20 oder 57 FGG hergeleitet werden. Auf diesem Weg besteht also für Berechtigte nach § 69 g FGG die Gefahr, zunächst »vertröstet« zu werden auf eine etwaige spätere Entscheidung, gegen die dann aber die Anfechtungsmöglichkeit erloschen ist. Gedanklich möglich wäre aber die Beschwerde gegen die **Erst**entscheidung, weil dann § 69 g FGG gilt.

bb) Aufrechterhaltung der Betreuung

Im Hinblick auf § 12 FGG ist bei einer solchen Entscheidung zumindest gedanklich auch immer mit zu prüfen, ob die Betreuung überhaupt, und wenn ja in welchem Umfang, aufrechtzuerhalten ist.

cc) Neubestellung

68 Die Betreuerneubestellung erfolgt gemäß § 1908 c BGB und ist an den Grundsätzen der Erstbestellung nach § 1897 ff BGB auszurichten, s.o.

dd) Sofortige Beschwerde des Betreuers

69 Zu berücksichtigen ist noch, daß für den Fall, daß der Betreuer **gegen seinen Willen** entlassen worden ist, ausnahmsweise das Rechtsmittel der sofortigen Beschwerde gegeben ist, § 69 g IV Nr. 3 FGG, und zwar nicht nur für den Betreuer allein, sondern für alle Verfahrensbeteiligte.

Angesichts der gesetzlichen Durchbrechung des Kontinuitätsgedankens bei der Betreuungsführung bleibt abzuwarten, inwieweit Betreuerentlassungen in Zukunft bei Pflichtenverstößen leichter durch die Rechtsmittelinstanzen gebilligt werden; momentan besteht eine Neigung, Betreuerwechsel nicht zu bestätigen, wie folgender Beschluß zeigt:

Nach den Feststellungen des Landgerichts,

LG München I vom 12.8.1998, Az. 13 T 2995/98,

hatte der Berufsbetreuer die Eigentumswohnung eines Betroffenen aus wichtigen Gründen zu verkaufen. U.a. drohte ein Zwangsverkauf nach WEG-Recht, da die Wohnungseigentümergemeinschaft weitere Emissionen aus der Wohnung nicht mehr hinnehmen konnte. Der Betreuer selbst holte ein Sachverständigengutachten ein, Wohnungswert wegen starken Renovierungsbedarfs 80.000 DM, und verkaufte die Wohnung nach Inaussichtstellung der vormundschaftsgerichtlichen Genehmigung für 110.000 DM.

Im Rahmen der Anhörung einer anstehenden Betreuungsverlängerungsentscheidung gab der Betreuer auf ausdrückliche gerichtliche Nachfrage an, die Käuferin bisher nicht gekannt zu haben; das Amtsgericht – Vormundschaftsgericht entließ den Betreuer, nachdem sich herausgestellt hatte, daß dieser bei der Anhörung gelogen hatte: Er hatte die Käuferin sehr wohl – auch als Berufskollegin – bereits über einen langen Zeitraum gekannt.

Dem LG genügte diese Tatsache nicht; es hob die Entlassung als unverhältnismäßig auf unter Hervorhebung der vom Sachverständigen festgestellten Werte in Verkennung der alltäglichen Gepflogenheiten am Markt und der damit verbundenen Manipulationsmöglichkeiten auch bei Wertfeststellungen. Wenn man die Mühen des Gesetzgebers in §§ 1807 ff. BGB ansieht über die Sicherungen des Mündelvermögens in vielfältiger Hinsicht, verbunden mit umfassenden Berichtspflichten, erkennt man, daß die Lüge eines die Betreuung beruflich führenden Betreuers in einem solch wichtigen Bereich ausreicht, um seine Integrität in Zweifel zu ziehen und ihm kein fremdes Vermögen mehr anzuvertrauen; zu überlegen wäre hier allenfalls, den Betreuer nur teilweise – nämlich von der Vermögenssorge – zu entbinden und nur insoweit einen neuen Betreuer zu bestellen.

Ein einfacher Gedanke hätte auch der landgerichtlichen Kammer helfen können: Hätten deren Mitglieder ihr **eigenes** Vermögen diesem Betreuer noch anvertraut?

> Der Aufsatz von Lanz, Zweiklassenrecht durch Gutachterkauf, ZRP 1998, 337 ff. war zum Zeitpunkt des Erlasses des Beschlusses noch nicht erschienen.

Für Rechtsanwälte, die als Verfahrenspfleger eingesetzt sind, ergibt sich daraus die Notwendigkeit, bei der Erstbestellung von Betreuern eine besonders große Prüfungsvorsicht walten zu lassen, da eine spätere Entlassung durch die Rechtsmittelgerichte auch bei erheblichen Fehlverhalten ggf. nicht zu erwarten ist.

4. Tod des Betreuers

Fall 11:

Für den Betroffenen B waren der Betreuer X und – mit gleichem Aufgabenkreis – als Ersatzbetreuer Y bestellt worden; X stirbt; wie wird der neue Betreuer installiert?

Lösung 11:

Wenn ein Betreuer stirbt, regelt sich die Neubestellung grds. nach §§ 69 i VIII FGG, 1908 c BGB, wie es oben bereits besprochen wurde. Dabei ist zu berücksichtigen, daß der Fortfall der Betreuerperson nicht zum Erlöschen der Betreuung als solche führt,

> Sonnenfeld Rn 381.

Der Erbe des Betreuers ist im übrigen gemäß §§ 1908 i I, 1894 I BGB verpflichtet, dessen Tod unverzüglich anzuzeigen, woran in der anwaltlichen Nachlaßberatung zu denken ist.

Fraglich ist, ob in dem Fall, in dem der Ersatzbetreuer an die Stelle des Hauptbetreuers treten soll, das Verfahren einfacher gestaltet werden kann.

Die Bestellung des sog. Ersatzbetreuers ist in § 1899 IV BGB ermöglicht,
> zur Kritik an dieser Art des Betreuers MüKo – Schwab § 1899 BGB Rn 22 ff.,

bei dessen Erstbestellung ja sogar auch hinsichtlich seiner Person die strengeren Verfahrensvorschriften der §§ 68 ff FGG anzuwenden waren als die des § 69 i VIII FGG; soweit ersichtlich, schweigen Literatur und Rechtsprechung zu diesem Problem; u.E. wäre es jedoch reiner Formalismus, nur zum Zwecke der Bestellung des bisherigen Ersatz- zum Hauptbetreuer das Verfahren nach § 69 i VIII FGG durchzuführen, soweit sich nicht aus § 12 FGG etwas anderes ergibt; sinnvoll und nach § 1898 II BGB geboten ist daher mindestens die Anfrage beim bisherigen Ersatzbetreuer, ob er bereit ist, die Hauptbetreuung nunmehr zu übernehmen; weitere Verfahrensschritte sind nur dann vonnöten, wenn beispielsweise der Betroffene bei der Erstanhörung Vorbehalte gegen den Ersatzbetreuer geäußert hatte; diese Meinung wird auch getragen vom Wortlaut des § 69 i V FGG.

Nach einer Anfrage bei Y kann dieser daher im Büroweg zum neuen Hauptbetreuer bestellt werden.

F. Aufhebung und Einschränkung der Betreuung

73 Gemäß § 12 FGG ist das Gericht zur entsprechenden Überprüfung stets, d.h. **bei Vorliegen neuer Erkenntnisse** verpflichtet. Für das materielle Recht fordern dies vom Gericht zusätzlich §§ 1908 d I und II BGB, vom Betreuer § 1901 V BGB. Darüber hinaus ist der Überprüfungszeitpunkt zusätzlich der Betreuungsanordnung zu entnehmen, spätestens jedoch **alle fünf Jahre**, vgl. § 69 I Nr. 5 FGG.

Diese relativ strengen dauernden Überprüfungsvorschriften sind das Korrektiv zu der Tatsache, daß die Betreuung grundsätzlich ewig währt; anderes gilt u.E. nur dann, wenn das Gericht bei Betreuungseinrichtung ausdrücklich das Ende einer Betreuung zu einem bestimmten Zeitpunkt tenoriert hat.

Nur der **Tod** des Betreuten beendet ohne weiteres gerichtliches Zutun die Betreuung; ansonsten ist stets für die Aufhebung ein Gerichtsbeschluß notwendig,
> MüKo-Schwab § 1908 d BGB Rn 2.

Aufhebungsgrund können alle Positionen sein, die bei der Errichtung der Betreuung als Voraussetzungen hierfür abzuprüfen waren, § 1908 d BGB, s.o. Dabei ist jede Besonderheit, die bei Errichtung der Betreuung eine Rolle spielen können, weiterhin – aber in umgekehrter Weise – zu berücksichtigen; beantragt z.B. der Betroffene die Aufhebung, kann dieser Antrag nur abgelehnt werden, wenn festgestellt wird, daß er in den Aufgabenkreisen seinen Willen nicht frei bestimmen kann,

BayObLG FamRZ 1995, 1519.

Das **Verfahren** richtet sich nach § 69 i III FGG, schreibt also selbst die Anhörung des Betroffenen nicht vor; die Pflicht hierzu kann sich aber aus § 12 FGG,

BayObLG FamRZ 1997, 323,

ergeben, was insbesondere manchen Betreuungsbehörden unbekannt ist, wenn sie dem Gericht vom Wegfall eines für die Betreuungseinrichtung wesentlichen Umstands berichten und sodann die Aufhebung der Betreuung »ohne weitere Verfahrensschritte« begehren. Sollte die Betreuung auf Antrag des Betroffenen selbst eingerichtet worden sein und daher das Gericht auf die Erholung eines Sachverständigengutachtens verzichtet haben (§ 68 b I 2 FGG), so ist dieses nunmehr nach § 69 i IV FGG nachzuholen, wenn ein Aufhebungsantrag des Betroffenen abgelehnt werden soll. Zu beachten ist nach der Novelle, daß die Anhörungspflichten nach § 68 a FGG, auf den § 69 i III FGG verweist, verschärft worden sind.

Allerdings kann dann die Vorführung vor den Sachverständigen nicht erzwungen werden, eine Vorführungsandrohung – obwohl Zwischenentscheidung – soll sogar anfechtbar sein,

BayObLG FamRZ 1996, 499 f. **[E12]**,

da sie unmittelbar und in nicht völlig unerheblicher Weise in die Rechte des Betroffenen eingreift (was eigentlich Sinn einer solchen Vorführung ist!). Das BayObLG stellt zu Recht fest, daß auf § 68 b FGG im Verfahren über die Aufhebung der Betreuung gar nicht verwiesen ist, § 69 i III FGG. Auch aus §§ 12, 33 FGG könne die Vorführungsmöglichkeit nicht hergeleitet werden.

Der Verweis in § 69 i III FGG auf die sofortige Beschwerde nach § 69 g IV FGG ist redaktionell wohl mißglückt und meint nur die Frage der Entscheidung über Aufhebung eines Einwilligungsvorbehalts, weil nur dort ein Interesse an baldiger Klärung besteht,

Bumiller/Winkler Nr. 3; Jürgens § 69 i Rn 7; a.A. MüKo-Schwab § 1908 d BGB Rn 4.

Wenn die Betreuung insgesamt **aufgehoben** wurde, steht dem Betreuer gegen diese Entscheidung keine Beschwerdeberechtigung im Sinne von § 20 II FGG zu, da er nicht in **seinem** Recht betroffen ist. § 69 g FGG ist dann nicht einschlägig, da diese Vorschrift von der Fortführung der Betreuung, aber mit anderem Betreuer ausgeht,

OLG Düsseldorf BtPrax 1998, 80.

G. Überprüfung der Betreuung

74 Wie schon oben ausgeführt, endet die Betreuung grundsätzlich nicht ohne gesonderten gerichtlichen Beschluß; deshalb ordnet der Gesetzgeber die amtswegige Überprüfung der Betreuung an nach den in dem Beschluß der Betreuungseinrichtung genannten Zeitpunkten, spätestens aber nach fünf Jahren.

Das Verfahren richtet sich grds. nach dem der Erstentscheidung über eine Betreuung, § 69 i VI 1 FGG, es kann aber unter den in § 69 i VI 2 FGG genannten Umständen auf die Einholung eines Sachverständigengutachtens verzichtet werden.

Auch die materiellen Normen sind wie bei Einrichtung der Betreuung zu überprüfen.

H. Unterbringung

I. Übersicht

75 Obwohl zumindest das zivilrechtliche Unterbringungsverfahren auch in das Kapitel der Führung der Betreuung (s. unten § 6) gehört, soll es im Hinblick auf seine Bedeutung bezüglich des gerichtlichen Verfahrens und der Überschneidung mit der öffentlich-rechtlichen Unterbringung hier behandelt werden.

Die Novelle bringt hier im Verfahrensrecht keine besonderen Veränderungen; hervorzuheben ist, daß die Verfahrenspflegerbestellung nach § 70 b FGG nF. im Gegensatz zum Betreuungsverfahren der praktische Regelfall bleibt, lediglich die Vergütung eingeschränkt wurde, §§ 70 b I 3, 67 III FGG nF.

Im materiellen Unterbringungsrecht hat der Gesetzgeber einen Streit in der Rechtsprechung beendet: Nach § 1906 V BGB nF. kann auch der vom Betroffenen **Bevollmächtigte** Unterbringungsmaßnahmen veranlassen (soweit die Vollmacht hierfür eine ausdrückliche schriftliche Ermächtigung enthält), ist dann jedoch wie ein Betreuer verpflichtet, eine **gerichtliche Genehmigung** einzuholen.

Vorab sollen die wichtigsten Prüfungsschritte kurz zusammengefaßt werden:

■ **Verfahren bei der Unterbringungsanordnung**

76 ☐ Zuständiges Gericht
– örtlich gemäß §§ 70, 65 FGG und ggf. GZVJu
– sachlich das Vormundschaftsgericht gemäß § 70 I 3 FGG
– funktionell der Richter, arg. e. §§ 14 I Nr. 4 und 4 II Nr. 2 RPflG
☐ Verfahrensfähigkeit gemäß § 70 a FGG
☐ Verfahrenspflegerbestellung als Regelfall, § 70 b FGG
☐ Anhörung der Personen und Stellen nach § 70 d FGG, zwingend

- ☐ Anhörung des Betroffenen und Verschaffung des unmittelbaren Eindrucks, § 70 c FGG
- ☐ Ggf. Schlußgespräch gemäß §§ 70 c S. 5, 68 V FGG

■ **Materiellrechtliche Voraussetzungen einer öffentlich-rechtlichen Unterbringung, beispielhaft nach dem Bayerischen Unterbringungsgesetz**   77
- ☐ Antrag der Kreisverwaltungsbehörde gemäß Art. 5 BayUG, ggf. 10 UG
- ☐ Psychische Krankheit bzw. Störung infolge Sucht oder Geistesschwäche (belegt d. Gutachten bzw. Attest, §§ 70 e, 70 h, 69 f FGG)
- ☐ Auf dieser Krankheit beruhenden erhebliche Gefährdung der öffentlichen Sicherheit und Ordnung
- ☐ Fehlen weniger einschneidender Mittel
- ☐ Unterbringung nur ohne oder gegen den Willen des Betroffenen
- ☐ Ggf. vorrangiger Vollzug einer Unterbringung nach StGB oder StPO, Art. 1 II BayUG

■ **Materiellrechtliche Voraussetzungen der einstweiligen zivilrechtlichen Unterbringung**   78
- ☐ Verhinderung des Betreuers oder bisher fehlende Bestellung eines Betreuers
- ☐ Dringlichkeit
- ☐ Freiheitsentziehungsmaßnahme, § 1906
- ☐ Krankheit i.S.v. § 1906 BGB, belegt durch Gutachten (bzw. Attest)
- ☐ ausschließlich zum Wohl des Betroffenen
- ☐ Unterbringungszweck:
  - Selbstschädigungsgefahr, § 1906 I Nr. 1 BGB
  - Untersuchungs- oder Heilbehandlungsnotwendigkeit, § 1906 I Nr. 2 BGB
- ☐ Ort der Unterbringung
- ☐ Genehmigung von Betreuer bzw. Bevollmächtigten bei einschlägigem Aufgabenkreis
- ☐ Genehmigung von Vormundschaftsgericht

II. Die einstweilige Unterbringungsanordnung

Fall 12:   79

Der unter Betreuung seiner Mutter stehende F – er leidet an schizoaffektiver Psychose einhergehend mit schweren Depressionen – begeht einen Suizidversuch, in dem er die Vorhänge seiner Wohnung (ein Appartement in einem Hochhaus in Weilheim) anzündet, damit die Flammen auf die Wohnung übergreifen und ihn mit verbrennen. Das Feuer wird bemerkt, gelöscht, F ins Bezirkskrankenhaus verfrachtet. Die Ärzte in einem Krankenhaus bei München befürworten wegen eines neuen Krankheitsausbruchs eine geschlossene Unterbringung für mindestens ein Jahr, auch im Hinblick auf die erhebliche Selbstgefährdung des F, und führen ihn deshalb dem Amtsrichter des AG München vor. Das Landratsamt Weilheim-

Schongau stellt Antrag auf geschlossene Unterbringung. Die Mutter, seine Betreuerin, ist wegen einer längeren Urlaubsreise nicht erreichbar. Der Betroffene gibt in der Anhörung bekannt, daß er freiwillig in der Klinik verbleiben wolle, worauf die Ärzte meinen, daß der Betroffene in der Vergangenheit schon mehrfach dies zu Fluchtversuchen genutzt habe. Wie kann das Gericht entscheiden?

Lösung 12:

1. Verfahren

Die Verfahrensvorschriften sind einheitlich in §§ 70 ff. FGG geregelt, gleichgültig, ob eine Unterbringung nach Zivilrecht oder öffentlichem (Sicherheits-) Recht in Betracht kommt, vgl. § 70 I Nr. 1b, Nr. 3 FGG. Das frühere Nebeneinander verschiedener Verfahrensordnungen ist damit beendet, sinnvoll, da ggf. auch erst nach Vornahme diverser Verfahrenshandlungen der Richter weiß, welches Recht er anwenden muß.

a) Zuständiges Gericht

80 **Örtlich zuständig** ist nach § 70 II FGG zunächst das AG Weilheim, wenn dort (vgl. § 65 I FGG) das Betreuungsverfahren geführt wird und eine zivilrechtliche Unterbringung erfolgen soll. Damit wäre das AG München insoweit unzuständig, soweit es sich um eine zivilrechtliche Unterbringung handelt.

Allerdings geben §§ 70 II 3 iVm § 65 V FGG für vorläufige Maßregeln auch einen Gerichtsstand an das Gericht, in welchem das Fürsorgebedürfnis auftritt; das wäre zunächst auch Weilheim (weil F dort gezündelt hatte), nunmehr auch München, in dessen Sprengel das Krankenhaus liegt, nachdem der Betroffene dorthin verbracht worden ist. Dies erscheint im Hinblick auf den gesetzlichen Richter, Art. 101 I 2 GG, zweifelhaft, weil dann der Zulieferer (Krankenwagen, Polizei) mit der Klinik auch das zuständige Gericht auswählen kann, was aber von der Rechtsprechung,

> vgl. BayObLG FamRZ 1995, 304 f. und 485,

gebilligt wurde, wohl auch im Interesse einer dadurch schnelleren Vorführung vor einen Richter. Mittlerweile hat sich der Gesetzgeber mit der Neuschaffung des § 70 V 2 FGG nF. dieser Meinung angeschlossen.

Soll hingegen die Unterbringung auf BayUG gestützt werden, ergibt sich die Zuständigkeit zunächst des AG Weilheim nach § 70 V 1 FGG, da dort zunächst das Unterbringungsbedürfnis bestand; wird – wie hier – der Betroffene noch vor einer richterlichen Entscheidung in die Klinik eines anderen Gerichtsbezirks gebracht, so ist auch dieses Gericht – hier AG München – zuständig nach der gleichen Vorschrift,

> Bassenge/Herbst § 70 FGG Rn 11 aE.

Selbst wenn das AG Weilheim das Verfahren begonnen hätte, könnte es durch unanfechtbaren Beschluß das Verfahren an das AG München abgeben.

Zu beachten sind aber in vielen Bundesländern Vorschriften über Zuständigkeitskonzentrationen, § 70 VI FGG, in Bayern z.B. nunmehr die grundsätzliche Zuständigkeit des AG München für Entscheidungen nur über öffentlich-rechtliche Unterbringungen nach § 28 a FGG der Gerichtlichen Zuständigkeitsverordnung Justiz (GZVJu) vom zuletzt 16.4.1993,

> vgl. Abdruck bei Zimmermann Rn 7,

für die Amtsgerichtsbezirke Dachau, Fürstenfeldbruck, Garmisch-Partenkirchen, Landsberg a.L., München, Starnberg, Weilheim und Wolfratshausen, nachdem der Freistaat von seiner Ermächtigung nach § 70 VI FGG Gebrauch gemacht hat.

Sachlich zuständig sind nach § 70 I 3 FGG die Vormundschaftsgerichte.

Die funktionelle Zuständigkeit verbleibt für zivilrechtliche Unterbringungsmaßnahmen beim Richter, vgl. den entsprechenden Richtervorbehalt in § 14 I Nr. 4 RPflG; bei dessen Lektüre stellt man fest, daß die öffentlich-rechtliche Unterbringung dort nicht genannt ist, was für eine Zuständigkeit des Rechtspflegers spräche, allerdings nur dann, wenn § 3 RPflG dem Rechtspfleger überhaupt diese Aufgaben zuweist. Dies geschieht in § 3 Nr. 2 a RPflG, der dem Rechtspfleger Vormundschafts- und Betreuungssachen im Sinne des 2. Abschnitts des FGG überträgt. Dieser 2. Abschnitt reicht von § 35 bis § 70 n FGG, umfaßt daher auch die öffentlich-rechtliche Unterbringung.

Allerdings erlaubt § 4 II Nr. 2 RPflG dem Rechtspfleger grundsätzlich keine Entscheidung über Freiheitsentziehungen, weshalb der Richter funktionell zuständig ist aus Art. 104 II GG,

> die einschränkende Auslegung von Bassenge/Herbst § 14 RPflG Rn 17 ist daher nicht erforderlich, um zur Richterzuständigkeit zu kommen.

b) Verfahrensfähigkeit

Die Verfahrensfähigkeit des Betroffenen ist unabhängig von seinem Zustand unbeschränkt, § 70 a FGG. **81**

c) Verfahrenspfleger

Die Bestellung eines Verfahrenspflegers ist in Unterbringungssachen die Regel, wie §§ 70 b I, II, 67 FGG zeigen. **82**

Am Amtsgericht München hat dies zur Folge, daß der jeweils zuständige Richter, der Jourdienst im Krankenhaus hat und dort an diesem Tag für alle Eilunterbringungsmaßnahmen zuständig ist, sich einen Rechtsanwalt als Verfahrenspfleger mitnimmt für alle an diesem Tag anfallenden Verfahren. Hinsichtlich der etwaigen Nachholung dieser Entscheidung im Verfahren der eiligen einstweiligen Anordnung vgl. unten) Anhörung des Betroffenen.

d) Einholung eines Sachverständigengutachtens nach § 70 e FGG

83 Im Gegensatz zu § 68 b FGG ist im Bereich des Unterbringungsrechts die **Qualifikationsanforderung** an den Sachverständigen **höher** geschraubt: Er muß regelmäßig »Arzt für Psychiatrie« (also Facharzt) sein oder mindestens Erfahrungen auf dem Gebiet der Psychiatrie haben. Im letzten Fall ist seine Qualifikation gesondert festzustellen; regelmäßiger Problemfall sind die Ärzte im Praktikum, bei denen zusätzlich ein diese überwachender Arzt das Gutachten mitverantworten muß.

Problematisch können Fälle sein, in denen der Arzt nur Facharzt für Neurologie ist, die Defizite des Betroffenen aber ausschließlich neurologisch bedingt sind. U.E. muß dann § 70 e FGG durch § 12 FGG überlagert werden.

Ein solches Gutachten wird – wie hier – im Regelfall noch gar nicht vorliegen; dann genügt nach § 70 h I 2 FGG, der auf § 69 f I FGG verweist, die Vorlage eines ärztlichen Zeugnisses, § 69 f I Nr. 2 FGG. Allerdings kann dann auch nur eine einstweilige Anordnung ergehen, in deren Rahmen nach § 70 h II FGG eine Unterbringung für zunächst maximal 6 Wochen angeordnet oder genehmigt werden kann.

Fraglich ist, ob insoweit § 70 e FGG anzuwenden ist, d.h. ob das ärztliche Zeugnis von einem Facharzt für Psychiatrie bzw. einem mit notwendiger fachlicher Sachkunde erstellt werden muß,

> so Jürgens § 70 h FGG Rn 5,

oder ob ggf. nicht auch das Attest eines Hausarztes ausreichen kann z.B. bei Unterbringung einer dementen Person in der geschlossenen Abteilung eines Altenheims. Nachdem jedoch § 70 h FGG keine eigenen Voraussetzungen für den Erlaß einer einstweiligen Anordnung normiert, sondern direkt auf § 69 f FGG verweist, zeigt der Gesetzgeber, daß er § 70 e FGG hier nicht angewandt haben wollte; von einer Regelungslücke kann im Bereich des überregelten Betreuungsrechts nicht gesprochen werden, so daß auch eine analoge Anwendung der Vorschrift ausscheidet,

> Bassenge/Herbst § 70 h FGG Rn 4.

84 **Ein ärztliches Attest genügt auch bei den sogenannten freiheitsentziehenden Maßnahmen**, §§ 70 e I 3, 70 I 2 Nr. 2 FGG, 1906 IV BGB; auch hier ist das Facharztproblem wie soeben beschrieben zu lösen,

> wie hier Zimmermann Rn 125; a.A. MüKo-Schwab § 1906 BGB Rn 55, Jürgen § 70 e FGG Rn 9, die aber beide nur über § 12 FGG zu diesem Ergebnis kommen können, dessen Vorrang unstreitig sein dürfte.

e) Gelegenheit zur Äußerung

85 Im Gegensatz zum Betreuungsverfahren nach § 68 a S. 3 FGG schreibt § 70 d FGG zwingend die Anhörung der dort genannten Beteiligten vor, eine Ausprägung von § 12 FGG.

Im Bereich der einstweiligen Anordnung gilt dies jedoch nicht, sofern »Gefahr im Verzug ist«, § 70 h I 3 FGG, also die Stellungnahme nicht rechtzeitig eingeholt werden kann vor Erlaß eines aus Art. 104 GG notwendigen Gerichtsbeschlusses und deshalb kein solcher ergehen könnte und deshalb für den oder vom Betroffenen Gefahren ausgehen würden, also ein Muster an gesetzgeberischer Klarheit.

Da die Form der Anhörung dieser beteiligten Stellen nicht vorgeschrieben ist, ist sie in das freie Ermessen des Gerichts gestellt,

> MüKo-Schwab § 1906 BGB Rn 61;

so genügt bei der zu beteiligenden Behörde die Übersendung einer Terminsnachricht mit dem Hinweis auf Anhörung im Unterbringungsverfahren.

Der Leiter der Einrichtung, in der der Betroffene lebt, kann sein Anhörungsrecht delegieren,

> MüKo-Schwab § 1906 BGB Rn 58,

hier genügt es also, wenn der entsprechend bevollmächtigte Klinikarzt angehört wurde, weshalb im übrigen auch aus diesem Grund ein Arzt im Praktikum ausscheidet.

Anzuhören ist nach dieser Vorschrift auch der Betreuer und zwar unabhängig davon, ob ihm einschlägige Aufgabenkreise zugewiesen sind; dies fordert schon der Vergleich mit den Pflegeeltern nach § 70 d II aE. FGG,

> Zimmermann Rn 26.

Zweifelhaft erscheint die Meinung von Zimmermann,

> a. a. O. Rn 27,

daß diese anzuhörenden Personen nicht zu Zeugen werden; gerade wenn § 70 d FGG Ausfluß der Amtsermittlung des § 12 FGG ist, muß eine entsprechende Bindung der Personen an die Wahrheitspflicht erfolgen. Denn § 12 FGG wird durch § 70 d FGG nicht verdrängt, sondern spezifiziert. Es steht dem Gericht aber frei, die genannten Personen im Rahmen der Anhörung nach § 70 d FGG auch gleichzeitig in der Form des Strengbeweises der ZPO nach § 15 FGG zu vernehmen. Allerdings sieht Zimmermann diese Möglichkeit auch, aber nicht im Rahmen einer Anhörung nach § 70 d FGG (diese soll nur eine Stoffsammlung darstellen).

f) Anhörung des Betroffenen

aa) Persönliche Anhörung durch das Gericht

Die persönliche Anhörung und die Verschaffung des unmittelbaren Eindrucks des Betroffenen durch das Gericht schreibt § 70 c FGG vor, insoweit im Gleichklang mit § 68 FGG bei der Einrichtung der Betreuung. **86**

§ 70 c FGG meint jedoch nur, daß diese Verfahrenshandlungen nicht durch einen ersuchten Richter erfolgen »sollen«. Der Gesetzgeber ist also bei einem der schwersten Eingriffe in die Freiheit des Menschen weniger anspruchsvoll als bei Einrichtung einer Betreuung, vgl. § 68 I 4 FGG,

> s. auch MüKo-Schwab § 1906 BGB Rn 43.

Allerdings ist der Unterschied marginal, auch die zivilrechtliche Unterbringung dürfte im Hinblick auf das Vorliegen eines Über-/Unterordnungsverhältnisses dem Öffentlichen Recht nahestehen; »Sollen« heißt dort aber regelmäßig »Müssen«, wenn keine Ausnahme erkennbar ist.

87 Die Anhörung ist nichtöffentlich wie alle Nichtstreitverfahren des FGG, wie sich aus dem ausdrücklichen Nichtverweis in § 8 FGG auf § 169 GVG ergibt. Es können aber außer den Verfahrensbeteiligten – soweit der Betroffene nicht widerspricht – weitere Personen vom Gericht zugelassen werden, vgl. §§ 70 c S. 5, 68 IV 3 FGG.

Hinsichtlich des Inhalts und Ablaufs einer solchen Anhörung schlägt Jürgens,

> Jürgens § 70 c FGG Rn 4,

ein umfassendes Procedere vor, welches aber im Einzelfall stark variieren muß je nach Betroffenen; viel wichtiger als ausgefeilte Verfahrensvorschläge sollte sein, daß der Richter und die anderen Verfahrensbeteiligten sich klar machen, daß da ein Mensch vor ihnen sitzt, mit allen Stärken und Schwächen, auf den man individuell eingehen muß. Die zu enge Befolgung der Jürgensschen Vorschläge zu § 70 c S. 3 FGG kann sonst sehr schnell dazu führen, daß der Betroffene sich verhöhnt fühlt.

Nach der Novelle ist geklärt, daß es nach §§ 70 h, 69 f I Nr. 4 FGG nur noch auf die persönliche Anhörung des Betroffenen ankommt, nicht mehr zusätzlich auf die des Verfahrenspflegers.

bb) Entbehrlichkeit der persönlichen Anhörung

88 Die **persönliche Anhörung** (nicht die Verschaffung des unmittelbaren Eindrucks!) kann unterbleiben in folgenden Fällen:

- Der Betroffene befindet sich im Ausland, §§ 70 c, 68 I 5 FGG, dann allerdings Anhörung im Weg der Rechtshilfe.

- Es steht zu befürchten, daß nach ärztlichem Gutachten die Anhörung dem Betroffenen erhebliche Nachteile für die Gesundheit bringt, §§ 70 c S. 5, 68 II Nr. 1 FGG. Die Kommentarliteratur schweigt zu Beispielen; der Verfasser wurde einmal zu einem hochpsychotischen Patienten geführt – noch nicht anbehandelt, fünfpunktfixiert, auf jede Person hochgradig panisch reagierend und um sein Leben fürchtend.

- Der Betroffene ist nach dem unmittelbaren Eindruck des Gerichts offensichtlich nicht in der Lage, seinen Willen kundzutun, §§ 70 c S. 5, 68 II Nr. 2 FGG.

■ Eine sog. eilige einstweilige Anordnung soll erlassen werden, §§ 70 h I 2, 69 f I 4 FGG (zu dieser s. allg. oben); von einer solchen muß in der Praxis eher selten Gebrauch gemacht werden; zumeist minder schwerer Eingriff ist die zwangsweise Vorführung zum Sachverständigen, §§ 70 e II, 68b III FGG: Dann ist man des Betroffenen zunächst habhaft, er hat aber zusätzlich die Chance zur erneuten Begutachtung und Anhörung. Die Voraussetzungen der eiligen einstweiligen Anordnung ohne Anhörung werden anscheinend auf dem Land schneller bejaht, auch wegen der dortigen Justizstruktur und weiter Anfahrtswege zur entsprechenden Einrichtung. Das Gesetz ist eher auf das AG München mit 14 (!) Vormundschaftsrichtern für Erwachsene zugeschnitten.

cc) Ort der Anhörung

Diese, zumindest aber der unmittelbare Eindruck soll in der üblichen Umgebung des Betroffenen stattfinden, wobei u.E. hierzu auch die Heranziehung vertrauten Personals zählt. Nirgendwo bekommt man einen besseren Eindruck vom Betroffenen als bei ihm zu Hause. Im Gegensatz zur Einrichtung einer Betreuung, § 68 I 2 FGG, ist hier keine Widerspruchsmöglichkeit des Betroffenen vorgesehen, was Jürgens zu der Feststellung verleitet, »daß dem Betroffenen ein Widerspruchsrecht gegen ein Betreten seiner Wohnung zusteht«, **89**

> Jürgens § 70 c FGG Rn 10.

Das fehlende Widerspruchsrecht hier ist jedoch gerade im Verhältnis zu dem drohenden wesentlich schärferen Rechtseingriff zu sehen. Fraglich ist jedoch allgemein, wie ggf. zwangsweise der Ort der Anhörung durchgesetzt werden soll.

Im Wege einer einstweiligen Anhörung und im Hinblick auf die Notwendigkeit einer alsbaldigen richterlichen Entscheidung genügt hier die Anhörung in der Klinik.

dd) Nachholung der unterlassenen Anhörung bei Erlaß einer eiligen einstweiligen Anordnung

Nach §§ 70h, 69 f I FGG können Anhörung des Betroffenen und Bestellung eines Verfahrenspflegers vor Erlaß der Entscheidung unterbleiben bei Gefahr im Verzug; sie sind jedoch unverzüglich nachzuholen. **90**

Fraglich ist, wie das Tatbestandsmerkmal »unverzüglich« in § 69 f I FGG auszulegen ist. Während Zimmermann,

> Rn 131,

von »baldigst« spricht, liegt ein Rückgriff auf § 121 I BGB nahe (zumindest übrigens im Bereich des materiellen Rechts des § 1906 BGB, s.u), was auch der alten Rechtslage entsprach,

> Jürgens § 70 h FGG Rn 8.

Das LG Frankfurt,
> NJW 1992, 986 f.,

hat in einer Entscheidung nur das Tatbestandsmerkmal zitiert und eine nachträgliche Anhörung des Verfahrenspflegers binnen 14 Tagen akzeptiert. Vorliegend handelt es sich jedoch um eine verfahrensrechtliche Ausgestaltung eines Grundrechts, weshalb die Anhörung »ohne vermeidbare Säumnis« nachzuholen ist,
> Klüsener/Rausch NJW 1993, 617, 622,

unter Hintansetzung aller weniger dringlichen Rechtsgeschäfte,
> so auch Jürgens § 1906 II BGB Rn 27; Jürgens siedelt allerdings das Problem fälschlich im materiellen Recht an; im Rahmen von § 1906 II BGB gilt weiterhin § 121 BGB!

Das BVerfG hat angedeutet,
> NJW 1990, 2309 f.,

daß die Vorbereitung und Durchführung mündlicher Verhandlungen, Absetzen und Verkünden von Entscheidungen in Zivilsachen jedenfalls nicht so wichtig sind, um eine Anhörung aufzuschieben; allerdings handelt auch diese Entscheidung – entgegen ihrer Zitierweise bei Jürgens – vom Verfahrensrecht, sagt daher nichts zur Frist von § 1906 II BGB aus.

g) Schlußgespräch

Dieses ist nach §§ 70 c S. 5, 68 V FGG wie im Betreuungsverfahren durchzuführen.

2. Materielle Rechtsgrundlagen

a) Die öffentlich-rechtliche Unterbringung, hier beispielhaft nach dem BayUG und PsychKG NRW

91 Jedenfalls insoweit muß das Gericht prüfen, da ein Antrag der Kreisverwaltungsbehörde vorliegt. Im Hinblick auf das PsychKG NRW sei darauf hingewiesen, daß es noch nicht vollständig dem Betreuungsrecht angepaßt worden ist.

Die Voraussetzungen im Einzelnen:

- **Antrag der Kreisverwaltungsbehörde,** Art. 5 BayUG, § 12 PsychKG NRW; ggf. gemäß Art. 10 II, V BayUG ersetzbar durch polizeiliches Handeln oder das des Leiters der Einrichtung, in der sich der Betroffene befindet (beachte: reines Antragsverfahren).

- **Psychische Krankheit bzw. Störung infolge Sucht oder Geistesschwäche,** Art. 1 BayUG, § 1 PsychKG NRW
  Auf oben § 2 kann insoweit verwiesen werden,
  > s. auch Zimmermann Art. 1 BayUG Rn 2 ff.

- Auf dieser Krankheit beruhende **erhebliche Gefährdung** der öffentlichen Sicherheit und Ordnung
Art. 1 I S. 2 BayUG, § 1 PsychKG NRW stellt klar, daß darunter auch die Selbstgefährdung fällt. Diese muß erheblich sein, was bei Brandstiftungshandlungen regelmäßig vorliegen dürfte. Weiter: Ist diese Gefahr so groß, daß bis zu einer endgültigen Entscheidung nicht mehr zugewartet werden kann (§§ 70 h, 69 f I 1 FGG)?

- **Weniger einschneidende Mittel stehen nicht zur Verfügung.** Im seltenen Einzelfall wäre z.B. an eine familiär geführte engmaschige Überwachung zu denken. Wichtigster Fall eines weniger einschneidenden Mittels im Rahmen der Prüfung einer Unterbringung nach UG ist jedoch die zivilrechtliche Unterbringung, ggf. auch nach § 1846 BGB;

    Zimmermann zu Art. 1 BayUG Rn 22 und 26 f.

    Siehe hierzu auch unten § 4 Rn 106.

- Unterbringung nur **gegen oder ohne den Willen** des Betroffenen **92**
Bezüglich freiwillig sich aufhaltender Patienten ist das UG nicht anwendbar; hier behauptet ja der Betroffene, freiwillig in der Klinik zu bleiben.

    Bei betreuten Personen in Nordrhein-Westfalen ginge nach § 10 Abs. 2 PsychKG NRW das Zivilrecht vor, da das PsychKG gar nicht zur Anwendung käme; dann aber könnte einer Fremdgefahr ohne Betreuer gar nicht begegnet werden. Daher wird befürwortet eine Auslegung wie in Baden-Württemberg: Sobald § 1906 BGB nicht angewandt wird, verbleibt es beim PsychKG,

    vgl. Saage/Göppinger Kap. 4.4 Rn 157 a. E.

    Der bloßen Gefahr, daß er nach »Abwimmeln« des Richters doch die Klinik verlassen will, beugt der Gesetzgeber vor in Art. 10 IV BayUG. Das Einverständnis muß ernsthaft sein; wenn die Umstände wie hier ergeben, daß das Einverständnis bald widerrufen wird, fehlt es an dieser Voraussetzung,

    Zimmermann Art. 1 BayUG Rn 19; siehe auch LG München I BtPrax 1998, 152 f.

- **Vorrangiger Vollzug einer Unterbringung nach StPO oder StGB, Art. 1 II BayUG, § 1 Abs. 1 PsychKG NRW**

    Soweit hier also die Voraussetzungen der zivilrechtlichen Unterbringung **93** vorliegen, scheidet eine Unterbringung nach BayUG aus.

b) Die zivilrechtliche Unterbringung

Eine solche ist möglich gemäß § 1906 BGB, die jedoch ein Handeln des Betreuers **94** erfordert. Vorliegend ist jedoch die Betreuerin des S urlaubsbedingt nicht erreichbar. In diesen Fällen gestatten §§ 1908 i I, 1846 BGB dem Vormundschaftsgericht die Vornahme aller erforderlichen Maßregeln, die auch ein Betreuer vornehmen könnte; gleiches gilt für den Fall, daß ein Betreuer noch gar nicht bestellt ist.

Das Vormundschaftsgericht rückt in diesen Fällen an die Stelle des Betreuers, muß z.B. auch einen Behandlungsplan (Medikamentengabe, Untersuchungsmethoden) hinsichtlich des Betroffenen genehmigen. Die Voraussetzungen sind im einzelnen:

aa) Verhinderung/bisher fehlende Bestellung eines Betreuers, §§ 1908 i, 1846 BGB

95 Im vorliegenden Fall liegt eine urlaubsbedingte Abwesenheit der Betreuerin vor; u.E. genügt allgemein hier die Nichterreichbarkeit des Betreuers, ohne daß im Einzelfall aufgeklärt werden muß, welcher Verhinderungsgrund vorliegt. Der Umfang der diesbezüglichen Nachforschungspflicht wird allenfalls vom Grad der Dringlichkeit der geforderten Maßnahme bestimmt.

Auch kann eine Interessenskollision ein Verhinderungsgrund sein,

[E13] vgl. z.B. AG Nettetal FamRZ 1996, 1104f. **[E13]** zum Fall einer aus religiösen Gründen verweigerten Bluttransfusion eines Betreuers, der den Zeugen Jehovas angehört,

nicht jedoch pflichtwidriges Verhalten des Betreuers (insoweit § 1837 BGB),

[E14] OLG Düsseldorf FamRZ 1995, 637f. **[E14]**.

Der Betreuer ist nach Wegfall des Hinderungsgrundes verpflichtet, selbst die vom Gericht angeordnete Maßnahme zu überprüfen; das Gericht hat dann nur wieder die Aufsichtsfunktion über den Betreuer, nicht mehr die Kompetenz, überhaupt über die Maßnahme selbst, und sei es im Wege der Aufhebung, zu entscheiden – allenfalls mittelbar über aufsichtsrechtliches Instrumentarium,

MüKo-Schwab § 1846 BGB Rn 8.

96 Für den Fall, daß noch gar kein Betreuer (bzw. keiner mit einschlägigem Aufgabenkreis) bestellt ist, müssen die Voraussetzungen der Einrichtung einer Betreuung bejaht werden können.

Auf den Meinungsstreit, ob eine Unterbringung nach § 1846 BGB überhaupt nur möglich ist bei mindestens gleichzeitiger Bestellung eines Betreuers, braucht angesichts des eindeutigen Gesetzeswortlauts (möglich) nicht eingegangen werden,

s. näher Jürgens § 1846 BGB Rn 3 f.,

insbesondere auch deshalb, weil die Bestellung eines vorläufigen Betreuers vorrangig wäre, so dies möglich ist,

MüKo-Schwab § 1908 i BGB Rn 25.

Dies folgt aus dem Grundsatz, daß das Vormundschaftsgericht nur tätig werden soll im Wege der Aufsicht, nur ausnahmsweise anstelle des Betreuers,

Palandt-Diederichsen § 1846 Rn 1, Jürgens § 1846 BGB Rn 5.

Die konsequente Anwendung dieses Grundsatzes müßte dann aber im Verhinderungsfall auch dazu führen, daß auch die Bestellung eines weiteren oder Ersatzbetreuers im Weg der einstweiligen Anordnung, so Jürgens § 1846 BGB Rn 5,

vorrangig ist.

Strittig ist ferner die Frage, inwieweit unverzüglich nach Erlaß einer einstweiligen Maßnahme nach § 1846 BGB ein vorläufiger Betreuer bestellt werden muß. Zu Recht weist Jürgens,

§ 70 h FGG Rn 18; a.A. LG München I vom 15.5.1997, Az. 13T 9033/97, das fälschlich meint, die Betreuerbestellung sei unverzüglich nachzuholen, spätestens vor Anordnung einer weiteren Unterbringungsmaßnahme,

darauf hin, daß durch eine bloß formale eilige Betreuerbestellung lediglich die Verantwortlichkeiten verwischt werden und dem Betroffenen möglicherweise gleichzeitig die Verfahrensgarantien des § 1897 BGB genommen werden.

Damit muß im Einzelfall **summarisch** die oben aufgeführte Prüfung einer Betreuungseinrichtung erfolgen. **97**

bb) Dringlichkeit

Die ins Auge gefaßte Maßnahme, hier die Unterbringung, muß dringlich sein; dies ergibt sich aus dem Grundsatz, daß das Betreuungsrecht dem Gericht grds. nur eine aufsichtsrechtliche Funktion zuweist. **98**

cc) Weitere materiell-rechtliche Voraussetzungen nach § 1906 BGB **99**

(1) Freiheitsentziehung

§ 2 I FEVG stellt folgende **Legaldefinition**: **100**

»Freiheitsentziehung ist die Unterbringung einer Person gegen ihren Willen oder im Zustand der Willenlosigkeit in einer Justizvollzugsanstalt, einem Haftraum, einer abgeschlossenen Verwahranstalt, einer abgeschlossenen Anstalt der Fürsorge, einer abgeschlossenen Krankenanstalt oder einem abgeschlossenen Teil einer Krankenanstalt.«

Im Hinblick auf eine »Unterbringung zu Hause« sei auf § 9 Rn 51 ff. verwiesen.

In § 2 II FEVG ist bestimmt, daß dieses Gesetz u. a. im Bereich der betreuungsrechtlichen Unterbringung nicht angewandt wird. Ob daraus gefolgert werden kann, daß nur diese genannten Örtlichkeiten unter § 1906 BGB fallen, erscheint fraglich,

Jürgens § 1906 BGB Rn 3.

Nachdem § 1906 BGB einen Rechtfertigungsgrund für § 239 StGB darstellt, liegt eine Freiheitsentziehung immer vor, wenn jemand am Verlassen eines Ortes gegen seinen natürlichen Willen gehindert wird; auf Immobilität kommt es hierbei zumindest dann nicht an, wenn der Betroffene noch Wünsche (zum Wegtragen) äußern kann,

> Zimmermann Rn 109; nach AG Wolfhagen BtPrax 1998, 83 f. kann auch bei Verwahrung auf offener Station eine Genehmigungspflicht gemäß § 1906 I BGB bestehen; vgl. hierzu Anm. von Dodegge in NJW 1998, 2710, 2716, wonach § 1906 IV BGB in Betracht komme.

In der Ansicht, daß verspiegelte oder Tapetentüren keine Unterbringungsmaßnahmen darstellen würden, zeigt sich die gefährliche Tendenz, sich der Gerichtskontrolle entziehen zu wollen. Beliebt insbesondere bei Altenheimen sind Trickverschlüsse: Die nichtversperrte Tür besitzt eine Klinke, diese öffnet jedoch den Türschnapper bloß, wenn die Klinke nach oben gezogen statt nach unten gedrückt wird. Auch sind Türöffner bekannt, bei denen zwei Taster gleichzeitig gedrückt werden müssen, einer mit dem Fuß, einer mit der Hand, wobei die Hand schon zwei Meter nach oben kommen muß.

(2) Erforderlich zum Wohl des Betroffenen

101 Hier ist insbesondere zu prüfen, ob nicht mildere Mittel ausreichend sind. Das können häufig ganz banale Dinge sein, wie die Erfüllung des Wunsches eines verwirrten, aber mobilen Altenheimbewohners nach einem Bier, das seinen Bewegungsdrang eingrenzt. Allerdings muß beachtet werden, daß Drogeneinsatz ggf. unter § 1906 IV BGB fallen kann.

Auch ein »gutes Zureden« fällt u.E. im Rahmen des Zumutbaren noch hierunter (der Kranke ist »führbar«) oder – insb. bei Vermögen – die Abstellung von Hilfspersonal rund um die Uhr, wenn nicht der Betroffene zu erkennen gibt, daß er gerade ohne dieses Hilfspersonal gehen möchte. Bei dem Festhalten zu Hause als milderem Mittel sollte jedoch genau das Krankheitsbild eruiert werden: Möglicherweise zwingen die wahnbedingten Ängste des Betroffenen diesen gerade, aus seiner Wohnung wegzulaufen oder, wie es eine Betroffene einmal angab: »Meine Wohnung ist schon schön, aber aus dem Kochtopf schauten immer zwei Gänseköpfe«, Wahninhalte, die die Betroffene am neuen Aufenthaltsort nicht quälen.

(3) Krankheit

102 Zum Krankheitsbegriff s.o. Dieser muß kausal für die unten besprochene Gefahr sein.

(4) Zweck der Unterbringung

103 ■ Selbstschädigungsgefahr infolge der Krankheit, § 1906 I Nr. 1 BGB

Die Gefahr muß konkret sein und kann sich unmittelbar nur auf die Rechtsgüter Leben und Gesundheit beziehen, sich mittelbar aber auf diese auswirken; s. hierzu den Fall der Verwahrlosung (Einleitungsfall), der in körperlichem Verfall mündet,

> Zimmermann Rn 113, a.A. MüKo-Schwab § 1906 BGB Rn 12.

Ein weiteres Beispiel ist der demente, auf der Straße umherirrende Mensch, nicht jahreszeitengemäß gekleidet, die Verkehrsgefahren nicht mehr wahrnehmend.

Ferner muß die Gefahr so groß sein, daß nicht bis zum Erlaß einer endgültigen Entscheidung zugewartet werden kann, §§ 70h, 69 f I 1 FGG,
> BVerfG NJW 1998, 1774 f.

Drittschädigungsgefahr **allein** genügt nicht!
> Daß allerdings häufig bei Maßnahmen zugunsten Dritter auch die Maßnahme mindestens mittelbar dem Wohl des Betroffenen dient, zeigt Pardey FamRZ 1995, 713 ff.

■ Notwendige Untersuchung oder Heilbehandlung, § 1906 I Nr. 2 BGB

Darunter kann z.B. auch die Entgiftungsphase nach Drogenmißbrauch fallen, zur Vermeidung eines Delirs, nicht jedoch die zwangsweise Entzugstherapie. Erforderlich ist hierbei, daß der Betroffene infolge seiner Krankheit die medizinische Notwendigkeit der Maßnahme nicht erkennen oder danach handeln kann, wobei es hierbei ähnlich wie bei § 1904 BGB (s. unten) nicht auf Geschäftsfähigkeit, sondern auf natürlichen Willen ankommt,
> Jürgens § 1906 BGB Rn 18.

(5) Ort der Unterbringung

Die Art des Ortes (Klinik, Altenheim etc.) ist anzugeben, nicht aber die konkrete Einrichtung, die diesbezügliche Auswahl obliegt dem Betreuer, **104**
> OLG Düsseldorf FamRZ 1995, 118 f.; vgl. auch LG Köln NJW 1993, 206 f., das – leider ohne nähere Begründung – den **unfixierten** Aufenthalt auf einer gerontopsychiatrischen geschlossenen Einrichtung für einen schwerwiegenderen Eingriff hält als ein Heimaufenthalt **mit** Fixierungen.

Dieser bestimmt sich aus dem **Verhältnismäßigkeitsgrundsatz** im Hinblick auf das jeweilige Krankheitsbild. Regelmäßig kommen daher als geeignete Örtlichkeiten nur psychiatrische Kliniken bzw. entsprechende geschlossene Heime in Betracht, da die dortige Fachbehandlung bzw. -pflege dem Kranken am weitesten entgegenkommen kann und damit die Unterbringung so wenig einschneidend wie möglich macht.

Entgegen der wohl h.M.,
> Jürgens § 1906 BGB Rn 4,

kommt auch eine nichtgeschlossene Einrichtung als geeigneter Aufenthaltsort in Betracht, wenn der Betroffene sich nur aufgrund des Genehmigungsbeschlusses und der über ihn schwebenden Drohung der sofortigen Unterbringung in einer geschlossenen Einrichtung »wohlverhält«; dies muß im Rahmen des Einsatzes des mildesten Mittels möglich sein.

Fraglich ist ferner, ob auch die **Wohnung des Betroffenen** möglicher Ort für eine Unterbringung ist, z.B. durch nächtliches Versperren der Zimmertür.

Stellt man auf § 2 FEVG ab, ist dies nicht möglich mit der Folge, daß Einsperren zu Hause genehmigungsfrei wäre; dies würde jedoch nicht über die Schwelle des § 239 BGB hinweghelfen. Andererseits zeigt der Wortlaut des § 1906 IV BGB, daß § 1906 I BGB einen »Anstalts«begriff voraussetzt; daher scheidet die eigene Wohnung i.R.v. Abs. 1 als Örtlichkeit aus. In Betracht kommt aber eine Genehmigungspflicht nach § 1906 IV BGB, siehe hierzu unten § 9 des Buches.

(6) Vorliegende Genehmigung von Betreuer und Vormundschaftsgericht

105 Der Betreuer muß den entsprechenden Aufgabenkreis »Aufenthaltsbestimmung« oder »Unterbringung« haben. Sodann ist die Prüfung zweistufig: Erst mit **Antragstellung** des Betreuers hat das Vormundschaftsgericht grds. überhaupt die Prüfungskompetenz.

Wenn der Betreuer aus Sicht des Gerichts zu Unrecht entsprechende Anträge unterläßt, hat das Gericht mittels Aufsichtsmaßnahmen bzw. Betreuerwechsel aus wichtigem Grund oder Unterbringung nach UG zu reagieren. Die Möglichkeit des § 1846 BGB besteht dann nicht; anders hier, wo ein Verhinderungsfall vorliegt und dementsprechend wegen § 1846 BGB auf das Betreuerhandeln verzichtet werden muß.

Nach § 1906 II BGB kann der Betreuer bei Gefahr im Verzug den Betroffenen ohne vorherige gerichtliche Genehmigung geschlossen unterbringen, diese ist dann unverzüglich i.S.v. § 121 BGB nachzuholen. Diese Handlungsmöglichkeit im Notfall ist immer noch vielen Altenheimen und Krankenhäusern völlig unbekannt; im Einzelfall muß hierauf vom Betreuer sehr energisch hingewiesen werden, damit nicht ein kranker Mensch entsprechenden Gefährdungen ausgesetzt wird.

Im vorliegenden Fall ist angesichts der hohen Suizidgefahr eine Unterbringung nach § 1906 I Nr. 1 BGB geboten, allerdings aufgrund des Fehlens wichtiger Verfahrensteile (Sachverständigengutachten) derzeit nur für 6 Wochen zulässig.

c) Abwägung zwischen beiden Unterbringungsarten

106 Hier sind die unterschiedlichen Zielvorstellungen zu berücksichtigen: Das **öffentlich-rechtliche** Unterbringungsrecht verlangt als festgestelltes (und dem Betroffenen in den Beschluß geschriebenes) Tatbestandsmerkmal die Gefährdung der öffentliche Sicherheit, mit dessen Feststellung und Bekanntgabe an den Betroffenen man ggf. gleich den nächsten Krankheitsschub auslösen kann; der Betroffene wird diese Feststellung immer als zusätzlichen Makel empfinden,

> Zimmermann Rn 150.

Zu Recht streichen Klüsener/Rausch,

> Praktische Probleme bei der Umsetzung des neuen Betreuungsrechts, NJW 1993, 617, 622,

heraus, daß eine vorrangige Unterbringung nach öffentlich-rechtlichem Sicherheitsrecht gegenüber der zivilrechtlichen Unterbringung nach Betreuungsrecht »rechtsfehlerhaft« ist, da eine fremdgefährdende Verhaltensweise allenfalls rechtsdogmatisch von der Eigengefährdung zu separieren ist, während rein tatsächlich bei einem psychisch Kranken dringende Behandlungsbedürftigkeit angezeigt ist.

Die **Unterbringung nach Zivilrecht** ist das mildere Mittel, da immerhin eine weitere Kontrollperson, nämlich der Betreuer, eingeschaltet ist bzw. eingeschaltet werden wird bei Unterbringung nach § 1846 BGB. Zudem ermöglicht die zivilrechtliche Unterbringung eine adäquate medizinische Behandlung für den Betroffenen, macht **für diesen** die geschlossene Unterbringung sinnvoll, während nach Sicherheitsrecht, z.B. Art. 13 II BayUG, mittelbar auch aus § 26 PsychKG NRW, gegen den Willen des Betroffenen (was häufig ja gerade Ausdruck der Krankheit ist) nur Minimalbehandlung zulässig ist, die nur der Akutlage angemessen ist, insb. die Gefährdung für die öffentliche Sicherheit beseitigen soll,

> Zimmermann Art. 13 BayUG Rn 1 aE.; vgl. auch Saage/Göppinger Kap. 4.4 Rn 151 und Bienwald § 1906 BGB Rn 10.

Aus diesem Grund hat auch bereits das BVerfG festgestellt,

> BVerfG NJW 1982, 691, 693,

daß die öffentlich-rechtliche Unterbringung nach Landesrecht nur subsidiärer Behelf neben der zivilrechtlichen Unterbringung ist und daß dies auch im Rahmen von vormundschaftsgerichtlichen Anordnungen nach § 1846 BGB gilt. Denn die Unterbringungsgesetze der Länder stehen, wie das BVerfG weiter feststellt, »überwiegend in der Tradition des Polizeirechts und lassen daher fürsorgerische Gesichtspunkte hinter sicherheitspolizeiliche Aspekte zurücktreten«, wie sich trotz »Modernisierung« auch an Art. 13 II BayUG zeigt,

> insoweit deckt sich die Auffassung von Jürgens § 1906 BGB Rn 48 von der Gleichrangigkeit der Unterbringungsformen nicht mit dem Gesetzestext des Art. 1 BayUG und der Rechtsprechung des BVerfG.

Dies ist von der Kompetenzordnung des GG auch so vorgezeichnet, im Bereich des Sicherheitsrechts haben die Länder die Gesetzgebungskompetenz nach Art. 70 GG; es wäre daher auch zweifelhaft, ob sie die Kompetenz besäßen, zivilrechtlich fürsorgliche Elemente in die Sicherheitsgesetze aufzunehmen, nachdem der Bund insoweit von seiner Kompetenz abschließend Gebrauch gemacht hat.

Der einzige wirkliche Vorteil des UG ist die Möglichkeit der Aussetzung des Vollzugs nach § 70 k FGG, Art. 24 BayUG, die ein Betreuer gar nicht hat; er kann nur die Unterbringung beenden; in der Praxis geht diesem aber z.B. ein »Probewohnen« voraus unter der Verantwortung der Anstalt, in der der Betroffene bisher untergebracht ist. Daß der Rechtsschutz des nach UG Untergebrachten größer sei, wie es § 70 l FGG insinuiert, ist nur Folge der Tatsache, daß der Betroffene der zivilrechtlichen Unterbringung einen Betreuer hat, gegen dessen Handeln er vorgehen kann sowie ggf. das Vormundschaftsgericht.

Zum »Ausgleich« eröffnet das UG die Möglichkeit der Postkontrolle nach Art. 16 BayUG, einengender § 27 PsychKG NRW.

3. Konkurrenz zur strafrechtlichen Unterbringung

107 Diese geht der öffentlich-rechtlichen Unterbringung nach Art. 1 II BayUG vor, nicht aber der zivilrechtlichen; diese und deren Vollzug kann in der Praxis sogar dazu führen, daß eine entsprechende Maßnahme des Strafgerichts auf Dauer unterbleibt. Gerade der Betreuer, der Rechtsanwalt ist, sollte versuchen, im Strafverfahren darauf hinzuwirken, daß etwaige Unterbringungsmaßnahmen zur Bewährung ausgesetzt und als Auflagen das Hinnehmen einer zivilrechtlichen Unterbringung einschließlich Behandlungsauflage ausgesprochen werden, § 67 b StGB.

Der Vollzug der strafrechtlichen Unterbringung erfolgt nach Art. 28 BayUG, die nach § 126 a StPO durch Einzelmaßnahmen des Haftrichters; in NRW besteht diesbezüglich das Maßregelvollzugsgesetz MRVG, vgl. § 1 Abs. 2 PsychKG.

III. Die endgültige Unterbringungsanordnung

Fall 13:

108 Wie Fall 12; nach 5 Wochen liegt von dem behandelnden Oberarzt im Krankenhaus das Gutachten vor, in dem er empfiehlt, den Betroffenen für ein Jahr geschlossen in einer psychiatrischen Klinik unterzubringen, um ihn konsequent behandeln zu können, ihn medikamentös einzustellen und insbesondere die immer schwerer werdenden Depressionen zurückdrängen zu können. An eine ambulante Therapie sei derzeit überhaupt nicht zu denken, weil solche Handlungen des Betroffenen sofort wieder vorkommen können. Die aus dem Urlaub zurückgekehrte Betreuerin stellt daraufhin beim Amtsgericht Antrag auf Genehmigung der geschlossenen Unterbringung für ein halbes Jahr, weil sie hofft, daß es ihrem Sohn dann wieder besser gehen wird. Sie teilt dies auch der Klinik mit.

Aufgrund einer plötzlichen Erkrankung des zuständigen Richters bleibt bei diesem die Akte auf dem Tisch liegen – Termin zur Anhörung war für den letzten Tag der ursprünglich angeordneten 6-Wochen-Frist anberaumt worden. Der Anhörungstermin findet nunmehr nach siebeneinhalb Wochen statt. Die ganze Zeit hielten die Klinikärzte den F dort zurück.

F erstattet Strafanzeige wegen Freiheitsberaubung im Hinblick auf seinen erzwungenen Aufenthalt in der Klinik seit Ablauf der 7. Woche; für die 7. Woche selbst hatte er eine sog. Freiwilligkeitserklärung unterschrieben, die er am Ende der 7. Woche widerrief; wie ist dies zu beurteilen, wie wird das Gericht über den Unterbringungsantrag entscheiden?

Lösung 13:

1. Strafanzeige wegen § 239 StGB

109 a) Da nach dem Vortrag des F die rechtswidrige Freiheitsentziehung nicht über eine Woche gedauert hat, kommt die Qualifikation des § 239 III StGB nF. nicht in Betracht.

§ 239 StGB schützt die **potentielle** Fortbewegungsfreiheit; auch an Schlafenden oder völlig verwirrten Menschen kann das Delikt verwirklicht werden (unstr. für die Fälle, in denen die Bewegungsmöglichkeit noch vorhanden ist).

Die **objektiven** Gegebenheiten entscheiden, es kommt nicht auf die Bewußtseinslage des Betroffenen an,

> OLG Köln NJW 1986, 333, 334.

Damit käme es zur Beurteilung der Strafbarkeit auch nicht auf den Geisteszustand des Betroffenen an, ob dieser vielleicht seine Lage zeitweise infolge starker Medikation gar nicht realisiert hätte.

b) Wegen dieses weiten Anwendungsbereichs des objektiven Tatbestands findet aber bereits eine Einschränkung auf der Tatbestandsseite statt.

aa) Das Delikt der Freiheitsberaubung setzt voraus, daß der Betroffene widerrechtlich eingesperrt wurde; so beseitigt die von F abgegebene Freiwilligkeitserklärung die Widerrechtlichkeit noch vor der Rechtswidrigkeitsprüfung. Für die Rechtserheblichkeit dieses Einverständnisses ist nicht erforderlich die Geschäftsfähigkeit des Betroffenen, sondern es genügt die natürliche Willensfähigkeit (kann der Betroffene den Wunsch fassen: »Ich will hier raus, bleibe aber« oder nicht). Da F die Freiwilligkeitserklärung zu Beginn der 7.Woche abgegeben hat, deckt sie die Zukunft ab; für die Vergangenheit wäre sie strafrechtlich unerheblich,

> zum Wesen des tatbestandsausschließenden Einverständnisses vgl. u. a. Haft, Strafrecht Allgemeiner Teil, 4. Teil § 4 Rn 5a.

bb) Die Widerrechtlichkeit des Aufenthalts in der 8.Woche könnte entfallen aufgrund vormundschaftsgerichtlicher Genehmigung (die hier fehlt) oder der Genehmigung der Betreuerin.

Eine solche kommt in Betracht nach § 1906 II 2 BGB.

Zunächst soll der Sinn der Vorschrift nochmals hervorgehoben werden: § 1906 II BGB soll sicherstellen, daß bei dem erheblichen Rechtseingriff eine zweifache Kontrolle stattfindet, nämlich zunächst beim Betreuer, dann beim Vormundschaftsgericht.

Ein »Prüfungsantrag« eines Betreuers beim Gericht mit der Bitte um Nachforschung, »ob« der Betroffene geschlossen untergebracht werden muß, ist daher bereits unzulässig, zuerst muß der Betreuer für sich die Entscheidung treffen – und auch übrigens immer wieder überprüfen, denn er hat – nunmehr ohne Rücksprachepflicht mit dem Gericht – es in der Hand, jederzeit den Aufenthalt des Betroffene in einer geschlossenen Abteilung zu beenden, vgl. § 1906 III BGB. Dem Gericht muß hiervon nur Anzeige gemacht werden.

Voraussetzungen der Unterbringung nach § 1906 II 2 BGB sind:

110
- Voraussetzungen des § 1906 I BGB müssen erfüllt sein, s.o. Fall 10.

Insbesondere muß der Betreuer einen einschlägigen Aufgabenkreis wie »Aufenthaltsbestimmungsrecht« innehaben.

- Gefahr bei Zuwarten bis zur Erteilung der gerichtlichen Genehmigung

Hier bestätigen die Ärzte, daß beim Betroffenen sofort wieder ein Suizidversuch zu erwarten ist; dies legt auch die bisherige Krankengeschichte nahe; es stünde zu befürchten, daß sich bei Zuwarten bis zum Vorliegen der gerichtlichen Genehmigung der Betroffene in Freiheit umbringt.

Man muß sich an dieser Stelle die Fehlkonstruktion des Gesetzes klar vor Augen führen: In der Praxis ist § 1906 II 2 BGB der Regelfall, Satz 1 des § 1906 II BGB dagegen die Ausnahme. Denn wenn nicht die Aufschubgefahr des § 1906 II BGB vorliegt, wird auch kaum eine Sachlage nach § 1906 I BGB vorliegen, weshalb dann eine Unterbringung häufig ganz ausscheidet.

- Unverzügliche Nachholung der vormundschaftsgerichtlichen Genehmigung

111 Entgegen Jürgens,
> § 1906 BGB Rn 27,

der meint, daß hier die gleichen Maßstäbe gelten wie für die Frage, wie schnell eine unterlassene Anhörung nachzuholen ist,
> s. o. Fall 10 (Rn 65),

kann hier auf § 121 BGB zurückgegriffen werden, da die von Jürgens zitierten Entscheidungen sich mit der Wahrung der Verfahrensrechte befassen, also gar nicht einschlägig sind,
> vgl. auch Palandt-Diederichsen § 1631 b Rn 5 zum inhaltsgleichen § 1631 b BGB im Minderjährigenrecht und MüKo-Hinz § 1631 b BGB Rn 8.

Dies ergibt sich zum einen aus der Tatsache der Einheitlichkeit des Gesetzes: Dem Gesetzgeber steht es frei, andere, von § 121 BGB abweichende Regelungen zu erlassen. Zum zweiten ist festzuhalten, daß der Betreuer immerhin im Aufgabenkreis »Aufenthaltsbestimmung« der gesetzliche Vertreter des Betroffenen ist, seine Genehmigung nicht im luftleeren Raum hängt, sondern die Verleihung dieser Kompetenz hierzu bereits mindestens einmal bei der Betreuungseinrichtung überprüft wurde.

Die Aufforderung zur unverzüglichen Nachholung der Genehmigung richtet sich an den Betreuer u.E. nur insoweit, als er die Pflicht hat, beim Gericht das Genehmigungsverfahren zu betreiben **und auf die Einhaltung zu drängen**,
> so wohl auch Jürgens § 1906 BGB Rn 27 aE.

Vor allem das Gericht ist Adressat dieser Aufforderung zum unverzüglichen Handeln; zumindest muß es – wenn die weiteren Voraussetzungen vorliegen – mittels einer einstweiligen Anordnung nach §§ 70h, 69 f FGG die Handlungsweise des Betreuers genehmigen; dies kommt in der Praxis häufig dann zum Tragen, wenn noch kein Sachverständigengutachten vorliegt.

Im vorliegenden Fall liegen die Voraussetzungen des § 1906 II BGB vor; die Mitteilung der Betreuerin an die Klinik, daß der Betroffene dort bleiben soll, beseitigt die Widerrechtlichkeit der Freiheitsentziehung im Sinn von § 239 I StGB, eine Strafbarkeit liegt daher nicht vor.

2. Entscheidung über den weiteren Unterbringungsantrag

a) Verfahren

Es gelten die oben bei Fall 12 angesprochenen Verfahrensschritte. Zur Wiederholung: **112**

- Zuständiges Gericht nach § 70 FGG
- Verfahrensfähigkeit des Betroffenen nach § 70 a FGG
- Bestellung eines Verfahrenspflegers und dessen Anhörung, § 70 b FGG; hierzu gehört auch die rechtzeitige Überlassung des Sachverständigengutachtens an diesen.
- Sachverständigengutachten, § 70 e FGG
- Gelegenheit zur Äußerung diverser Personen und Stellen nach § 70 d FGG
- Anhörung des Betroffenen und Verschaffung des unmittelbaren Eindrucks
- Schlußgespräch nach §§ 70 c S. 5, 68 V FGG

b) Materielle Voraussetzungen

Materiell ist wieder als Maßstab § 1906 I BGB anzuwenden. Zusätzlich zu **113** dem o.a. Verfahren nach § 1846 BGB ist jedoch noch ein Antrag des Betreuers erforderlich.

Fraglich ist hier ferner, ob das Gericht über den von der Betreuerin beantragten Zeitraum von 6 Monaten die Unterbringung in einer psychiatrischen Klinik für den Zeitraum eines Jahres genehmigen kann, wie es der Sachverständige vorgeschlagen hat. Dies ist unproblematisch möglich, wie sich schon aus § 1906 III BGB ergibt: Der Betreuer ist an die Genehmigung des Gerichts insoweit nicht gebunden, als er den Aufenthalt des Betroffenen vorzeitig beenden kann und ggf. muß, was der Betreuer stets selbst zu prüfen hat,

BayObLG BtPrax 1994, 98 f.

Anderes gilt u.E. im Bereich der öffentlich-rechtlichen Unterbringung, da es sich dort grundsätzlich um ein reines Antragsverfahren handelt, in welchem der Antrag (Nach Art. 5 BayUG) verfahrensbestimmend ist.

Der Inhalt der Entscheidung ergibt sich aus § 70 f FGG, wobei als Besonderheit ggü. dem Betreuungsrecht hervorzuheben ist, daß mit Verstreichen des in § 70 f I Nr. 3 FGG genannten Zeitpunkts die Wirksamkeit der Genehmigung ohne weitere Verlängerung erlischt. In solchen Fällen kann der Betreuer allenfalls wieder auf § 1906 II 2 BGB zurückgreifen.

! 114 Von einem Betreuer, der sich beruflich mit diesen Fragen auseinandersetzt, wird **erwartet**, daß er sich rechtzeitig, z.B. drei Monate vor Ablauf dieses Zeitraums, Gedanken über die Verlängerung der geschlossenen Unterbringung macht und ggf. beim Gericht einen entsprechenden Genehmigungsantrag stellt. Gleiches gilt für die etwaige Verlängerung von unterbringungsähnlichen Maßnahmen, wobei hier dem Antrag zusätzlich ein ärztliches Attest beigefügt werden kann, um das Verfahren zu beschleunigen.

IV. Unterbringungsähnliche Maßnahmen

Fall 14:

115 Am 1.7.1996 ergeht, allen Beteiligten am 5.7.1996 zugestellt, folgender Beschluß des AG München:

»Amtsgericht München

München, 1.7.1996
– Vormundschaftsgericht –

Az: 750 XVII

In dem anhängigen Unterbringungsverfahren für

Herrn:	Karl K
Geboren am:	4.1.00
Wohnhaft:	AH W., München
Verfahrenspfleger	Rechtsanwalt E
Betreuer:	Frau Hildegard K

erläßt das Amtsgericht München – Vormundschaftsgericht – folgenden

Beschluß:

1) Die zeitweise Freiheitsbeschränkung des Betroffenen durch
– Anbringen eines Bettgitters
– Anbinden im Bett mittels eines breiten Bauchgurtes
– Anbinden auf dem Stuhl
– Fesseln der Hände während der Dauer einer medizinisch gebotenen Infusion
wird auf Antrag des gesetzlichen Vertreters genehmigt, wobei
a) sich der Durchführende vor und während der Maßnahme jeweils von der Unbedenklichkeit überzeugen muß,
b) sich die Beschränkung immer nur auf das unbedingt erforderliche Maß erstrecken darf und
c) eine schriftliche Aufzeichnung über Art und Dauer zu erstellen ist.

2) Die zeitweise Freiheitsbeschränkung wird bis längstens 1.7.1997 vormundschaftsgerichtlich genehmigt.

3) Die Genehmigung der sonstigen Freiheitsentziehung erlischt mit dem Ablauf der vorgenannten Frist, es sei denn, daß das Gericht auf Antrag des gesetzlichen Vertreters nach Anhörung des Betroffenen und des Sachverständigen erneut entschieden hat.

4) Die Entscheidung ist sofort wirksam.

Gründe:

Der gesetzliche Vertreter hat am 26.6.1996 Antrag auf Genehmigung der sonstigen Freiheitsentziehungen gestellt. Der Betroffene ist leider nicht mehr kommunikationsfähig. Nach dem ärztlichen Gutachten von Dr. R vom 20.4.1996 leidet der Betroffene an folgender psychischer Krankheit bzw. geistiger oder seelischer Behinderung:

Altersdemenz und Aphasie in Folge einer hypoxischen Enzephalopathie

Bei der persönlichen Anhörung des Betroffenen am 26.6.1996 hat das Gericht festgestellt, daß der Betroffene sehr unruhig ist; zeitweilig nestelte er mit erheblicher Kraft an einer Wolldecke, die ihm im Rollstuhl Wärme geben sollte und warf sie dann weg. Eine koordinierte Bewegung ist ihm nicht möglich; beim Versuch, die Hand zu geben, ist es Glück, wenn er die Hand des Gegenüber sofort trifft, obwohl er sie mit dem Auge fixiert.

Das Trinken bereitet ihm erhebliche Schwierigkeiten und geht nur schluckweise aus einer Schnabeltasse.

Der Betroffene sitzt seit dem Tag der Anhörung in einem Spezialrollstuhl, mit welchem es der Betreuerin, seiner Ehefrau, ermöglicht wird, mit dem Betroffenen das Haus zu verlassen um dem Betroffenen Abwechslung im Leben zu bieten.

Die Ehefrau gab an, daß ihr eine Pflege zu Hause nicht mehr möglich ist. Der Betroffene könne aufgrund seiner Behinderung bei der alltäglichen Pflege nicht mehr kooperieren, wende dagegen teilweise enorme Kraft gegen Verlagerungen im Bett u. ä. auf. Im Rollstuhl würde der Betroffene ohne Gurt sofort nach vorne kippen und stürzen. Der Betroffene bekäme ab und zu durch eine PEG-Sonde Flüssigkeit, da er häufig nicht genügend trinke. An manchen Tagen ginge es gut; sie käme jeden Nachmittag und achte auf das Trinken. An manchen Tagen gingen aber nur wenige Schlucke hinunter. Dabei würde der Betroffene sofort versuchen, die Schläuche herauszureißen. Im übrigen sei zwar der Betroffene nicht steh- und gehfähig, aber immer wieder in der Lage, einzelne Extremitäten zu bewegen, weshalb er sturzgefährdet sowohl im Bett als auch im Stuhl sei.

Aus diesem Grund stellte sie Antrag auf Genehmigung der obigen Fixierungen für das nächste Jahr.

Der Verfahrenspfleger Rechtsanwalt E, ein in Betreuungssachen sehr erfahrener Anwalt, hat den o.a. Fixierungen zugestimmt, da es zum Schutz des Betroffenen keine Alternative gibt, und beantragte deren Überprüfung nach einem Jahr.

Der Vertreter der Betreuungsstelle, Herr Dipl. Soz.-Päd. S, beantragte, hinsichtlich der Handfessel während der Infusion ein neues Gutachten zu erholen.

Ferner sei ein Bauchgurt im Bett nicht nötig, wenn das Bettgitter oben sei. Außerdem sei das Bettgitter nicht nötig, wenn der Betroffene während der Infusion an den Händen gefesselt sei. Dem Bauchgurt im Stuhl stimme er zu, ebenso grundsätzlich der Handfessel während der Infusion. Die Genehmigung der Fixierungen sollte nach 3 Monaten, der Bauchgurt im Stuhl nach einem Jahr überprüft werden. Die Tatsachenschilderungen der Betreuerin zweifelte er nicht an.

Schwester M, die Stationsleiterin, bestätigte die Angaben der Ehefrau; insbesondere sei die Flüssigkeitszufuhr oft nicht ausreichend wegen der Schluckbeschwerden, ferner sei der Betroffene häufig sehr unruhig; man habe ihn schon mit den Beinen über dem Bettgitter hängend gefunden; ein Bauchgurt im Bett sei erforderlich, da das Bettgitter allein durch den Betroffenen noch überwunden werden kann, so daß dann eine noch größere Sturzgefahr – da aus größerer Höhe – bestünde.

Am 5.4.1996 – kurz nach dem Besuch des Vertreters der Betreuungsbehörde, Herrn Dipl. Soz.-Päd. S – sei es zu einem gefährlichen Vorfall gekommen. Herr S habe ihr gesagt, daß nur ein Bauchgurt erlaubt sei, ein Bettgitter dagegen überflüssig.

Darauf habe man es nur beim Bauchgurt im Bett belassen. Bei einem Kontrollgang im Zimmer des Betroffenen hatte dieser – da der Bauchgurt ja nicht eng fesselt, sondern so lose wie nur möglich angebracht werden soll – es geschafft, sich aus dem Bett zu winden, wobei er teilweise vom Gurt zurückgehalten wurde in einer Position, die den Betroffenen zum Knien vor dem Bett brachte, den Kopf auf der Matraze, kaum Luft bekommend. Aufgrund seiner Behinderung sei es ihm nicht mehr möglich gewesen, die Knie durchzudrücken und dadurch den Kopf frei zum Atmen zu bekommen. Seither sei das Bettgitter wieder oben.

Herr S monierte lediglich, daß dieser Vorfall nicht im Kadex eingetragen sei, bezweifelte die Tatsache als solche jedoch nicht, blieb aber bei seiner Meinung, daß nur alternativ Bettgitter oder Bauchgurt oder Handfessel zulässig seien.

Tags darauf befragte der unterzeichnende Richter anläßlich des Jourdienstes im Krankenhaus diesbezüglich den dortigen Oberarzt Dr. E; dieser gab an, daß bei solchen unzureichenden Fixierungen in der Literatur auch schon Todesfälle beschrieben wurden.

Die sonstigen freiheitsentziehenden Maßnahmen, die im einzelnen oben aufgeführt sind, sind zum Schutz des Betroffenen erforderlich, § 1906 IV BGB. Es bestünde andernfalls die Gefahr, daß der Betroffene sich erheblichen gesundheitlichen Schaden zufügt. Weniger einschneidende Maßnahmen sind nicht möglich bzw. nicht ausreichend.

Der Betroffene kann aufgrund seines geschilderten Zustandes die Notwendigkeit der Freiheitsentziehung nicht erkennen bzw. einsichtsgemäß handeln.

Insbesondere sind die Maßnahmen auch kumulativ lebensnotwendig. Das Gericht hat keinen Zweifel, daß der Vorfall am 5.4.1996 wie von Schwester M dargestellt stattgefunden hat. Dazu waren ihre Angaben viel zu präzise, andererseits nicht nur punktbezogen, sondern facettenreich vorgetragen; die unterlassene Eintragung im Kadex vermag die Überzeugung an diesem Vorfall nicht zu erschüttern. Eine einfache Fixierung (Handfessel alleine, Bauchgurt im Bett oder Bettgitter) – wie vom Vertreter der Betreuungsbehörde auch in Kenntnis des Vorfalls immer noch gefordert – stellt eine Lebensbedrohung für den Betroffenen dar, damit eine größere Gefahrenlage als ohne jegliche Fixierung. Nicht erklärbar in diesem Zusammenhang ist im übrigen, warum Herr K Bettgitter **und** Bauchgurt, wenn auch jeweils nur einzeln, zustimmte. Würde das Bettgitter alleine ausreichen, wäre der Bauchgurt eine rechtswidrige Freiheitsbeschränkung des Betroffenen.

Bei der Festsetzung der Zeitdauer der sonstigen freiheitsentziehenden Maßnahmen ist das Gericht dem ärztlichen Gutachten gefolgt und hat dabei auch berücksichtigt, daß eine Zustandsbesserung leider aufgrund des Krankheitsbildes unwahrscheinlich ist. Seit Beantragung der Betreuung am 14.3.1996, die vom ärztlichen Attest der Sachverständigen Dr. B begleitet war, über den Zeitpunkt der Gutachtenserstellung durch Dr. R am 20.4.1996 bis zur Anhörung am 26.6.1996 hat sich der Zustand – soweit er für die Beurteilung der Fixierungsmaßnahmen erforderlich ist – leider nicht verbessert. Dies zeichnete auch bereits das o.a. Gutachten vor.

Zu berücksichtigen ist in diesem Zusammenhang auch, daß der Vertreter der Betreuungsbehörde auf Aufforderung des Gerichts sich bereit erklärte, von sich aus in drei Monaten erneut den Sachverhalt zu ermitteln und dem Gericht unaufgefordert Bericht zu erstatten; so kann eine – wenn auch leider unwahrscheinliche – Verbesserung der Situation mit einem entsprechenden Gerichtsbeschluß Rechnung getragen werden.

Die Einholung eines weiteren Gutachtens ist nicht erforderlich; das vorliegende Gutachten nimmt zu allen aufgeworfenen Fragen ausreichend Stellung, die Sachkunde des Sachverständigen ist unbestritten; der Vertreter der Betreuungsstelle konnte keinen nachvollziehbaren Grund für eine erneute Gutachtenseinholung nennen.

Die Entscheidung über die sofortige Wirksamkeit beruht auf § 70 g III 2 FGG.«

Am 10.7.1996 geht beim zuständigen LG München I eine Beschwerde des Herrn S für die Betreuungsstelle ein, in dem er sich gegen die lange Zeitdauer der Fixierungsgenehmigung wendet sowie gegen die Tatsache, daß das AG kein neues Gutachten eingeholt hat. Ferner seien die Maßnahmen unverhältnismäßig und nicht notwendig.

Lösung 14:

1. Entscheidungskompetenz des LG

116 Das LG kann zwar gemäß § 69 g V FGG sich auf die Gutachten des ersten Rechtszuges stützen; die ebenfalls von dieser Vorschrift ermöglichte Bezugnahme auf die Anhörung des Betroffenen in der ersten Instanz scheidet hier jedoch aus, da es auch auf den persönlichen Eindruck gerade von dem körperlich sehr unruhigen Betroffenen ankommt.

Die Kammer wird also zunächst nochmals selbst nach § 68 I FGG sich zum Betroffenen begeben.

Ein Abhilfeverfahren ist dagegen nicht vorgesehen.

2. Zulässigkeit der Beschwerde

a) Statthafter Rechtsbehelf

117 Nach dem Wortlaut des eingelegten Rechtbehelfs wurde nur eine einfache Beschwerde eingelegt; da es sich bei den Mitarbeitern der Betreuungsstelle regelmäßig um Sozialpädagogen handelt, ist eine Rechtskenntnis nur bedingt zu unterstellen, ihre diesbezüglichen Erklärungen sind daher auslegungsfähig (anders evtl. bei einem Anwalt).

In Betracht kommt als statthafter Rechtsbehelf die **sofortige Beschwerde** gemäß § 70 m FGG, sofern die genannte Fixierungsgenehmigung erst mit Rechtskraft wirksam wird. Nach § 70 g III FGG wird eine Entscheidung, die eine Unterbringungsmaßnahme anordnet oder ablehnt, erst mit Rechtskraft wirksam.

Unterscheide: Entscheidungen in Betreuungssachen wurden bisher gemäß § 69 a III FGG grds. mit der Bekanntmachung an den Betreuer wirksam. Anderes galt im Bereich von Eilmaßnahmen, die mit Übergabe an die Geschäftsstelle wirksam wurden; da diese jedoch oft – insbesondere abends – unbesetzt ist, hat der Gesetzgeber mit §§ 69 a III 2, 70 g III 3 FGG die Möglichkeit geschaffen, daß in Fällen der Anordnung der sofortigen Wirksamkeit die Entscheidung auch dann wirksam wird, wenn sie Betroffenen, Verfahrenspfleger (hier fehlt der Bevollmächtigte!), Betreuer oder einem Dritten zu Vollzugszwecken bekanntgegeben wird. Fraglich ist, ob diese Bekanntgabe schriftlich erfolgen muß, wofür der letzte Halbsatz der §§ 70 g III, 69 a III FGG spricht.

Fraglich ist, ob dies auch hier gilt, nachdem das Gericht die sofortige Wirksamkeit angeordnet hat, womit die Entscheidung mit Übergabe an die Geschäftsstelle wirksam wird, § 70 g III 2 FGG, was in der Praxis der Regelfall sein wird (warum der Gesetzgeber davon ausging, daß sich die körperlichen Gebrechen des Betroffenen K regelmäßig bis zur Rechtskraft der Genehmigungsentscheidung ohne Fixierung beherrschen lassen, bleibt sein Geheimnis); da dies aber am Grundsatz des § 70 g III FGG nichts ändert, bleibt statthafter Rechtsbehelf die fristgebundene sofortige Beschwerde; in diese Richtung kann das Schreiben der Betreuungsstelle ausgelegt werden.

b) Die Beschwerdefrist

Die Frist des § 22 I FGG ist eingehalten worden. Auf die in § 22 II FGG angesprochene Möglichkeit der Wiedereinsetzung bei Fristversäumung sei hingewiesen.

c) Zuständiges Gericht

Zuständiges Gericht ist gemäß § 19 II FGG das Landgericht, hier München I.

d) Einlegung in der Beschwerdeinstanz

Die sofortige Beschwerde kann auch in der Beschwerdeinstanz eingelegt werden, § 21 I FGG.

e) Beschwerdebefugnis

Neben der allgemeinen Beschwerdebefugnis aus § 20 FGG enthält das Verfahrensrecht zum Unterbringungsrecht versteckt noch eine weitere Befugnisnorm: § 70 m II FGG verweist diesbezüglich auf den Personenkreis des § 70 d FGG; dort ist in Abs. 1 Nr. 6 die »zuständige Behörde aufgeführt«. Da es sich hier um eine Unterbringungsmaßnahme nach §§ 1906 IV, 70 I 2 Nr. 2 BGB handelt, liegt eine solche des Betreuungsrechts vor; damit ist im vorliegenden Fall die Betreuungsstelle beschwerdebefugt.

Die sofortige Beschwerde ist daher zulässig.

Für das Verfahren gelten neben §§ 19 ff die §§ 70–70 n FGG über die kaum noch komplizierter zu bewerkstelligende Verweisung in §§ 70 m III, 69 g V 1 FGG zurück auf §§ 70–70n FGG.

3. Begründetheit der Beschwerde

a) Ordnungsgemäßes Verfahren der ersten Instanz

Hier kann auf die bisherigen Fälle 10 und 11 verwiesen werden. **118**

b) Materielle Seite der Fixierungsgenehmigung

Diese richtet sich nach § 1906 IV BGB. Zunächst sei darauf verwiesen, daß nach **119** §§ 70 e I 3, 70 i 2 FGG, 1906 IV BGB grds. die Einholung eines ärztlichen Attests ausreicht. Ein Gutachten kann jedoch selbstverständlich in Auftrag gegeben werden, bei schwierigen Fällen gebietet dies § 12 FGG.

Zur Klarstellung des Gesetzestextes sei hervorgehoben, daß § 1906 IV BGB auch anzuwenden ist bei Betroffenen, die bereits geschlossen untergebracht sind,

> Palandt-Diederichsen § 1906 BGB Rn 19.

Zu der Notwendigkeit der Fixierungsmaßnahmen wird im folgenden aus einem für den gleichen Betroffenen 6 Monate später erholtes Gutachten, erstattet von einem Oberarzt des Krankenhauses, anonymisiert zitiert, um einmal die Tragweite falscher Fixierungsmaßnahmen aufzuzeigen:

»Auch bei noch so unkoordinierten Bewegungsabläufen lehrt die Erfahrung, daß gewollt oder ungewollt Zugriff auf die PEG-Sonde gefunden wird. Hierbei ergeben sich folgende Gefahren:

Die PEG-Sonde kann diskonnektiert, abgerissen oder so beschädigt werden, daß entweder eine Reparatur des Konnektionssystemes erfolgen muß, was in der Regel wenig aufwendig ist. Erfolgt aber eine Destruktion bauchwandnah, dann kann ein Austausch der PEG-Sonde erforderlich werden, was eine erneute Gastroskopie nötig macht. ... Die größere Gefährdung ergibt sich jedoch daraus, daß Herr K sich entweder mit der Sonde versehentlich stranguliert oder das Sondensystem zum Umstürzen bringt und so den Sondenbehälter, eine 500 ml – Glasflasche auf ihn stürzen kann ... verbunden mit einer erheblichen Verletzungsgefahr ... Im Liegen ist also ... eine Fixierung der Hände erforderlich, während im Sitzen dies ... in der Regel vermeidbar ist ... Im Sitzen ist es häufig möglich, die PEG-Sonde unter der Kleidung und dann hinter den Rücken unerreichbar für den Betroffenen zu legen. ...

Wegen der erhöhten motorischen Unruhe ist ... von einem erhöhten Kalorienbedarf auszugehen und es kann durchaus sein, daß die dadurch erforderliche Menge der Sondenkost, nur in den Tagesstunden gegeben, von Herrn K nicht toleriert wird, so daß beispielsweise Erbrechen provoziert wird. Erschwerend kommt auch hinzu, daß lange Zeitintervalle in sitzender Mobilisierung häufig nicht toleriert werden. ...

Aus dieser ungerichteten motorischen Unruhe heraus besteht die Gefahr, daß Herr K aus dem Stuhl fällt oder auch aus dem Bett, wobei bei aufgehobener Stehfähigkeit eine erhebliche Verletzungsgefahr vorliegt, vor allem auch weil Herr K keine ausreichenden Schutzreflexe mehr besitzt.

Bei der erheblichen motorischen Unruhe besteht ... die Gefahr, daß Herr K das Bettgitter überwindet. Aus diesem Grund soll aus ärztlicher Sicht neben einem Bettgitter auch ein Bauchgurt angebracht werden. Das Anbringen lediglich eines Bauchgurtes ohne weitere Fixierungsmaßnahmen gilt ärztlicherseits als nicht verantwortbar, weil hierdurch nicht Gefahr vermieden, sondern provoziert wird, beispielsweise durch Strangulation. ...

Aus klinischer Erfahrung heraus muß man bei sehr unruhigen Patienten auch fordern, weil hier Bettgitter und Bauchgurt nicht ausreichend sind, um solche Gefährdungen abzuwenden, daß zusätzlich eine Fixierung der Hände und Beine, also der Extremitäten, durchgeführt wird. Bei sehr unruhigen Betroffenen besteht die Gefahr, daß die untere Körperhälfte über das Bettgitter bewegt wird, während die restliche Körperhälfte mit dem Bauchgurt im Bett verbleibt. Wesentlich gefährlicher ist ein Hochrutschen des Bauchgurtes in cranialer Richtung, das zu einer Thoraxkompression mit kardiorespiratorischen Auswirkungen führen kann. Über diesen Mechanismus sind Todesfälle in der medizinischen Literatur beschrieben worden ... Dieses Rutschen im Bauchgurt ist umso ausgeprägter, je größer die motorische Unruhe ist. Weitgehend abwendbar wird dieser Schädigungsmechanismus durch eine Fixierung der Extremitäten, so daß ein Rutschen im Bauchgurt unterbunden wird. ...

Darüber hinaus bedarf ein fixierter Klient einer erhöhten Aufsichtssorgfalt. Bei der beschriebenen Fixierung besteht die Gefahr, daß im Falle eines Erbrechens über den Mechanismus einer Asphyxie der Tod eintreten kann ... Prinzipiell ist bei der Verabreichung von Sondenkost darauf zu achten, daß beim fixierten Patienten nicht Sondenkost beim Erbrechen asperiert wird. ...«

Dieses Gutachten war in einem späteren Verfahrensstadium abgegeben worden; wäre die Sachlage bereits bei Erlaß der o.a. Entscheidung so bekannt gewesen, wäre die Entscheidung aufzuheben gewesen, nicht weil zuviel, sondern weil unzureichende und damit rechtswidrige Fixierungen genehmigt worden waren.

Hinsichtlich der inkriminierten Zeitdauer ist eine Prognoseentscheidung notwendig, die sich im Wesentlichen aus den ärztlichen Ausführungen, dem bisherigen Verlauf der Erkrankung und der Berufserfahrung ergeben.

Für ein neues Gutachten bestand keine Veranlassung, §§ 15 FGG, 412 ZPO. Es wurden keinerlei diesbezügliche Tatsachen benannt.

Im Rahmen von § 1906 IV BGB wird derzeit noch diskutiert, ob und unter welchen Umständen auch zu Hause – entgegen dem Wortlaut – eine Genehmigungspflicht aus Art. 104 GG besteht. In einem Verfahren wurde dies zumindest dann bejaht, wenn die häusliche Situation nur noch eine »Hülle« ist, ohne familiäre Kontrolle, sondern Vollpflege durch fremde professionelle Kräfte stattfindet,

vgl. hierzu auch LG Hamburg FamRZ 1994, 1619f. **[E15]**

vgl. i.ü. hierzu § 9 des Buches.

V. Verlängerung dieser Maßnahmen

Hier gilt das gleiche Verfahrensrecht wie bisher geschildert, § 70 i II FGG, wobei ggf. ein anderer Sachverständiger herbeigezogen werden muß (s.o. Fall 1 und § 70 i II 2 FGG). **120**

J. Mitteilung von Entscheidungen – Akteneinsichtsrecht

Auf §§ 70 n, 69 k FGG sei hingewiesen. Im Fluß ist derzeit die Frage, wem und inwieweit Akteneinsichtsrechte zu gewähren sind. **121**

§ 5 Alternativen zur Einrichtung einer Betreuung – Beratung in der anwaltlichen Praxis

A. Anwaltliche Beratung bei der Vorsorgevollmacht

Gemäß § 1896 II BGB darf eine Betreuung als gesetzliche Vertretung **nur** angeordnet werden, sofern nicht der Betroffene durch Bevollmächtigung Dritter ausreichend Hilfen für sich geschaffen hat.

Gerade der Rechtsanwalt hat in der Beratungspraxis die Möglichkeit, weit im Vorfeld eines Betreuungsverfahrens durch Hilfestellung bei der Formulierung einer sogenannten Vorsorgevollmacht oder Betreuungsverfügung dafür zu sorgen, daß ein Betroffener selbst frei über sich bestimmen kann, zu einem Zeitpunkt, zu dem er noch zu einer freien Willensbildung in der Lage ist.

> Zu Recht weist Wagenitz in FamRZ 1998, 81 darauf hin, daß die Vorsorgevollmacht, einst als »Bollwerk des Betroffenen gegen staatliche Bevormundung gedacht«, angesichts knapper Finanzen »zur Fluchtburg des Staates vor unnötiger Inanspruchnahme staatlicher Hilfen geworden« ist.

Zwei wesentliche Arten der Vorsorge können einem Mandanten angeraten werden:

- Die Vorsorgevollmacht, besser Vorsorgevertrag, umfassend und auf einen zukünftigen Zeitpunkt und Ereignis bezogen.
- Die Betreuungsverfügung, mit der insb. eine Person benannt wird, die ggf. vom Gericht als Betreuer einzusetzen ist.

Der **Inhalt einer Vorsorgevollmacht,**
> vgl. hierzu Langenfeld, Vorsorgevollmacht, Betreuungsverfügung und Patiententestament nach dem neuen Betreuungsrecht, Konstanz 1994, und Walter, Die Vorsorgevollmacht, Bielefeld 1997, ferner Veit, Das Betreuungsverhältnis zwischen gesetzlicher und rechtsgeschäftlicher Vertretung, FamRZ 1996, 1309 ff.,

wenn sie denn ein Betreuungsverfahren überflüssig machen soll, muß sich nach den folgenden Gegebenheiten richten.

- Zunächst kann der Text einer üblichen Generalvollmacht herangezogen werden, wobei allerdings eine zusätzliche – für Laien verständliche – Erläuterung zur Befreiung von § 181 BGB enthalten sein sollte.
- Bezüglich des Personenkreises, der bevollmächtigt werden kann, ist § 1896 II 2 BGB zu beachten.
- Bei Abfassung der Vollmacht sollte man dann den Erwartungshorizont des Laien berücksichtigen: Dieser denkt – schon aus Gründen der Verdrängung – nicht an Probleme der geschlossenen Unterbringung, der Fixierung, der Ge-

nehmigung von medizinischen Maßnahmen und deren Abbruch. Dieser Themenkreis sollte deutlich angesprochen werden; selbst wenn dann der Mandant davon Abstand nimmt, diesen Teil in die Vollmacht aufzunehmen, sollte ihm klar gemacht werden, daß die Ausstellung einer Generalvollmacht für das Gericht eine indizielle Wirkung haben kann im Hinblick auf die Betreuerauswahl! Vertraut der Mandant dem Bevollmächtigten auch in diesen Bereichen?

U.E. sollte eine sorgfältige **Abwägung zwischen Privatautonomie und staatlicher Kontrolle** erfolgen.

Hinsichtlich der gerichtlichen Überwachung auch des Bevollmächtigten hätte Richtschnur hierbei das Minderjährigenrecht sein können, vgl. § 1631 b BGB. Die elterliche Sorge stellt ein besonders geschütztes Grundrecht nach Art. 6 I GG dar; dennoch greift der Staat hier überwachend ein.

Andererseits bedürfen wehrlose Kinder gerade eines zusätzlichen Schutzes. Der Erwachsene, der im Vollbesitz seiner geistigen Kräfte ist, kann jedoch unbestritten jederzeit auf die Ausübung seines Freiheitsrechts verzichten,

> vgl. obige Ausführungen zu § 239 StGB;

warum soll dieser Verzicht nicht auch aufschiebend bedingt wirksam sein? An den die Privatautonomie achtenden Grundsatz »volenti non fit iniuria« sei erinnert. Vielleicht entspringt der ständige Wunsch nach staatlicher Kontrolle nur unserem obrigkeitsstaatlichen Denken; vielleicht ist es notwendig, auch insoweit einmal bei der Erziehung die Vorbildfunktion im Hinblick auf eigenes späteres Schicksal zu betonen,

> in diese Richtung LG Stuttgart BtPrax 1994, 64 f., welches Vorsorgevollmacht ausreichend für Fixierungen ansieht, wenn ausdrücklich die Vertretungsmacht »ohne jede Ausnahme« erteilt wurde oder mit der Maßgabe »oder sonst über meinen Aufenthalt zu bestimmen«; OLG Stuttgart BtPrax 1994, 99 erlaubt freiheitsentziehende Maßnahmen ohne vormundschaftsgerichtliche Kontrolle bei **exakter** Benennung der Maßnahmen.

Eine Lösungsmöglichkeit wäre, im Bereich aller disponiblen Rechtsgüter den Vorrang von wirksamen, im Umfang genau ausgeloteten Vollmachten anzuerkennen und diese nur kontrollieren zu lassen durch einen weiteren Kontrollbevollmächtigten (eingesetzt vom Betroffenen) oder Kontrollbetreuer i.S.v. § 1896 III BGB (eingesetzt vom Gericht). Dies hilft ggf. nicht im Bereich des § 1904 BGB, da hier keine vollständige Verfügbarkeit über das Grundrecht möglich ist, vgl. §§ 216, 226 a StGB.

Der Gesetzgeber hat sich jedoch mit der Neufassung der §§ 1904, 1906 BGB anders entschieden und im Bereich besonders sensibler Bereiche die **gerichtliche Kontrolle** zur Pflicht gemacht.

- Bezeichnung der Bedingung, nach deren Eintritt die Vollmacht wirksam werden soll (z. B. Gutachten eines benannten Facharztes), § 158 BGB.
- Aufnahme bestimmter Sonderwünsche (z. B. Ob und Wie einer Heimunterbringung); soll die Möglichkeit der Vollmachtsbetreuung nach § 1896 III BGB

ausgeschlossen werden? Dann ist die Bestellung eines weiteren Bevollmächtigten insoweit nötig,

> Schlußfolgerung aus Palandt-Diederichsen § 1896 BGB Rn 29.

- Fortgeltung der Vollmacht nach dem Tod? Ggf. Testamentsvollstreckung?
- Entgelt für den Bevollmächtigten?
- Benennung von Hausarzt und dessen Entbindung von Verschwiegenheitspflicht (unter Mitteilung an diesen), um später auftretende Zweifel an etwaiger Geschäftsfähigkeit zum Zeitpunkt der Vollmachtserteilung beseitigen zu können.
- Überwachungsbevollmächtigung, um Kontrollbetreuung zu verhindern.
- Die Urkunde sollte **notariell beurkundet** werden. Dies muß aus mehreren Gründen geschehen: **4**

☐ **Allgemein**

Nach §§ 80 ZPO, 29 GBO, 12 HGB, 13 FGG ist in diesen Fällen zwar die Erteilung der Vollmacht formlos möglich, bedarf jedoch z.B. gegenüber dem Gericht eines formgebundenen Nachweises.

☐ **Grundstücksgeschäfte**

Zwar bedarf eine Vollmacht nach § 167 II BGB nicht der Form des Geschäfts, welches vertretungshalber abgeschlossen werden soll, hier also z.B. § 313 BGB. Jedoch ist nach h. Rspr. die Vollmacht in Grundstücksgeschäften dann formbedürftig i.S.v. § 313 BGB, wenn sie unwiderruflich ist,

> Palandt-Heinrichs § 313 BGB Rn 20;

dies ist – bei nur einem Bevollmächtigten – bei der Vorsorgevollmacht dann der Fall, wenn ihre Bedingung eingetreten ist, da dann zumeist Geschäftsunfähigkeit vorliegt, die den Widerruf der ursprünglich jederzeit widerruflichen Vollmacht verhindert.

Ob die Möglichkeit der Anordnung einer Vollmachtsbetreuung nach § 1896 III BGB die Anwendung des § 313 BGB hindert, ist bisher ungeklärt, daher hier nicht zu berücksichtigen (Grundsatz der sichersten Lösung in der Kautelarjurisprudenz!).

In ähnlicher Weise sieht die Rechtsprechung die Fälle der unwiderruflich (gewordenen) Vollmacht bei Erbteilsübertragung, Bürgschaft, Abtretung von Steuererstattungsansprüchen u. a.,

> Palandt-Heinrichs § 167 BGB Rn 2.

☐ **Ausschlagung einer Erbschaft**

Diese kann gemäß § 1944 I BGB nur binnen sechs Wochen erfolgen; ein Bevollmächtigter bedarf gemäß § 1945 III BGB einer öffentlich beglaubigten Vollmacht.

- **Ablehnung einer fortgesetzten Gütergemeinschaft**

  Auch dort ist gemäß § 1484 II BGB die in c) genannte Form für die Bevollmächtigung aufgrund des Verweises auf § 1945 III BGB notwendig.

- **Gesellschaftsrechtliches Handeln** ist nur in der Form der §§ 134 III, 135 AktG, 2 II GmbHG wirksam möglich. Bei der Übertragung von GmbH-Anteilen dürfte die Problematik ähnlich der bei § 313 BGB sein,

    a. A. Palandt-Heinrichs § 167 BGB Rn 2 aE.

Diese Fälle mögen zunächst auf den Einzelfall gar nicht anwendbar erscheinen; das kann im vorhinein jedoch nie festgestellt werden; der Sinn einer Vorsorgevollmacht wird jedoch verfehlt, wenn solche Fälle nicht mit in die Überlegung einbezogen werden und ggf. deshalb dann doch ein Betreuer bestellt werden muß.

5 ■ Für den Fall der anwaltlichen Verwahrung sei an § 1901 a BGB erinnert.

Auf die oben unter § 4 Rn 24 genannten Punkte wird nochmals ergänzend hingewiesen.

B. Muster: Vorsorgevertrag/Vorsorgevollmacht

Zu einem noch weitergehenden Muster – auch eines Patiententestaments mit Tötungsmöglichkeit – vgl. Muster nach Prof. Uhlenbruck, erschienen im Verlag Klaus Vahle, Eisenacher Str. 76, 10823 Berlin.

▼

6 Ich befinde mich im Vollbesitz meiner geistigen Kräfte; zur nachträglichen Überprüfung meines Geisteszustandes befreie ich meinen derzeit behandelnden Arzt ▬▬▬ von der Verschwiegenheitspflicht, soweit er Aussagen zu meinem Gesundheitszustand machen kann.

Ausdrücklich nur für den Fall, daß ich aufgrund geistiger, seelischer oder körperlicher Erkrankungen/Behinderungen weder ganz noch teilweise meine Angelegenheiten besorgen kann und dieser Zustand durch einen entsprechenden Facharzt festgestellt wird, bestimme ich folgendes:

1) Hiermit erteile ich Generalvollmacht an ▬▬▬,

mich und meine Erben in Vermögensangelegenheiten, mich selbst auch in allen personenbezogenen Angelegenheiten in jeder Weise ggü. Privaten, Gerichten und Behörden zu vertreten, wo immer das Gesetz Stellvertretung gestattet. Dies gilt auch in den Bereichen, in denen eine Stellvertretung nur mit gerichtlicher Genehmigung möglich ist.

Ich beauftrage den Bevollmächtigten, soweit erforderlich alle Angelegenheiten zu erledigen. Der Bevollmächtigte nimmt den Auftrag an und verpflichtet sich zur Wahrnehmung und Erledigung aller Angelegenheiten; bei Nicht- oder Schlechterfüllung dieser Pflichten haftet der Bevollmächtigte mir gegenüber; die Haftung auf Schadensersatz ist jedoch beschränkt auf vorsätzliches oder grob fahrlässiges Fehlverhalten, § 277 BGB; von der Haftung aufgrund einfacher Fahrlässigkeit ist der Bevollmächtigte befreit. Mit meinem Tod erlöschen Ansprüche gegen den Bevollmächtigten, soweit diese nicht auf vorsätzlichem deliktischen Handeln beruhen.

2) Die Vollmacht soll durch meinen Tod nicht erlöschen.

Von der Beschränkung des § 181 BGB ist der Bevollmächtigte befreit. Er kann Untervollmacht erteilen. Die Vollmacht kann auch im Ausland verwendet werden. Der Person des Bevollmächtigten bringe ich vollstes Vertrauen entgegen, auch abstrakte oder konkrete Interessenskollisionen – z.B. durch Erbenstellung oder dingliche Belastete zu meinen Gunsten – sollen diese Vollmacht nicht einschränken.

3) Es ist ferner mein dringlicher Wunsch, daß durch diese Vollmacht die Bestellung eines Betreuers – mit welchem Aufgabenkreis auch immer – entbehrlich wird und unterbleibt.

4) Diese Vollmacht umfasst daher insbesondere das Recht,

a) von jedem mich behandelnden Arzt Auskunft über meinen Gesundheitszustand und eine vorgesehene Heilbehandlung einzuholen; ich befreie jeden Arzt hiermit von seiner Schweigepflicht;

b) in eine Untersuchung meines Gesundheitszustandes, eine Heilbehandlung oder einen ärztlichen Eingriff einzuwilligen, und zwar selbst dann, wenn die begründete Gefahr besteht, daß ich aufgrund der Maßnahme sterbe oder einen schweren oder länger dauernden gesundheitlichen Schaden erleide; die Vollmacht umfaßt auch das Recht, über die Anwendung neuer, noch nicht zugelassener Medikamente und Behandlungsmethoden zu entscheiden.

c) meinen Aufenthalt und meine Unterbringung zu bestimmen und zwar selbst dann, wenn dies mit vorübergehenden oder dauernden Entzug meiner Freiheit – durch geschlossene Türen, Bettgitter, Bauchgurt oder andere mechanische Vorrichtungen, Medikamente oder in anderer Weise – verbunden ist.

Dies bedeutet, daß

(Vollmachtgeber erklärt handschriftlich wie folgt diese Passage mit eigenen Worten, so daß gewährleistet ist, daß der Vollmachtgeber die vorstehenden Maßnahmen und Begriffe im vollen Umfang verstanden hat und eine Bevollmächtigung in diesem Umfang auch ausdrücklich wünscht)

Insoweit hat der Bevollmächtigte auch das Recht, für mich einen Vertrag mit einem Alten- oder Pflegeheim abzuschließen, mich dorthin zu verbringen und meine Wohnung in jeder Hinsicht aufzugeben.

5) Nach außen gilt die Vollmacht uneingeschränkt, im Innenverhältnis wird der Bevollmächtigte jedoch angewiesen, die Vollmacht möglichst nur nach meiner vorherigen Weisung auszuüben. Auf § 1901 BGB wird zustimmend Bezug genommen.

6) Die Vollmacht und der Auftrag sind von beiden Seiten jederzeit ohne Einhaltung einer Frist schriftlich widerruflich bzw. kündbar. Sobald jedoch die Wirksamkeitsvoraussetzungen eingetreten sind, kann der Bevollmächtigte und Auftragnehmer die Vereinbarung erst zu dem Zeitpunkt kündigen, zu dem vom Gericht ein zumindest vorläufiger Betreuer eingesetzt worden ist.

7) Der Bevollmächtigte erhält eine Aufwandsentschädigung nach Maßgabe des § 670 BGB sowie eine Vergütung von DM   pro Jahr, fällig erstmals ein Jahr nach Eintritt der Wirksamkeitsvoraussetzungen.

8) Der Bevollmächtigte erhält eine Ausfertigung dieser Vollmacht. Weitere Ausfertigungen dürfen dem Bevollmächtigten nur mit meiner Zustimmung erteilt werden. Zu meinen Lebzeiten gilt die Zustimmung als erteilt, wenn ich nicht binnen vier Wochen nach Eingang einer schriftlicher Aufforderung des Notars die Erteilung einer weiteren Ausfertigung untersage oder die Vollmacht widerrufe.

9) Die Ausfertigungen sind sorgfältig aufzubewahren. Im Fall des Widerrufs sind alle Ausfertigungen unverzüglich zurückzugeben, ein Zurückbehaltungsrecht, gleich aus welchem Grund, besteht nicht.

Ort und Datum

Unterschriften von Vollmachtgeber und Auftragnehmer

▲

C. Zur Betreuungsverfügung

7 Die Betreuungsverfügung ist etwas einfacher zu formulieren, da sie v.a. das **Auswahlermessen des Gerichts** im Rahmen von § 1897 BGB **beschränkt**; hier sollte aber überlegt werden, ob für Gefahrenfälle nicht die Betreuungsverfügung auch eine Bevollmächtigung beinhalten soll; dann gilt das zur Vorsorgevollmacht Gesagte.

Ferner ist hier ein Bereich für »**Sonderwünsche**« vorgesehen, vgl. § 1901 II 2 BGB, die ein Betreuer grds. zu befolgen hat.

Auch hier kann auf das o.a. Muster des Vorsorgevertrages verwiesen werden. Gleichfalls gilt hier § 1901 a BGB.

§ 6 Führung der Betreuung

A. Rechtliche Stellung des Betreuers im Verhältnis zum Betreuten

I. Die Novelle

Mit der Novelle hat der Gesetzgeber in § 1901 I BGB nF. wie auch in der **1** Überschrift zum Dritten Abschnitt des Vierten Buches des BGB und dessen Zweiten Titel (»Rechtliche Betreuung«) klargestellt, daß er mit Betreuung nicht »Händchenhalten«, sondern rechtliche Vertretung meint. Der Betreuer ist **vom Gericht bestellter Rechtsvertreter des Betroffenen**.

Wichtig in diesem Zshg. sind neben dem schon besprochenen § 1906 BGB die §§ 1901, 1902, 1904, 1905, 1907 und 1908 i BGB, letzter mit seiner Vielzahl von Verweisungen v.a. ins Minderjährigenrecht. Oberster Grundsatz ist hierbei § 1901 II 1 BGB, weshalb diese Norm auch als Auslegungsrichtschnur des Verweises in § 1908 i I BGB auf das Minderjährigenrecht zu beachten ist,

> BayObLG FamRZ 1998, 455 f. **[E16]**.

Die Kompetenz des Betreuers bestimmt sich nach § 1902 BGB in Verbindung mit den in der Betreuerbestellung bezeichneten **Aufgabenkreisen**.

Bei der Anordnung der Aufgabenkreise muß das Gericht streng den Erforderlichkeitsgrundsatz beachten und dieselben so konkret wie möglich bezeichnen; die Anordnung von Aufgabenkreisen, mit denen der Betroffene nicht einverstanden ist, setzt voraus, daß der Betroffene dort seinen Willen nicht frei bestimmen kann, also partiell geschäftsunfähig ist,

> BayObLG FamRZ 1995, 116 f.

Zu beachten ist, daß nach § 1896 IV BGB der Aufgabenkreis hinsichtlich postalischer Angelegenheiten der ausdrücklichen gerichtlichen Anordnung bedarf; gerade in der Anfangszeit einer Betreuung ist dies sinnvoll, um anhand der Post einen Überblick über die Probleme des Betreuten zu bekommen,

> OLG Oldenburg FamRZ 1996, 757 f. **[E17]**.

Damit ist insbesondere die Stellung eines Versendeantrags (Post zum Betreuer) möglich, wobei der Betreuer sich im klaren sein sollte, daß dann der Betroffene für ihn postalisch nicht mehr erreichbar ist, weil dann der Betreuer seine eigene Post erhält.

Ob die gleiche Vorschrift hinsichtlich des Fernmeldeverkehrs angesichts der Liberalisierung noch so sinnvoll ist, sei dahingestellt; der Aufgabenkreis »Vermögenssorge« kann jedenfalls dadurch empfindlich tangiert werden.

II. Der Betreuer als gesetzlicher Vertreter

2 Der Betreuer ist **gesetzlicher Vertreter** und nach § 1901 BGB nur im Innenverhältnis beschränkt; allerdings gelten nach außen ebenfalls die allgemeinen Grundsätze vom Mißbrauch der Vertretungsmacht. Er ist aber eben auch Vertreter, an die §§ 177 ff. BGB sei ausdrücklich erinnert, ebenso an das Offenkundigkeitsprinzip des § 164 BGB.

Problematisch ist die fehlende »Entmündigung«: Es kann nach dem Betreuungsrecht zur Kollision von Betreuerhandeln und solchem des Betroffenen kommen. Dann gilt folgendes:

3 In Fällen der **festgestellten Geschäftsunfähigkeit bzw. eines angeordneten Einwilligungsvorbehalts** hat allein das Betreuerhandeln rechtliche Wirksamkeit.

Im **Prozeß** gilt über § 53 ZPO das gleiche, auch wenn der Betreute geschäftsfähig ist.

4 Der **Kollisionsfall** tritt also **nur bei Geschäftsfähigkeit** des Betroffenen auf. Dies stellt deshalb ein Problem dar, weil mit Verabschiedung des Betreuungsrechts der Willensvorrang des Betroffenen nach § 1901 II BGB – im Gegensatz zum alten Pflegschaftsrecht – nur noch Innenwirkung hat,

> MüKo-Schwab § 1902 BGB Rn 6 ff., 13.

Hier stellt sich dann aber zunächst die Frage nach der Aufhebung der Betreuung zumindest in diesem Aufgabenkreis, vgl. § 1896 II 2 BGB,

> BayObLG FamRZ 1995, 116 f.,

oder eines Einwilligungsvorbehalts sowie faktisch die Drohung durch den Betreuer an die Geschäftspartner des Betroffenen mit der Feststellung der Geschäftsunfähigkeit.

Ansonsten gilt nach h.L. das Prioritätsprinzip,

> MüKo-Schwab § 1902 BGB Rn 17, Jürgens § 1902 BGB Rn 4,

die zeitlich erste Erklärung soll gelten. Damit ist leider überhaupt nichts geklärt, denn eine weitere Erklärung kann gleichzeitig ein Angebot auf einen Aufhebungsvertrag bezüglich des zeitlich ersten Rechtsgeschäfts darstellen. Bei einer im Referat des Verfassers geführten Betreuung kommt es jeden Monat zu einem Wettlauf zwischen Betroffener und Betreuer bezüglich der Mietzahlung; der Betreuer überweist, die Betroffene widerruft.

Die rechtliche Situation ist daher für einen Betreuer unhaltbar, da er ggf. dann auch Schadensersatzansprüche Dritter befriedigen muß; als ultima ratio verbleibt dann nur bei Gericht die Beantragung eines Einwilligungsvorbehalts verbunden mit dem Hilfsantrag auf Aufhebung der Betreuung in dem fraglichen Aufgabenkreis.

III. Die Beschränkung der gesetzlichen Vertretung

Die gesetzliche Vertretung ist in einigen Fällen beschränkt: Es sind dies v.a. **Rechtsgeschäfte höchstpersönlicher Natur** im Bereich Ehe, Heilbehandlung, Religionsausübung, Erbrecht u. a.,

> vgl. Aufzählung bei MüKo-Schwab § 1902 BGB Rn 20 ff.

Neu aufgekommen ist die Frage, ob der Betreuer im Rahmen der entsprechenden Aufgabenkreise auch gegen den Willen des Betroffenen dessen Wohnung betreten oder gar durchsuchen darf (z. B. nach Post, Urkunden etc.) im Hinblick auf Art. 13 GG,

> dagegen LG und OLG Frankfurt, vgl. FamRZ 1994, 1617 ff. **[E18]** und 1996, 375.

Hierzu wird weiter unten bei den praktischen Fällen der Betreuungsführung, § 9 des Buches, gesondert ein Fall besprochen.

IV. Übertragung der Vollmacht

Fall 15:

Das Vormundschaftsgericht erreichen drei Schreiben, worin Urlaubsvertretungen angekündigt werden.

a) Der Sozialpädagoge S betreibt eine »gerontologische Kanzlei« und informiert das Gericht darüber, daß während seines Urlaubs der selbständige Berufsbetreuer X ihn vertritt in allen Betreuungsfällen.

b) Rechtsanwalt R teilt mit, daß sein OLG-bestellter Vertreter V seine Geschäfte während des Urlaubs fortführt.

c) Der Vereinsbetreuer Y teilt mit, daß im Verein jetzt der Vereinsbetreuer Z mit der Urlaubsvertretung daran sei.

Ist dies möglich?

Lösung 15:

Teilweise wird eine Übertragung der Betreuerkompetenzen auf Bevollmächtigte durch den Betreuer selbst ohne weiteres für zulässig gehalten,

> Jürgens § 1902 Rn 24 in Gefolgschaft zu MüKo-Schwab § 1902 BGB Rn 44,

unter Berufung auf § 1793 BGB, teilweise wird auch behauptet, daß eine gesetzliche Vollmacht regelmäßig die Kompetenz zur Erteilung einer Untervollmacht beinhalte (was eine Auslegungsfrage ist!).

Zur Meinung, die sich auf § 1793 BGB stützt, sei zunächst vermerkt, daß gerade diese Norm in § 1908 i I BGB für nicht anwendbar im Betreuungsrecht erklärt wird. Außerdem wird bei § 1793 BGB das Problem häufig vermengt: Selbstverständlich kann sich der Betreuer im Wege der Verträge, die er Namens des Betroffenen schließt, der Hilfsdienste Dritter bedienen, er kann aber nicht die Betreuung als solche – wenn auch nur urlaubshalber – übertragen,

> so wohl auch Palandt-Diederichsen § 1793 BGB Rn 14.

Der Gesetzgeber hat u.E. zu erkennen gegeben, daß **keine** vom Betreuer ausgehende Vertretungsregelung möglich ist. Dies zeigen die ausgefeilten Vorschriften des § 1897 BGB einerseits und die Möglichkeit der Ersatzbetreuerbestellung nach § 1899 IV BGB, wobei dessen letzter Halbsatz u.E. eine Sperre für Untervollmachten des Betreuers an Dritte darstellt: Nur wenn ein Ersatzbetreuer bestellt ist und das Gericht ihm die Kompetenz hierzu gegeben hat, kann der Betreuer einem anderen, nämlich dem gerichtlich bestellten Ersatzbetreuer Aufgaben übertragen, d.h. im Umkehrschluß: sonst nicht!

Im übrigen stellt die Vorgehensweise in Fall a) bis c) ggf. auch eine direkten Eingriff in die Rechte des Betroffenen aus § 1897 IV, V BGB dar.

Die Problematik des Urlaubs des Betreuers ist zu lösen über eine Ersatzbetreuung oder § 1846 BGB.

V. Verpflichtung des Betreuers; Betreuerausweis

7 Dies ergibt sich aus § 69 b FGG und wird durch den Rechtspfleger erledigt, § 3 Nr. 2 a RPflG. § 69 b I 3 FGG sieht von der Notwendigkeit der **persönlichen mündlichen** Verpflichtung ab bei Vereins- und Behördenbetreuungen bzw. solche deren Mitarbeiter. Jürgens ist leider Recht zu geben, daß wegen des Ausnahmecharakters der Vorschrift diese nicht auf Anwälte oder andere Berufsbetreuer analog angewandt werden kann,

> Jürgens § 69 b FGG Rn 3.

Dies führt zu sehr formlosen Verpflichtungen zwischen Tür und Angel mit einer Unterschrift, besonders wenn sich Rechtspfleger und Rechtsanwalt schon lange kennen; eine Ermessensnorm wäre sinnvoller.

Zur Rechtsqualität des Betreuerausweises wird auf Fall 31 im § 9 des Buches verwiesen.

VI. Die Haftung des Betreuers

Fall 16:
> nach AG Bremen NJW 1993, 205 f.

8 Der unter Betreuung der Vereinsbetreuerin und Sozialpädagogin S stehende E erhält am 1.1.1992 aus einer Erbschaft 30.000 DM; diese Summe legt die Betreuerin, da sie auch den Aufgabenkreis »Vermögenssorge« innehat, auf ein Sparbuch zu 2,5 % Zinsen, obwohl der Betroffene das Geld nicht zum laufenden Unterhalt oder für sonstige laufende Verpflichtungen benötigt. Ende 1994 wird S aus dem Amt entlassen, Rechtsanwältin R als Betreuerin eingesetzt. Nach fruchtloser Mahnung erhebt diese 1997 Klage gegen die vormalige Betreuerin S und gegen den Betreuungsverein beim AG München, dem diese als einfache Arbeitnehmerin angehört, auf Zahlung von insgesamt 2.700 DM, da diese eine zinsgünstigere Anlage des Geldes zu 7 %, wie unstreitig und mündelsicher in der Vergangenheit zu erzielen war, versäumt habe. S läßt sich dahin ein, daß sie in den zwei Jahren aufgrund einer unvorhersehbaren Arbeitsüberlastung bei anderen Betreuten nicht Zeit gehabt hätte, sich um alternative Geldanlagemöglichkeiten zu kümmern. Außerdem habe sie die Geldanlage auf dem Sparbuch von der zuständigen Rechtspflegerin genehmigen lassen.

Hat die Klage Aussicht auf Erfolg, wenn E in Landsberg wohnt, S und ihr Arbeitgeber in München den Sitz haben?

Lösung 16:

1. Zulässigkeit

Zuständig ist auch das AG München nach § 31 ZPO, **9**
 MüKo-Schwab § 1833 BGB Rn 12,

da eine Vermögensverwaltung dort geführt wird, wo der Verwalter seinen Sitz und z.B. seine Buchführung hat.

In diesem Zshg. sei nochmals auf § 53 ZPO hingewiesen, der den auch geschäftsfähigen Betroffenen dem prozeßunfähigen für den **anhängigen** Rechtsstreit gleichstellt.

2. Begründetheit

Als Anspruchsgrundlage kommen §§ 1908 i I, 1833 BGB in Betracht (die i.ü. auch **10** für sonstige Pfleger gelten, § 1915 BGB). Deren Voraussetzungen sind:

a) Klage gegen die Betreuerin

aa) Betreuung

Bestehende Betreuung mit einschlägigem Aufgabenkreis (hier »Vermögenssorge«) liegt vor.

bb) Pflichtverletzung

Diese liegt insb. vor bei Verstößen gegen das Gesetz oder Anordnungen des Vormundschaftsgerichts.

Hier besteht die Verpflichtung, Mündelgeld verzinslich anzulegen, §§ 1908 i I, 1806 BGB. Die Art der Geldanlage bestimmt § 1807 BGB. Außerdem besteht die Möglichkeit der sog. anderweitigen Anlegung nach § 1811 BGB nach Genehmigung des Vormundschaftsgerichts.

Ob auf eine Anlage nach § 1811 BGB hingewirkt werden muß, kann hier dahinstehen, da eine höherverzinsliche Geldanlage nach § 1807 BGB möglich war.

Im übrigen bedarf es keiner Anlage nach § 1811 BGB, wenn der Betreuer bei Amtsantritt bereits nicht mit § 1807 BGB entsprechende Geldanlagen vorfindet; er muß dann nach pflichtgemäßen Ermessen entscheiden, ob er umwandelt oder nicht,
 MüKo-Schwab § 1807 BGB Rn 6.

cc) Verschulden

Der Verschuldensmaßstab richtet sich grds. nach § 276 BGB; auf die Haftungserleichterung von Eltern, § 1664 BGB, kann sich ein Betreuer nicht berufen.

Allerdings bemißt die h.M. die Fahrlässigkeit nach den Umständen des Einzelfalls, insbesondere nach der Lebensstellung des Betreuers; bei einem ehrenamtlich die Betreuung führenden Familienmitglied ist eine Fahrlässigkeit anders zu beurteilen als bei einem Berufsbetreuer wie hier,

> MüKo-Schwab § 1833 BGB Rn 5; OLG Schleswig FamRZ 1997, 1427 f.

Arbeitsüberlastung entschuldet nicht,

> Palandt-Diederichsen § 1833 BGB Rn 2 in Anlehnung an das dort zitierte KG,

ggf. muß Entlassung aus einigen Betreuerämtern begehrt werden.

Auch die vorliegende Genehmigung des Vormundschaftsgerichts führt nach h.M. **zu keiner Haftungsbefreiung** des Betreuers, wie die Konstruktion des § 1829 BGB zeigt! Der Gesetzgeber wollte, daß beide Stellen unabhängig voneinander prüfen,

> Palandt-Diederichsen § 1833 Rn 2, MüKo-Schwab § 1833 BGB Rn 6;

nur auf einen **Rechts**rat des Vormundschaftsgerichts, § 1837 BGB, kann sich der Betreuer haftungsbefreiend verlassen.

dd) Schaden

Dieser liegt in der hier unbestrittenen Zinsdifferenz.

ee) Verjährung

11 Es gilt die lange Verjährungsfrist des § 195 BGB, deren Ablauf auch noch nach §§ 204, 206 BGB gehemmt wird,

> Palandt-Heinrichs § 204 BGB Rn 4 für die Anwendbarkeit dieser Normen auch auf das Verhältnis zwischen Betreuer und Betroffenem.

Der Anspruch ist daher nicht verjährt.

ff) Entlastung

Eine Entlastung nach §§ 1908 i I, 1892 BGB (mit der Wirkung eines – allerdings kondizierbaren – negativen Schuldanerkenntnisses) ist nicht erfolgt.

gg) Haftpflichtversicherung des Betreuers

12 Das Vormundschaftsgericht kann nach §§ 1908 i I, 1837 II 2 BGB vom Betreuer den Abschluß einer Versicherung verlangen; wichtig für die anwaltliche Beratungspraxis ist, daß bspw. in Bayern eine Sammelversicherung für ehrenamtliche Betreuer besteht, mit Deckungssummen von 50.000 DM im Bereich von Vermögensschäden und 2.000.000 DM für Personen- oder Sachschäden. Der Beitrag wird derzeit vom Freistaat übernommen, eine Regreßmöglichkeit auf **vermögende** Betreute wird erwogen. Die Vermögensschadenversicherung läßt sich derzeit (Stand 1.7.1997) für 37 DM p.a. auf 100.000 DM bei der Bayerischen Versicherungskammer erhöhen.

Beiträge zu solchen Versicherungen kann der Betreuer im übrigen vom Betreuten nach §§ 1908 i I, 1835 II BGB erstattet verlangen, jedoch nicht der Berufsbetreuer § 1835 II 2 BGB.

Im übrigen besteht für ehrenamtliche Betreuer in Bayern eine Unfallversicherung beim Bayerischen Gemeindeunfallversicherungsverband.

b) Klage gegen den Verein

Als Zurechnungsnormen kämen in Betracht: **13**

aa) § 31 BGB scheidet aus, da S kein Organ des Vereins ist.

bb) § 278 BGB scheidet zunächst aus, weil zwischen E und dem Verein kein vertragliches Schuldverhältnis besteht.

cc) Die Haftung des Betreuungsvereins ist begründet analog § 1908 i I, 1791 a III S. 2 BGB; der Verein haftet hier nicht nur für seine Organe gemäß § 31 BGB, sondern nach dieser Vorschrift für jedes Mitglied.

Hierbei ist zu beachten, daß eine direkte Anwendung des § 1791 a BGB nicht in Betracht kommt, da S hier als Einzelbetreuerin bestellt ist; da sie aber in die Arbeitsorganisation des Vereins eingegliedert und der Verein auch aufsichtspflichtig ist, § 1908 f I Nr. 1 BGB, muß der Verein in gleicher Weise einstehen wie wenn er selbst die Betreuung führen würde,

str., vgl. MüKo-Schwab § 1908 i BGB Rn 20.

c) Gesamtschuldnerische Haftung

Gesamtschuldnerisch haften Verein und S nebeneinander,   **14**

Palandt-Diederichsen § 1833 BGB Rn 5,

§ 1833 II BGB.

Im Konkurs ist die Ersatzforderung des Betroffenen bevorrechtigt nach § 61 I Nr. 5 KO.

B. Genehmigungsbedürftige Rechtsgeschäfte

I. Fälle der Sterilisationsgenehmigung nach § 1905 BGB

Diese sollen hier – wegen ihrer Seltenheit im Betreuungsrechtsbereich – nicht   **15**
besprochen werden. Glaubt man Informationen Eingeweihter, sind die sehr hohen gesetzlichen Hürden,

Palandt-Diederichsen § 1905 BGB Rn 3 spricht von einer »geradezu grotesken Kompetenzkumulation«,

zwar historisch nachvollziehbar (im Referat des Verfassers steht leider immer öfter die Entscheidung der Unterbringungsgenehmigung einer alten Frau in ein

Krankenhaus an, die dort in der Nazizeit zwangssterilisiert worden war), gingen jedoch an der Realität vorbei; es würden eine Vielzahl von Sterilisationen außerhalb der Legalität vorgenommen,

> vgl. im übrigen Pohlmann, Sexuelle Aufklärung geistig behinderter Menschen, BtPrax 1995, 171 ff.; die Praktikabilität der dortigen Vorschläge vermögen die Verfasser nicht zu beurteilen; neuere Entscheidung z.B. BayObLG FamRZ 1997, 702 ff.,

angeblich v.a. kurz vor dem 18. Lebensjahr, also vor Beginn der Anwendbarkeit des Betreuungsrechts, § 1908 a BGB.

II. Maßnahmen nach § 1906 BGB

16 Auf die oben bereits besprochenen Maßnahmen nach § 1906 BGB sei an dieser Stelle nochmals hingewiesen.

III. Ärztliche Maßnahmen

1. Übersicht

17 Der Betreuer als gesetzlicher Vertreter, § 1902 BGB, ist – den entsprechenden Aufgabenkreis wie »Heilfürsorge« vorausgesetzt – derjenige, der im Fall der Entscheidungsunfähigkeit des Betroffenen **für die Gesundheit** des Betroffenen und adäquate medizinische Behandlung **sorgen muß**. Die gleiche Aufgabe und Verantwortung trifft den entsprechend Bevollmächtigten, wie § 1904 II BGB nF. klarstellt. Beide haben grundsätzlich allein über diesen Bereich zu entscheiden, wenn dies dem Betroffenen nicht möglich ist.

Der Gesetzgeber hat im Bereich von lebensbedrohlichen oder besonders gefährlichen medizinischen Maßnahmen die Zustimmung des Betreuers bzw. Bevollmächtigten jedoch abhängig gemacht von der vorab einzuholenden **vormundschaftsgerichtlichen Genehmigung**. Zusammen mit den einschlägigen Verfahrensvorschriften, § 69 d I, II FGG, muß nach sechs Jahren Betreuungsrechtspraxis festgehalten werden, daß die Vorschriften am Leben vorbeigehen, da sie kaum zum Zuge kommen.

Dies gilt auch nach der Novelle des Betreuungsrechts zum 1.1.1999, wobei dem Gesetzgeber ein schweres Versäumnis bei der Novellierung unterlaufen ist: Trotz der vorhandenen BGH-Rechtsprechung,

> BGH NJW 1995, 204, 205 **[E19]**,

– § 1904 BGB soll analog angewandt werden bei lebensbeendenden Maßnahmen – hat er sich nicht dazu durchringen können, wenigstens in diesem Punkt Klarheit zu schaffen.

Mit beiden Bereichen – lebenserhaltenden wie lebensbeendenden Maßnahmen – befassen sich die beiden nächsten Fälle, da für den Betreuer diese Fragen oft eine große Rolle spielen; die gesetzliche Ausformung der genannten Normen lassen ihn jedoch bei der Entscheidung allein.

Im Bereich des § 1904 BGB sind folgende Punkte zu bedenken: **18**

2. Checkliste: Genehmigung von gefährlichen medizinischen Eingriffen gemäß § 1904 BGB

- Betreuerbestellung mit Aufgabenkreis »Gesundheitsfürsorge« o.ä.
- Todesgefahr oder Gefahr eines längerdauernden schweren Gesundheitsschadens
- Keine entgegenstehende Patientenverfügung
- Kein entgegenstehender Wille des mit sog. »natürlicher Einsichtsfähigkeit« noch ausgestatteten Betroffenen
- Einwilligung des Betreuers
- Einwilligung des Vormundschaftsgerichts

Fall 17:

Zunächst sollen die Lebensumstände des Betroffenen E aus Fall 3 wieder in Erinnerung gerufen werden. Im Jahr 1997 wird nun endlich für diesen eine Betreuung eingerichtet, u. a. mit den Aufgabenkreisen »Aufenthaltsbestimmung« und »Gesundheitsfürsorge«.

Im Rahmen ihres Erstberichts vom 20.5.1997 schreibt die Betreuerin u. a.:

»Herr E befindet sich seit dem 26.4.1997 ... im Krankenhaus H. Am 6.5.1997 erhielt ich einen Anruf vom behandelnden Krankenhausarzt. Er erklärte, daß Herr E einen sogenannten »Wundbrand« am Unterschenkel habe, und daß die Amputation des Beines unterhalb des Knies die einzig wirksame medizinische Maßnahme sei, Herr E aber einer Amputation des Beines nicht zustimmen wolle.

Am 7.5.1997 hatte ich, im Beisein der Ärzte ein langes Gespräch mit Herrn E. Während dieses Gespräches wurde Herrn E sehr klar und eindringlich erläutert, daß er Wundbrand habe, in dessen Folge er innerhalb weniger Tage bis Wochen an Blutvergiftung sterben werde. Die einzige Möglichkeit den Tod zu vermeiden sei die Amputation des Beines. Herr E bekundete eindeutig und sehr klar, daß er einer Amputation nicht zustimmen möchte, erbat sich Bedenkzeit. Als Betreuerin habe ich meine Zustimmung zu dieser OP, an Stelle des Herrn E, nicht gegeben. Sowohl ich als auch die behandelnden Ärzte hatten keine Zweifel an der Einwilligungsfähigkeit des Herrn E zu dieser Frage. ...

Der Wille des zweiundachtzigjährigen Herrn E ist es, diesen lebenserhaltenden medizinischen Eingriff nicht erleben zu wollen. Somit ist die stellvertretende Einwilligung in diese Operation durch mich nicht angezeigt. Sollte das Vormundschaftsgericht eine andere Auffassung vertreten, so bitte ich umgehend um Mitteilung.«

Nach telefonischer Rücksprache des zuständigen Richters erklärt sich die Betreuerin einverstanden mit einer Begutachtung des Betroffenen durch einen Psychiater zur Frage der Einwilligungsfähigkeit des Betroffenen in eine Operation. Nachdem der Psychiater fernmündlich vorab mitteilte, daß keine freie Willensbildung beim Betroffenen vorliege, stellt die Betreuerin Genehmigungsantrag auf Amputation.

Das Krankenhaus H teilt schriftlich mit, daß der rechte Unterschenkel betroffen sei und ohne Amputation die Lebenserwartung nur noch wenige Wochen betrüge.

Wie wird das Gericht weiter verfahren?

Lösung 17:

19 **Vorab:** Die Schilderung hinsichtlich der Vorgänge um die Beinamputation in einen Erstbericht zu packen, ist ein **katastrophaler Fehler bei einem Berufsbetreuer**, der leider immer wieder vorkommt! Der Erstbericht geht an den Rechtspfleger, über Eingriffe nach § 1904 BGB entscheidet der Richter. Es kann dadurch eine tödliche Zeitverzögerung eintreten.

1. Verfahren

20 Das Gericht wird zunächst überprüfen, ob das im folgenden skizzierte Verfahren überhaupt noch zu Ende geführt werden kann, ohne den Betroffenen zu gefährden; dafür sind regelmäßig 10–14 Tage zu veranschlagen. Wenn ein Eingriff vorher stattzufinden hat oder der Zustand des Betroffenen sich verschlechtert, hat der Betreuer das Recht **und die Pflicht**, aus Notstandsgesichtspunkten selbst zu genehmigen, § 1904 S. 2 BGB; anders als bei der Unterbringung braucht hier dann das Genehmigungsverfahren nicht nachgeholt zu werden.

Das Verfahren selbst ist in § 69 d I 2, 3, II FGG skizziert, die anderen Vorschriften der §§ 65 ff. FGG finden daneben, soweit nicht verdrängt, allgemein Anwendung.

a) Verfahrenspflegerbestellung

21 Dessen Bestellung nach § 67 FGG ist – angesichts der Voraussetzungen des § 1904 BGB – fast zwingend, da andernfalls eine Genehmigung des ärztlichen Eingriffs ausscheidet. Eine Anwendung des § 67 I 3 FGG erscheint den Verfassern undenkbar.

b) Sachverständigengutachten

22 Regelmäßig werden zwei Gutachten erforderlich sein, eines zu der medizinischen Seite der zu genehmigenden Maßnahme, eines zu dem Geisteszustand des Betroffenen, da es nicht auf seine Geschäftsfähigkeit, sondern seine natürliche Einsichtsfähigkeit ankommt,
> Jürgens § 1904 BGB Rn 4.

Kann der Betroffene eine ärztliche Aufklärung nachvollziehen?

Solche Gutachten sind nach § 69 d II FGG zu erholen; zusätzlich zu § 68 b FGG verlangt § 69 d FGG, daß Sachverständiger und ausführender Arzt grundsätzlich nicht identisch sein dürfen; nach der Novellierung (»sollen in der Regel«) ist diese Vorschrift immer noch zu eng gefasst.

In der Praxis scheitern daran viele Genehmigungen, da bei Lebensgefahr man auch in einer Großstadt kaum einen Sachverständigen im Hinblick auf die zu veranlassende Heilmaßnahme findet, der binnen kürzester Zeit wenigstens ein kurzes Gutachten erstellt.

c) Anhörung des Verfahrenspflegers

Der Verfahrenspfleger muß unter Zurverfügungstellung der Gutachten angehört werden. **23**

d) Anhörung des Betroffenen

Ggf. unter Gutachtensübergabe nach § 69 d I 3 und 4 FGG; wichtig ist, daß hier nicht § 68 FGG gilt. **24**

e) Anhörung anderer Personen und Stellen

Ggf. Anhörung der Personen und Stellen nach § 68 a S. 3 und 4 FGG über § 69 d II 3 FGG nF. Die Verschärfung der Anhörungspflichten nach § 68 a FGG nF. wird dazu führen, daß in der Praxis entweder häufigst von der Ausnahmemöglichkeit des § 68 a FGG nF. Gebrauch gemacht wird oder noch weniger vormundschaftsgerichtliche Genehmigungen im Rahmen des § 1904 BGB erteilt werden. **25**

2. Materielles Recht

Rechtsgrundlage ist § 1904 BGB; dieser bezieht sich auf lebensgefährdende Eingriffe oder der Gefahr schwerer längerdauernder Schäden. Andere ärztliche Maßnahmen kann der Betreuer im Rahmen seiner Aufgabenkreise selbst ohne weiteres genehmigen. **26**

a) Betreuerbestellung mit Aufgabenkreis »Gesundheitsfürsorge« o.ä.

b) Todesgefahr oder Gefahr eines längerdauernden schweren Gesundheitsschadens

Bei der Todesgefahr ist auf das individuelle Risiko abzustellen: Bei vielen alten Menschen ist das Narkoserisiko auch bei an sich ungefährlichen Eingriffen deutlich erhöht; im Hinblick auf einen schweren Gesundheitsschaden ist daran zu denken, daß der Eingriff mit allen verbundenen Nebenaspekten wie Krankenhaus etc. als **ein** demenzauslösender oder -verschärfender Faktor diskutiert wird. **27**

Bei der anderen Variante ist zu beachten, daß die Tatbestandsvoraussetzungen kumulativ vorliegen müssen: Dauer und Schwere müssen gleicher Maßen bejaht werden. Als Anhaltspunkt hinsichtlich der Schwere kann der Katalog des § 224 StGB dienen. Die Länge soll ca. ein Jahr betragen – abhängig auch von der Schmerzintensität –, um die Schwelle des § 1904 BGB zu erreichen, **28**

> MüKo-Schwab § 1904 BGB Rn 13.

Da im übrigen auch § 1904 BGB unter der Vorgabe des Betreutenwohls nach § 1901 BGB steht, scheidet eine Organspende des Betroffenen über § 1904 BGB aus, (den denkbaren Fall des Organtauschs vielleicht einmal ausgeklammert). Streitig ist, ob der Betreuer einen nach § 218 ff StGB geduldeten Schwangerschaftsabbruch genehmigen kann und ob auf diesen nicht ggf. das Verfahren nach § 1905 BGB anzuwenden wäre.

Eine Beinamputation unterfällt ohne weiteres den genannten Kriterien.

c) Einwilligungsunfähigkeit beim Betroffenen

29 Hier muß man verschiedene zeitliche Entscheidungsfindungspunkte auseinanderhalten:

30 aa) Hat der Betroffene »in guten Zeiten« eine entsprechende **sog. Patientenverfügung** angelegt (oft zusammen mit Betreuungsverfügung) und ist diese zweifelsfrei wirksam errichtet worden, hat der Betroffenenwille Vorrang,

> Palandt-Diederichsen § 1904 BGB Rn 1, Jürgens § 1904 BGB Rn 11.

Dies scheint zunächst eine klare Richtschnur zu sein. Leider kann man überhaupt nicht sicher sein, ob der Betroffene in der jetzigen Situation einen etwaigen Willen, der eine lebenserhaltende Maßnahme verneint, noch aufrechterhalten will. Schon die menschliche Natur spricht dagegen, der Volksmund spricht nicht umsonst vom »Todeskampf«. Erfahrungen in Sterbehospizen scheinen dafür zu sprechen, daß es selbst todgeweihten Patienten nicht um das Ende, sondern um das Umsorgen während des Sterbens angeht. Auf welch gefährlichem Boden sich der Betreuer selbst hier bewegt, zeigt die immer noch schwankende Diskussion zu § 216 StGB, der Strafbarkeit der Tötung auf Verlangen, ein Delikt, welches auch durch Unterlassen begehbar sein soll,

> Dreher-Tröndle § 216 StGB Rn 2.

Der Betreuer sollte unbedingt auch bei Vorliegen einer ihm eindeutig erscheinenden Patientenverfügung aus sogenannten »guten Zeiten« umgehend den enstprechenden Sachverhalt gesondert dem Vormundschaftsgericht anzeigen und um Entscheidung oder schriftlichen Rat nachsuchen, auf den er nach §§ 1908 i I, 1837 I BGB auch **Anspruch** hat.

31 bb) Ist der Betroffene, der keine Patientenverfügung erlassen hat, jetzt **einwilligungsunfähig?** Dies ist unabdingbare Voraussetzung, da es sich um höchstpersönliche Rechtsgeschäfte handelt; es kommt nur alternativ eine **Genehmigung des Betroffenen oder des Betreuers** in Betracht, wobei auf Seiten des Betroffenen die sog. natürliche Einsichtsfähigkeit ausreicht.

Für Ärzte ist diese Lage bei zweifelhafter Einwilligungsfähigkeit des Betroffenen fast unhaltbar, insb. bei Eingriffen, die unter der Schwelle des § 1904 BGB liegen,

> Palandt-Diederichsen § 1904 Rn 1.

Liegt die sog. natürliche Einwilligungsfähigkeit vor, dann kann nur der Betroffene zustimmen oder ablehnen. Für § 1903 BGB ist kein Platz.

Die natürliche Einwilligungsfähigkeit muß sich auf folgende Kriterien beziehen,

> MüKo-Schwab § 1904 BGB Rn 6:

- Tragweite der ärztlichen Behandlung
- Dringlichkeit der Maßnahme
- Begreifen der Folgen der Therapie
- Begreifen der Alternativen

Dies war Herrn E im vorliegenden Fall nicht mehr möglich.

d) Entscheidung des Gerichts

Selbst wenn alle o.a. Voraussetzungen gegeben sind, ist die Genehmigungsentscheidung des Gerichts nicht zwingend; vielmehr wird die Entscheidung nach dem Wohl des Betroffenen gefällt, § 1901 BGB gilt auch für das Gericht, **32**

> MüKo-Schwab § 1904 BGB Rn 22.

Dem Verfasser wurde eine Entscheidung über eine Kehlkopftotaloperation wegen bösartigen Tumors bei einer Alkoholkranken abgenommen; bei dieser hätte bei einer Lebenserwartung von vielleicht noch einem Jahr und einer »Heilungschance« von 20 % auch eine erhebliche Rolle gespielt, daß die Betroffene intellektuell nicht mehr in der Lage gewesen wäre, eine Ersatzsprache zu lernen; wegen schwerer Augenfehler wäre auch Lesen und Schreiben kaum noch eine Möglichkeit gewesen; die Betroffene hätte ihre letzte Lebenszeit zwangsweise kommunikationslos verbringen müssen.

Im vorliegenden Fall wurde die Amputation vom Gericht genehmigt, u. a. auch deshalb, weil der Betroffene gar nicht mehr gehfähig war, mit der weiteren Folge, daß die zuerst behandelnden Ärzte die Amputation ohne ausdrückliche Zustimmung des Betroffenen nicht durchführen wollten, so daß erst eine neue Klinik gefunden werden mußte.

> Zur Frage medizinischer Zwangsbehandlung vgl. im übrigen z.B. Schwetzer, Heilbehandlung und Selbstbestimmung, FamRZ 1996, 1317 ff.; lesenswert auch Deinert, Organspende und Betreuung, BtPrax 1998, 60 ff., der § 1901 BGB als Richtschnur betont.

Fall 18:

Der alte Herr T lebte nur noch zu Hause vor sich hin. Zuletzt litt er an den Symptomen der Alzheimerdemenz. **33**

Als er sich später die Hüfte brach, wurde er operiert. Danach ging es ihm nicht viel besser. Das Essen schmeckte ihm nicht. Er drohte ein Pflegefall zu werden. Herr T wollte nicht ins Pflegeheim.

Eine Versorgung zu Haus schied für die Familie aus. Den Gedanken fand seine Ehefrau unerträglich. Sie hätte zwar ambulante Pflegedienste um Hilfe bitten können. Aber das wollte sie nicht. Sie wollte nicht so direkt mit den Nöten eines Sterbenden konfrontiert werden.

Die Tochter des Herrn T ist Krankenschwester. »Wir wußten, daß es mit unserem Vater rapide abwärts ging«, sagte sie. »Was für eine Zukunft hat er denn noch?« fragte sie die anderen Verwandten. »Er soll nicht mehr leiden«, beschloß die Familie. Ärzte und Familie fanden es richtig, dem alten Mann keinerlei Infusionen mit Nahrung oder Flüssigkeit zu geben, »damit er austrocknet«, wie die Tochter ausführte. Herr T wurde nicht mehr gefragt. Eine Woche später war Herr T tot.

Ganz am Rande: »Euthanasie« heißt »schöner Tod«, Herr T ist nicht »ausgetrocknet«, sondern verdurstet!

Der Fall hat sich in den Niederlanden abgespielt, nach dortiger Lage legal, offiziell in 3.200 Fällen allein im Jahr 1995.

Der BGH,

> NJW 1995, 204, 205 **[E19]**,

hat in einer Entscheidung des ersten Strafsenats festgehalten, daß § 1904 BGB auch für den tödlich verlaufenden Behandlungsabbruch gilt. Damit ist für eine Entscheidung wieder § 1901 BGB die Richtschnur, wobei man sich dann den natürlichen (»Über-«)Lebenswillen der Kreatur vor Augen halten muß. Diese Entwicklung wurde nunmehr vom OLG Frankfurt bestätigt,

> NJW 1998, 2747ff. mit zustimmender Anmerkung Knieper, NJW 1998, 2720f. **[E20]**.

Allerdings wird vom BGH wie vom OLG Frankfurt übersehen, daß auch nach § 1901 II 1 BGB der Willensvorrang des Betroffenen nur soweit gilt, als es nicht dem Wohl des Betroffenen zuwiderläuft. Wer soll nun über das Wohl des Betroffenen entscheiden, der im Koma liegt, da es keine ärztlichen Feststellungen über das Innenleben eines solchen Patienten gibt?

Nach geltendem Recht ist ein Behandlungsabbruch nicht genehmigungsfähig, sondern nach den Kriterien der §§ 211 ff. StGB zu beurteilen. Zu eruieren ist laut BGH wie auch jetzt OLG Frankfurt allenfalls ein etwaiger früher geäußerter auch mutmaßlicher Wille des Betroffenen, eine bedenkliche Entwicklung in Richtung Holland,

> zur Zweifelhaftigkeit der Feststellung eines mutmaßlichen Willens vgl. Meldung in der FAZ vom 10.7.1996, N1, wonach in den USA 2/3 aller Krebskranken Euthanasie bejahen, Patienten mit stärksten Schmerzen aber weitaus weniger Interesse an Sterbehilfe haben, sofern sie hinreichende Zuwendung und Pflege erfahren.

In Frankreich stellte die Regierung nunmehr einen »Dreijahresplan zum sanften Tod« vor,

> FAZ vom 6.10.1998,

der zwar zunächst die Sterbebegleitung meint, aber bezeichnenderweise im Zusammenhang mit der Tötung eines komatösen Patienten durch dessen Arzt an die Öffentlichkeit gebracht wurde.

Die Erforschung eines mutmaßlichen früher geäußerten Willens ist absurd und mit der Systematik der Gesetze nicht in Einklang zu bringen. Ein umfassend Bevollmächtigter, der ja nach den Intentionen des Gesetzgebers vollständig die

Betreuung ersetzen soll, kann nie eine entsprechende Genehmigung aufgrund eines **mutmaßlich** geäußerten Willens erteilen: Die Vollmacht hat nämlich im Bereich des § 1904 II BGB nF. **schriftlich** den entsprechenden Bereich zu erfassen, im Bereich mutmaßlicher Äußerungen läge Formnichtigkeit nach § 125 BGB vor.

Wie sinnlos die Erforschung des früheren mutmaßlichen Willens ist, zeigt die zitierte BGH-Entscheidung selbst: »Die acht oder zehn Jahre vor dem maßgeblichen Zeitpunkt ... unter dem Eindruck einer Fernsehsendung erfolgte Äußerung der Frau E (der Betroffenen), »so wolle sie nicht enden«, bietet keine tragfähige Grundlage für eine mutmaßliche Einwilligung zum Behandlungsabbruch. Sie kann einer momentanen Stimmung entsprungen sein.«Hieraus müßte eigentlich die Konsequenz gezogen werden, daß ein mutmaßlicher Wille zur Lebensbeendigung nicht ermittelbar ist, zumal die »Auskunftspersonen« oftmals potentielle Erben oder Verwandte sind, die »es nicht mehr mitansehen können« (also ihr eigenes Leid beenden wollen, nicht das des Betroffenen!), auch angesichts der Mißstände in Alten- und Pflegeheime verzweifelte alleingelassene Angehörige.

U.E. denkbar und für den Betreuer wie die Rechtsordnung akzeptabel sind nur die Fälle, die in den **vormaligen** Sterberichtlinien der Bundesärztekammer aufgeführt sind,

> z.B. in Deutsches Ärzteblatt 1990, Heft 37,

wo es heißt »Maßnahmen zur Verlängerung des Lebens dürfen abgebrochen werden, wenn eine Verzögerung des Todeseintritts für den Sterbenden eine nicht zumutbare Verlängerung des Leidens bedeutet und das Grundleiden mit seinem irreversiblen Verlauf nicht mehr beeinflußt werden kann.« Auf die neuen Sterberichtlinien der Bundesärztekammer,

> vgl. FAZ vom 12. und 14.9.1998, Text abgedruckt (in nicht ganz aktueller Form) in NJW 1997, Heft 24, XXIV ff.,

die die Grenzen großzügiger ziehen, sollte sich angesichts der erst in Gang gekommenen Diskussion ein Betreuer nicht verlassen. Der Weg nach Holland wird vorläufig nur angedeutet.

Die Lage ist dramatisch in Fluß,

> vgl. »Medizinsch-ethische Richtlinien für die ärztliche Betreuung sterbender und zerebral schwerst geschädigter Patienten« abgedruckt in NJW 1996, 767 ff. und die Erklärung des Dt. Ärztetags zur Euthanasie FAZ vom 10.7.1996 sowie der Neuentwurf der Bundesärztekammer, abgedruckt in NJW-Informationen Heft 24/1997, XXIV f.,

zu Lasten der Kranken (»Rache der Beitragszahler«?). Bezeichnend ist ein Hinweis,

> FAZ vom 15.4.1998 unter Hinweis auf Gordijn/Janssens in Dt. Med. Wochenschrift Bd. 123, 432,

wonach gerade in den Niederlanden Euthanasie deshalb besonders verbreitet ist, weil die Palliativmedizin dort noch in den Kinderschuhen stecke.

Mit absurder Feststellung endet die zitierte Entscheidung des OLG Frankfurt: »Im Rahmen der Anwendung des § 1901 BGB ist ... im Falle des Behandlungsabbruchs die mutmaßliche Einwilligung des Betroffenen maßgeblich, an deren Feststellung wegen des Lebensschutzes in tatsächlicher Hinsicht strenge Anforderungen zu stellen sind, während bei nicht aufklärbarer mutmaßlicher Einwilligung dem Lebensschutz der Vorrang einzuräumen ist ....« Hier fällt die Diskrepanz zwischen »mutmaßlich« und »aufklärbar« auf. Beide Begriffe sind nicht in Deckung zu bringen, denn bei Aufklärung kennt man den echten Willen des Betroffenen, (übrigens immer noch nicht den mutmaßlichen heutigen Willen!) bei fehlender Aufklärung gibt es im Bereich der Tötungsdelikte auch nicht eine Rechtfertigung durch die »mutmaßliche« Einwilligung.

Die bayerische Verfassung beginnt mit den Worten: »Angesichts des Trümmerfeldes, zu dem eine Staats- und Gesellschaftsordnung ohne Gott, ohne Gewissen und ohne Achtung vor der Würde des Menschen die Überlebenden des zweiten Weltkrieges geführt hat ...« Vielleicht unterschreiben deutsche Richter bald wieder Todesurteile, nicht mehr auf dem Gebiet des Strafrechts, aber in erschreckender Weiterentwicklung des »Sozialstaatsprinzips«,

> weiter zu diesem Thema s. auch Jürgens, Ist der Tod genehmigungsfähig?, BtPrax 1998, 159 ff. und Stellungnahme des Vormundschaftsgerichtstags e.V. und der Bundesärztekammer hierzu aaO S. 161 f.

IV. Wohnungsaufgabe, § 1907 BGB

34 Die eigene Wohnung ist ein **hohes Schutzgut**; bei alten Menschen wird davon gesprochen, daß sie ca. 20 % ihrer geistigen Fähigkeiten einbüßen können, wenn man sie – die womöglich eh schon verwirrt sind – aus ihrer vertrauten Umgebung holt. Im Nebengebäude einer ehemaligen Wohnung des Verfassers lebte ca. 45 Jahre eine alte Frau, die an Alzheimer litt; vor der Haustür erkannte sie niemandem mehr auf der Straße, wohl aber im Haus, sie fand täglich ihr Lebensmittelgeschäft, ihren Gemüseladen, die Post für die Rente. Sie war sicherlich völlig geschäftsunfähig und versorgte sich selbst bis ca. 8 Wochen vor ihrem Tod.

Aus diesem Grund ist eine Kündigung einer Mietwohnung des Betroffenen nur mit Zustimmung des Vormundschaftsgerichts möglich, § 1907 BGB; zuständig ist der Rechtspfleger.

In der Praxis wird – insbesondere von juristisch nicht vorgebildeten Laien – häufig gegen diese Vorschrift verstoßen, erst recht werden die **Mitteilungspflichten** des § 1907 II BGB übersehen.

Das Verfahren richtet sich nach § 69 d I 2 FGG nF.; die materiellen Normen sind neben § 1907 BGB auch in §§ 1908 i I, 1828–1831 BGB angesiedelt; wichtig ist v.a. die Folge der Kündigung ohne vormundschaftliche Genehmigung: Gemäß § 1831 BGB ist **die Kündigung** ohne Genehmigung unheilbar **unwirksam!** Den Verfassern sind leider bisher kaum Versuche bekannt geworden, daß sich ein Betreuer dann auf diese Vorschrift berufen hätte, es scheitert häufig am Einleben der Betroffenen in der neuen Umgebung oder am Unmöglichkeitsrecht, da die Wohnung wieder weitervermietet ist,

> zu Klippen bei Heimverträgen vgl. bspw. BGH NJW 1995, 1222 f. **[E21]** oder KG NJW 1998, 829 ff. jeweils m. w. H.

Nebenbei: In der anwaltlichen Beratung eines Vermieters sollten auch solche Vorschriften, die z.B. direkt mit dem Mietrecht nichts zu tun haben, beachtet werden!

V. Sonstige rechtsgeschäftliche Genehmigungen, insb. im Vermögensbereich

Diese richten sich weitgehend durch Verweis aus § 1908 i I BGB nach dem Vormundschaftsrecht für Minderjährige.

1. Weitere Verträge nach § 1907 III BGB

Fall 19:

Die unter Betreuung stehende I ist sehr vermögend; u. a. nennt sie mehrere Mietshäuser mit ca. 400 Mietwohnungen ihr eigen; welche Vorschriften müssen die (mehrere: §§ 1908 i I, 1792 II BGB) Betreuer beachten, wenn eine Wohnung frei wird und neu auf unbefristete Zeit vermietet werden soll?

Lösung 19:

a) In Betracht kommt zunächst ein Genehmigungsvorbehalt nach § 1907 III 2. Alt BGB. Diese Vorschrift ist entgegen der Meinung von Schwab,

> MüKo-Schwab § 1907 BGB Rn 10,

vom Schutzzweck her eng auszulegen: Nicht jeder Wohnraum des Betroffenen unterliegt dem Genehmigungsvorbehalt des § 1907 III aE. BGB, sondern nur der, den der Betroffene zumindest zeitweise selbst bewohnt,

> Jürgens § 1907 BGB Rn 5.

b) Ein Genehmigungsvorbehalt kann sich jedoch aus § 1907 III 1. Alt. BGB ergeben. Dies gilt u. a. nur dann, wenn das Vertragsverhältnis länger als 4 Jahre dauern soll.

Bei unbefristeten Verträgen wird hierbei auf die Lösungsmöglichkeit abgestellt; sofern ein Zeitmietvertrag über 4 Jahre oder länger abgeschlossen wird, greift § 1907 III 1. Alt. BGB ein, ansonsten, wenn die üblichen mietrechtlichen Fristen, § 565 II BGB, gelten, grds. nicht.

Vorsicht:
Mittels eines »Musterbeispiels« gesetzgeberischer Systematik ist in § 1907 III 1. Alt BGB der Genehmigungsvorbehalt für alle Verträge, die den Betroffenen zu wiederkehrenden Leistungen verpflichten und länger als 4 Jahre dauern sollen (auf Kündigungsfristen achten), postuliert.

2. Grundstücksgeschäfte

Fall 20:

37 Der Betroffene E ist im Wege der Erbfolge nach einer Tante Miteigentümer zu 1/6 an einem kleinen Ferienhaus in einer Ferienanlage auf Mallorca geworden; Betreuerin ist seine Mutter, die an dem Haus keine Berechtigung hat. Diese hat namens des Sohnes zusammen mit den anderen fünf Eigentümern einen Vertrag vor einem spanischen Rechtsanwalt unterzeichnet, wonach das Haus an einen Dritten für umgerechnet 150.000 DM verkauft werden soll; sie legt den Vorgang dem Gericht vor.

Ferner bittet sie um Genehmigung der Erteilung einer Löschungsbewilligung einer Grundschuld, die zugunsten des Betroffenen an einem anderen Grundstück in Deutschland bestellt wurde, da der Schuldner sein Darlehen mittlerweile vertragsgemäß getilgt habe. Bezüglich dieses Grundstückes möchte sie im übrigen – da die anderen Miteigentümer sich einer sinnvollen wirtschaftlichen Verwertung sperren – Antrag auf Teilungsversteigerung beim Vollstreckungsgericht stellen.

Wie wird das Vormundschaftsgericht handeln?

Lösung 20:

a) Verfahren

38   aa) **Funktionell zuständig** ist zunächst der Rechtspfleger nach § 3 Nr. 2 a RPflG; dieser hat allerdings nach § 5 I Nr. 3 RPflG das Verfahren im Hinblick auf das balearische Grundstück dem Richter vorzulegen, da die Anwendung spanischen Rechts in Betracht kommt; der Richter wiederum hat die Rückgabemöglichkeit nach § 5 II RPflG, was den Rechtspfleger sicher freut.

bb) **Das weitere Verfahren** richtet sich zunächst nach den allgemeinen Verfahrensvorschriften der §§ 65 ff FGG, die allerdings für die Anhörung eine Sollvorschrift in § 69 d I FGG beinhalten; von der persönlichen Anhörung kann insb. abgesehen werden, wenn der Betroffene offensichtlich nicht in der Lage ist, seinen Willen kundzutun.

Regelmäßig wird die Bestellung eines Verfahrenspflegers vonnöten sein.

cc) **Die weitere Sachverhaltsermittlung** richtet sich nach **§ 12 FGG**. Insbesondere wird regelmäßig ein Wertgutachten erholt werden müssen, was sehr zeitraubend, insbesondere bei Belegenheit im Ausland sein kann. Zu beachten ist ggf. einschlägiges ausländisches Recht; so ist nach italienischem Recht schon ein Vorvertrag über ein Grundstück bindend und löst bei Nichterfüllung binnen eines Jahres pauschalierten Schadensersatz in mehrfacher Höhe des Kaufpreises aus. Inwieweit ein solcher Vertrag nach italienischem Recht im Hinblick auf § 1829 BGB ebenfalls unwirksam wäre, kann nicht beurteilt werden.

Im vorliegenden Fall kann von der Erholung eines Wertgutachtens abgesehen werden; es handelt sich um eine relativ geringe Summe (je nach sonstigem Vermögen des Betroffenen); außerdem besteht eine gewisse Angemessenheitskontrolle hinsichtlich des Kaufpreises dadurch, daß weitere fünf Miteigentümer beteiligt sind, da diese schon aus Eigennutz ein Interesse an einem hohen Verkaufspreis haben.

b) Materielle Genehmigungsvoraussetzungen

Allgemein ist erforderlich, daß der Betreuer den passenden Aufgabenkreis zugewiesen bekommen hat, z.B. »Vermögenssorge«. **39**

aa) Grundstücksverkauf

In Betracht kommt eine Genehmigung nach §§ 1908 i I, 1821 Nr. 1 BGB. **40**

(1) Verfügung über ein Grundstück?

Entgegen der sonst üblichen Gesetzessprache wird von der Genehmigungspflicht des § 1821 BGB auch das Verpflichtungsgeschäft umfaßt,
> Palandt-Diederichsen § 1821 BGB Rn 5,

wobei aber umgekehrt die Genehmigung zum Verpflichtungsgeschäft nicht ohne weiteres auch die zum sachenrechtlichen Erfüllungsgeschäft umfassen muß,
> aber regelmäßig beinhaltet, Jürgens § 1821 BGB Rn 11.

Die Genehmigungspflicht besteht auch bei nur anteiliger Berechtigung des Betroffenen.

(2) §§ 112 ff. BGB?

Fraglich ist, ob der Rechtsgedanke aus §§ 112 ff. BGB nicht auch auf das Betreuungsrecht anzuwenden ist. Könnte der geschäftsfähige Betreute selbst über das Grundstück verfügen? Die Intention des Betreuungsrechts, dem Betroffenen soweit wie möglich seinen Freiraum zu lassen, könnte dafür sprechen. Andererseits ist folgendes zu bedenken: Der Aufgabenkreis »Vermögenssorge« kann, wie andere auch, gegen den Willen des Betroffenen nur angeordnet werden, wenn er insoweit seinen Willen nicht frei bestimmen kann. Ist dagegen beim Geschäftsfähigen die Betreuung in diesem Bereich mit seinem Willen erfolgt, geschähe ihm kein Unrecht, wenn er aus Verkehrssicherheitsgründen auch gewissen Beschränkungen unterworfen wäre. Der Gesetzgeber hat immerhin mit der Norm des § 53 ZPO einen gleichen Gedankengang im Prozeßrecht aufgezeigt, wo es ebenfalls auf Rechtssicherheit ankommt.

Es ist zu überlegen, ob daher auch der geschäftsfähige Betreute analog §§ 112 f. BGB beispielsweise nicht über Grundstücke verfügen könnte, da sein Betreuer nach §§ 1908 i I, 1821 BGB hierzu der vormundschaftsgerichtlichen Genehmigung bedürfte. Der Betroffene wäre insoweit nicht rechtlos gestellt: Er könnte – da insoweit die Betreuung von seinem Willen abhängt – Antrag auf Aufhebung des einschlägigen Aufgabenkreises stellen.

In diese Richtung geht auch eine neue Entscheidung des OLG Frankfurt,

> OLG Frankfurt FamRZ 1997, 1424 ff.,

wonach die Genehmigung auch des geschäftsfähigen Betroffenen den Betreuer nicht von der Verpflichtung entbindet, ein Grundstücksgeschäft vormundschaftsgerichtlich genehmigen zu lassen.

(3) Die Entscheidung des Gerichts

41 Es handelt sich um eine Ermessensentscheidung,

> Palandt-Diederichsen § 1821 BGB Rn 2,

des Gerichts, bei der das Gericht den Willen und das Wohl des Betroffenen allein zu berücksichtigen hat; hier wird es berücksichtigt, daß der Betroffene zwar ggf. inflationssichereres Vermögen gegen Liquidität eintauscht; andererseits könnte ihm eine Ertragserzielung leichter fallen. Bei Immobilienvermögen werden auch Unterhaltslasten eine Rolle spielen; schließlich ist hier das Grundstück im Ausland gelegen und für den Betroffenen daher schwerer sicherbar,

E16
> BayObLG FamRZ 1998, 455 f. **[E16]**, das den Verweis in 1908 i 1 BGB durch § 1901 2 relativiert sieht.

Die Entscheidung ist daher stark einzelfallbezogen.

Statthafter Rechtsbehelf ist die Erinnerung gemäß § 11 RPflG.

Anmerkung: Die Beweislast im Amtshaftpflichtprozeß gemäß § 839 BGB dafür, daß der Vormundschaftsrichter den Sachverhalt nicht hinreichend aufgeklärt habe und dadurch dem Betroffenen ein Schaden entstanden sei, trifft den Geschädigten,

> BGH NJW 1986, 2829 ff.

bb) Löschungsbewilligung hinsichtlich der Grundschuld

42 In Betracht käme zunächst eine Genehmigungspflicht nach §§ 1908 i I, 1821 Nr. 1 BGB; allerdings stellt § 1821 II BGB klar, daß Grundschulden nicht zu den in § 1821 I BGB genannten Rechten zählen.

Jedoch kommt bei der Briefgrundschuld eine Genehmigung nach § 1819 BGB, sonst nach § 1822 Nr. 13 BGB oder nach § 1812 BGB in Betracht. Bei letzterer ist auch zu beachten, daß die Mündelsicherheit einer Anlage nach § 1807 Nr. 1 BGB gewahrt bleibt.

Da § 1822 Nr. 13 BGB den Fall der Aufgabe der Sicherheit regelt, also bei Bestehenbleiben der Forderung, kommt er hier nicht zur Anwendung, da die besicherte Forderung bereits erloschen ist.

Eine Genehmigungspflicht ergibt sich jedoch aus § 1812 BGB,

> MüKo-Schwab § 1812 BGB Rn 32 mit weiteren Ausführungen zu der Frage, in welchen Fällen eine Löschungsbewilligung auch nicht unter § 1812 BGB fällt.

cc) Teilungsversteigerung

Diese ist keine Verfügung über ein Grundstück i.S.v. § 1821 BGB, **43**
> Palandt-Diederichsen § 1821 BGB Rn 10,

allerdings dennoch genehmigungspflichtig nach § 181 II 2 ZVG.

An Genehmigungspflichten außerhalb des eigentlichen Vormundschafts- und Betreuungsrechts soll daher in diesem Zusammenhang nochmals erinnert werden.

dd) Widerrufsmöglichkeit

Ohne Genehmigung bleibt das Geschäft unwirksam; zu beachten ist die Widerrufsmöglichkeit des Vertragspartners nach § 1830 BGB, die ausgeschlossen werden kann durch entsprechenden Hinweis in der Vertragsurkunde, § 1830 aE. BGB, **44**

> auf – bspw. steuerrechtlich motivierte – Wünsche potentieller Erben auf unentgeltliche Übertragung von Grundstücken im Wege der vorweggenommenen Erbfolge darf angesichts §§ 1908 i II, 1804 BGB **nicht** eingegangen werden, vgl. BayObLG FamRZ 1996 1359 f. **[E22]**.

Ein Vorbescheid ist nicht zulässig,
> Labuhn S. 162 f.,

wohl aber Genehmigung unter aufschiebender Bedingung. Vgl. in diesem Zusammenhang auch §§ 1831, 1944, 203 Abs. 2 BGB.

3. Verfügung über Giro- und andere Konten

Fall 21:

Rechtsanwalt B wird umfassend zum Betreuer der Betroffenen D, einer dementen alten Dame, ernannt. Bei der Wohnungsnachschau findet er 100.000 DM in bar; einen Teil legt er in Wertpapieren an, den Rest über 20.000 DM zahlt er auf ein neu von ihm namens der Betroffenen bei der Stadtsparkasse München eröffnetes Sparbuch ein, da noch nicht absehbar ist, ob die Betroffene demnächst in ein Altenheim umziehen soll und dann ein größerer Barbetrag benötigt werden wird. Die Sparkasse kennt B, da er für alle von ihm geführten Betroffenen dort die Konten errichtet hat. Die Sparkasse händigt B das Sparbuch aus, weitere Rechtshandlungen erfolgen nicht. **45**

Noch vor der Entscheidung über die Umsiedlung der D in ein Altenheim steht für B fest, daß seine Umsiedlung in ein noch näher auszuwählendes südamerikanisches Land dringend erforderlich geworden ist, da die Gläubiger des B ihn immer massiver bedrängen und auch nicht vor Maßnahmen nach dem 8. Buch der ZPO zurückschrecken; unangenehmerweise zählt zu dem Gläubigerkreis auch die Finanzverwaltung; B hebt daher u. a. vom Sparbuch der D die 20.000 DM wieder ab und taucht unter.

Der neue Betreuer C erwägt, gegen die Sparkasse vorzugehen. Mit Erfolg?

Wie ist die Rechtslage, wenn B statt bei der Sparkasse München bei der Deutschen Bank AG, Filiale München, regelmäßig die Betreutengelder anlegt?

Lösung 21:

a) Vertragsbeziehungen

Vorrangig in Betracht kommen vertragliche Anspruchsgrundlagen.

46 Dabei sollte man sich zunächst die Vertragsbeziehungen zwischen den Beteiligten vor Augen halten. Regelmäßig werden Bankkonten im Namen der Betroffenen, die eben gesetzlich durch den Betreuer vertreten werden, geführt, schon aus Gründen des Schutzes der Betreutengelder vor etwaigen Gläubigern des Betreuers. Schon deshalb ist auch die Nutzung von Rechtsanwaltsanderkonten allenfalls in Ausnahmefällen denkbar,

> MüKo-Schwab § 1806 BGB Rn 16.

47 Grundsätzlich ergibt sich aus § 1805 BGB, daß Gelder des Betreuten nicht auf Konten des Betreuers gelangen dürfen – selbst wenn das jeweilige Konto nur zugunsten des Betroffenen geführt werden soll und einen etwaigen diesbezüglichen Vermerk enthält: »schon die Verunklarung der Vermögenssphären bedeutet einen Verstoß gegen die Vorschrift«,

> MüKo-Schwab § 1805 BGB Rn 3!

Allein der rein formale Verstoß gegen diese Vorschrift kann die Verwirklichung von Straftaten nach §§ 246, 266 StGB darstellen!

Aus diesem Grund hat B auch richtig i.S.v. § 1805 BGB ein Konto namens der D bei der Stadtsparkasse eröffnet.

b) Haftung aus cic i.V.m. Kontovertrag

48 In Betracht kommt die Haftung der Stadtsparkasse aus **culpa in contrahendo** (bzw. pvv bei Schwerpunkt des vorwerfbaren Verhaltens zu einem späteren Zeitpunkt) in Verbindung mit dem Kontovertrag.

aa) Ein **vorvertragliches Schuldverhältnis** liegt vor angesichts der Verhandlungen über die Kontoeröffnung.

bb) Es müßte eine Pflichtverletzung vorliegen.

(1) Zunächst stellt sich die Frage, ob die Sparkasse überhaupt Gelder für einen Betreuten annehmen darf. Die Geldanlagemöglichkeiten des Betreuers ergeben sich aus §§ 1908 i I, 1807 BGB; nach § 1807 I Nr. 5 BGB besteht die Möglichkeit, bei Sparkassen entsprechende Anlagen zu tätigen, wenn sie hierfür durch das jeweilige Land als geeignet erklärt wurde.

Für die Sparkassen in Bayern ist dies mit Art. 2 II des Sparkassengesetzes geschehen.

Auch die Deutsche Bank wäre i.S.v. § 1807 I Nr. 5 BGB ein geeignetes Kreditinstitut: Sie gehört dem Einlagensicherungsverband des privaten Bankgewerbes an.

Dieser haftet für Einlagen in jedem Einzelfall bis zu einer Höhe von max. 30 % des haftenden Eigenkapitals der betreffenden Bank; im Fall der Deutschen Bank wäre daher eine Geldanlage im Milliardenbereich abgesichert.

Achtung: Bei der Anlage bei einem anderen Kreditinstitut nach § 1807 I Nr. 5 BGB ist daher selbst bei Zugehörigkeit zu einer Sicherungseinrichtung zunächst zu beachten, wie hoch das haftende Eigenkapital der Bank im Verhältnis zur Anlagesumme ist. Bei sehr kleinen Banken und sehr großen Vermögen kann eine Anlage gemäß § 1807 I Nr. 5 BGB ausscheiden.

Außerdem ist im Rahmen der Rechtsvereinheitlichung in der EU derzeit im Gespräch, die Ausfallhaftung solcher Sicherungseinrichtungen auf minimale Beträge – im Gespräch sind teilweise Summen unter 1 Mio. DM – zu beschränken; in diesem Fall wären größere Vermögen im Rahmen der Kontenanlage nur noch bei Sparkassen möglich, sofern nicht deren Gewährsträgerhaftung ebenfalls EU-Regelungen zum Opfer fällt, bzw. die Verteilung auf mehrere Institute.

(2) Bei Anlagen nach § 1807 I Nr. 5 BGB ist nach § 1809 BGB der Betreuer verpflichtet, einen sogenannten Sperrvermerk anbringen zu lassen. Sinn dieses Sperrvermerks ist u. a., die Wirkung des § 808 BGB, wonach an den Inhaber des Sparbuchs seitens der Bank mit befreiender Wirkung geleistet werden kann, zu beseitigen. Diese Pflicht richtet sich zunächst an den Betreuer,

> zu dem Streit, ob damit auch die rechtliche Verfügungsbefugnis des geschäftsfähigen Betreuten tangiert ist, vgl. Sonnenfeld Rn 204 f.

(3) Nach § 3 II 3 der Sparkassenordnung des Freistaats Bayern sind die Sparkassen selbst ebenfalls verpflichtet, diesen Sperrvermerk anzubringen.

Zudem ist die Sparkasse nach § 3 II 1 SpkO verpflichtet, nur gegen Vorlage der Genehmigung des Vormundschaftsgerichts nach §§ 1908 i I, 1812 BGB über das Konto verfügen zu lassen.

Gegen diese beiden Verpflichtungen hat die Sparkasse verstoßen, einmal durch Anlage des Geldes ohne Sperrvermerk (insoweit cic als Haftungsnorm) und daß sie ohne Genehmigung des Vormundschaftsgerichts den B verfügen ließ (insoweit pvv).

Bei den Privatbanken wie der Deutschen Bank bestehen solche Regelungen nicht, insb. nicht im KWG; jedoch wird eine Haftung in diesem Fall ebenfalls aus cic bejaht,

> MüKo-Schwab § 1809 BGB Rn 7;

im übrigen käme eine Haftung nach den Grundsätzen des Mißbrauchs der Vertretungsmacht in Betracht,

> vgl. hierzu bspw. BGH NJW 1994, 2082 ff.

cc) **Verschulden** in Form von Fahrlässigkeit liegt vor.

dd) **Ein kausal hierdurch verursachter Schaden** bei der Betroffenen in Höhe von 20.000 DM liegt vor.

Der neue Betreuer kann daher erfolgreich von der Sparkasse 20.000 DM herausverlangen.

c) Haftung aus §§ 823 II i.V.m. 1809 BGB und § 3 SpkO

49 U.E. stellen §§ 1809 BGB und 3 SpkO Schutzgesetze im Sinn des § 823 II BGB dar, wie schon die Privilegierung der Sparkassen in § 1807 I Nr. 5 BGB zeigt, weshalb sich eine Haftung auch aus dieser Norm ergibt.

Fall 22:

50 Der Betreuer B möchte im Lauf des Jahres zur Begleichung verschiedener Verbindlichkeiten des Betroffenen 800 DM, 4.500 DM und 6.000 DM vom Girokonto überweisen. Was ist diesbezüglich zu beachten?

Lösung 22:

Eine allgemeine Berechtigung, Gelder auf dem Girokonto zu halten, ergibt sich trotz der Pflicht zur verzinslichen Anlage nach §§ 1908 i I, 1806 BGB aus der dort genannten Möglichkeit, Gelder für die Bestreitung von Ausgaben bereit halten zu können.

Ansonsten steht im Umgang mit Girokonten allenfalls die Frage im Vordergrund, ob jede Verfügung genehmigungspflichtig ist, wenn der Kontostand insgesamt über 5.000 DM liegt,

> so OLG Köln FamRZ 1995, 187 f.,

oder es von der Höhe der einzelnen Verfügung abhängt,

> so AG Emden FamRZ 1995, 1081 f.; LG Saarbrücken FamRZ 1992, 1348.

Fraglich ist aber zunächst, ob die Verfügung über Girokonten überhaupt einer Genehmigungspflicht unterliegt.

Grundsätzlich sind Verfügungen des Betreuers über Forderungen des Betroffenen – um solche handelt es sich ja bei Verfügung über Kontoguthaben – genehmigungspflichtig nach § 1908 i I, 1812 BGB.

Hierüber hilft regelmäßig auch nicht die Möglichkeit der Erteilung einer allgemeinen Ermächtigung (Verfahren nach § 69 d FGG!) hinweg, da nach § 1825 II BGB – was das OLG Köln übersieht – diese nur in besonders gelagerten Fällen erteilt werden soll.

Nach der Novelle kann das Vormundschaftsgericht gemäß §§ 1908 i I, 1817 I BGB nF. den Betreuer von den Verpflichtungen nach §§ 1806–1816 BGB entbinden, wenn der Umfang des Vermögens dies rechtfertigt (regelmäßig bei Vermögen bis 10.000 DM ohne Grundvermögen, § 1817 I 2 BGB nF) oder eine Gefährdung des Vermögens nicht zu besorgen ist, § 1817 I 1 Nr. 2 BGB nF. Eine Entbindung wurde im vorliegenden Fall nicht gewährt.

Es bleibt abzuwarten, in welchem Umfang die Gerichte von § 1817 I Nr. 2 BGB nF. Gebrauch machen werden; die eigene Arbeitsentlastung könnte dazu zunächst verführen, allerdings steigen dann die Anforderungen an die Überprüfung der Rechnungslegung.

Ausgangspunkt sollte § 1806 BGB sein; nach dieser Vorschrift braucht der Betreuer Geld für Ausgaben nicht anlegen. Es steht ihm damit aber auch frei, dieses Geld (für Ausgaben) bar zu halten und nicht einmal auf ein Girokonto einzuzahlen. Soweit er nunmehr aus dem Barbestand die Verbindlichkeiten bestreitet, bedarf er keinerlei gerichtlicher Genehmigungen. Dies zeigen auch §§ 1814 S. 2 iVm 92 BGB, wonach Banknoten nicht hinterlegt werden müssen.

Zahlt der Betreuer nunmehr aus pragmatischen Gründen das Geld auf ein Girokonto, so ist jede Verfügung darüber nach § 1813 I Nr. 3 BGB genehmigungsfrei, es sei denn die Einzahlung erfolgt gerade nicht zum Zweck der »Vorratshaltung« zur Begleichung von Verbindlichkeiten, sondern gerade zu länger währenden Anlagezwecken gegen Zinszahlung, wie sich aus § 1813 II BGB ergibt; dann wäre jedoch die Anlage auf dem Girokonto wegen Verstoßes gegen § 1806 BGB rechtswidrig.

Hierbei ist zu berücksichtigen, daß die Anweisung eines Betreuers z.B. an den Rentenversicherungsträger, die Rente auf das Girokonto zu überweisen, auch eine Anlage i.S.v. § 1813 I Nr. 3 BGB darstellt,

> in diese Richtung auch MüKo-Schwab § 1813 BGB Rn 13.

Damit kann über dieses Geld auch genehmigungsfrei verfügt werden.

Der o.a. Streit könnte erst jetzt eine Rolle spielen bei der Frage, ob die Nr. 2 des § 1813 BGB die Nr. 3 überlagert – eine Meinung, gegen die der Gesetzeswortlaut klar spricht.

Richtigerweise spielt die Genehmigungsschwelle des § 1813 I **Nr. 2** BGB (5.000 DM-Grenze) nur eine Rolle bei **vorgefundenen** Girokonten mit Guthaben über 5.000 DM, da es sich ja insoweit nicht um Anlagen durch den Vormund gehandelt haben kann i.S.v. § 1813 I Nr. 3 BGB, wobei Jürgens,

> § 1813 BGB Rn 5,

dem Betreuer immerhin noch die Wahl läßt, ob er eine Genehmigung nach § 1812 BGB einholt oder den Sperrvermerk anbringen läßt.

Als **Fazit** läßt sich daher festhalten, daß die **Verfügung über Girokonten** – von vorgefundenen Konten abgesehen – **grds. genehmigungsfrei** ist. Jede einzelne Überweisung im Fall ist daher grds. genehmigungsfrei.

Diese Ansicht wird auch gestützt, wenn man sich die zeitlichen Zusammenhänge klarmacht: Das BGB ist lange vor der allgemeinen Einführung von Girokonten erlassen worden; im alltäglichen Leben herrschte die Lohntüte und die Barzahlung vor; bis Ende 1997 holten sich viele Rentner den monatlichen Betrag bar bei der Post ab. Erst Mitte der 60er Jahre boten die Banken Girokonten an, eine Praxis, die das Gesetz insoweit widerspiegelt, als es über Girokonten eben gar nichts sagt; hingegen könnte der Betreuer Mieteinnahmen des Betroffenen nach § 1813 I Nr. 4

BGB auch bar einziehen, ohne einer Genehmigungspflicht zu unterfallen. Auch die Herausnahme der Zinsscheine von der Hinterlegungspflicht nach § 1814 S. 2 BGB zielt in diese Richtung.

Girokonto ist daher wie Bargeld zu behandeln; es darf nur für die Bestreitung erkennbarer Ausgaben vorgehalten werden, § 1806 BGB, ansonsten sind Gelder – auch Bargelder – verzinslich anzulegen, haben also auf genehmigungsfreien Girokonten gar nichts zu suchen.

Eine andere Auslegung würde im übrigen zu weiteren absurden Ergebnissen führen: Nach § 1908 i II 2 BGB steht neben den dort aufgeführten Angehörigen des Betroffenen auch Behörden- und Vereinsbetreuern die Befreiung nach § 1857 a BGB zu; diese Norm verweist u. a. auf § 1852 II BGB, wonach bestimmte Personengruppen bei Rechtsgeschäften nach § 1812 BGB **nicht** der Genehmigung des Vormundschaftsgerichts oder des Gegenbetreuers bedürfen. Es ist kein Grund für eine Differenzierung auf Betreuerseite – was dem Betroffenen fremd gegenüberstehende Personen anbelangt – zu erkennen; Rechtsanwälte als Organe der Rechtspflege genießen mindestens die gleiche Vertrauenswürdigkeit, trotz der Überwachungs- und Haftungspflichten der Betreuungsvereine für ihre Mitarbeiter nach §§ 1908 f und 1908 i I, 17981 a III 2 BGB, da die Haftungsmasse angesichts der anwaltlichen Berufshaftpflichtversicherung deutlich größer sein wird.

4. Anlegung von Betreutengeld

51 Auf die §§ 1806, 1807, 1809, 1811 und 1812 BGB, die alle nach § 1908 i I BGB auch im Betreuungsrecht gelten, war bisher schon eingegangen worden. Auf die neu geschaffene Befreiungsmöglichkeit nach §§ 1908 i I, 1817 I BGB nF. sei nochmals hingewiesen.

Schon die Anlage als solche »soll« nach § 1810 BGB nur mit **Zustimmung des Vormundschaftsgerichts** erfolgen.

Im Hinblick auf die Gefahren der §§ 932, 935 BGB ordnet § 1814 BGB die Hinterlegung oder Einlieferung in ein Depot bei einer Bank i.S.v. § 1807 I Nr. 5 BGB an bei Inhaberpapieren, wichtig für bei Beginn der Betreuung aufgefundene effektive Stücke von Wertpapieren. Da im übrigen – angesichts einer schlechteren Verzinsung – solche Papiere regelmäßig von den Betroffenen zum Zwecke der Steuervermeidung gehalten wurden, sei an die entsprechenden steuerrechtlichen Pflichten nochmals erinnert (siehe hierzu den weiteren Fall in § 9).

Nach § 1818 BGB kann das Vormundschaftsgericht bezüglich weiterer Kostbarkeiten die Hinterlegung verlangen.

In der Praxis sinnvoll ist bei allen hier angeführten Genehmigungen, einen entsprechenden Antrag beim Vormundschaftsgericht zweifach einzureichen, damit der Rechtspfleger die Durchschrift mit Genehmigungsvermerk wieder dem Betreuer zurückreichen kann.

5. Prozesse gegen Verwandtschaft

Fall 23:

Für den geschäftsunfähigen Großvater G wird mit Aufgabenkreis »Alle Angelegenheiten einschl. Anhalten, Entgegennahme und Öffnen der Post« sein Sohn V zum Betreuer bestellt. Bei der Bestandsaufnahme des Vermögens zwecks Erstellung eines sog. Erstberichts (§ 1839 BGB) stellt V fest, daß der Enkel E des G, gleichzeitig der Sohn des Betreuers, dem Großvater kurz vor Anordnung der Betreuung noch zwei Grundstücke gegen billigste Preise abgeschwatzt hatte. Er will Klage erheben auf Herausgabe der Grundstücke; welcher Genehmigungen bedarf der Betreuer? **52**

Lösung 23:

Gar keiner; der Betreuer ist nach §§ 1908 i I, 1795 I Nr. 3, 1 BGB gar nicht berechtigt, einen solchen Prozeß zu führen. Es bedarf vielmehr der Bestellung eines weiteren Betreuers.

6. Schenkungen nach §§ 1908 i II, 1804 BGB in Abgrenzung zu § 1908 i. V. m. § 1624 BGB

Gegenüber dem Vormundschaftsrecht für Minderjährige ist dem Betreuer durch § 1908 i II BGB ein etwas erweiterter Spielraum für Schenkungen gegeben, was der erreichten Lebensstellung eines Betroffenen eher entspricht. Soweit die Schenkungen nicht unter den Wortlaut der §§ 1908 i II, 1804 BGB zu subsumieren sind, sind sowohl schuldrechtliches wie dingliches Geschäft nichtig nach § 134 BGB, selbst wenn eine Genehmigung des Vormundschaftsgerichts z.B. nach § 1822 BGB vorgelegen hätte. Eine Genehmigungspflicht für Anstandsschenkungen besteht eigentlich nicht, jedoch hat der Rechtspfleger bei der Abrechnungsprüfung entsprechende Schenkungen ggf. zu monieren, weshalb eine vorherige Kontaktaufnahme ratsam ist. **53**

Im Einzelfall kann es übrigens schwierig sein, zu beurteilen, ob und wann eine Schenkung vorliegt, vgl. nur den Fall der § 1822 Nr. 2 oder 13 BGB,

zur Abgrenzung vgl. MüKo-Schwab § 1804 BGB Rn 3.

Von der Schenkung zu unterscheiden ist eine **Ausstattung**, die in § 1624 BGB definiert ist; sie kommt eher im ländlichen Bereich vor; ihre Gewährung erfordert die gerichtliche Genehmigung.

7. Sonstige Geschäfte nach §§ 1908 i I i.V.m. 1822 1–4, 6–13 BGB

Hier ist es wichtig, aber auch ausreichend die Vorschrift einmal genau durchzulesen! **54**

8. Familienrechtliche Genehmigungsvorbehalte

55 Hier soll nur eine Auflistung als Merkposition erfolgen, da die Normen sehr verstreut sind:

§ 1411 BGB: Zustimmung zu Eheverträgen in bestimmten Fällen
§ 1484 II 3 BGB: Ablehnung einer fortgesetzten Gütergemeinschaft
§ 1491 III BGB: Verzicht auf Gesamtgutsanteil
§ 1595 II BGB: Anfechtung der Ehelichkeit
§ 1600 d BGB: Vaterschaftsanerkennung
§ 1600 k II BGB: Vaterschaftsanfechtung
§ 1615 e II BGB: Unterhaltsvereinbarungen
§ 1728 II BGB: Ehelichkeitserklärungen

Bei diesen genannten Punkten sollte immer genau der Gesetzeswortlaut geprüft werden; manche der genannten Institute sind höchstpersönliche Rechte, bei denen der Betreuer nur im Fall der Geschäftsunfähigkeit des Betroffenen tätig werden darf.

C. Rechnungslegungspflichten gegenüber dem Gericht

56 Grundsätzlich ist der Betreuer gemäß §§ 1908i, 1839 BGB gegenüber dem Vormundschaftsgericht auskunftspflichtig. Eine besondere Form hiervon ist die in §§ 1802, 1840, 1841, 1843, 1890 BGB näher geregelte Rechnungslegung.

Fall 24:

Sozialpädagoge W, Angestellter des XY-Betreuungsvereins, führt seit 1.1.1994 die Betreuung für den B. Als »Vermögensverzeichnis für das Jahr 1995« bezeichnet gibt er am 1.5.1997 nach diversen vorangegangenen Mahnungen der zuständigen Rechtspflegerin einen losen Haufen Belege zu Gericht (Depot- und Bankkontenauszüge, Steuerbescheide, Nebenkostenabrechnungen eines dem B gehörenden Mietshauses u. a).

Die Rechtspflegerin verhängt am 10.5.1997 gegen ihn das bereits im April 1997 angedrohte Zwangsgeld in Höhe von 2.000 DM zur Erzwingung der Abgabe einer geordneten Vermögensübersicht.

Hiergegen richtet sich ein mit »Rechtsmittel« bezeichnetes Schreiben des W, welches bei Gericht am 20.6.1997 eingeht und dem nunmehr ein geordnetes Vermögensverzeichnis beigefügt ist. Erfolgreich?

Lösung 24:

I. Zulässigkeit des Rechtsbehelfs

57 1. **Statthafter Rechtsbehelf** ist hier die Erinnerung gemäß § 11 I RPflG. Die Rechtspflegerin kann abhelfen oder dem Richter vorlegen nach § 11 II RPflG.

2. **Die Form** richtet sich gemäß § 11 IV RPflG nach den Vorschriften über die Beschwerde und damit insb. nach § 21 FGG. Damit ist klargestellt, daß sich die Beschwerdeberechtigung des W. nach FGG richtet, nämlich nach § 20 FGG.

3. **Die Erinnerung ist regelmäßig nicht fristgebunden.**

Die Erinnerung hat nach §§ 11 IV RPflG, 24 FGG ausnahmsweise aufschiebende Wirkung.

II. Begründetheit

1. **Ordnungsgemäßes Verfahren** 58

a) Zuständig zur Anordnung des Zwangsgeldes ist hier der Rechtspfleger, da in seinen Kompetenzbereich die Überwachung der Rechnungslegung des Betreuers fällt, §§ 3, 4 I, 14 I Nr. 4 RPflG.

b) Eine Anhörung des Betroffenen muß erfolgen,

> wohl h.M., vgl. Jürgens § 1837 BGB Rn 22.

Fraglich ist, ob hierfür im Einzelfall ein Verfahrenspfleger bestellt werden muß.

c) Das Zwangsgeld muß nach § 33 III 1 FGG vor Festsetzung zunächst angedroht sein.

2. **Materielle Begründetheit der Beschwerde**

a) Zunächst ist festzuhalten, daß das Zwangsgeld ein Beuge-, kein Strafmittel 59
ist: es soll also lediglich der Durchsetzung einer Verpflichtung dienen; wurde die Pflicht nicht erfüllt, kann es mehrfach verhängt werden. Wurde nunmehr hingegen ein Pflicht erfüllt, ist der Zwangsgeldbeschluß aufzuheben. Dies hängt von der Qualität der nunmehr eingereichten Unterlagen ab.

b) **Berichtspflichten des Betreuers** 60

aa) **Ein Anfangsvermögensverzeichnis gemäß § 1802 BGB** bildet die Grund- 61
lage der Kontrolle durch das Vormundschaftsgericht und die Basis der weiteren Rechnungslegung; von dieser aus ist jede weitere Rechnung darzutun und zu belegen. Von der Verpflichtung hierzu kann auch der geschäftsfähige Betreute den Betreuer nicht befreien.

bb) Die vielfach regelmäßige gerichtliche Anforderung eines **Anfangs-/Erstbe-** 62
richts ist gesetzlich nicht vorgesehen und auch nicht unbedingt sinnvoll; aus dem Verfahren über die Anordnung der Betreuung ist das Gericht hinreichend über die momentane Situation des Betroffenen informiert,

> s. auch Jürgens u. a. § 1802 BGB Rn 292, Palandt-Diederichsen § 1840 BGB Rn 2.

Jedoch ist das Gericht ermächtigt in § 1839 BGB, jederzeit einen Bericht zu verlangen, der Betreuer hat entsprechend Folge zu leisten. Ferner ist ein solcher Erstbericht dann sinnvoll, wenn sich wesentliche Änderungen im Bereich der Aufgabenkreise des Betroffenen ergeben haben, die Betreuung also »greift«. Ggf. reicht aber auch mündliche Berichterstattung.

63 cc) Unaufgefordert hat der Betreuer gemäß § 1840 I BGB mindestens **einmal jährlich** über die persönlichen Verhältnisse des Betroffenen **zu berichten.** Dies gilt auch dann, wenn der Aufgabenkreis des Betreuers z.B. nur die Vermögenssorge umfaßt, was aus dem Erfordernis der persönlichen Betreuungsführung nach § 1901 BGB herrührt; allerdings ist der Umfang dieses Berichts auch dementsprechend am Aufgabenkreis zu orientieren.

Eine Form ist nicht vorgeschrieben,

    Palandt-Diederichsen § 1840 BGB Rn 1,

der Bericht kann daher auch mündlich erfolgen. Ob ein Berufsbetreuer sich mit einem mündlichen Bericht bei Rechtspflegern viele Freunde macht, sei dahingestellt.

64 dd) Der Betreuer hat nach § 1840 II BGB **Rechnung zu legen.** Voraussetzung ist zunächst ein entsprechender Aufgabenkreis des Betreuers.

Das Abrechnungsjahr wird hierbei vom Gericht festgesetzt, § 1840 III BGB; die Art bestimmt § 1841 BGB als Sondervorschrift zu § 259 BGB. Wichtig für die Praxis ist, daß eine bestimmte Form des schriftlichen Berichts im Aufbau nicht vorgeschrieben ist (sofern nicht ein Fall des § 1841 II BGB vorliegt), der Berufsbetreuer also z.B. die Gegebenheiten einer eigenen EDV berücksichtigen kann.

Wichtig ist jedoch das Tatbestandsmerkmal »geordnete Zusammenstellung«; ein loser Haufen Belege ist darunter nicht zu subsumieren,

    Palandt-Diederichsen § 1841 BGB Rn 1.

Diese »geordnete Zusammenstellung« soll dem Gericht seine Prüfungsaufgabe nach § 1843 BGB ermöglichen. Belege sind regelmäßig beizugeben.

Ausgangspunkt für die Rechnungslegung ist das Anfangsvermögensverzeichnis nach § 1802 BGB. Fraglich ist, ob zum Abschluß der Rechnungsperiode jeweils ebenfalls ein Vermögensverzeichnis gefordert werden kann, was Jürgens,

    § 1841 BGB Rn 4,

verneint. Es ist jedoch zweckmäßig und unter dem Gesichtspunkt der §§ 1802, 1839, 1843 BGB vom Gericht auch einforderbar, da sich ja andernfalls eine Rechnungslegung über die Jahre hinweg stets an den Anfangsbericht anschließen müßte.

65 Bei nur geringem Verwaltungsumfang besteht nach § 1840 IV BGB die Möglichkeit, nach einem Jahr die Rechnungslegungsperiode auf längere Zeiträume durch das Gericht ausdehnen zu lassen.

Als Anleitung in der Praxis hilfreich, zumindest für die Kommunikation mit dem Rechtspfleger, ist die Orientierung an den jeweiligen im Gericht verwendeten Formblättern.

66 ee) Zum **Schlußbericht** nach § 1890 BGB s.u. § 6 Rn 70 ff.

c) Befreiungen

Völlig versteckt in § 1908 i II 2 BGB befindet sich eine Befreiungsmöglichkeit u. a. für die Rechnungslegung durch Verweisung auf § 1857 a BGB, von dort auf §§ 1852 ff. BGB, hier § 1854 BGB. Während bei nahen Angehörigen diese Vorschrift noch erklärbar ist, ist dies beim sog. Vereinsbetreuer allenfalls unter dem Gesichtspunkt der Förderung bestimmter Berufsgruppen nachvollziehbar, **67**

> MüKo-Schwab § 1908 i BGB Rn 26: »Entsprechend befreit sollen zudem Vereinsbetreuer ... sein.«

Allerdings kann das Vormundschaftsgericht hiervon Ausnahmen anordnen, was schon unter dem Gesichtspunkt einer effizienten Kontrolle sinnvoll ist.

Im vorliegenden Fall wäre W. Begünstigter dieser Vorschrift. Allerdings ist Folge nicht die völlige Freistellung, sondern die zweijährige Verpflichtung zur Abgabe eines Vermögensverzeichnisses nach § 1854 II BGB, die W bis zum Zwangsgeldbeschluß jedenfalls nicht erfüllt hat.

Je nach Qualität der nachgereichten Aufstellung wird daher der Zwangsgeldbeschluß aufzuheben sein.

D. Die sonstige Überwachung des Betreuers durch das Gericht

Diese richtet sich nach §§ 1908 i I, 1837 BGB. **68**

Im Hinblick auf das **Ermessen** des Betreuers sei beispielhaft eine Entscheidung des LG Köln, **69**

> NJW 1993, 206 ff.

zitiert:

»Da der Betreuer ... selbständig handelt, kann eine Pflichtverletzung durch Verletzung der Aufgabe, für die Person und das Vermögen des Betreuten zu sorgen, nur angenommen werden, wenn der Betreuer den Rahmen dessen, was ein vernünftiger Mensch für zweckmäßig oder vertretbar hält, verletzt, wenn er den ihm gegebenen Ermessensspielraum überschreitet, mißbraucht oder nicht ausübt. ... Der Vormund handelt demgemäß nicht pflichtwidrig, wenn er in Zweckmäßigkeitsfragen aus sachlichen Gründen eine andere Auffassung vertritt als das VormG.«

E. Fortführung der Geschäfte nach Aufhebung der Betreuung bzw. Tod des Betroffenen

Der Tod des Betroffenen ist der einzige Fall, in welchem die Betreuung (außer bei Anordnung im Weg einer einstweiligen Anordnung) von allein endet. **70**

Die Pflichten des Betreuers richten sich dann nach §§ 1908 i I, 1890–1893 BGB.

I. Pflichten des Betreuers

71
- Rückgabe des Betreuerausweises, § 1893 II BGB
- Vermögensherausgabe und Rechnungslegung gemäß § 1890 BGB
- Vorlage derselben beim Vormundschaftsgericht, § 1892 BGB; wichtige Folge ist hier § 1892 II BGB, d.h. der Versuch, ein Anerkenntnis des Betroffenen oder seiner Erben zu erlangen.

Im Gegensatz zur Anfangsaufstellung können der Betroffene bzw. seine Erben auf die Schlußrechnung verzichten.

II. Verbliebene Befugnisse beim Betreuer beim Tod des Betroffenen

72 Dies sind nur **Notgeschäftsführungsbefugnisse** gemäß §§ 1908 i I, 1893 I, 1698 a und b BGB.

1. Das Betreuerhandeln bleibt grundsätzlich wirksam, bis dieser vom Tod Kenntnis hat oder hätte haben müssen, § 1698 a BGB, wobei diese Wirksamkeit nicht zugunsten bösgläubiger Dritter i.S.v. § 1698 a I 2 BGB wirkt.

Allerdings ist dann auch die Schadensersatznorm des § 1833 BGB weiterhin anwendbar.

2. Die Handlungsermächtigung ergibt sich aus §§ 1908 i I, 1893 I, 1698 b BGB; zu beachten ist, daß diese Vorschriften dem Betreuer nicht nur ein Recht, sondern sogar eine Handlungspflicht auferlegen, deren Nichtbefolgung ebenfalls Schadenersatzansprüche nach § 1833 BGB auslösen kann,

<small>Palandt-Diederichsen § 1893 BGB Rn 2.</small>

Bei Überschreitung der Grenzen des § 1698 b BGB – **hier ist auch an den jeweiligen Aufgabenkreis zu denken (!)** – gelten die allgemeinen Regeln der §§ 177 ff., 677 ff. BGB; bleibt der Betreuer in der Grenze des § 1698 b BGB, ist – auch für die Vergütung – das Betreuungsrecht weiterhin anwendbar. Beispiele sind Zahlungen von Sachversicherungsprämien, Geldervereinnahmung, ggf. auch die Beerdigung,

<small>vgl. Johannesevangelium Kapitel 11, Vers 39; i.ü. str., vgl. Jürgens § 1893 BGB Rn 8 und Sonnenfeld § 1893 Rn 392.</small>

Die Frage der Aufschubgefahr hat sich dabei am Wohl der Erben zu orientieren,

<small>MüKo-Schwab § 1893 BGB Rn 11.</small>

Die Handlungsmöglichkeit aus § 1698 b BGB währt jedoch nur solange, wie der Erbe oder Betreute selbst tätig werden kann,

<small>LG Koblenz FamRZ 1995, 1376 f. **[E23]**.</small>

Sinnvollerweise informiert der Betreuer schnellstmöglich das Nachlaßgericht und dringt ggf. auf entsprechende Pflegerbestellung. Vermögen wird beim AG unter Verzicht der Rücknahme hinterlegt.

F. Weitere typische Sachverhalte

Weitere Probleme und deren Lösungen aus der Alltagsarbeit eines Betreuers sind anhand von Fällen in § 9 dieses Buches dargestellt.

§ 7 Vergütungsfragen

Im folgenden soll nur auf die Vergütung des Rechtsanwalts eingegangen werden in seinen Funktionen als Verfahrenspfleger und Betreuer. Hierbei werden sowohl die Vergütungsmöglichkeiten nach dem bis zum 31.12.1998 geltenden Recht als auch nach der Novelle dargestellt. Die Einbeziehung des alten Rechts ist erforderlich, da eine Vielzahl von Vorfällen bis 1998 noch gar nicht abgerechnet sind. Außerdem besteht bei Betreuten zumindest für den Berufsbetreuer die Möglichkeit, weiterhin wie bisher nach § 1836 I BGB aF., § 1836 II BGB und arg e § 1836 III BGB nF. eine Vergütung aus dem Vermögen des Betroffenen zu verlangen, wenn dieser nicht als mittellos i.S.v. § 1836 c BGB nF. gilt. Ferner blieb § 1835 III BGB unverändert, s. unten.

Problematisch für die Praxis ist das **Fehlen von Übergangsnormen**, was v.a. bei über den 31.12.1998 hinausgehenden Verpflichtungen zu Abrechnungsstreitigkeiten führen wird.

Die einzigen Vergütungsregelungen enthalten §§ 1908 i I, 1835 bis 1836 e BGB nF. bzw. 1835 bis 1836 BGB aF.; inwieweit daneben die BRAGO anwendbar ist, war bisher beim Verfahrenspfleger teilweise heftig umstritten. Beim Rechtsanwalt als Betreuer ist gemäß § 1 II BRAGO eine Vergütung für seine Tätigkeit als Betreuer nach BRAGO ausgeschlossen, nach der Neufassung des § 1 II BRAGO ist dies ausdrücklich auch für den Verfahrenspfleger nicht mehr möglich.

Im Hinblick auf die anwaltliche Beratungspraxis sei noch auf § 1836 a BGB aF., § 1835 a BGB nF. (mit erhöhtem Satz auf max. 600 DM p.a) hingewiesen, der eine pauschalierte Aufwandsentschädigung für ehrenamtliche Betreuer ermöglicht. Die Neufassung hat allerdings auch eine eigene Erlöschensregel geschaffen, die strenger ist als die des bisher geltenden § 15 ZSEG; spätestens zum 31.3. müssen nunmehr die Ansprüche für das Vorjahr angemeldet werden, eine deutliche Verschärfung gegenüber der bisherigen Rechtslage, die ein Auflaufenlassen des pauschalierten Aufwendungsersatzes über mehrere Jahre ermöglichte, da die Betreuungsführung ja nicht mit einem Abrechnungszeitraum endete.

A. Die »Bezahlung« des (anwaltlichen) Betreuers nach bisherigem Recht

Zu unterscheiden war und ist zunächst zwischen Aufwendungsersatz nach § 1835 BGB und der Vergütung nach § 1836 BGB.

I. Aufwendungsersatz nach § 1835 BGB

Die Pflicht zum Ersatz von Aufwendungen entsteht ähnlich wie bei § 670 BGB kraft Gesetzes und ist im Streitfall vor dem Prozeßgericht geltend zu machen, das Vormundschaftsgericht hat hier keine Kompetenzen,

E24
> BayObLG FamRZ 1995, 1375 f. **[E24]**.

Anderes gilt nur bei der Festsetzung der Erstattung aus der Staatskasse. Bei vermögenden Betreuten ist es sinnvoll, an andere gerichtliche Genehmigungen zu denken,

> nicht in der Hoffnung, einen Rechtsschein zu setzen; denn § 181 BGB stünde einer Entnahme für Aufwand nach § 1835 BGB (nicht aber der Vergütung!) nicht entgegen, da es sich um die Erfüllung einer Verbindlichkeit handelt, vgl. § 181 BGB aE. i.V.m. § 1795 II BGB, soweit der Betreuer den entsprechenden Aufgabenkreis innehat, also regelmäßig die Vermögenssorge.

Der Grund liegt in den §§ 1812 ff. BGB, da häufig die Betreueraufwendung nicht vom Girokonto beglichen werden kann,

> BayObLG FamRZ 1996, 242,

also eine Genehmigung zur Abhebung z.B. vom Sparbuch erforderlich ist.

Eine Vergütung nach § 1836 BGB wie auch die Erstattung von Auslagen aus der Staatskasse hängen dagegen grundsätzlich von der Bewilligung bzw. Festsetzung des Vormundschaftsgerichts ab,

> Palandt-Diederichsen § 1835 BGB Rn 19.

II. Die Vergütung nach § 1836 BGB aF.

4 **Grundsätzlich** war und ist eine Betreuung nach § 1836 I 1 BGB aF. wie nF. **unentgeltlich** zu führen.

Ein Betreuer hatte jedoch dann Anspruch auf Vergütung i.S.v. § 1836 BGB aF., wenn er eine Betreuung im Rahmen seiner **beruflichen Tätigkeit** führte, jedenfalls kein Verwandter von ihm betroffen war (im Einzelfall müßte hier genau geprüft werden, ob es sich hierbei um die »berufliche Führung« einer Betreuung handelt) und er nicht ausdrücklich erklärte, die Betreuung nur ehrenamtlich führen zu wollen,

> in diese Richtung auch Jürgens § 1836 BGB Rn 5.

Bei der »beruflichen Tätigkeit« wurde überwiegend auf den Umfang der übertragenen Betreuungen abgestellt (Stückzahlen, Arbeitslast, im Einzelnen eine verästelte Rechtsprechung). Der Umfang einer berufsmäßigen Betreuungsführung (§ 1836 II BGB aF) wurde schon dann erreicht, wenn die Führung der Betreuung zumindest einen Teil der **geplanten** beruflichen Tätigkeit absorbierte,

> MüKo-Schwab § 1836 BGB Rn 24; Zur Frage des Rückgangs der Anzahl der geführten Betreuungen, welcher nicht zum Verlust der Anerkennung als Berufsbetreuer führen soll, vgl. BayObLG FamRZ 1998, 187 f.

Andernfalls hätte(n) die erste(n) Betreuung(en) zunächst kostenlos geführt werden müssen, was angesichts von Art. 12 GG problematisch gewesen wäre. Auch hier hat der Gesetzgeber klarstellende Änderungen verfügt.

Fall 25 (1. Fall zum Vergütungsrecht):
>Nach BayObLG 3Z BR 266/96 vom 27.12.1996, die weiteren wörtlichen Zitate in diesem Fall stammen aus dieser Entscheidung:

»Rechtsanwältin N war vorläufige Betreuerin der Betroffenen. Ihr Aufgabenkreis umfaßte alle Angelegenheiten. Die Betroffene ist am 9.10.1996 verstorben.

Die Betreuerin beantragte, ihr für den Zeitraum vom 12.4. bis 13.6.1996 eine Vergütung in Höhe von 5.811,50 DM für einen Zeitaufwand von 26 Stunden 25 Minuten zu einem Stundensatz von 220 DM einschließlich Mehrwertsteuer zu bewilligen. Mit Beschluß vom 16.7.1996 bewilligte das Amtsgericht eine Vergütung von 3970,50 DM; es erkannte den in Rechnung gestellten Zeitaufwand an, setzte aber den Stundensatz auf 150 DM einschließlich Mehrwertsteuer fest. Die Beschwerde der Betreuerin wies das Landgericht mit Beschluß vom 20.9.1996 zurück. Hiergegen wendet sich deren weitere Beschwerde, mit der sie die Bewilligung eines Stundensatzes von 220 DM einschließlich Mehrwertsteuer (entspricht 191,30 DM zuzüglich Mehrwertsteuer) anstrebt.«

Erfolgsaussichten?

Lösung 25:

1. Zulässigkeit der weiteren Beschwerde

a) Statthafter Rechtsbehelf

In Betracht kommt die sog. weitere Beschwerde; hier war wie folgt zu unterscheiden:

Wurde wegen Mittellosigkeit des Betroffenen der Anspruch gegen die Staatskasse gerichtet, galten über §§ 1836 II 4, 1835 IV BGB aF. die **Verfahrensvorschriften** des ZSEG; danach ist gemäß § 16 ZSEG die weitere Beschwerde nicht möglich,

>anderes soll nur gelten bei Verletzung des rechtlichen Gehörs nach § 1836 III BGB durch vollständige Nichtberücksichtigung durch das LG, vgl. OLG Schleswig FamRZ 1996, 624 f. **[E25]**.

Wurde, wie hier, die Bewilligung der **Bezahlung vom vermögenden Betroffenen** (oder von seinen Erben, wobei dann keine Schongrenze mehr gilt,
>BayObLG FamRZ 1996, 1173 f. **[E26]**),

beantragt, so galten über § 11 IV RPflG die Vorschriften des FGG, insbesondere § 27 FGG.

Im vorliegenden Fall ist daher die weitere Beschwerde als Rechtsbehelf statthaft.

Dieser unterschiedliche Rechtszug war eine Ursache für die völlige Zersplitterung der Rechtsprechung im Vergütungsbereich.

b) Behauptung einer Gesetzesverletzung

Diese Notwendigkeit ergibt sich aus § 27 I FGG; mit der Behauptung, das LG hätte sein Ermessen falsch ausgeübt, wäre die Beschwerde unzulässig.

Eine Gesetzesverletzung liegt vor, »wenn das Tatgericht sich des ihm zustehenden Ermessens nicht bewußt war, von ungenügenden oder verfahrenswidrig zustande gekommenen Feststellungen ausgegangen ist, wesentliche Umstände außer Betracht gelassen, der Bewertung relevanter Umstände unrichtige Maßstäbe zugrundegelegt, gegen Denkgesetze verstoßen oder Erfahrungssätze nicht beachtet, von seinem Ermessen einen dem Zweck der Ermächtigung nicht entsprechenden Gebrauch gemacht oder die gesetzlichen Grenzen des Ermessens überschritten hat ...«

c) Zuständigkeit

Zuständiges Gericht ist nach § 28 I FGG das OLG, in Bayern nach Art. 11 III 1 AGGVG das BayObLG.

d) Einlegung

Die Einlegung der weiteren Beschwerde erfolgt gemäß § 29 FGG; es besteht insbesondere Anwaltszwang; im übrigen kann wegen § 29 IV FGG auf die Beschwerdevorschriften verwiesen werden.

2. Begründetheit der weiteren Beschwerde

6 Zum Festsetzungsverfahren s.u. Fall 26
Anspruchsgrundlage stellen §§ 1908 i I, 1836 I 2 und 3 BGB aF. dar.

a) Berufsmäßige Ausübung der Betreuung

7 Diese ist bei der Beschwerdeführerin gegeben.

b) Keine Mittellosigkeit des Betroffenen

8 Ob dies ein Tatbestandsmerkmal der genannten Anspruchsgrundlage war, erschien auf den ersten Blick ins Gesetz zweifelhaft, ergab sich aus § 1836 I und II BGB aF.

Für die Frage der Feststellung der Mittellosigkeit galt und gilt nach wohl h.M. der Amtsermittlungsgrundsatz,

> Palandt-Diederichsen § 1835 BGB Rn 16; BayObLG vom 11.12.1996, Az. 3Z BR 43/96;

wurde sie nicht positiv festgestellt, so schieden bisher Ansprüche gegen die Staatskasse aus. Das BayObLG bejaht nunmehr jedoch eine Feststellungslast zu Lasten der Staatskasse;

E27
> BayObLG vom 27.12.1996, Az. 3Z BR 274/96 und FamRZ 1997, 1498 ff. **[E27]**, nunmehr in diese Richtung auch in FamRZ 1998, 697 f.; OLG Frankfurt FamRZ 1996, 819 ff.:

Zwar gelte im Vergütungsstreit der Amtsermittlungsgrundsatz; könnte jedoch nicht sicher das Vermögen eines Betroffenen festgestellt werden, so begründet die Feststellungslast zu Lasten der Staatskasse, wer den Nachteil der Nichtaufklärbarkeit trägt.

Mittellosigkeit im Hinblick auf das einzusetzende Vermögen war anzunehmen bei Vorliegen der Voraussetzungen der §§ 115 II 2 ZPO, 88 BSHG. Im Hinblick auf nach § 88 II Nr. 8 BSHG nicht anzusetzende »kleinere Barbeträge oder sonstiger Geldwerte« wird auf die VO zur Durchführung des § 88 II Nr. 8 BSHG verwiesen (Sartorius Nr. 417), wobei die Rechtsprechung auf den erhöhten Betrag des § 1 I Nr. 1 b über 8.000 DM zurückgriff. Angemessenes Immobilienvermögen ist bei Bewohnung durch den Betroffenen gemäß § 88 II Nr. 7 BSHG nicht einzusetzen,

> BayObLG FamRZ 1998, 507 f. **[E28]**; a.A. LG Oldenburg FamRZ 1995, 494 f: analoge Anwendung des § 92 I KostO, Vermögen < 50.000 DM braucht nicht eingesetzt zu werden; LG Berlin FamRZ 1997, 1500: Schonvermögen nur 4.500 DM, vgl. §§ 67, 69 IV 2 BSHG.

Mittellosigkeit im Einkommen lag nach der Rechtsprechung des BayObLG vor bei monatlichen Einkünften unter 1.520 DM in Anlehnung an §§ 81 I Nr. 5, 82 BSHG oder dann, wenn der Betreute bei Bezahlung der Betreuervergütung zum Sozialhilfeempfänger werden würde,

> BayObLG, s. vorherige Fn.; a.A. LG Oldenburg aaO: dreifacher Satz aus § 114 ZPO; vgl. i.ü. zur Frage, wann überhaupt Einkommensheranziehung gerechtfertigt ist Gerold/Schmidt § 1 BRAGO Rn 21.

Im übrigen bestand (entgegen der zeitweisen Ansicht der Staatskasse) für den Betreuer **keine** Verpflichtung, zunächst eigene Forderungen vorrangig vor anderen Gläubigern ggü. dem Betroffenen durchzusetzen, ggf. auch durch kürzere Abrechnungsperioden (< ein Jahr, was bei Rechtsanwälten als üblich angesehen wird), weil dritte Gläubiger ja sonst mittelbar aus der Staatskasse befriedigt werden würden; eine solche Rechtspflicht bestand nicht,

> BayObLG s. vorige Fn.,

sondern nur die des § 1901 BGB, zum Wohl des Betroffenen die Betreuung zu führen, also z.B. weiteres Auflaufen von Verzugszinsen zugunsten dritter Gläubiger zu vermeiden.

Der Zeitpunkt der Feststellung der Mittellosigkeit ist nach h.M. der der letzten tatrichterlichen Entscheidung,

> zum Streitstand vgl. LG Berlin FamRZ 1997, 1500 ff.

c) Vergütungshöhe

aa) Die in § 1836 II BGB aF. genannten Sätze waren nach h.M. allenfalls eine Mindestvergütung, die zum Tragen kommt, wenn der Anspruch gegen die Staatskasse gerichtet wird,

> BayObLG FamRZ 1995, 692, 694 **[E29]**,

beim Anspruch gegen den vermögenden Betroffenen jedoch diesen nicht nach oben begrenzten (zur Vergütungshöhe bei Mittellosen s. nächster Fall).

bb) Grundlage zur Berechnung (= Schätzung nach § 287 ZPO!) der Vergütung war der für die Betreuung angefallene Zeitaufwand,

> vgl. Zimmermann, Vergütungsfähige Stunden im Betreuungsrecht, FamRZ 1998, 521 ff.,

multipliziert mit einem zu bestimmenden Stundensatz. In diesem Stundensatz waren die üblicherweise anfallenden Büro- und Personalkosten miteinzukalkulieren.

Ferner waren die Umstände des Einzelfalls, insbesondere folgende Faktoren zu berücksichtigen:

- Größe und Liquidität des Vermögens bzw. des Nachlasses
- Erforderlichkeit besonderer Fachkenntnisse des Betreuers
- Bedeutung und Schwierigkeit der dem Betreuer obliegenden Aufgaben

Ein Rückgriff auf die Honorierung der Berufsgruppe, der der Betreuer allgemein angehört, ist zulässig. Hierbei macht allerdings das BayObLG bei den Bürokosten einer Rechtsanwaltskanzlei einen Abschlag von ca. einem Drittel, da ein als Betreuer tätiger Rechtsanwalt »geringere Aufwendungen für Repräsentation und Klientenwerbung« habe »als ein reiner Zivilanwalt«,

> im übrigen übe der anwaltliche Betreuer eine »einfachere Tätigkeit« (?) aus – BayObLG FamRZ 1997, 700, 701.

Im Stundensatz ist ferner laut BayObLG,

> Palandt – Diederichsen § 1836 BGB Rn 10,

die Umsatzsteuer miteinzuberechnen, u.E. eine falsche Entscheidung, die beim Betroffenen zur Verwirrung führen kann, wenn ihm nämlich der Betreuer dann die gleiche Rechnung, jedoch mit gemäß § 14 I UStG gesondert ausgewiesener Umsatzsteuer präsentiert, um dem Betroffenen z.B. einen Vorsteuerabzug zu ermöglichen. Wirtschaftlich ist für den Anwalt das Ergebnis jedoch gleich.

Das BayObLG hält als Regelstundensatz an einer Stundenvergütung von 200 DM einschließlich USt fest,

> BayObLG FamRZ 1996, 1171 ff. **[E30]**; so auch OLG Karlsruhe FamRZ 1998, 698 ff. **[E31]**, das allerdings hervorhebt, daß gerade ein Rechtsanwalt als Betreuer notwendig gewesen sein muß.

Im vorliegenden Fall wich es nach oben auf 220 DM wegen der besonderen Umstände des Einzelfalls ab. Das OLG Köln hat bisher in einem Rahmen von 80 DM bis 180 DM entschieden,

> OLG Köln FamRZ 1997, 1303 **[E32]** und 1350 f.

Im Hinblick auf die Aussage, daß der zugebilligte Stundensatz auch die Bürounkosten beinhalte, stellte sich die Frage der Abgrenzung nach § 1835 BGB: Konnten Telefonkosten noch zusätzlich neben der Vergütung nach § 1836 BGB aF. gemäß § 1835 I BGB aF. in Rechnung gestellt werden, möglicherweise sogar pauschaliert gemäß § 26 BRAGO? Wie sah es mit den Kosten für eine Schreibkraft aus? Konnte der Anwalt die Lohnkosten pro Minute z.B. für das Schreiben eines Briefes nach § 1835 BGB ersetzt verlangen oder war dies in seinem allgemeinen Stundensatz enthalten?

Nach einer Meinung,
> MüKo-Schwab § 1836 BGB Rn 33a,

werden durch den Stundensatz die allgemeinen Vorhaltebürokosten abgedeckt, während jeder konkrete Aufwand, der einer bestimmten Betreuungsaufgabe zurechenbar ist, nach § 1835 I BGB zu erstatten ist; damit scheiden Pauschalierungen jeder Art aus. Dies ergab sich auch eindeutig aus dem Gesetzestext des mit § 1835 BGB aF. korrespondierenden § 1836 a BGB aF. sowie auch aus der allgemeinen Definition der »Aufwendung« als freiwilliges Vermögensopfer, das ja nicht pauschaliert denkbar ist.

Dies bestätigt sich auch aus § 1835 II 2 BGB aF. im Umkehrschluß: Konkret nachweisbarer Einzelaufwand wird lediglich bei der Haftpflichtversicherung versagt, wenn auch eine Vergütung in Rechnung gestellt wird, nicht aber bei allen anderen Aufwendungspositionen. Aus diesem Grund wären zeitanteilige Schreibkosten erstattungsfähig.

In der Praxis schwankten die zugebilligten Stundensätze bei Rechtsanwälten zwischen 130 DM und 300 DM pro Stunde, jeweils einschließlich der Umsatzsteuer. Im Einzelfall sollte man sich der Mühe unterziehen, genau den geltend gemachten Stundensatz zu begründen anhand der Umstände des Einzelfalls.

d) Entstehen des Anspruchs

Der Anspruch entstand dem Grunde nach im übrigen bereits mit der Betreuerbestellung,
> BayObLG vom 27.12.1996, Az. 3Z BR 266/96 **[E33]**.

Im vorliegenden Fall fällt er gemäß § 1967 BGB als Nachlaßverbindlichkeit an.

Ein etwaiger Verstoß gegen § 1908 d I 1 BGB hinsichtlich einer zu lang währenden Betreuung hat grundsätzlich keinen Einfluß auf den Vergütungsanspruch,
> BayObLG FamRZ 1998, 507 f. **[E34]**.

e) Verjährung

Zunächst fand sich keine Spezialregel, was für eine dreißigjährige Verjährung sprach,
> so auch LG München I FamRZ 1998, 323 f. **[E35]**.

Allerdings legte die Regelungsdichte des § 196 BGB nahe, von einer kurzen Verjährung auszugehen.

In Betracht kommen könnte bei Anwälten die Verjährung nach § 196 I Nr. 15 BGB binnen zweier Jahre, allerdings gehemmt nach § 204 BGB. § 196 I Nr. 15 BGB soll jedoch nur dann anwendbar sein, wenn es sich um eine typische anwaltliche Tätigkeit handelt, so daß bei einer Betreuertätigkeit, die auch ein

Nichtanwalt erbringen könnte, die kurze Verjährung ausscheide. Jedoch soll typische anwaltliche Tätigkeit im Rahmen von § 196 BGB auch die eines Pflegers sein,

> Palandt-Heinrichs § 196 BGB Rn 28.

In diesem Zusammenhang ist zu berücksichtigen, daß die Bestellung eines Rechtsanwalts einhergehend mit einem höheren Stundensatz nur dann gerechtfertigt ist, wenn ein Anwalt mit seinen Kenntnissen auch notwendig ist, was für § 196 I Nr. 15 BGB sprechen könnte. Schon aus Vorsicht sollte man daher von der kurzen Verjährungsfrist ausgehen.

Die Anwendung des § 196 I Nr. 17 BGB hat das LG München I,

E35
> LG München I FamRZ 1998, 323 f. **[E35]**,

verneint, da die §§ 1908 i I 1, 1836 II 4, 1835 IV 2 BGB aF. nur auf die **Verfahrens**vorschriften des ZSEG verweisen.

3. Entscheidungsmöglichkeiten in der Instanz der weiteren Beschwerde

12 Es kommen Aufhebung und Zurückverweisung oder eigene Sachentscheidung in Betracht; da gerade in Vergütungsfragen der Sachverhalt häufig ausermittelt ist, wird meist in der Rechtsbeschwerde endgültig entschieden.

Wichtig ist die **Wirkung einer solchen die Vergütung bewilligenden Entscheidung**: diese hat rechtsbegründende Wirkung und ist hinsichtlich Anspruchsgrund und -höhe für das Zivilgericht bindend,

E36
> BayObLG FamRZ 1995, 112 **[E36]**,

mit der Folge, daß im Streitfall das Zivilgericht nur noch die materiellen Erlöschensgründe prüfen kann.

Das Vormundschaftsgericht selbst kann jedoch gemäß § 18 FGG seine Entscheidung jederzeit ändern, bis förmliche Rechtskraft wegen Erschöpfung des Beschwerdewegs eingetreten ist,

> Labuhn S. 140.

In Niedersachsen und in Hessen stellten bis zur Novelle 1999 diese Bewilligungen einen Vollstreckungstitel dar (zur neuen Rechtslage vgl. § 56 g VI FGG nF).

Fall 26 (2. Fall zum Vergütungsrecht):

Rechtsanwalt R begehrt beim Amtsgericht München Vergütung für die Betreuung der mittellosen drogenabhängigen D für 30 Stunden à 125 DM zuzüglich USt für das Jahr 1996.

Als Begründung führt er u. a. an, daß er 20 Stunden mit der Strafverteidigung der Betroffenen wegen des Besitzes von 20 g Heroin aufgewandt habe; das Verfahren vor dem AG Köln sei mittlerweile rechtskräftig beendet.

Die übrige Zeit sei insbesondere angefallen im Hinblick auf die Gesundheitsfürsorge der Betroffenen, die sich die ganze Zeit in einer geschlossenen psychiatrischen Klinik gemäß § 1906 BGB habe aufhalten müssen, da neben der Entzugsproblematik bei ihr weitere erhebliche hirnorganische Schädigungen vorlägen; die ganze Betreuung habe ihn sehr belastet, da die Betroffene in der Betreuungszeit zwei Suizidversuche unternommen habe, einmal mit den ihr von ihm überlassenen Zigaretten; im übrigen habe er sich laufend mit sinnlosen Beschwerden der Betroffenen herumschlagen müssen, die ihn auch deshalb belastet hätten, weil er sich für D immer besonders eingesetzt habe. Eine Stunde sei im übrigen angefallen für die Teilnahme an einer Geburtstagsfeier der Betroffenen.

Wie wird das Gericht entscheiden?

Lösung 26:

Da die Betroffene über keine finanziellen Mittel verfügt, kommt eine Vergütung nur nach §§ 1908 i I, 1836 II BGB in Betracht.

1. Verfahren

Zunächst stellt sich die Frage, nach welchen Verfahrensvorschriften Vergütungsanträge, die nach dem 1.1.1999 gestellt werden, jedoch einen davorliegenden Zeitraum betreffen, zur Anwendung kommen. Die Novelle enthält keine Übergangsvorschrift, die Gesetzesbegründung keinen Hinweis; die ältere Gesetzesbegründung für den Novellierungsvorschlag der Bundesregierung (bei Einbringung in den Bundestag) enthielt den Hinweis, **13**

> BT-Drucksache 13/7158,

daß ein Regelungsbedarf nicht gesehen wurde, der Klarstellung halber man jedoch eine Vorschrift einfügen könne, daß die Vergütungsnormen sich nur auf Tätigkeiten beziehen, die ab dem 1.1.1999 erbracht worden seien; da die neu geschaffenen §§ 69e, 56 g FGG, die das Verfahren nunmehr regeln, sehr speziell auf die neuen Vergütungsnormen zugeschnitten sind, erscheint deren Anwendung auf »Altfälle« ausgeschlossen. Es ist daher für diese Altfälle nach den bisherigen Regelungen zu verfahren.

a) Funktionell zuständig für die Bewilligung war der Rechtspfleger gemäß §§ 3, 14 I Nr. 4 RPflG. **14**

b) Ein förmlicher Antrag des Betreuers war nur als sog. »Anlaß« notwendig, damit das Vormundschaftsgericht die Voraussetzungen gemäß § 1836 II BGB prüfen kann. Dies war von Belang, wenn der Anregung des Betreuers in vollem Umfang gefolgt wurde, dieser aber dennoch Beschwerde einlegt hat mit dem Ziel, nunmehr eine höhere Vergütung zu erhalten: Da kein förmlicher Antrag vonnöten ist, kann auch bei vollem Zuspruch die Beschwerdebefugnis nicht fehlen. **15**

Von Rechtspflegern wird bisweilen erwartet, daß zur Begründung des Vergütungsanspruchs entsprechende Aufstellungen über den Zeitaufwand vorgelegt werden, bei denen auch der jeweilige Grund des Zeitaufwandes mit Datum vermerkt ist. Eine Rechtsgrundlage dafür, daß der Betreuer hierzu verpflichtet ist, findet sich im Gesetz jedoch nicht. Es ist h.M. sowohl in der Literatur als auch in der Rspr., daß zur Darstellung des Zeitaufwandes die »Glaubhaftmachung« bzw. die plausible Darlegung ausreicht, da das Vormundschaftsgericht lediglich eine Plausibilitätsprüfung vorzunehmen hat,

> BayObLG Beschl. v. 10.8.1995, Az. 3Z BR 118/95; BayObLG Rpfleger 1988, 529, FamRZ 1996, 1171 **[E30]**; LG Berlin FamRZ 1995, 496; LG Oldenburg FamRZ 1997, 947; OLG Zweibrücken BtPrax 1997, 116; OLG SchlH Beschl. v. 22.8.1997 SchlAnz 1998, 52; LG Kiel Beschl. v. 27.2.1997.

Dies gilt allein schon deshalb, da es i.d.R. zu mehr überhaupt nicht in der Lage ist. »Selbst eine absolut richtige und genaue Dokumentation hilft dem Gericht kaum weiter, weil die dahinter stehenden Lebenssachverhalte, insbesondere im Rahmen von persönlicher Betreuung, sich auch so nicht hinreichend erschließen.«

> Harm, BtPrax 1998, 136 m. w. N.

In jüngster Zeit war Streit darüber entbrannt, wie die »Anregung« des Betreuers auf Vergütungszubilligung auszusehen hat,

> vgl. insoweit die Nachweise bei Dodegge NJW 1997, 2425, 2436.

Hierüber wurde aber vergessen, daß auch insoweit erst einmal § 12 FGG gilt,

> BayObLG FamRZ 1996, 244.

Im übrigen soll die Überprüfung der Betreuerabrechnung hinsichtlich der Art der Betreuungsführung nur eingeschränkt möglich sein,

> LG Oldenburg FamRZ 1997, 947 f.

16 c) **Rechtliches Gehör** ist im Rahmen von § 1836 III BGB notwendig. Ferner war auch der Betreute persönlich bzw. ein Verfahrenspfleger dann zu hören, wenn aus dessen Vermögen die Vergütung zu zahlen war, §§ 69 d I 2 FGG aF., 1836 BGB.

17 d) Das weitere Verfahren richtete sich im übrigen, soweit aus der Staatskasse zu regulieren war, nach den Verfahrensvorschriften des ZSEG, §§ 1836 II 4, 1835 IV BGB.

Von großer Bedeutung war dabei die Ausschlußfrist des § 15 II ZSEG, wonach der Anspruch erlöschen sollte binnen drei Monaten nach Beendigung der Tätigkeit,

> spätestens also drei Monate nach dem Tod des Betroffenen, vgl. LG Hannover FamRZ 1995, 1377 oder Beendigung der Betreuertätigkeit, LG Oldenburg FamRZ 1997, 1350.

Hierdurch diesem Punkt sind schon viele Gebührenansprüche verfallen. Das AG Celle,

> FamRZ 1996, 759 f. **[E37]**,

hat nunmehr entschieden, daß § 15 ZSEG bei Betreuervergütungen nicht anwendbar sei mit der – u.E. vom Gesetzeswortlaut gedeckten – Meinung, daß § 15 II ZSEG eine materielle Erlöschensnorm sei, die bei der Betreuervergütung nicht anwendbar sei, da § 1835 IV BGB nur auf die **Verfahrens**vorschriften des ZSEG verweise. Bisher war dies allerdings ganz und gar nicht herrschende Meinung! Die Rechtspfleger sind häufig anderer Meinung, worauf man sich einstellen sollte,

> in die gleiche Richtung bzgl. der Frage der Verjährung jetzt LG München I FamRZ 1998, 323 f. **[E35]**.

Allerdings könnte man meinen, die Novelle habe insoweit zugunsten der Betreuer auch für Altfälle Klarheit gebracht: Indem der Gesetzgeber mit den §§ 1835 I 3, 1836 II 4 BGB, jeweils nF., neue materiellrechtliche Normen über den Verfall der jeweiligen Aufwandserstattungs- oder Vergütungsansprüche geschaffen habe, zeigte er, daß ihm der Verweis auf das ZSEG im bisherigen 1835 IV BGB aF. nicht hinreichend erschien. Hiergegen spricht jedoch die Novellierungsbegründung des Regierungsentwurfes,

> BT-Drucksache 13/7158,

der klar aussprach, daß der Gesetzgeber den Verweis in § 1835 IV BGB aF. auch als Verweis auf die Erlöschensnorm verstanden wissen wollte.

Die Festsetzung erfolgt nach § 16 I ZSEG durch den Rechtspfleger. Die – nicht fristgebundene – Beschwerde war nur statthaft bei Beschwer über 100 DM; eine weitere Beschwerde ist nicht möglich, § 16 II ZSEG; dies galt jedoch dann nicht, wenn vorgetragen wurde, daß die Voraussetzungen für die Inanspruchnahme der Staatskasse nicht vorliegen,

> BayObLG 3Z BR 274/96 vom 27.12.1996.

Beschwerdeberechtigt war auch die Staatskasse, vertreten durch den Bezirksrevisor.

2. Anspruchsbegründung

a) Tätigkeit als Strafverteidiger

Hier ist zu berücksichtigen, daß es sich hier gerade um eine typische anwaltliche Tätigkeit handelt, für die es auch die Möglichkeit gibt, nach § 1835 III BGB i.V.m. BRAGO abzurechnen. Diese Möglichkeit besteht für Rechtsanwälte auch nach der Novelle im übrigen fort! **18**

Grundsätzlich besteht dann gemäß §§ 83, 84 BRAGO die Möglichkeit, bei Zugrundelegung der Mittelgebühr ca. 700 DM und 350 DM geltend zu machen, also deutlich weniger, als von R über § 1836 II BGB beantragt (20 x 125 = 2.500 DM).

Hinzukommt im vorliegenden Fall, daß D wegen eines Verbrechens angeklagt war wegen des Besitzes von Rauschgift in nicht geringer Menge (Mindeststrafe 1 Jahr) gemäß §§ 29 I Nr. 3, 29 a I Nr. 2 BtMG. In solchen Fällen ist gemäß § 140 I Nr. 2 StPO (im übrigen auch gemäß § 140 I Nr. 5 StPO, da die Betroffene mutmaßlich drei Monate vor der Hauptverhandlung gemäß § 1906 BGB in einer Anstalt verwahrt war) grundsätzlich die Bestellung zum Pflichtverteidiger angezeigt, wenn ein Betroffener nicht einen Wahlverteidiger besitzt (der in diesen Fällen immer das Wahlmandat niederlegt zwecks Erlangung des Anspruchs gegen die Staatskasse als »Pflichtl«). Dann reduziert sich gemäß § 97 BRAGO der Honoraranspruch noch auf insgesamt 562,50 DM.

Fraglich ist, ob R eine **Wahlmöglichkeit** zusteht, die Vergütung nach §§ 1836 II BGB zu begehren oder ob er auf die »billigere« Lösung des § 1835 III BGB verwiesen werden kann.

Schwab und Sonnenfeld verneinen die Wahlmöglichkeit,
> MüKo-Schwab § 1836 BGB Rn 33a; Sonnenfeld § 1836 Rn 219;

dies ergäbe sich schon aus § 1901 BGB, wonach die Betreuung nur im Interesse des Betreuten zu führen ist; § 1835 III BGB soll verhindern, daß der Betroffene »günstig« an qualifizierten Fachrat kommt dadurch, daß z.B. ein Rechtsanwalt (oder auch Arzt) sein Betreuer ist. Die Regelung soll es jedoch nicht ermöglichen, daß der Betroffene oder die Staatskasse mehr bezahlen muß als wenn er selbst einen Anwalt mandatiert hätte, der dann – von der Frage der Honorarvereinbarung abgesehen – nur nach der BRAGO abrechnen könnte; schließlich würde auch der nichtanwaltliche Betreuer, der für den Strafprozeß einen Strafverteidiger mandatiert, zunächst nur auf die gesetzlichen Gebühren abstellen können.

Vorzuziehen ist dagegen die Meinung in der Literatur,
> Gerold/Schmidt-Madert § 1 BRAGO Rn 23,

die die Wahlmöglichkeit im Bereich des § 1835 III BGB bejaht: Der Rechtsanwalt als Betreuer ist in der Frage der Mandatsausübung gerade wegen § 1901 BGB deutlich unfreier als der frei mandatierte Rechtsanwalt. So kann er schon z.B. dem Betroffenen im Gegensatz zum Mandanten nicht »Mitarbeit« abverlangen z.B. in Form von Beibringung von Unterlagen sowie Informationsbeschaffung jeglicher Art, da der Betreute i.d.R. hierzu gar nicht befähigt ist. Auch eine Weitergabe des Mandats an einen anderen Anwalt würde hieran nichts ändern: Dies beendet nicht die Arbeit des anwaltlichen Betreuers an diesem Fall, vielmehr treffen ihn weiterhin Pflichten z.B. der Informationsbeschaffung und Überwachung, die er sich als eigene Arbeitszeit vergüten lassen kann.

Sofern nur die Pflichtverteidigungskosten angesetzt werden, besteht folgende Gefahr: Das Strafverfahren wurde in Köln geführt, das Betreuungsverfahren in München. Sollte R es verabsäumt haben, die Zulassung in Köln als Pflichtverteidiger zu beantragen, könnte die bayerische Staatskasse sich auf den Standpunkt stellen, daß sie die Kosten der Strafverteidigung – da vorrangig ein anderer Kostenträger Anspruchsgegner wäre – weder im Rahmen von § 1836 II BGB noch von § 1835 III BGB übernimmt.

19 b) Tätigkeit im übrigen

Für die weiteren 10 Stunden stellt sich die Frage der Höhe des Stundensatzes,

E38
> zur Frage der Zeiterfassung vgl. bspw. OLG Schleswig FamRZ 1998, 185 f. **[E38]**.

Dieser betrug gemäß §§ 1836 II 2 BGB aF., 2 II ZSEG grundsätzlich 25 DM pro Stunde und konnte – bei der Erforderlichkeit besonderer Fachkenntnisse – gemäß § 1836 II 3 BGB aF. auf das Dreifache erhöht werden, was im Bereich der Berufsbetreuer regelmäßig der Fall gewesen sein dürfte. Eine Erhöhung auf das Fünffache war nach § 1836 II 3, 2.HS. BGB aF. möglich bei außerordentlichen

Schwierigkeiten in der Führung der Betreuung. Die besonders intensive und schwierige Führung der Betreuung konnte nicht hierunter subsumiert werden, da diese sich ja schon in einer erhöhten Stundenzahl niederschlug. U.E. waren jedoch zusätzliche Belastungen auch psychischer Art durchaus in Ansatz zu bringen; zwar mußte einem Berufsbetreuer eine höhere Belastbarkeit abverlangt werden als einer Privatperson, die ehrenamtlich eine Betreuung führt; jedoch sind auch einem Berufsbetreuer Grenzen gesetzt. Der andauernde Kontakt mit einer stets latent suizidgefährdeten Patientin gehörte sicherlich dazu, insbesondere wenn sie, wie hier, einen Suizidversuch auch noch mit Geschenken des Betreuers unternahm. Das neue Vergütungsrecht kennt solche »Erschwerniszulagen« nicht mehr, sie fielen den haushaltspolitischen Überlegungen der Länder im Bundesrat zum Opfer.

Bei der Erhöhung des Stundensatzes auf das Fünffache war jedoch im Einzelfall noch darzulegen, inwieweit diese außerordentlichen Schwierigkeiten angehalten haben, selten die ganze Dauer der Abrechnungsperiode.

Die Teilnahme an Familienfeiern soll unter dem Stichwort »Stärkung der Vertrauensbasis« abrechnungsfähig sein,
> LG Koblenz FamRZ 1998, 183 ff.

Eine Aufrundung der letzten angefangenen Stunde auf eine volle Stunde wurde als zulässig angesehen gemäß § 2 II ZSEG, **20**
> LG Koblenz FamRZ 1995, 691 f.,

wobei nicht dargetan wird, wieso § 2 II ZSEG eine Verfahrensvorschrift sein soll!

Heftig umstritten war – und einer obergerichtlichen Klärung wegen § 16 II **21** ZSEG nicht zuführbar –, inwieweit der Stundensatz von 75 DM die von R abzuführende Umsatzsteuer umfaßt oder nicht. Während viele andere Gerichte die Umsatzsteuer zusätzlich zu den 75 DM des § 1836 II BGB aF. zusprechen,
> vgl. Palandt-Diederichsen § 1836 BGB Rn 15,

wurde dies bisher im Bereich des LG München I verneint. Mittlerweile hat der Gesetzgeber in der Novelle mit § 1 I 3 BVormVG klargestellt, daß ggf. zusätzlich zum Stundensatz (von nunmehr nur noch max. 60 DM) die hierauf abzuführende Umsatzsteuer zu ersetzen ist. Damit ist zersplittertes Ortsrecht wenigstens in diesem Punkt abgeschafft.

c) Zusammenfassende Überlegung

Je nach Rechtsauffassung wird R daher im strafrechtlichen Bereich entweder die **22** Pflichtverteidigungskosten oder der hierfür angefallene Zeitaufwand mit einem Stundensatz von 75 DM bis 125 DM zugesprochen erhalten. Isoliert nur für den Stundensatz im Bereich der Strafverteidigung stellt sich die Frage nach dessen Bemessung: Für eine Erhöhung über 75 DM hinaus spricht die Schwierigkeit der Materie, die gerade spezifisches anwaltliches Fachwissen erfordert; andererseits wird dieses Fachwissen eigentlich nach der BRAGO honoriert. Wenn man nun dem Rechtsanwalt eine Wahlmöglichkeit zwischen BRAGO oder Zeitaufwandsvergütung eröffnet, kann nicht unberücksichtigt bleiben, daß der höhere Zeitaufwand nicht aufgrund rein strafprozessualer, sondern typischer Betreuertätigkeit anfällt (der psychisch Kranke z.B. mehr Besuche in der Haft erwartet und benötigt, § 1901 I BGB, als ein typischer Mandant). Dieser Zeitanteil ist sicherlich mit einem geringeren Stundensatz zu vergüten als die strafprozessuale Anwaltstätigkeit. Unter Berücksichtigung der andauernden Suicidandrohung – die sicherlich vergütungserhöhend wirkt – wird in der Praxis häufig ein »Mischsatz« zugesprochen, so daß R für den gesamten Zeitaufwand evtl. einen Stundensatz von 100 DM erhalten müßte.

Diese Überlegungen sind nach der Novelle zwar im Bereich der nichtvermögenden Betreuten hinfällig geworden, nicht jedoch im Bereich der vermögenden Betreuten.

d) Verjährung

23 Auch hier ist im Fluß, ob die Regelverjährung gilt; neben den hierzu bereits erfolgten Ausführungen bei Fall 23 ist an die Gefahr des Verweises auf das ZSEG zu denken, welches in § 15 IV BGB feststellt, daß § 196 I Nr. 17 BGB unberührt bleibt. Das LG München II,

vom 19.9.1997, Az. 6 T 4494/97,

hat immerhin eine kurze Verjährungsfrist bei Ansprüchen aus § 1836a BGB angewandt, was der Bezirksrevisor auch bei Ansprüchen aus § 1836 BGB angewandt wissen will und derzeit einschlägige Beschwerden verfügt.

III. Der Aufwendungsersatz

24 Zu beachten waren zunächst §§ 1835 I aF., 670 BGB: nur solche Aufwendungen sind erstattungsfähig, die ein Betreuer für erforderlich halten »**durfte**«.

Im übrigen kann hier weitgehend auf das bisherige Gesagte verwiesen werden. Erinnert sei nochmals an die Entnahmemöglichkeit unter den Prämissen der §§ 1812 ff. BGB; die Verjährung soll für Aufwendungen nach §§ 1835 I, II BGB 30 Jahre, bei § 1835 III BGB nur zwei Jahre betragen,

Sonnenfeld § 1835 Rn 220.

Vorab ist aber an § 15 II ZSEG zu denken.

Bei größeren Aufwendungsbeträgen – gerade bei Anwälten denkbar im Rahmen von § 1835 III BGB – sei an die Möglichkeit des **Vorschusses** gemäß §§ 1835 I, 669 BGB und die **Verzinsungsmöglichkeit** nach § 256 BGB erinnert.

Fotokopierkosten sollen allenfalls mit 0,30 DM pro Kopie erstattet werden,

z.B. LG Berlin FamRZ 1995, 496; vgl. weitere Einzelheiten bei Karmasin BtPrax 1998, 133 ff.

Trotz des Blicks nur auf das Auftragsrecht sollte jedoch die neu geschaffene Erlöschensregel des § 1835 BGB nF. nicht vergessen werden, dazu s.unten.

B. Vergütung und Aufwendungsersatz des (anwaltlichen) Betreuers nach neuem Recht

I. Die Vergütung des Betreuers bei mittellosen Betroffenen

Fall 27:

wie oben Fall 26, jedoch spielt er nunmehr im Jahr 1999; welchen materiellen Vergütungsanspruch hätte der Rechtsanwalt nunmehr für seine Betreuungstätigkeit außerhalb des Strafverfahrens?

Lösung 27:

Im materiellen Recht wurde das Gesetz nach der Novelle nicht übersichtlicher: Zu beachten sind nunmehr über § 1908 i I BGB die §§ 1835–1836 e BGB i.V.m. dem Berufsvormündervergütungsgesetz – BVormVG – (bei dessen Namensgebung der Vormund doch wieder als »Pate« des Betreuers zur Verfügung stand). Die Novelle bestimmt nunmehr im BGB, wann der Betroffene als **mittellos** anzusehen ist. Im übrigen werden manche Neuerungen – auch im Verfahrensrecht – erst verständlich, wenn man sich vor Augen hält, daß sich nunmehr der Anspruch des Betreuers grundsätzlich **gegen den Betroffenen** richtet, er im Fall der Mittellosigkeit nur einen weiteren Schuldner mit der Staatskasse erlangt, § 1836 a BGB nF., mit der Folge, daß der Anspruch dann auf die Staatskasse übergeht und nach dem neuen § 1836 e BGB die Staatskasse 10 Jahre lang eine Rückgriffsmöglichkeit auf den (hoffentlich vermögend gewordenen) Betroffenen hat.

Die grundsätzlichen Voraussetzungen eines jeglichen Vergütunganspruchs (auch) gegen die Staatskasse sind im einzelnen:

(1) Grundsatz der Unentgeltlichkeit
(2) Berufsmäßige Betreuungsführung
(3) Mittellosigkeit
(4) Rechtsfolge, Höhe der Stundensätze
(5) Erlöschen des Vergütungsanspruchs
(6) Verjährung des Vergütungsanspruchs

zu (1) Unentgeltlichkeit

Zu beachten ist vorab der Grundsatz der Unentgeltlichkleit der Betreuungsführung, § 1836 I 1 BGB nF., unter dessen Prämisse jeder Vergütungsanspruch zu sehen ist.

zu (2) Berufsmäßige Betreuungsführung

Nur ausnahmsweise wird eine Betreuung entgeltlich geführt, wenn das Gericht bei Bestellung des Betreuers feststellt, daß dieser die Betreuung im Rahmen seiner Berufsausübung führt.

Hier gilt es – gerade für die Übergangszeit – festzuhalten: Ein neu bestellter Rechtsanwalt oder sonstiger Berufsbetreuer muß darauf achten, daß dieser »**Berufsmäßigkeitsvermerk**« im Bestellungsbeschluß tatsächlich erscheint, da er ansonsten keinen Vergütungsanspruch hat. Bereits vor dem 1.1.1999 bestellte Betreuer sollten darauf achten, daß dieser Vermerk jedenfalls bei jeder Verlängerungs- oder sonstigen Änderungsentscheidung erscheint. Sollte dies versäumt worden sein (ob zum Jahreswechsel schon alle Formulare geändert und die neuen Gesetzestexte in den Gerichten ausgeteilt worden sind?), ergibt sich für den Betreuer die Notwendigkeit der Beschwerdeeinlegung nach § 20 FGG. Ein anderer, jedoch nicht sicherer Ausweg ist der Weg über § 1836 III BGB nF.

Berufsmäßige Ausübung liegt vor:
a) wenn der Betreuer **elf oder mehr Betreuungen** führt, § 1836 I 4 a BGB nF., 1. Regelfall
b) wenn die **Wochenarbeitszeit** für die Führung von Betreuungen nicht unter **20 Stunden** liegt, § 1836 I 4 b BGB nF., 2. Regelfall
c) wenn zu erwarten ist, daß die neue Betreuungsführung allein oder im Zusammenwirken mit anderen Betreuungsführungen nur im Rahmen der Berufsausübung zu erwarten ist; die Gesetzgebungsmaterialien führen hierfür als Beispiel an die Bestellung von Rechtsanwälten oder Steuerberatern gerade für Aufgabenkreise aus ihrem ureigenen Metier (Strafverteidigung, Steuerberatung).
d) wenn zu erwarten ist, daß **in Zukunft** dem Betreuer in einem Umfang wie unter a) bis b) Betreuungen übertragen werden (= Berufsanfängerklausel).

Inwieweit diese gesetzliche Regelung den Anforderungen des Bundesverfassungsgerichts standhält,

> BVerfG 54, 251,

bleibt offen.

zu (3) Mittellosigkeit des Betroffenen

29 Nur dann kann der Betreuer nach § 1836 a BGB nF. die Vergütung aus der Staatskasse verlangen. Wann der Betroffene als mittellos anzusehen ist, hat der Gesetzgeber nunmehr in Anlehnung an die bisherige Rechtsprechung im BGB selbst geregelt: Er hat Einkommen und/oder Vermögen nach § 1836 c BGB nF. i.V.m. den dort genannten Regelungen im BSHG einzusetzen und gilt nach § 1836 d BGB nF. dann als mittellos, wenn er (Aufwendungsersatz oder) **die Vergütung nicht** oder nur zum Teil oder nur in Raten oder nur im Wege der gerichtlichen Geltendmachung von Unterhaltsansprüchen **aufbringen kann**. Kombinierte Vergütungsansprüche (teils beim Betroffenen, teils bei der Staatskasse geltend zu machen),

> MüKo-Schwab Rn 28 zu § 1836 BGB aF.,

sollen dadurch in Zukunft vermieden werden.

Soweit der Betroffene zwar nicht mittellos ist, sich jedoch zusätzlich auf Pfändungsschutz nach §§ 850 ff. ZPO berufen kann, soll er ebenfalls als mittellos gelten mit der Folge der Vergütungsgeltendmachung gegenüber der Staatskasse, weil ansonsten der Betreuer mit seinen Ansprüchen keinen Schuldner fände: die Staatskasse nicht wegen Nichterfüllung des §§ 1836 c und d BGB nF., den Betroffenen nicht wegen Pfändungsschutz,

Begründung der BReg BT-Drucksache 13/7158, S. 52.

Bezüglich der dann anzusetzenden Beträge kann auf die vorstehenden Ausführungen zu Fall 23 verwiesen werden. Bezüglich des einzusetzenden Vermögens, dessen Beträge jeweils durch Rechtsverordnung (Sartorius Nr. 417) festgesetzt werden, hat sich in etlichen Gerichtssprengeln »der Einfachheit halber« ein Satz von 8.000 DM durchgesetzt, der aber angesichts des Wortlauts in § 1 I Nr. 1 b VO zu § 88 II Nr. 8 BSHG nur für Blinde und Pflegebedürftige im Sinn von §§ 67, 69 a III BSHG angewandt werden dürfte.

An Einkommen ist nach den genannten Verweisungsnormen in § 1836 c I BGB nF. **nicht** einzusetzen:
– der Grundbetrag iHv. derzeit 1.031 DM
zuzüglich Erhöhung aus § 81 I BSHG, derzeit 514 DM. Nach der Begründung des Regierungsentwurfes,

BT-Drucksache 13/7158,

soll – da die Eingliederungsziele von Betreuungs- und Sozialhilferecht ähnlich gelagert sind – dieser Erhöhungsbetrag stets angewandt werden, **unabhängig davon**, ob der Betroffene zu den in § 81 I BSHG genannten Fallgruppen zählt.

Dieser Gesamtbetrag von 1.545 DM (in östlichen Bundesländern abgesenkt auf 1.505 DM) wird im Einzelfall weiter erhöht durch
– Unterkunftskosten nach § 79 I Nr. 2 BSHG
– Familienzuschläge nach § 79 I Nr. 3 BSHG (grob gesagt: je 824,80 DM für Ehegatten und jede weitere unterhaltsberechtigte Person).

Diese Beträge werden dynamisiert gemäß § 82 BSHG.

Zweifelhaft ist die praktische Relevanz dieser Vorschriften im Hinblick auf einzusetzendes Einkommen, sofern kein weiteres Vermögen besteht, angesichts von § 1836 d BGB. Da die Vergütungsanträge regelmäßig für größere Zeiträume (bei Rechtsanwälten üblich für ein Jahr) gestellt werden, wird auch bei Einkommen über den in § 1836 c BGB nF. genannten Beträgen allenfalls Ratenzahlung möglich sein, weshalb dann die Mittellosigkeitsfiktion des § 1836 d BGB eingreift und auch bei Überschreiten der Sozialhilfesätze die Vergütung zunächst aus der Staatskasse zu bezahlen ist.

Hieran schließt sich die Frage an, ob eine Verpflichtung des Betreuers besteht, in möglichst kurzen Abständen seine Vergütungsanträge einzureichen, um den Eintritt der Fiktion nach § 1836 d BGB zu vermeiden, in diese Richtung auch die Begründung zum Regierungsentwurf, BT-Drucksache 13/7158 zu § 1836 II 4 BGB (Erlöschensnorm zur Verhinderung der Mittellosigkeit).

U.E. kann diese Frage in Anlehnung an die oben zitierte Rechtsprechung des BayObLG,

E39 BayObLG FamRZ 1998, 507 **[E39]**,

verneint werden: In gleicher Weise, wie vom Betreuer nicht verlangt werden kann, zunächst die eigene Vergütung vom Betroffenen zu verlangen und dritte Gläubiger anschließend auf die Pfändungsfreigrenzen zu verweisen, sondern zunächst Drittgläubiger zu befriedigen um die eigenen Vergütungsansprüche aus der Staatskasse geltend zu machen, kann ihm auch nicht zugemutet werden, möglichst die Fiktion des § 1836 d BGB nF. zu vermeiden durch die Stellung möglichst nur kurze Zeiträume umfassender Vergütungsanträge. »Geschützt« wird die Fiktion des § 1836 d BGB durch die neue Erlöschensnorm des § 1836 II 4 BGB.

zu (4) Rechtsfolgen

30 Liegen die genannten Voraussetzungen vor, kann der Betreuer die Vergütung aus der Staatskasse verlangen, wobei sich die Sätze nach dem BVormVG bestimmen. Nach dessen § 1 ergeben sich folgende Sätze:
a) 35 DM pro Stunde als Regelsatz
b) 45 DM pro Stunde, wenn der Betreuer besondere, für die Führung **dieser** (!) Betreuung einsetzbare Kenntnisse im Rahmen einer Lehre oder ähnlichen Ausbildung hat: zu denken wäre hier z.B. an Krankenschwestern oder Altenpfleger, für die sich – trotz des Selbständigkeitsrisikos eine interessante Berufsperspektive eröffnet (172 h / Monat x 45 DM = 7.740 DM)

c) 60 DM pro Stunde, wenn die unter b) genannten Kenntnisse im Rahmen einer abgeschlossenen Hochschul- oder ähnlichen Ausbildung erworben wurden.

Diese Sätze sind für die Gerichte verbindliche Auslegung der §§ 1836a, 1836 II 2 BGB nF.,

Begründung der Bundesregierung BT-Drucksache 13/7158.

31 Nach § 1 II BVormVG wird grundsätzlich vermutet, daß die nach b) oder c) erworbenen Kenntnisse **auch im Einzelfall** nutzbringend eingesetzt werden, wenn die Kenntnisse **allgemein** für Betreuungsführung nutzbar sind, soweit das nicht Gericht bei Betreuerbestellung etwas anderes bestimmt. Hier hat der Gesetzgeber den Instanzenzügen ein weites Betätigungsfeld überlassen, wenn man sich beispielsweise die Berufsangaben der Mitgliederliste des Vormundschaftsgerichtstags e.V. ansieht (Juristen – gar Gerichtsangehörige – sind dort nur in deutlicher Unterzahl vertreten).

Dodegge vertritt die Ansicht,

> NJW 1998, 3073, 3074, vgl. auch Begründung der Bundesregierung BT-Drucksache 13/7158, 42,

daß die Vorschrift insoweit für die Beteiligten Arbeitserleichterungen mit sich bringt, als **keine Darlegung der nutzbaren Kenntnisse im Einzelfall** mehr erforderlich sei. Nun sind aber – um bei einem banalen Beispiel zu bleiben – Kenntnisse der russischen Sprache äußerst hilfreich bei der Führung von Betreuungen nicht deutsch sprechender Übersiedler; sind daher bei entsprechenden Dolmetschern schon die Voraussetzungen des § 1836 II 2 BGB erfüllt?

Damit ergibt sich eine Ungleichbehandlung der Staatskassenfälle mit der Betreuungsführung bei vermögenden Betroffenen: Während bei den Mittellosen die Einzelfallnutzbarkeit vorhandener Fachkenntnisse nach § 1 II BVormVG vermutet wird, ist bei der Vergütung aus dem Vermögen des Betroffenen im Einzelfall zu prüfen, ob die gerade **hier** vorliegenden Kenntnisse des Betreuers auch gerade **diesem** Betroffenen zugute kommen können.

Umsatzsteuer wird zusätzlich erstattet. Für Rechtsanwälte ergibt sich eine Verschlechterung gegenüber der bisherigen Rechtslage, da sie nunmehr nur noch 60 DM zuzüglich Umsatzsteuer ansetzen können, während vorher zumeist 75 DM (je nach Landgerichtssprengel einschließlich oder zuzüglich USt) vergütet wurden. Erstaunlich ist zunächst auch die Gleichstellung von Hoch- und Fachhochschulabsolventen; allerdings verbleibt Rechtsanwälten als Betreuer die schon bisher vorhandene Möglichkeit, Tätigkeiten – soweit rein anwaltliche Arbeit für den Betreuten geleistet wird – nach § 1835 III BGB nF. i.V.m. der BRAGO abzurechnen. **32**

Für die Beratungspraxis sei auf die Übergangsvorschrift des § 1 III BVormVG hingewiesen: Bis zum 30.6.2000 (ein wahrscheinlich aus dem geplanten Inkrafttreten der Novelle zum 1.7.1998 herrührendes Datum) können die Gerichte nach oben von § 1 I BVormVG abweichende Sätze vergüten, wenn der Berufsbetreuer mindestens seit 1.1.1997 als solcher tätig war; da die Erhöhung aber auf maximal 60 DM pro Stunde gedeckelt ist, ergibt sich hieraus bei Rechtsanwälten kein Spielraum.

Gleichfalls wichtig für die Beratung von Berufsbetreuern ist die Möglichkeit einer Umschulung und Fortbildung nach § 2 BVormVG, letztlich mit dem Ziel, höhere Stundensätze i.S.v. § 1 I BVormVG in Rechnung stellen zu können.

Eine andere Möglichkeit bestünde – jeweils in die Zukunft gewandt – in der **Pauschalierung nach § 1836 b BGB nF.** Sofern der Zeitaufwand vorhersehbar ist, kann dieser mit dem Stundensatz des BVormVG multipliziert zur Vorwegpauschalierung der Vergütung führen; inwieweit die Gerichte von dieser Möglichkeit Gebrauch machen, bleibt offen. Absehbar wird im Einzelfall – trotz § 1836 b 5 BGB – der Zeitaufwand erst nach längerer Führung der Betreuung sein, also im zweiten oder dritten Jahr. Zudem stellt sich die Frage, ob hierdurch an Zeitersparnis viel gewonnen wird; der Betreuer wäre zwar im Hinblick auf § 1836 b 3 **34**

BGB nF. von der Führung der Zeitnachweise befreit; allerdings ist im Gesetz nicht geklärt, ob dies dann auch für die Nachweislisten für Aufwandsersatz gilt (welche Telefoneinheit wann mit wem? Fahrten wann wohin etc). Allerdings sollte der Betreuer als Unternehmer schon zur Eigenkontrolle den Zeitnachweis führen, da andernfalls eine saubere betriebswirtschaftliche Effizienzkontrolle nicht möglich ist. Zudem stellt sich die Frage nach der Meldepflicht des neuen § 1908 k BGB, dessen Anforderungen angesichts von § 1836 b BGB nF. nur zum Teil erfüllt werden könnten.

Auch die Gerichtsseite wird zunächst nicht entlastet; zwar behauptet § 1836 b Nr. 1 aE. BGB stramm: »weitergehende Vergütungsansprüche ... sind ausgeschlossen«. Aus der Gesetzesbegründung,

> BT-Drucksache 13/10331,

ist jedoch zu entnehmen: »Eine dem Betreuer vom Gericht nach § 1836 b Satz 1 Nr. 1 BGB zugebilligte Pauschale kann vom Gericht abgeändert werden.« Dies soll aber auf Einzelfälle – bei wesentlicher Änderung der Verhältnisse – beschränkt bleiben. Selbst wenn man den eindeutigen Gesetzeswortlaut mittels des ebenfalls eindeutigen – leider konträren – Wortlauts der Gesetzesbegründung verbiegt, stellt sich die Frage, wann eine wesentliche Änderung der Verhältnisse eingetreten ist. Am einfachsten dürfte dies der Fall sein bei Aufgabenkreiserweiterungen.

Weitere Einzelfragen stellen sich nach dem Zeitraum der Pauschalierung und der damit verbundenen Frage, wem z.B. der Tod des Betroffenen zugute kommen soll, da der Tod regelmäßig nicht mit dem Ende der durch die Pauschale erfaßten Frist zusammentreffen dürfte.

Aus diesem Grund wird es jedenfalls für sowohl den Betreuer als auch für die Gerichtsseite sinnvoll sein, eine Pauschalierung nur im gegenseitigen Einvernehmen festzusetzen, andernfalls eine sicherlich »fruchtbare« Beschäftigung des Instanzenzuges abzusehen ist,

> in diese Richtung auch die Begründung der Bundesregierung BT-Drucksache 13/7158, S. 47.

Weitere Rechtsfolge des Vergütungsanspruches ist, daß der Betreuer Abstandszahlungen verlangen kann, § 1836 II 3 BGB nF.

35 Schließlich löst die Befriedigung des Betreuers einen Regreßanspruch der Staatskasse gegen den Betroffenen nach § 1836 e BGB aus (hierzu näher s.u.). Im Einzelfall besteht daher für die Gerichte – auch angesichts § 12 FGG – in Zukunft kein Bedürfnis mehr **vor** Bezahlung des Betreuers eigene umfassende Vermögensnachforschungen anzustellen, da nunmehr nicht mehr die Gefahr besteht, daß die Staatskasse zu Unrecht in Anspruch genommen wird: Ist der Betroffene dauerhaft ohne Vermögen, hat die Staatskasse zu Recht bezahlt, ansonsten besteht der Regreßanspruch der Staatskasse gegenüber dem vermögenden Betreuten, § 1836 e BGB.

zu (5) Erlöschen der Vergütungsansprüche

Der oben erwähnte Streit um die Qualität der Verweisung in das ZSEG durch **36** §§ 1836 II 4, 1835 IV BGB aF. wird hinfällig durch die neue Erlöschensnorm des § 1836 II 4 BGB nF., wonach der Vergütungsanspruch **fünfzehn Monate nach seiner Entstehung** erlischt. Da jeder »Handschlag« des Betreuers zum Entstehen des Vergütungsanspruchs führt, wird bei vielen Betreuungen, die durch Rechtsanwälte geführt werden, für diese Mehrarbeit verlangt: Während bisher in vielen kleineren Betreuungsfällen mit geringerem Zeitaufwand durchaus – gerade auf Anwaltsseite – nur alle zwei Jahre abgerechnet wurde (was trotz ZSEG möglich war, da dieses auf die Beendigung der Betreuertätigkeit abstellte), ist dies in Zukunft nicht mehr möglich. Schon die jährliche Abrechnung birgt gerade für den Anwalt Gefahren, da möglicherweise nach einem Jahr in der Kanzlei ein plötzlich sehr hoher Arbeitsanfall die geordnete Abrechnung hindern kann. Sinnvoll ist daher die fortlaufende EDV-aufbereitete Abrechnung, wenn man sich die Mühe z.B. halbjährlicher Abrechnungen ersparen will.

Im Einzelfall hilfreich ist die Verlängerungsmöglichkeit nach §§ 1836 II 4 2. Hs. **37** BGB nF., 15 III 1–5 ZSEG, wobei allerdings die Verlängerung ins Ermessen des Gerichts gestellt ist. Bei der Fristverlängerung wird das Gericht insbesondere die Mittellosigkeitsfiktion des § 1836 d BGB nF. im Auge haben müssen.

Im Einzelfall – der angesichts § 56 g I, VI FGG selten bleiben dürfte – ist bei gerichtlicher Geltendmachung vor dem normalen Zivilprozeßgericht dieses an die Fristverlängerung durch das Vormundschaftsgericht gebunden,

BT-Drucksache 13/7158 zu § 1835 BGB.

In diesem Zusammenhang ist auch wichtig, daß § 1836 II 4 BGB nF. ausdrücklich nicht auf § 15 III 6 ZSEG verweist, eine Wiedereinsetzung bei versäumter Frist also nicht möglich ist!

Schon im Vorgriff auf die unten zu erörternde Vergütung bei vermögenden Betreu- **38** ten sei an dieser Stelle ausdrücklich darauf hingewiesen, daß die Erlöschensnorm des § 1836 II 4 BGB nF. nunmehr auch gegenüber dem Betroffenen gilt, also nicht mehr wie bisher auf Geltendmachung ggü. der Staatskasse beschränkt ist!

Damit soll auch ausgeschlossen werden, daß bei Verfristung gegenüber der Staatskasse der Betreuer den Betroffenen auch nur mit Teilbeträgen im Rahmen seiner Leistungsfähigkeit in Anspruch nimmt.

zu (6) Verjährung des Vergütungsanspruchs

Hier kann auf die Ausführungen zu Fall 23 verwiesen werden. Zwar legt der **39** Gesetzestext die dreißigjährige Frist des § 195 BGB nahe, jedoch sollte der Rechtsanwaltsbetreuer § 196 I Nr. 15 BGB im Auge behalten und vorsichtshalber einhalten.

Im vorliegenden Fall 25 kann also Betreuer R für die Tätigkeit außerhalb des Strafverfahrens nur noch 10 x 60 DM zuzüglich der gesetzlichen Umsatzsteuer als Vergütung ansetzen (soweit er bezüglich der Strafverteidigung nach BRAGO abrechnet).

(7) Der Regreßanspruch der Staatskasse

40 Der neue § 1836 e BGB schafft für die Staatskasse die Möglichkeit, vom Betroffenen, wenn dieser zu Vermögen kommt, beispielsweise durch eine Erbschaft, oder bisher unbekanntes Vermögen auftaucht, Ersatz zu verlangen. Der Anspruch kann durch die Staatskasse **10 Jahre lang ab Zahlung** verfolgt werden. Die diesbezüglich notwendigen Verfahrensvorschriften sind in § 56 g FGG mitgeschaffen worden (s. dazu weiter unten).

Ob die Norm die Hoffnungen der Haushaltspolitiker (es handelt sich bei § 1836 e BGB um den Vorschlag des Bundesrates) erfüllt, wagen die Verfasser zu bezweifeln. Schätzungsweise maximal ein Viertel der Betroffenen dürfte über Vermögen verfügen (da – das muß klar gesehen werden – Betreuung immer auch noch ein Sozialproblem darstellt: Vermögende haben längst außerhalb der Gesetzgebung ihrer eigenen Regularien und Vorsorgemaßnahmen gefunden). Davon werden die Demenzkranken (sicher mindestens die Hälfte aller Betreuungsfälle) ihr Vermögen weitgehend für Pflegemaßnahmen verzehren, insbesondere bei ambulanter Versorgung zu Hause.

Betroffene, die unter schizophrenen Störungen im weitesten Sinn leiden, geraten eben wegen dieser Krankheit häufig ins Abseits, da sie nicht selten arbeitsunfähig sind; zudem wird das Krankheitsbild und seine Folgen Verwandte und Freunde von Schenkungen abhalten, da eine Verschleuderung befürchtet wird.

II. Die Vergütung des Betreuers bei vermögenden Betroffenen

41 Zunächst gelten auch hier über § 1908 i I BGB die neu geschaffenen §§ 1836 Abs. I und II BGB nF. Dies bedeutet, daß auch im Bereich der vermögenden Betreuten (also der nicht von §§ 1836 a, 1836 c – d BGB nF. BGB erfaßten Personen) der Vorrang der Unentgeltlichkeit der Betreuung gilt, die Berufsmäßigkeit der Betreuungsführung im übrigen festgestellt werden muß.

Allerdings gewährt (ähnlich dem § 1836 I 2, 3 BGB aF.) § 1836 III BGB nF. nunmehr eine Vergütung (ausschließlich) aus dem Vermögen des Betroffenen, wenn zwar die berufsmäßige Ausübung nicht festgestellt wurde, Umfang oder Schwierigkeit der Betreuungsführung dies jedoch rechtfertigen. Hierbei kommt es – im Gegensatz zum bisherigen Recht – **nicht** mehr auf das Verhältnis zum vorhandenen Vermögen an! Voraussetzung ist lediglich, daß der Betroffene nicht unter §§ 1836 a, c, d BGB nF. fällt, auch dies eine Norm zur Staatskassenschonung,

vgl. allg. Dodegge, Das Betreuungsrechtsänderungsgesetz, NJW 1998, 3073 ff., nach dem Motto: Sozialstaatsprinzip ist schön und gut, sofern es andere bezahlen. Über die Hintertür kehren langsam wieder die alten Zeiten zurück, in denen für die Führung der Betreuung (damals Vormundschaften) der mittellosen Betreuten gar keine Vergütung gewährt wurde, die Vermögenden quasi sozialisiert wurden, weil erst diese den Betreuer ernährten, auch eine Art von »Steuerreform«.

Auch bei der Vergütung aus dem Vermögen der Betreuten gelten grundsätzlich folgende Voraussetzungen:

(1) Grundsatz der Unentgeltlichkeit
(2) Berufsmäßige Betreuungsführung oder umfangreiche/schwierige Betreuungsführung
(3) **Keine** Mittellosigkeit
(4) Rechtsfolge, Höhe der Stundensätze
(5) Erlöschen des Vergütungsanspruchs
(6) Verjährung des Vergütungsanspruchs

zu (4) Rechtsfolge, Höhe der Stundensätze

Allgemein kann die bisherige Rechtsprechung zur Höhe der Stundensätze verwertet werden, wonach die Sätze des BVormVG die **Untergrenze** darstellen ähnlich wie bisher die des § 1836 II 2–3 BGB aF. Auf die vorstehenden Ausführungen kann daher grundsätzlich verwiesen werden.

Allerdings besteht durchaus die Tendenz des Gesetzgebers, die Stundensätze zwischen Staatskassenfällen und vermögenden Betroffenen **anzugleichen**. Immerhin hat der Gesetzgeber mit der Neufassung des § 1836 III BGB zu erkennen gegeben, daß – jenseits der Grenze der Mittellosigkeit – die Höhe des Vermögens nur noch dann konstitutive Bedeutung für die Höhe – nicht aber das Ob – der Vergütung hat, wenn das Vermögen im Einzelfall die Betreuungsführung schwierig oder umfangreich werden läßt. Auch zeigt § 1836 b BGB nF. mit der Möglichkeit der Pauschalierung der Vergütung auf, daß der Gesetzgeber die Sätze zumindest hier sogar gleich hoch ansetzt, da eine Pauschalierung – auch bei vermögenden Betroffenen – nur zu den Sätzen des BVormVG möglich ist. Beruhigend ist hier allerdings noch, daß über die Betreuungen vermögender Personen immer noch faktisch die Betreuungen Mittelloser finanziert werden, was der Staatskasse angesichts § 1836 III aE. BGB nF. bewußt ist.

Angesichts der Möglichkeit, nunmehr Abschlagszahlungen auf die zu erwartende Vergütung gemäß § 1836 II 3 BGB nF. verlangen zu können, besteht die Gefahr, daß künftig Stundensätze um 5–10 % nach unten festgesetzt werden; im Stundensatz enthalten sein sollten ja auch die Kosten der Vorfinanzierung z.B. bei alljährlicher Abrechnung; da jedoch der kaufmännische Zins für eine Kreditfinanzierung teurer ist als der Zinssatz der entgangenen Geldanlage, könnte eine häufigere Abschlagszahlung für den Betroffenen im Einzelfall günstiger sein.

Fraglich ist, welche Folge das Auftauchen von Vermögen hat:

Fall 28:

Die Staatskasse überweist im Jahr 2000 Rechtsanwalt R für das Jahr 1999 1.200 DM zuzüglich Umsatzsteuer als Vergütung für 20 Stunden geleisteter Betreuertätigkeit. Nunmehr wird gegen Ende des Jahres 2000 bekannt, daß

a) der völlig demente Betroffene – ihm nicht mehr bewußt – schon seit vielen Jahren Konten in Luxemburg mit erfreulichen siebenstelligen Guthabensbeträgen innehat.

b) der Betroffene vermögend wird angesichts einer nach Bezahlung durch die Staatskasse angefallenen Erbschaft.

Kann Rechtsanwalt R vom Betroffenen eine weitergehende Vergütung verlangen, z.B. 2.800 DM zuzüglich Umsatzsteuer (von beantragten 200 DM,– Stundensatz erhielt er aus der Staatskasse 60 DM erstattet)?

Kann oder muß die Staatskasse vom Betroffenen den erhöhten Satz fordern?

Lösung 28:

43 Für eine Nachforderung könnte die Möglichkeit der Änderung gerichtlicher Entscheidungen nach § 18 I FGG sprechen.

Nachdem der Gesetzgeber mit § 56 g FGG das Festsetzungsverfahren gesondert geregelt hat, hat er der entsprechenden Festsetzungsentscheidung nunmehr Bestandskraft verliehen, indem in § 56 g V FGG nur noch die sofortige Beschwerde statthaft ist.

Nach Ablauf der Zweiwochenfrist des § 22 I FGG sind in beiden Fällen daher keine weitergehenden Vergütungsansprüche mehr möglich; mit der Unanfechtbarkeit des Festsetzungsbeschlusses ist »Vergütung für das Jahr 1999« abschließend geregelt. Dies ergibt sich auch aus § 18 II FGG.

Gleichzeitig zu (5)

Der Betreuer steht daher vor dem Problem der umfassenden Ermittlung des Vermögens und der Abrechnungsfristen, da ja der Erlöschensgrund des § 1836 II 4 BGB nF. nunmehr auch für den Vergütungsanspruch gegenüber vermögenden Betreuten gilt. In Zweifelsfällen muß daher geraten werden, **kurze Abrechnungsperioden** zu wählen, damit der von der Bestandskraft des Festsetzungsbeschlusses erfaßte Zeitraum nicht zu groß ausfällt. Eine entsprechende Kontaktaufnahme mit dem Rechtspfleger empfiehlt sich. Eine andere Möglichkeit ist, in entsprechend gelagerten Fällen beim Vormundschaftsgericht um Fristverlängerung nach § 1836 II 4, 2.Hs. BGB nF. nachzusuchen.

Da die Staatskasse nach § 1836 e BGB nur Erstattungsansprüche geltend machen kann, ist auch ihr stets die Einforderung eines erhöhten Stundensatzes zu eigenen oder fremden Gunsten verwehrt.

Bedeutsam ist, daß nach Ablauf der (ggf. nicht verlängerten) Erlöschensfrist des **44**
§ 1836 II 4 BGB die **Ansprüche** nicht mehr nur gegen die Staatskasse, sondern
auch gegenüber dem Betroffenen erlöschen!

Zur Einhaltung der 15-Monatsfrist genügt auch gegenüber dem Betroffenen (nur)
die Geltendmachung gegenüber dem Vormundschaftsgericht,
> BT-Drucksache 13/7158 S. 43,

so daß stets dort der Anspruch zunächst vorzubringen ist. Zwar fehlt § 1836 II
4 BGB nF. eine entsprechende Wirkungsfiktion, wie § 1835 I 3, 2. Hs. BGB nF.
sie bereithält; der Gesetzgeber hat aber eine entsprechende Norm mit gleicher
Rechtsfolge als entbehrlich angesehen,
> BT-Drucksache 13/7158 S. 43,

da ja die Erlöschensnorm auch nur greift, wenn nicht gegenüber dem Gericht die
Vergütung geltend gemacht wird.

Im Einzelfall muß dabei die Angabe von aufgewandter Zeit und Stundensatzhöhe
genügen.

zu (6) Verjährung

Bezüglich der Verjährung kann auf die obigen Ausführungen verwiesen werden. **45**
Die Beachtung der 15-Monatsfrist sollte im Einzelfall nicht den Blick auf die
Verjährung verstellen, insbesondere nach einem etwaigen Tod des Betreuten oder
der Aufhebung der Betreuung, die die Hemmungsvorschrift des § 204 aE. BGB
dann nicht mehr greifen lassen.

III. Der Aufwendungsersatz

Dieser ist vom Betroffenen zu verlangen, bei dessen Mittellosigkeit nach dem **46**
insoweit unveränderten § 1835 IV 1 BGB aus der Staatskasse. Trotz fehlendem
Verweis ergibt sich aus der Gesamtsystematik und insbesondere aus der Formulierung des § 1836 d BGB nF., daß bei Feststellung der Mittellosigkeit – trotz
unverändertem § 1835 IV 1 BGB – die neuen Vorschriften des § 1836c, d BGB
nF. heranzuziehen sind.

Für Rechtsanwälte – aber auch andere Betreuer mit Spezialkenntnissen, z.B.
Therapeuten – vorab wichtig ist die Tatsache, daß der Gesetzgeber auch bei der
Novelle § 1835 III BGB unverändert gelassen hat und sich damit angesichts der
für Rechtsanwälte verschlechterten Stundensätze im BVormVG eine Vielzahl
von Abgrenzungsstreitigkeiten hereingeholt hat. Stellt bereits der Abschluß eines
Heimvertrages eine – nach der BRAGO abrechenbare – anwaltliche Tätigkeit dar,
zumindest dann, wenn es dem Anwaltsbetreuer gelingt, einzelne Formularklauseln zu ändern?

Nochmals sei an die Möglichkeit erinnert, für Kanzleiangestellte einen eigenen
Zeitbogen zu führen und den diesbezüglichen Aufwand in Rechnung zu stellen.

Die Novelle umfaßt ferner eine Neuregelung der **Fahrtkostenerstattung**. Nach dem Verweis in § 1835 I 1, 2. Hs. BGB nF. auf § 9 ZSEG werden nunmehr 0,52 DM pro gefahrenen Kilometer erstattet; aus der Begründung der Bundesregierung,
BT-Drucksache 13/7158 S. 35,
ergibt sich auch, daß dieser Satz unabhängig davon gewährt werden muß, ob der ehrenamtliche oder beruflich die Betreuung führende Betreuer Aufwendungsersatz begehrt. Beim ehrenamtlichen Betreuer ergibt sich nur die Möglichkeit der Pauschalierung nach § 1835 a BGB nF.

Im übrigen erschöpft sich die Neufassung des § 1835 BGB in der Abschaffung des Verweises auf die Verfahrensvorschriften des ZSEG, da hierfür § 56 g FGG neu geschaffen wurde und auf die Schaffung der Erlöschensnorm, wie sie auch im Bereich der Betreuervergütung Gesetz geworden ist, s.o. Obwohl der Gesetzgeber den Charakter der Aufwandserstattung gleich belassen hat (es sich also immer noch um eine kraft Gesetzes entstehende Erstattungsnorm handelt, vgl. den Verweis auf §§ 669, 670 BGB), zwingt die Erlöschensnorm nunmehr zur zügigen Geltendmachung auch beim vermögenden Betreuten!

Der Verweis auf das Auftragsrecht beinhaltet auch weiterhin die Möglichkeit des Vorschußbegehrens nach § 669 BGB und dessen Verzinsung, § 256 BGB.

IV. Übergangsfälle

47 Die Novelle tritt zum 1.1.1999 in Kraft, weshalb der Gesetzgeber glaubte, auf eine Übergangsnorm verzichten zu können.

Für Rechtsanwälte und Berufsbetreuer ergibt sich im Bereich der mittellosen Betroffenen hieraus die Notwendigkeit, zumindest zum 31.12.1998 einen Schnitt zu machen, am sinnvollsten abzurechnen, da danach neue Sätze nach dem BVormVG gelten.

Soweit Streitigkeiten über Auslegung des Gesetzes (z. B. der Verweis auf die **Verfahrens**vorschriften des ZSEG) besteht, kann die Neuregelung möglicherweise auch als günstige Auslegungshilfe benutzt werden.

Da sich die Vergütung gerade des Rechtsanwalts nach Zeitaufwand bzw. über § 1835 III BGB nach der BRAGO bemißt, sind **im Bereich der Betreuungsführung** keine weiteren Übergangsschwierigkeiten zu erwarten, anders als bei der Führung von Verfahrenspflegschaften.

V. Das neue Festsetzungsverfahren

48 Dieses war bisher in § 1836 III BGB aF. und durch Verweisung in §§ 1836 II 4, 1835 IV 2 BGB aF. im ZSEG geregelt, soweit es sich um Erstattung der Aufwendungen und der Vergütung aus der Staatskasse handelte; diese Regelungen wurden abgelöst durch den neu geschaffenen § 56 g FGG. Hierbei wird der Anwendungsbereich des § 56 g FGG, der ja im Titel »Vormundschafts- und

Familiensachen« des FGG angesiedelt wurde, für Betreuer in § 69 e FGG eröffnet, für Verfahrenspfleger eingeschränkt in §§ 67 III und 70 b I 3 FGG.

Funktionell weiterhin zuständig bleibt nach § 3 Nr. 2 a RPflG der Rechtspfleger.

1) § 56 g FGG ist zunächst anwendbar in folgenden Fällen

■ Der Betreuer oder Gegenbetreuer verlangt Aufwendungen ersetzt bzw. der Betreute begehrt Festsetzung aus der Staatskasse, § 56 g I 1 Nr. 1,1. Alt. FGG, oder zwar vom (vermögenden) Betroffenen, aber dem Betreuer ist nicht die Vermögenssorge übertragen (er kann also nicht selbst vom Konto abheben), § 56 g I 1 Nr. 1, 2.Alt. FGG.

■ Der Betreuer verlangt Vergütung, § 56 g I 1 Nr. 2 FGG.

2) Absehen der Festsetzung bei Anspruch gegen die Staatskasse, § 56 g I 4 FGG,

> vgl. hierzu Dodegge NJW 1998, 3073, 3075 f., womit das Verfahren vor dem Urkundsbeamten eröffnet wird, s. auch Hartmann, Kostengesetze, § 16 ZSEG Rn 2.

3) Darlegung der persönlichen und wirtschaftlichen Verhältnisse des Betroffenen, § 56 g II 1 FGG

4) Prüfung der Mittellosigkeit durch das Gericht, arg. e. § 56 g I 2 FGG.

5) Anhörung des Betroffenen oder des Erben gemäß § 56 g IV FGG bzw. aus Art. 103 I GG

6) Anhörung des Betreuers, Art. 103 I GG

7) Rechtsfolge:
■ Rechtsmittelfähiger Beschluß, grds. nur mit sofortiger Beschwerde angreifbar, § 56 g V FGG, wenn Wert des Beschwerdegegenstandes 300 DM übersteigt
■ Vollstreckungstitel, § 56 g VI FGG
■ ggf. Regreßfestsetzung der Staatskasse, § 56 g I 2 FGG

zu 3) Persönliche und wirtschaftliche Verhältnisse

Diese Vorschrift ist zum Teil überflüssig, zum Teil wird sie den Amtsermittlungsgrundsatz nach § 12 FGG unterlaufen zu Lasten des Betreuers.

Bei Betreuern, die die Vermögenssorge innehaben, ist die Vorschrift überflüssig, da sie im Rahmen der Berichtspflicht und Rechnungslegung, §§ 1839 ff BGB, dem Gericht hinreichende Anhaltspunkte zur Entscheidung nach § 56 g FGG geben. Auch die durch den Verweis auf § 118 II ZPO ermöglichte Glaubhaftmachung ist angesichts der grundsätzlichen Belegpflicht des § 1841 I aE. BGB überflüssig.

Soweit einem Betreuer nicht die Vermögenssorge zugewiesen ist, wird für diesen durch den Verweis auf § 118 II 2 ZPO der Amtsermittlungsgrundsatz unterlaufen:

Nunmehr muß dieser Betreuer die persönlichen und wirtschaftlichen Verhältnisse zusätzlich darlegen, um über seinen (!) Anspruch entschieden zu bekommen. Dies stellt auch eine erhebliche Ungleichbehandlung des Betreuers ohne Vermögenssorge mit denjenigem, dem dieser Aufgabenkreis zugewiesen ist, dar: Während der »Vermögenssorgende« die Abrechnung im Rahmen seiner Verpflichtungen gegenüber dem Gericht erstellt und dafür vergütet wird, muß der Betreuer ohne Vermögenssorge die nach § 56 g II 2 FGG notwendige Erklärung – da nicht mit der Betreuungsführung zusammenhängend – in der eigenen Freizeit und somit kostenlos erstellen. Die Vormundschaftsgerichte sollten schon aus diesen Gründen an die Darstellungen nach § 56 g II 1 FGG nicht zu hohe Anforderungen richten.

Dies zeigt auch § 56 g II 2 FGG, wonach bei unverhältnismäßig hohem Aufwand für die Ermittlung der wirtschaftlichen und persönlichen Verhältnisse das Gericht die Prüfung der Mittellosigkeit unterlassen kann.

Dies wird letztlich auch durch die mittelbaren Interessen des Betreuers gesichert: Mit bestandskräftiger Festsetzung der Erstattung aus der Staatskasse verliert er weitergehende Ansprüche gegen den vermögenden Betroffenen. Schon aus diesem Grund wird der Betreuer den Betroffenen nicht unbedingt armrechnen. Ist der Betroffene jedoch ein Grenzfall, nunmehr im Rahmen von §§ 1836c, d BGB nF., wird der Betreuer sicherlich – wie auch bei der zu erwartenden Übernahme von Heimkosten durch den jeweiligen Bezirk – noch unbedingt erforderliche Investitionsgüter anschaffen, die dem Wohl des Betroffenen dienen und gleichzeitig seinen Vermögensstand unter die fragliche Grenze drücken.

zu 4) Mittellosigkeit

Die grundsätzliche Notwendigkeit zur Feststellung, ob der Betroffene mittellos ist oder nicht, ergibt sich aus den mit der Festsetzung notwendigen Bestimmung der Regreßforderungen.

Die Vormundschaftsgerichte werden im Zweifel jedoch von der – eigentlich als Ausnahmevorschrift gedachten – Vorschrift des § 56 g I 3 FGG Gebrauch machen und die Rückzahlungsmodalitäten gesondert bestimmen, wenn dies zweckmäßig ist ... und das ist es eigentlich immer, da das Gericht – bei veränderten Verhältnissen – die Änderungsmöglichkeit nach §§ 56 g II 1 FGG, 120 IV 1 ZPO besitzt bei maßgeblicher Änderung der wirtschaftlichen und persönlichen Verhältnisse. Damit erspart sich das Gericht im übrigen bei Erstattung aus der Staatskasse die nach § 56 g IV 1 FGG notwendige Anhörung des Betroffenen (s. aber unten zu 5).

zu 5) Anhörung

50 Die Notwendigkeit zur Anhörung des Betreuers ergibt sich schon aus Art. 103 I GG, nachdem die Vorschrift des § 1836 III BGB aF. entfallen ist.

Nach § 56 g IV FGG »ist« der Betroffene zu hören, wenn gegen ihn Rückzahlungsansprüche der Staatskasse festgesetzt werden. Der Umkehrschluß liegt nahe, ist aber falsch.

Ist der Betroffene vermögend, ergibt sich die Anhörungspflicht entweder aus einer weiten Auslegung des § 56 g IV FGG (so daß dieser immer einschlägig ist, wenn Zahlungen des Betroffenen, sei es an die Staatskasse oder an den Betreuer, festgesetzt werden) oder aus Art. 103 I GG, da es sein Geldbeutel ist, in den ggf. sogar vollstreckt werden darf, § 56 g VI FGG!

Jedoch selbst wenn der Betroffene mittellos ist und das Vormundschaftsgericht nach § 56 g I 3 FGG zunächst davon absieht, Rückzahlungsverpflichtungen des Betroffenen festzusetzen, ergibt sich aus Art. 103 I GG die Anhörungspflicht zugunsten des Betroffenen: Zwar wird er derzeit nicht mit Zahlungspflichten belastet; wird er jedoch zu einem späteren Zeitpunkt vermögend, ist die Festsetzung der Vergütungsansprüche des Betreuers gegen die Staatskasse möglicherweise auch gegenüber dem Betroffenen ebenfalls bindend geworden zumindest dann, wenn sie diesem bekanntgemacht worden ist, die Beschwerdefrist des § 56 g V FGG also verstrichen ist.

Zu prüfen bleibt, inwieweit die Vormundschaftsgerichte bei nichtanhörungsfähigen Betroffenen von einer Verfahrenspflegerbestellung nach § 67 I 3 FGG nF. absehen werden; schon zur Vermeidung eines Regresses wird diesbezüglich die Neigung gering sein. Außerdem greift die Ausnahmevorschrift des § 67 I 3 FGG im Festsetzungsverfahren nicht, da nicht von einer – an sich erforderlichen **persönlichen** – Anhörung abgesehen werden soll (es genügt **jede** Form der Anhörung) und ein sonstiger Fall der Absehensmöglichkeit gar nicht vorliegt.

zu 7) Vollstreckungstitel und Beschwerde

Der **Festsetzungsbeschluß** stellt gemäß § 56 g VI FGG nunmehr einen Vollstreckungstitel dar (wie schon die bisherige Rechtslage in Niedersachsen); dies ist eine deutliche Verbesserung, da bisher im Einzelfall bei vermögenden Betreuten gegen diese Klage erhoben werden mußte, wobei das Streitgericht in bestimmtem Umfang an die Feststellungen des Vormundschaftsgerichts gebunden war, diese jedoch bisher mit der zeitlich unbefristeten Beschwerde anfechtbar waren.

Es ist nunmehr die **sofortige Beschwerde** das jeweils statthafte Rechtsmittel, sofern der Beschwerdewert 300 DM übersteigt oder das Gericht sie wegen der grundsätzlichen Bedeutung der Rechtssache zuläßt. Zudem ist – auch in Fällen von vermögenslosen Betroffenen anders als bisher nach § 16 II ZSEG – nunmehr auch grundsätzlich die weitere Beschwerde statthaft bei Zulassung durch das Beschwerdegericht, was einer dringend erforderlichen Rechtsvereinheitlichung gerade im Vergütungsrecht auf lange Sicht zugute kommen wird und die jeweiligen Veröffentlichungsteile in BtPrax und FamRZ schlanker erscheinen lassen werden. Zu beachten ist nämlich die ggf. eintretende Vorlagepflicht des weiteren Beschwerdegerichts nach § 28 FGG zum BGH.

> Diese sofortige Beschwerde ist im übrigen auch der statthafte Rechtsbehelf für die Festsetzung von Rückzahlungspflichten des Betroffenen nach § 56 g I 2, 3 FGG, vgl. § 56 g V FGG. Ein Betreuer, der auch den Aufgabenkreis »Vermögenssorge« zugewiesen bekommen hat, tut gut daran, zur Vermeidung eines eigenen Haftungsproblems die entsprechenden Festsetzungsbeschlüsse zu überprüfen und ggf. Rechtsmittel einzulegen. Dies wiederum wäre vergütungsfähig, treibt also insgesamt die Kosten in die Höhe und zeigt, daß die Regreßvorschriften vielleicht nicht ganz das halten, was sich die Haushaltspolitiker davon versprechen.

VI. Der Regreßanspruch der Staatskasse

52 Aus den soeben genannten Gründen soll dieser hier nur sehr kurz dargestellt werden: **Zehn Jahre** nach Ablauf des Zahlungsjahres erlischt der Rückforderungsanspruch des Staates gegen den Betroffenen; diesen schützen nur weitergehende Vermögenslosigkeit oder Tod, die Erben können die übliche Haftungsbeschränkung geltend machen, § 1836 e BGB. In der Praxis wird diese unsägliche Vorschrift auch bei vermögenslosen Betreuten dazu führen, eine Betreuung im Hinblick auf etwaige entstehende Rückforderungsansprüche nicht annehmen zu wollen, wie es heute schon aus der Erfahrung der Verfasser bei vermögenden Betroffenen oft der Fall ist.

Die Vollstreckung gegen den Betroffenen bzw. seine Erben erfolgt im Einzelfall gemäß dem neugeschaffenen § 1 I Nr. 4 b JBeitrO.

C. Die Vergütung des Verfahrenspflegers

53

I. Die Vergütung des Verfahrenspflegers nach altem Recht

54 Zunächst einmal: Gesetzlich geregelt war bisher nichts, dementsprechend kamen eine Vielzahl von Meinungen zum Tragen,

> zum Streitstand vgl. Sonnenfeld Rn 124 ff.

Entscheidend war das jeweilige Ortsrecht, welches vom jeweiligen Landgericht abhing; dies ist jetzt, allerdings zu Lasten der Praxis, **vereinheitlicht** worden. dargestellt werden soll aber auch kurz das noch geltende Recht, da eine größere Anzahl von Vorgängen am 1.1.1999 noch nicht abgewickelt sein dürften.

Fall 29:

Rechtsanwältin M aus München nahm am 1.8.1996 an 6 verschiedenen Anhörungen im Krankenhaus H bei München teil; sie war in allen Verfahren vom zuständigen Richter R als Verfahrenspflegerin bestellt worden. Im Verfahren der vermögenden Betroffenen L erging nach Anhörung ein Beschluß nach §§ 1908i, 1846 I BGB, mit welchem für die Betroffene die Unterbringung in einem psychiatrischen Krankenhaus angeordnet wurde, zugleich ein Vorsatztisch am Stuhl als Fixierungsmaßnahme.

Die Bestellung erfolgte im Rahmen des sog. Bereitschaftsdienstes des Richters im Krankenhaus; dieser bat die M dorthin, unter konkludenter Zusage, bei Vorliegen der weiteren Voraussetzungen sie zur Verfahrenspflegerin in allen an diesem Tag anfallenden Verfahren zu bestellen; sollte – was kaum vorkommt – kein Fall an diesem Tag anhängig werden, ist keinerlei Vergütung vorgesehen.

Am 5.9.1996 nahm Rechtsanwältin M an einem weiteren Anhörungstermin bezüglich der vermögenden L teil; die o.a. Maßnahmen wurden verlängert.

Welche Beträge kann sie nach bisherigem Recht, welche könnte sie nach der Novelle ab 1.1.1999 in Rechnung stellen?

Lösung 29:

1. Fahrtkosten gemäß § 28 II BRAGO

Die Fahrten am 1.8.1996 konnten an sich nicht in Rechnung gestellt werden; die Hinfahrt stellte keine Geschäftsreise dar, da sie nicht im Rahmen eines erteilten Auftrags erfolgte, die Rückfahrt war Heimfahrt und nicht Geschäftsreise. Allerdings wurde diese Fahrt nur deshalb vor einer Bestellung zum Verfahrenspfleger unternommen, weil der Richter nicht nach erster Bestellung auf den sonst noch in seiner Kanzlei wartenden Verfahrenspfleger warten wollte, unter diesem Gesichtspunkt konnten u.E. Fahrtkosten in Ansatz gebracht werden.

Im übrigen handelt es sich bei § 28 BRAGO um einen Aufwendungsersatz; angefallen waren zwei Fahrten (jeweils hin und zurück), die am 1.8. und 5.9.1996. Außerdem betraf die Fahrt am 1.8.1996 sechs Anhörungen, so daß eine Aufteilung gemäß § 29 BRAGO vorzunehmen wäre, der Einfachheit halber gleichmäßig gequotelt,

> Gerold/Schmidt § 29 BRAGO Rn 6; a.A. LG Koblenz FamRZ 1998, 112.

2. Abwesenheitsgeld gemäß § 28 III BRAGO

Für zweimalige Abwesenheit war Rechnungsstellung nach § 28 III BRAGO möglich, wobei auch hier eine Aufteilung nach § 29 BRAGO in Betracht kam.

3. Verfahrenspflegschaft im Unterbringungsverfahren

Fraglich war zunächst die Anspruchsgrundlage; das BayObLG,

> FamRZ 1996, 436 f. **[E40]**,

sprach die Vergütung aus §§ 1835 III oder 1836 I, II BGB wahlweise zu.

Damit kam man zu einer Vergütung nach § 112 BRAGO, dessen Abs. 5 ausdrücklich die Anwendbarkeit auch im Unterbringungsverfahren nach dem FGG vorsieht. Allerdings sollten nach Ansicht der Staatskasse für den Verfahrenspfleger nicht § 112 IV BRAGO gelten, sondern über §§ 1 II BRAGO, 1835 III BGB nur die §§ 112 I – III BGB. Für § 112 IV BRAGO bliebe daher nur Raum im Anwendungsbereich, wenn statt eines vom Gericht bestellten Verfahrenspflegers ein vom Betroffenen selbst bestellter Verfahrensbevollmächtigter abrechnen will; für § 112 IV BRAGO blieben die Anwendungsfälle z.B. nach FEVG.

Legte man die Mittelgebühr zugrunde, so kam man auf je eine veranschlagte Gebühr von 350 DM, die nach §§ 112 I Nr. 1 und Nr. 2 BRAGO jeweils angefallen waren, für die Anhörung bei der Verlängerung zu nach § 112 II Nr. 1 und 2 BRAGO erneut, aber zu niedrigeren Sätzen. Eine Verlängerung i.S.v. § 112 II BRAGO lag aber nach Ansicht des LG München I nicht vor bei vorangegangener vorläufiger Entscheidung im Rahmen einer einstweiligen Anordnung,

> LG München I BtPrax 1998, 119 f.

Allerdings sollte dann dies bei Bemessung der Gebühr nach § 112 I BRAGO berücksichtigt werden.

Bedenklich erschien in diesem Zusammenhang die Praxis, der Staatskasse jeweils nur die ermäßigten Sätze nach § 112 IV BRAGO, dem vermögenden Betroffenen jedoch die Normalsätze nach § 112 I, II BRAGO in Rechnung zu stellen. U.E. ist zu § 112 IV BRAGO sowohl die Meinung der Nichtanwendbarkeit wie auch der Anwendbarkeit der Vorschrift vertretbar, jedoch jeweils in beiden Richtungen: Entweder man stellte der Staatskasse 350 DM in Rechnung wie dem Betroffenen oder dem Betroffenen auch nur 200 DM wie der Staatskasse.

4. Verfahrenspflegschaft im Betreuungsverfahren

58 Der Rechtsanwalt als Verfahrenspfleger konnte hier ebenfalls nach § 1835 III BGB mit Verweis nunmehr auf § 118 BRAGO abrechnen,

> LG München I vom 8.9.1995, Az. 13 T 10529/95; a.A. LG Koblenz FamRZ 1998, 112.

Der Geschäftswert bestimmte sich hierbei nach §§ 7–9 BRAGO, 30 II KostO auf 5.000 DM und wurde vom Gericht auf Antrag so festgesetzt; in der Praxis hatte sich immer häufiger durchgesetzt, daß auf die förmliche Festsetzung verzichtet wurde, wenn von 5.000 DM ausgegangen wurde

Als Mittelgebühr konnte eine 7,5/10 Gebühr angesetzt werden, also 240 DM.

5. Postpauschale gemäß § 26 BRAGO

59 Die mehrfache Veranschlagung sollte – da mehrere Gebührentatbestände anfallen – in Ansatz gebracht werden können, auch wenn das Unterbringungsverfahren in engen Zusammenhang mit dem Betreuungsverfahren steht,

> Gerold/Schmidt § 26 BRAGO Rn 5.

6. Kombination der Gebühren im Unterbringungs- und Betreuungsverfahren

Viele Rechtsanwälte gingen bei ihrer Rechnungsstellung von folgender Überlegung aus: Hier fanden drei Verfahren statt, die ggf. einzeln abgerechnet werden konnten, nämlich ein Unterbringungsverfahren nach § 70 I 2 Nr. 1b FGG; nachdem sich die Unterbringungsmaßnahme auf §§ 1908 i I, 1846 BGB stützte, lag auch ein betreuungsrechtliches Verfahren vor nach §§ 65 ff FGG, schließlich ein weiteres Verfahren wegen der Fixierungen nach § 70 I 2 Nr. 2 FGG.

60

Diese Ansicht verstößt möglicherweise gegen § 13 BRAGO; es handelt sich hier um ein Verfahren nach § 1846 BGB, in welchem ein Beschluß gefaßt wurde mit mehreren Tenorierungspunkten; der Fall lag ähnlich wie im Strafverfahren: Der Angeklagte A klaut bei Kaufhof ein Bier, geht anschließend zum Karstadt, etikettiert dort eine Wurstkonserve mit einem billigeren Preisschild um und fährt schließlich »schwarz« mit der Straßenbahn nach Hause; A hat vier Straftatbestände verwirklicht (§§ 242; 263, 267, 52; 265 a, 53 StGB). Wird er wegen aller vier Delikte angeklagt, erhält sein Verteidiger eine Gebühr nach § 83 BRAGO.

So lag der Fall wohl auch hier; aus dem Gedanken des § 13 III BRAGO konnte nur geschlossen werden, daß der Anwalt den jeweils höheren Gebührenrahmen wählen konnte. Ging man wie die Staatskasse vom Gesetzestext aus, so war der Verfahrenspfleger ein gerichtlich beigeordneter Rechtsanwalt i.S.v. § 112 IV BRAGO; dann war die Gebühr nach Betreuungsverfahren nach § 118 BRAGO die höhere, ansonsten die nach § 112 I BRAGO.

Mit dieser Argumentation ließ sich dann auch nur einmal die Pauschale nach § 26 BRAGO rechtfertigen.

Fraglich blieb noch, ob eine weitere Handlung des Gerichts, z.B. nunmehr die Bestellung eines vorläufigen Betreuers (ohne erneute Anhörung) eine weitere Gebühr auslösen würde, z.B. eine nach § 118 BRAGO, wenn sich der Verfahrenspfleger vorher auf die Gebühr nach § 112 BRAGO beschränkte. Dies war eine Frage des Abgeltungsbereichs der Gebühr, § 13 BRAGO; zu prüfen war, was »dieselbe Angelegenheit« i.S.v. § 13 II BRAGO ist; so hatte das KG entschieden,

Fundstelle bei Gerold/Schmidt § 13 BRAGO Rn 5,

daß die Beschwerdevertretung gegen die Anordnung einer Gebrechlichkeitspflegschaft und ein ergänzendes Rechtsmittel wegen der neu angeordneten Erweiterung der Wirkungskreise dieselbe Angelegenheit betreffen.

Nach Maderts Prüfungskatalog,

Gerold/Schmidt § 13 BRAGO Rn 5,

bildete § 1846 BGB die Klammer des unterbringungsrechtlichen Verfahrens mit dem Betreuungsverfahren, so daß eine »Doppelabrechnung« nicht möglich war.

M könnte wie folgt abrechnen:

7,5/10 Geschäftsgebühr gemäß § 118 I 1 BRAGO, 1.8.96	240 DM ohne Erhöhung	350 DM, § 112 I Nr. 1 BRAGO ohne Erhöhung
7,5/10 Besprechungsgebühr gemäß § 118 I 2, BRAGO 1.8.96	240 DM ohne Erhöhung	350 DM, § 112 I Nr. 2 BRAGO ohne Erhöhung
§ 28 II BRAGO am 1.8.96, verteilt auf 6 Verfahren	3,03 DM	3,03 DM
§ 28 III BRAGO am 1.8.96 verteilt auf 6 Verfahren	5 DM	5 DM
§ 28 II BRAGO für Fahrtkosten am 5.9.96	18,20 DM	18,20 DM
§ 28 III BRAGO für Abwesenheitsgeld am 5.9.96	30 DM	30 DM
bei § 28 BRAGO unterstellt, daß keine weiteren Geschäfte am 5.9.96 erledigt wurden		
§ 26 BRAGO	40 DM	40 DM
Summe	576,23 DM	756,23 DM
USt. hierauf	92,20 DM	121,00 DM
Gesamt	**668,43 DM**	**877,23 DM**

Der linke Betrag war ggü. der Staatskasse abzurechnen, der rechte ggü. dem vermögenden Betreuten. Die Berechnung stand aber unter dem Vorbehalt der o.a. Meinung zu § 13 BRAGO, andere Meinungen wurden häufig akzeptiert. Eine Erhöhungsmöglichkeit bestand bei der ersten Gebühr im Hinblick auf die Versagung des § 112 II BRAGO, s. o.

Unbenommen blieb es dem Verfahrenspfleger ferner, nach §§ 1836 I oder II BGB die **Vergütung nach Zeitaufwand** zu berechnen; vom vermögenden Betroffenen erhielt er dabei Stundensätze wie der anwaltliche Betreuer, aus der Staatskasse im Regelfall 75 DM pro Stunde.

61 Zur zivilprozessualen Geltendmachung: Nochmals die Anspruchsgrundlage

In letzter Zeit kam es öfter vor, daß Amtsrichter aus allgemeinen Zivilreferaten eine Zahlungsklage von Verfahrenspflegern gegen vermögende Betroffene rundheraus abwiesen mangels Anspruchsgrundlage. Der Verfahrenspfleger solle sich sein Geld bei der ihn beauftragenden Staatskasse holen; das Fatale dabei war, daß in den meisten Fällen die Berufungssumme nicht erreicht wird.

Hier war wie folgt zu unterscheiden:

a) Wurde – wie im Regelfall – der Weg über **Aufwendungsersatz** gemäß § 1835 III BGB in Verbindung mit BRAGO gewählt, war materiellrechtliche Anspruchsnorm nach der Rspr. des BayObLG § 1835 III BGB (zu denken wäre im übrigen auch an GoA). Es mußte das normale zivilprozessuale Verfahren durchgeführt werden, der Amtsrichter mußte frei entscheiden.

b) Bei den vorstehend genannten Zivilrichtern wäre es dann prozeßtaktisch klüger gewesen, die **Vergütung** nach § 1836 I BGB nach Zeitaufwand zu wählen; diese wurde vom Vormundschaftsgericht festgesetzt; eine solche Entscheidung band dann das Zivilgericht hinsichtlich Anspruchsgrund und -höhe. Es konnte nur noch Erlöschensgründe prüfen (z. B. Zahlung).

Sicherheitshalber sollte aber immer in der Frist des § 15 II ZSEG Zahlung aus der Staatskasse beantragt werden, damit im Fall der Nichterweislichkeit des Vermögens des Betroffenen wenigstens die Staatskasse zahlt.

7. Verjährung

Bei der Verjährung des Gebührenanspruchs des Verfahrenspflegers (von § 15 II ZSEG abgesehen!) sollte man vorsichtshalber auch von § 196 I Nr. 15 BGB ausgehen. **62**

II. Zur Bezahlung des Verfahrenspflegers nach der Novelle ab 1.1.1999

Die Novelle hat hier zwar Vereinheitlichung gebracht, aber auch einschneidende Verschlechterungen zu Lasten der Verfahrenspfleger und der Vormundschaftsgerichte, zugunsten der Betroffenen. **63**

Nach §§ 67 III 1, 70 b I 3 FGG nF. sind die Vergütungen und Aufwendungsersatz der Verfahrenspfleger **zunächst stets aus der Staatskasse** zu bezahlen, unabhängig vom Vermögen des Betroffenen. Dies stellt eine Verbesserung für alle Verfahrensbeteiligten dar, da insbesondere dem Betroffenen bzw. seinen Angehörigen/Erben oft nicht zu vermitteln war, wieso sie für einen gerichtlich bestellten Verfahrenspfleger aufkommen sollten.

Allerdings sind die Stundensätze nach § 67 III 2 FGG nF. nunmehr ausschließlich nach dem BVormVG zu bemessen, d.h. für einen Rechtsanwalt mit **60 DM** zuzüglich Umsatzsteuer; der Rückgriff auf die BRAGO wurde versperrt durch den ausdrücklichen Nichtverweis in § 67 III FGG nF. auf § 1835 III BGB. Übersehen hat der Gesetzgeber aber § 112 IV und V BRAGO; die weitere Praxis wird zeigen, ob nicht die Flucht in die Beiordnung oder die Annahme, daß § 112 V BRAGO eine Spezialnorm zu § 1 II BRAGO darstellt, Auswege für Rechtsanwälte bereithält.

Im vorliegenden Fall muß die Rechtsanwältin daher je Fall die Stunden genau ermitteln und mit dem Stundensatz des BVormVG abrechnen, Aufwand ist im übrigen einzeln darzulegen; bei Übernahme mehrerer Pflegschaften am gleichen Tag empfiehlt sich eine Absprache mit dem Gericht, ob eine Aufteilung nach Köpfen möglich ist.

Fall 30:

Betreuer X möchte einen Grundstücksanteil des kommunikationsunfähigen Betroffenen im Wert von 10.000.000 DM verkaufen; die rechtlichen Verhältnisse am Grundstück sind – auch im Hinblick auf zahlreiche Erbgänge – verworren. Dem Vormundschaftsgericht gelingt es, Rechtsanwalt R grundsätzlich zur Übernahme der Verfahrenspflegschaft im Genehmigungsverfahren nach § 1821 BGB auch zu einem Stundensatz von 60 DM zu überreden. R erklärt seine Bereitschaft zur Übernahme, sofern ihm zusätzlich zur Vergütung die Kosten der Haftpflichtversicherung für diesen Fall erstattet werden; seine normale Anwaltshaftpflichtversicherung begrenze den Eintritt auf 1.000.000 DM, eine Höherversicherung für diesen Fall würde eine zusätzliche Versicherungssumme von 3.000 DM auslösen.

Können R diese Kosten als Aufwand der Verfahrenspflegschaft erstattet werden?

Lösung 30:

64 Vergütung und Aufwendungsersatz des Verfahrenspflegers richten sich in Zukunft über § 67 III FGG nF. nach §§ 1835 I, II, V, 1836, 1836 b I Nr. 1 BGB nF., § 1 BVormVG. U.E. zeigt die Formulierung des § 67 III FGG nF., daß dieser einen Rechtsgrund-, nicht aber einen Rechtsfolgenverweis darstellt.

Der Verweis auf § 1836 b BGB nF. zeigt, daß auch eine Pauschalierung möglich ist!

Der Verweis in § 67 III FGG zeigt im übrigen, daß Verfahrenspfleger nur dann eine Vergütung erhalten, wenn sie diese im Rahmen ihrer Berufsausübung übernehmen, quasi Berufsverfahrenspfleger (ein neues Berufsbild?) sind. Damit scheiden jedoch die Kostenerstattung für Haftpflichtversicherungsprämien nach § 1835 II 2 BGB aus, da der Verfahrenspfleger letztlich die Vergütung über § 1836 II BGB nF. erhält. Im übrigen gelten damit auch die Erlöschensnormen der §§ 1836, 1835 BGB nF.

Rechtsanwalt R wird die Verfahrenspflegschaft daher nicht übernehmen, da die zu erwartende Vergütung nicht einmal seine Kosten deckt. Der Gesetzgeber hat diese in der Praxis häufigen Fälle nicht bedacht, die Vormundschaftsgerichte werden auf diesen Problemfällen sitzen bleiben oder mit der Bestellung von Gegen- oder weiteren Betreuern reagieren müssen, zumal für 60 DM pro Stunde kein qualifizierter Rechtsanwalt bei schwierigen Rechtsgeschäften tätig werden wird.

Hat Rechtsanwalt R schon 1998 diese Verfahrenspflegschaft übernommen, wird die Geschäftsgebühr zwar nach BRAGO noch anfallen, nicht aber mehr eine Besprechungsgebühr, wenn die Anhörung z.B. erst im Jahr 1999 ansteht. Ob dann einem Entlassungsgesuch nachzukommen ist?

Das Verfahren bezüglich der Festsetzung der Verfahrenspflegerkosten richtet sich nunmehr über § 67 III FGG nach § 56 g I, V FGG. **65**

Ein Regreß der Staatskasse (die ja nach der Novelle stets gegenüber dem Verfahrenspfleger eintrittspflichtig ist) bezüglich der Verfahrenspflegerkosten findet beim Betroffenen nicht direkt über § 1836 e BGB, sondern als Auslagenersatz über §§ 93a, 128 b, 137 Nr. 16 KostO statt. **66**

§ 8 Meldepflicht des § 1908 k BGB

Im Münchner Raum kam es zu zwei Fällen, in denen Betreuer (vergütungsrecht‑ **1** lich) bis zur totalen Erschöpfung arbeiteten, der eine in einem Jahr mindestens fünf Mal 24 Stunden am Tag, im anderen Fall nur knapp weniger. Aus diesem Grund wurde – zur Vorbeugung – § 1908 k BGB geschaffen, der zum 31.3.2000 zum ersten Mal seinen Segen entfalten soll, da die Novelle erst zum 1.1.1999 in Kraft tritt.

Die Begeisterung der Betreuungsbehörden, die erhebliche zusätzliche Arbeit auf sich zukommen sehen, hält sich dann doch in Grenzen,

    zu (Un‑)Sinn dieser Regelung vgl. Walther BtPrax 1998, 125, 127.

Zudem ist die Vorschrift in Ziffer 2 des Absatzes 1 nicht kongruent mit § 1836 b BGB: Wer Betreuungen führt, die pauschaliert abgerechnet werden dürfen, ist gerade von der Führung von Zeitnachweisen in diesen Fällen befreit. Spätestens hier stellt sich auch die Frage, ob eine nach § 1908 k II 2 BGB abzugebende falsche eidesstattliche Versicherung gemäß § 156 StGB strafbar wäre. Eine solche muß nämlich gegenüber der zuständigen Behörde abgegeben werden; nach h.M. liegt aber keine Zuständigkeit vor, wenn die Erklärung rechtlich völlig wirkungslos ist,

    Dreher‑Tröndle § 156 StGB Rn 5.

»Die Vorschrift ist ein Paradebeispiel für die Schaffung neuer bürokratischer Strukturen und weitere Verkomplizierung der Betreuungsverfahren zu Lasten der überwiegenden Zahl ehrlicher und korrekter Betreuer«,

    so richtig Dodegge NJW 1998, 3073, 3076.

Ob die Vorschrift unter Gesichtspunkten des Datenschutzes oder Art. 12 GG überhaupt Bestand hat, erscheint äußerst zweifelhaft.

Die Vorschrift muß aber – insbesondere bei Nichterfüllung – dringend im Zusam‑ **2** menhang mit § 69 g I 1 aE. FGG gesehen werden (Beschwerderecht der Behörde, sachlich gestützt auf den Vorhalt, der ausgewählte Betreuer sei unzuverlässig, da er seine Verpflichtungen aus § 1908 k BGB nicht erfülle).

Sofern ein Rechtsanwalt übrigens zunächst nur eine Betreuung führt und hierfür eine Vergütung nach § 1836 III BGB erhält, stellt sich die Frage des § 203 I Nr. 3 StGB. Warum übrigens § 1908 k BGB eine Meldepflicht nur für Betreuungen, nicht auch für Vormundschaften postuliert, bleibt ein Geheimnis.

§ 9 Führung der Betreuung in der Praxis

A. Einstieg

Gerade Personen, welche sich bisher mit dem Betreuungsrecht, insbes. aber mit der Betreuungsarbeit noch nicht so sehr befaßt haben, dürften häufig Probleme damit haben, zu Beginn einer konkreten Betreuungstätigkeit den richtigen Einstieg zu finden. Gerade der Umstand, daß man ein Amt übertragen bekommen hat, welches u. a. beinhaltet, an der **Mitgestaltung des Lebens eines Menschen** mehr oder minder intensiv mitzuwirken (interessante Tätigkeit – aber auch Bürde und Verantwortung), macht es notwendig, sich möglichst schnell und umfassend in die Lebensumstände des Betreuten aber auch in alle sonstigen für die Betreuungsarbeit relevanten Umstände einzuarbeiten.

I. Wichtige Informationen

Maßgebliche Informationen sind überwiegend den Bereichen der »persönlichen Verhältnisse« und der »wirtschaftlichen Verhältnisse« des Betreuten zuzuordnen. Nachstehend sind Informationen aus diesen Bereichen aufgezählt, wobei diese Aufstellung bei der Fülle von möglichen Lebenssachverhalten, welche im Rahmen von Betreuungen zu regeln sind, natürlich nicht vollständig sein kann. Weiter ist zu berücksichtigen, daß diese Aufstellung grundsätzlicher Art ist und die Anordnung aller Aufgabenkreise unterstellt. In diesem Zusammenhang ist darauf hinzuweisen, daß unabhängig von den Aufgabenkreisen grundsätzlich alle Informationen, welche in direktem oder indirektem Zusammenhang mit dem Betreuten stehen, wichtig sind, da nur ein **bestmöglich informierter Betreuer** dem Betreuten am besten nutzen kann.

■ **Persönliche Verhältnisse**

☐ vollständiger Name
☐ Geburtsort
☐ Staatsangehörigkeit
☐ Adresse
☐ derzeitiger Aufenthalt
☐ Telefonnummer
☐ Familienstand
☐ Konfession
☐ gesundheitliche Situation des Betreuten
☐ Name und Adresse des/der behandelnden Arztes/Ärzte
☐ bereits tätige ambulante Dienste
☐ erlernter und ausgeübter Beruf

- ☐ Sterbevorsorge
- ☐ Schwerbehinderung/Schwerbehindertenausweis
- ☐ Kontaktpersonen (Name, Adresse und Telefonverbindungen von Verwandten, Freunden, Bekannten, Nachbarn, Heimmitbewohnern, Heimmitarbeitern, Ärzten usw.).
- ☐ Vergleich der Personenstandsangaben/Personenstandsurkunden des Betreuten mit den entsprechenden Eintragungen in der Vormundschaftsgerichtsakte und dem Betreuungsbeschluß sowie dem Betreuerausweis auf Richtigkeit und Übereinstimmung

4 ■ Wirtschaftliche Verhältnisse

Sollten diese Informationen im Gespräch mit dem Betreuten gewonnen werden, so ist es ratsam, diesem gegenüber alle nachstehenden Punkte einzeln aufzuzählen und ihn hierzu einzeln zu befragen, da die Fragen »welches Vermögen haben Sie?« oder »welche Einnahmen haben Sie?« den Betreuten aufgrund seiner Behinderung/Erkrankung häufig überfordern und die Befragung somit für beide Seiten zu keinem zufriedenstellenden Ergebnis führen würde.

- ☐ Einnahmen aus selbständiger und unselbständiger Tätigkeit
- ☐ Einnahmen aus Vermietung und Verpachtung
- ☐ Einnahmen aus Kapitalvermögen (z. B. Zinsen, Dividenden)
- ☐ Einnahmen aus Gewerbebetrieb
- ☐ Renten
- ☐ Pensionen
- ☐ Versorgungsbezüge
- ☐ Sozialleistungen
- ☐ Arbeitslosengeld/Arbeitslosenhilfe
- ☐ Krankengeld
- ☐ Bankvermögen/Bankverbindungen
- ☐ Immobilien (genaue Adresse, bei Eigentumswohnungen die genaue grundbuchrechtliche Nummer – Gemarkung und Flurnummer können über das jeweilige Vermessungsamt erfragt werden – Bewertungen erhält man, soweit überhaupt vorhanden, über die Gutachterausschüsse der jeweiligen Gemeinden)
- ☐ Krankenkasse/Krankenversicherung
- ☐ Vermieter
- ☐ Arbeitgeber
- ☐ Hausverwaltung
- ☐ Kostenträger des Heimaufenthaltes
- ☐ Wohngeld
- ☐ Beihilfe/Beihilfestelle
- ☐ Lebensversicherungen
- ☐ sonstige Versicherungen

- ☐ Befreiungen/Ermäßigungen
- ☐ Bausparverträge
- ☐ Kraftfahrzeuge
- ☐ Forderungen (genaue Bezeichnung der Schuldner, des Forderungsgrundes, der Restforderung usw.)
- ☐ Verbindlichkeiten (genaue Bezeichnung der Gläubiger, des Schuldgrundes, der Restverbindlichkeiten usw.)
- ☐ Aufbewahrungsort diverser Unterlagen/Dokumente/Urkunden wie z.B. Sparurkunden, Wertpapiere

II. Informationsbeschaffung

Zum Zwecke der vorstehend dargelegten Einarbeitung ist es erforderlich, sich die erforderlichen Informationen schnellstmöglich und umfassend zu beschaffen, da man Sachverhalte nur dann regeln, Entscheidungen nur dann treffen und Probleme nur dann lösen kann, wenn man die entsprechenden Kenntnisse hierzu hat. Nur dann ist es möglich, dem kranken und behinderten Menschen, der einem anvertraut ist, den größtmöglichen Nutzen zu verschaffen. Nutzen bedeutet in diesem Zusammenhang, daß einerseits alle Probleme des Betreuten einer optimalen Lösung zugeführt werden und daß dies andererseits, nachdem sich Betreuungen nicht im kostenfreien Raum bewegen, unter Berücksichtigung möglichst geringer Kosten, also mit möglichst geringem Zeitaufwand zu geschehen hat, wozu es unabdingbar ist, daß seitens des Betreuers eine rationelle Arbeitsweise stattfindet.

5

In den nachstehenden Ausführungen sind immer wieder an den jeweils relevanten Stellen **Textbausteine** eingefügt, die der Verfasser seit vielen Jahren in dieser oder ähnlicher Form verwendet. Hierzu sei folgende Bemerkung gestattet: In der täglichen Betreuungsarbeit ist es nicht nur sinnvoll, sondern unverzichtbar, mit solchen Hilfsmitteln zu arbeiten, da nur so gewährleistet ist, daß bei den jeweiligen Anfragen und Mitteilungen nichts unberücksichtigt bleibt und im übrigen unnötiger Zeitaufwand und somit unnötige Kosten (zugunsten des Betreuten) eingespart werden. Die hier veröffentlichten Textbausteine haben sich in der Praxis sehr bewährt, wobei es dem Leser jedoch unbenommen ist, die vorliegenden Textbausteine eigenen speziellen Bedürfnisse anzupassen oder neue zu entwerfen, wobei in diesem Fall die in diesem Buch enthaltenen Textbausteine zumindest als Anregung oder Vorlage ebenfalls ihren Zweck erfüllen dürften.

Nun aber zur Beantwortung der Frage, woher man die erforderlichen Informationen am besten bezieht:

- ■ Akte des Vormundschaftsgerichts
  Es hat sich bewährt, den gesamten Akteninhalt zu kopieren (mit Ausnahme selbstverständlich derjenigen Stücke, welche deutlich erkennbar keinerlei Nutzen für die künftige Betreuungstätigkeit haben können, wobei der Verfasser die Erfahrung gemacht hat, daß manchmal auch momentan unwichtig

§ 9 Führung der Betreuung in der Praxis

erscheinende Aktenstücke zu einem späteren Zeitpunkt von Wichtigkeit sein können).

- Gespräche mit dem Betreuten
Diese Gespräche dienen einerseits der Informationsgewinnung, andererseits aber auch dem wichtigen Punkt, einen persönlichen Kontakt zum Betreuten herzustellen und zu vertiefen (§ 1901 II, III BGB nF), was wiederum Voraussetzung dafür ist, daß die Betreuungsarbeit in der Zukunft in einer für beide Teile guten und angenehmen Atmosphäre verläuft. Im Rahmen des Gespräches ist es hilfreich, die beiden nachstehenden Fragebögen mitzuführen und aufgrund der Angaben und evtl. zur Verfügung stehender Unterlagen des Betreuten auszufüllen.

1. Muster: Fragebogen persönliche Daten

▼

6   *Persönliche Daten*

Betreute(r):
Name: Vorname:
Geburtsname: geboren am:
Geb.Ort: Staatsangehörigkeit:
Adresse:
derzeitiger Aufenthalt:
Telefon: Konfession:
Familienstand: – ☐ ledig – ☐ verheiratet – ☐ geschieden –
Arzt:
amb. Dienst:
Personalausweis: ausgestellt von: am:
                     Nr.:   Ablauf:
Reisepaß: ausgestellt von: am:
                     Nr.: Ablauf:
Sterbevorsorge:
Schwerbehinderung:
erlernter Beruf:
zuletzt ausgeübter Beruf:

Ehegatte:
Name: Vorname:
Geburtsname: geboren am:
Geb.Ort: Staatsangehörigkeit:
Adresse:
derzeitiger Aufenthalt:
Telefon: Konfession:

▲

2. Muster: Fragebogen wirtschaftliche Daten

M3

▼

Wirtschaftliche Daten   **7**

Nach Angaben des/der ☐ Betreuten – ☐ Herrn/Frau ▇▇▇▇ hat die/der Betreute nachstehende Einnahmen – Einkünfte – Vermögenswerte – (vertragliche) Beziehungen/Verbindungen/Mitgliedschaften mit/bei:

nein	evtl.	ja		
			Einnahmen/Einkünfte aus/von:	
☐	☐	☐	unselbständiger Tätigkeit:	
			Arbeitgeber:	▇▇▇
☐	☐	☐	Vermietung u. Verpachtung:	▇▇▇
☐	☐	☐	Kapital:	▇▇▇
☐	☐	☐	Gewerbebetrieb:	▇▇▇
			Art u. Adresse der Betriebe:	
☐	☐	☐	Renten/Pensionen/Versorgungsbezüge:	▇▇▇
			Name/Adresse der Leistungsträger:	
☐	☐	☐	Sozialleistungen:	▇▇▇
			Name/Adresse der Leistungsträger:	
☐	☐	☐	Arbeitslosengeld/Arbeitslosenhilfe:	▇▇▇
			Adresse der Leistungsträger:	
☐	☐	☐	Krankengeld:	▇▇▇
			Name/Adresse der Leistungsträger:	
☐	☐	☐	Bankverbindungen:	▇▇▇
☐	☐	☐	Immobilien:	▇▇▇
☐	☐	☐	Krankenkasse:	▇▇▇
☐	☐	☐	Krankenversicherungen:	▇▇▇
☐	☐	☐	Vermieter:	▇▇▇
☐	☐	☐	Hausverwaltung:	▇▇▇
☐	☐	☐	Heimkostenträger:	▇▇▇
☐	☐	☐	Wohngeld:	▇▇▇
☐	☐	☐	Beihilfe/Beihilfestelle:	▇▇▇
☐	☐	☐	Lebensversicherungen:	▇▇▇
☐	☐	☐	sonstige Versicherungen:	▇▇▇
☐	☐	☐	Befreiungen/Ermäßigungen:	▇▇▇
☐	☐	☐	Bausparverträge:	▇▇▇
☐	☐	☐	Kraftfahrzeuge:	▇▇▇
☐	☐	☐	Forderungen:	▇▇▇
☐	☐	☐	Verbindlichkeiten:	▇▇▇
☐	☐	☐	Sonstiges:	▇▇▇

▲

Bei dem Gespräch mit dem Betreuten sollten unbedingt auch die Daten von Personen erfragt werden, zu welchen der Betreute mehr oder minder starken Kontakt hat, da auch der Betreuer i.d.R. mit diesen Personen künftig Kontakt haben wird, so daß es zweckmäßig ist, diese Personen in dem nachstehenden Formular frühzeitig zu erfassen und dieses Formular laufend zu ergänzen und auf dem neuesten Stand zu halten (dies wird Ihnen Ihre Arbeit sehr erleichtern).

3. Muster: Adressliste von Kontaktpersonen

8

Kontaktpersonen zur Betreuung

Name	pers. Bezug	Telefon	Adresse

- Gespräche mit Personen aus dem Umfeld des Betreuten (z. B. Verwandte, Freunde, Bekannte, Nachbarn, Heimmitbewohner, Ärzte, Verfahrenspfleger usw.).

- Informationen und Unterlagen vom/aus dem Besitz des Betreuten
  Es hat sich bewährt, mit Zustimmung des Betreuten alle für die Betreuungsarbeit relevanten Unterlagen, die sich im Besitz des Betreuten befinden, mitzunehmen, damit sie für den Betreuer ständig verfügbar sind und im übrigen die Gefahr ausgeschlossen ist, daß sie irgendwann einmal »verschwinden«, da manche Betreute krankheitsbedingt keinen Unterschied machen können zwischen einer alten Tageszeitung und einem wichtigen Dokument. Sehr informativ sind auch Kontoauszüge, auch wenn sie schon älteren Datums sind, da ihnen in der Regel sehr viel Wissenswertes zu entnehmen ist (z. B. welche Renten der Betreute erhält, Rentenzeichen, Kundennummern und Aktenzeichen von diversen vertraglichen Verbindungen wie z.B. Stadtwerke, GEZ, Abonnements usw., aber auch Informationen darüber, warum manche Verwandte sich so »rührend« um den Betreuten kümmern und warum sie sich so intensiv um das Amt des Betreuers bemüht haben).

- Informationen und Unterlagen von Dritten
  Die Beschaffung von Informationen und Unterlagen von Dritten geschieht in der Regel in der Weise, daß der Betreuer sich persönlich vorstellt oder, was im Zuge einer rationellen und somit kostengünstigen Arbeitsweise vorzuziehen sein dürfte, die jeweiligen Personen und Institutionen unter Vorlage einer Kopie des Betreuerausweises anschreibt. Manchmal, wenn Informationen oder Unterlagen nicht benötigt werden, besteht der Zweck dieser Anschreiben lediglich darin, den jeweiligen Empfängern (z. B. Fernmeldeamt, GEZ, Stadtwerke) mitzuteilen, daß für den Betreuten im Rahmen des angeordneten Aufgabenkreises ein gesetzlicher Vertreter existiert und der Empfänger darauf aufmerksam gemacht wird, daß es situationsbedingt notwendig oder zumindest zweckmäßig ist, künftig die Angelegenheiten des Betreuten ausschließlich mit dem Betreuer abzuwickeln bzw. den laufenden Schriftverkehr (z. B. regelmäßig wiederkehrende Abrechnungen) an diesen zu senden.

4. Muster: Mitteilung der Betreuung

▼

Datum:

Name:
Ihr Zeichen:

Sehr geehrte Damen und Herren,

aus dem in Kopie beigefügten Betreuerausweis ergibt sich Art, Inhalt und Umfang des Amtes, welches mir vom Vormundschaftsgericht übertragen wurde. Im Rahmen der im Betreuerausweis genannten Aufgabenkreise bin ich gesetzlicher Vertreter meiner/meines Betreuten. Ich bitte Sie, dies in Ihren Unterlagen zu vermerken und künftig in Angelegenheiten, welche im Rahmen der Betreuung in meinen Aufgabenbereich fallen, ausschließlich mit mir in Verbindung zu treten.

Mit freundlichen Grüßen

▲

Weitaus häufiger sind jedoch die Fälle, in denen der Betreuer Informationen und Unterlagen benötigt und diese bei den jeweiligen Personen und Institutionen anfordern muß, was bei manchen Betreuungen zu Beginn der Betreuung zu einem immensen Arbeitsaufwand führen würden.

5. Muster: Aufforderung zur Auskunfterteilung an Bank

▼

Datum:

Name:
Anschrift:
bekannte Konten:

Sehr geehrte Damen und Herren,

aus dem in Kopie beigefügten Betreuerausweis ergibt sich Art, Inhalt und Umfang des Amtes, welches mir vom Vormundschaftsgericht übertragen wurde. Im Rahmen der im Betreuerausweis genannten Aufgabenkreise bin ich gesetzlicher Vertreter meiner/meines Betreuten. Ich bitte Sie, mir nachstehende Fragen/Unterlagen zu beantworten/zuzusenden und künftig in Angelegenheiten, welche im Rahmen der Betreuung in meinen Aufgabenbereich fallen, ausschließlich mit mir in Verbindung zu treten.
1. Ist (oder war an dem unter Ziff. 5. genannten Stichtag) mein(e) Betreute(r) Inhaber von Konten, Depots, Schließfächer oder Geschäftsguthaben, welche bei Ihnen geführt werden/wurden? Sollte dies der Fall sein, so benötige ich von Ihnen:
2. die genaue Bezeichnung mit Angaben der Nummern,
3. bei vorhandenen Sparguthaben, Depots und Geschäftsguthaben die schriftliche Mitteilung an mich, daß diese gesperrt und Verfügungen hierüber durch mich nur mit vorheriger vormundschaftsgerichtlicher Genehmigung möglich sind,
4. bei vorhandenen Sparguthaben um Mitteilung, zu welchen Konditionen (Zinssatz, Laufzeit, Kündigungsfrist usw.) diese geführt werden,

5. die Kontostände sowie Depotaufstellungen jeweils zum Stichtag ▓▓▓▓.
6. Angaben darüber, ob mein(e) Betreute(r) alleinige(r) Inhaber(in) dieser Konten, Depots u. Schließfächer ist,
7. ab sofort alle Kontoauszüge nach jedem Buchungsvorfall sowie rückwirkend alle Kontoauszüge ab dem unter Ziff. 5. dieses Schreibens genannten Stichtag,
8. bei vorhandenen Krediten und sonstigen Verbindlichkeiten
   a) Angaben darüber, wie hoch der Schuldbetrag an dem unter Ziff. 5. dieses Schreibens genannten Stichtag war,
   b) Angaben über die Höhe, Laufzeit, Zinssatz, Höhe der Rückzahlungsraten usw. sowie über den Zeitpunkt der Kreditaufnahme bzw. des Entstehens der Verbindlichkeit,
   c) eine Kopie des entsprechenden Vertrages,
   d) Angaben darüber, ob und ggf. welche Sicherheiten Ihnen gewährt wuden,
9. bei vorhandenen Daueraufträgen Angaben über den Empfänger, die Höhe der laufenden Zahlungen und wann diese jeweils erfolgen,
10. bei vorhandenen Vollmachten Angaben darüber, wofür (Art und Umfang), für wen und ab welchem Zeitpunkt die Vollmachten erteilt wurden,
11. Angaben darüber, ob und welche Pfändungen vorliegen,
12. Kopien von evtl. vorhandenen Freistellungsaufträgen.

Mit freundlichen Grüßen

▲

M7 **6. Muster: Aufforderung zur Auskunfterteilung an Krankenkassen/ Krankenversicherungen**

▼

10 ▓▓▓▓▓▓▓▓▓▓▓▓▓▓▓▓

Datum: ▓▓▓▓

Name: ▓▓▓▓
Anschrift: ▓▓▓▓
Ihr Zeichen: ▓▓▓▓

Sehr geehrte Damen und Herren,

aus dem in Kopie beigefügten Betreuerausweis ergibt sich Art, Inhalt und Umfang des Amtes, welches mir vom Vormundschaftsgericht übertragen wurde. Im Rahmen der im Betreuerausweis genannten Aufgabenkreise bin ich gesetzlicher Vertreter meiner/meines Betreuten. Ich bitte Sie, mir nachstehende Fragen zu beantworten und künftig in Angelegenheiten, welche im Rahmen der Betreuung in meinen Aufgabenbereich fallen, ausschließlich mit mir in Verbindung zu treten:

− Ist mein(e) Betreute(r) bei Ihnen versichert/Mitglied?
− Seit wann besteht die Versicherung/Mitgliedschaft (bitte Kopien der Vertragsunterlagen und Bedingungen zusenden)?
− Welche Forderungen hatten/haben Sie gegen meine(n) Betreute(n) zum Stichtag ▓▓▓▓ sowie zum heutigen Zeitpunkt (bitte entsprechende Belege und sonstige Nachweise hierüber zusenden)?
− Bei evtl. Einzugsermächtigungen, welche weiterhin Bestand haben sollen, bitte ich um Bekanntgabe des Kontos meiner/meines Betreuten, von welchem Sie die Einziehungen vornehmen.

- Existiert für meine(n) Betreute(n) die Einstufung in eine Pflegestufe (oder wurde eine solche beantragt)? Wenn ja: Um welche Pflegestufe handelt es sich und welche Leistungen hieraus werden an wen erbracht? Wenn nein: Hiermit wird beantragt, meine(n) Betreute(n) in eine Pflegestufe einzustufen und entsprechende Pflegeleistungen zu gewähren.

Mit freundlichen Grüßen

▲

7. Muster: Aufforderung zur Auskunfterteilung an Leistungsträger (wie z.B. Rententräger, Sozialamt usw.)

▼

Datum:

Name:
Adresse:
Geb.-Dat.:
Ihr Zeichen:

Sehr geehrte Damen und Herren,

aus dem in Kopie beigefügten Betreuerausweis ergibt sich Art, Inhalt und Umfang des Amtes, welches mir vom Vormundschaftsgericht übertragen wurde. Im Rahmen der im Betreuerausweis genannten Aufgabenkreise bin ich gesetzlicher Vertreter meiner/meines Betreuten. Ich bitte Sie, künftig in Angelegenheiten, welche im Rahmen der Betreuung in meinen Aufgabenbereich fallen, ausschließlich mit mir in Verbindung zu treten. Des weiteren bitte ich Sie mir mitzuteilen, welche Renten oder sonstige laufenden Leistungen mein(e) Betreute(r) von Ihnen bezieht. Ich benötige insbesondere folgende Angaben:

- derzeitige Höhe, Art und Nummer der lfd. Leistunge(n)/Rente(n);
- Datum des erstmaligen Bezuges der Rente(n)/Leistung(en);
- bei zeitlich befristeten Leistungen/Renten: Angaben darüber, wann die jeweilige Frist abläuft;
- wohin die Zahlungen überwiesen werden (Kreditinstitut, Kontonummer, Kontoinhaber);
- ob und gegebenenfalls welche Pfändungen vorliegen;

Die Auszahlungen bzw. Überweisungen sollen, vorbehaltlich einer künftigen anderen Anweisung, wie bisher ausgeführt werden.

Mit freundlichen Grüßen

▲

§ 9 Führung der Betreuung in der Praxis

8. Muster: Anforderung eines Grundbuchauszuges beim Grundbuchamt

12

Datum:

Grundbuchauszug

Sehr geehrte Damen und Herren,

aus dem in Kopie beigefügten Betreuerausweis ergibt sich Art, Inhalt und Umfang des Amtes, welches mir vom Vormundschaftsgericht übertragen wurde. Im Rahmen der im Betreuerausweis genannten Aufgabenkreise bin ich gesetzlicher Vertreter meiner/meines Betreuten. Ich bitte Sie, mir für die nachstehende Immobilie einen Grundbuchauszug zuzusenden:

Art d. Immobilie:
Straße:
Gemeinde:
Gemarkung:
Flur-Nr.:
Wohnungs-Nr.:
(ehemaliger) Eigentümer/Miteigentümer
bzw. sonstiger Berechtigter: mein(e) Betreute(r)

Mit freundlichen Grüßen

9. Muster: Auskunft über Einheitswert beim Finanzamt

13 Die Kenntnis des Einheitswertes eines Grundstücks ist u. a. auch erforderlich für die Erstellung des Anfangsvermögensverzeichnisses, wozu der Betreuer verpflichtet ist, §§ 1908 i I, 1802 I 1 BGB.

Datum:

Einheitswert

Sehr geehrte Damen und Herren,

aus dem in Kopie beigefügten Betreuerausweis ergibt sich Art, Inhalt und Umfang des Amtes, welches mir vom Vormundschaftsgericht übertragen wurde. Im Rahmen der im Betreuerausweis genannten Aufgabenkreise bin ich gesetzlicher Vertreter meiner/meines Betreuten. Ich bitte Sie, mir für

Art d. Immobilie:
Straße:

Gemeinde:
Gemarkung:
Flur-Nr.:
Wohnungs-Nr.:
Eigentümer/Miteigentümer: mein(e) Betreute(r)
- *den Einheitswert*
- *ihr Aktenzeichen*

mitzuteilen.

Mit freundlichen Grüßen

▲

10. Muster: Aufforderung zur Auskunfterteilung an Brandversicherung

▼

Datum:

Grundstückseigentümer/Versicherungsnehmer:
versichertes Grundstück:

Sehr geehrte Damen und Herren,

aus dem in Kopie beigefügten Betreuerausweis ergibt sich Art, Inhalt und Umfang des Amtes, welches mir vom Vormundschaftsgericht übertragen wurde. Im Rahmen der im Betreuerausweis genannten Aufgabenkreise bin ich gesetzlicher Vertreter meiner/meines Betreuten, weshalb ich Sie bitte, künftig in Angelegenheiten, welche im Rahmen der Betreuung in meinen Aufgabenbereich fallen, ausschließlich mit mir in Verbindung zu treten. Des weiteren bitte ich Sie, mir

- für das o.g. Objekt eine Brandversicherungsurkunde zuzusenden,
- das Baujahr des o.g. Objektes mitzuteilen,
- mitzuteilen, wann das o.g. Objekt letztmals bewertet wurde,
- mitzuteilen, welche Forderungen Sie gegenüber meiner/meinem Betreuten zum Stichtag   sowie zu heutigen Zeitpunkt hatten/haben,
- mitzuteilen, ob und von welchem Konto und bei welcher Bank Sie die Versicherungsbeiträge per Lastschrift einziehen.

Mit freundlichen Grüßen

▲

11. Muster: Aufforderung zur Auskunfterteilung an Versicherungen

▼

Datum:

Name:
Anschrift:
Ihr Zeichen/Vers.-Nr.:

Sehr geehrte Damen und Herren,

aus dem in Kopie beigefügten Betreuerausweis ergibt sich Art, Inhalt und Umfang des Amtes, welches mir vom Vormundschaftsgericht übertragen wurde. Im Rahmen der im

Betreuerausweis genannten Aufgabenkreise bin ich gesetzlicher Vertreter meiner/meines Betreuten. Ich bitte Sie, mir nachstehende Fragen zu beantworten bzw. mir nachstehende Unterlagen zuzusenden und künftig in Angelegenheiten, welche im Rahmen der Betreuung in meinen Aufgabenbereich fallen, ausschließlich mit mir in Verbindung zu treten:

- Welche Versicherungsverträge bestanden/bestehen zwischen Ihnen und meiner/meinem Betreuten (bitte Vertragsunterlagen, insbesondere Versicherungsschein und Versicherungsbedingungen zusenden)?
- Welche Forderungen hatten/haben Sie gegenüber meiner/meinem Betreuten zum Stichtag ▨▨▨ sowie zum heutigen Zeitpunkt (bitte entsprechende Belege und sonstige Nachweise hierüber zusenden)?
- Bei evtl. Einzugsermächtigungen bitte ich um Bekanntgabe des Kontos meiner/meines Betreuten, von welchem Sie die Einziehungen vornehmen.

Mit freundlichen Grüßen

▲

M13 12. Muster: Aufforderung zur Auskunfterteilung an Lebensversicherungen

▼

16

Datum:

Name:
Anschrift:
Ihr Zeichen/Vers.-Nr.:

Sehr geehrte Damen und Herren,

aus dem in Kopie beigefügten Betreuerausweis ergibt sich Art, Inhalt und Umfang des Amtes, welches mir vom Vormundschaftsgericht übertragen wurde. Im Rahmen der im Betreuerausweis genannten Aufgabenkreise bin ich gesetzlicher Vertreter meiner/meines Betreuten. Ich bitte Sie, mir nachstehende Fragen zu beantworten bzw. mir nachstehende Unterlagen zuzusenden und künftig in Angelegenheiten, welche im Rahmen der Betreuung in meinen Aufgabenbereich fallen, ausschließlich mit mir in Verbindung zu treten:

1. Welche Versicherungsverträge bestanden/bestehen zwischen Ihnen und meiner/meinem Betreuten (bitte Vertragsunterlagen, insbesondere Versicherungsschein und Versicherungsbedingungen zusenden)?
2. Welche Forderungen hatten/haben Sie gegenüber meiner/meinem Betreuten zum Stichtag ▨▨▨ sowie zum heutigen Zeitpunkt (bitte entsprechende Belege und sonstige Nachweise hierüber zusenden)?
3. Bei evtl. Einzugsermächtigungen bitte ich um Bekanntgabe des Kontos meiner/meines Betreuten, von welchem Sie die Einziehungen vornehmen.
4. Ich bitte um Mitteilung der Rückkaufswerte/Gewinnguthaben/Überschußanteile zu dem unter Ziff. 2. genannten Stichtag sowie um Mitteilung, ob und ggf. wann, in welcher Höhe und von/an wem/wen vorhandene Lebensversicherungen gepfändet/zur Sicherung abgetreten wurden.

Mit freundlichen Grüßen

▲

13. Muster: Aufforderung zur Auskunfterteilung an Bausparkassen

▼

Datum:

Name:
Anschrift:
Ihr Zeichen:

Sehr geehrte Damen und Herren,

aus dem in Kopie beigefügten Betreuerausweis ergibt sich Art, Inhalt und Umfang des Amtes, welches mir vom Vormundschaftsgericht übertragen wurde. Im Rahmen der im Betreuerausweis genannten Aufgabenkreise bin ich gesetzlicher Vertreter meiner/meines Betreuten. Ich bitte ich Sie, mir nachstehende Fragen zu beantworten bzw. mir nachstehende Unterlagen zuzusenden und künftig in Angelegenheiten, welche im Rahmen der Betreuung in meinen Aufgabenbereich fallen, ausschließlich mit mir in Verbindung zu treten:

- Welche Bausparverträge bestanden/bestehen zwischen Ihnen und meiner/meinem Betreuten (bitte Vertragsunterlagen zusenden)?
- Welche Forderungen hatten/haben Sie (z. B. aus Bauspardarlehen) oder hatte/hat mein(e) Betreute(r) (z. B. aus Bauspargutbaben) zum Stichtag   sowie zum heutigen Zeitpunkt (bitte entsprechende Belege und sonstige Nachweise hiervon zusenden)?
- Bei evtl. bestehenden Bauspargutbaben bitte ich zum Zwecke der Vorlage beim Vormundschaftsgericht um eine schriftliche Mitteilung an mich, daß diese gesperrt sind und Verfügungen hierüber durch mich nur mit vorheriger vormundschaftsgerichtlicher Genehmigung möglich sind.
- Bei evtl. Einzugsermächtigungen, welche weiterhin Bestand haben sollen, bitte ich um Bekanntgabe des Kontos, von welchem Sie die Einziehungen vornehmen.

Mit freundlichen Grüßen

▲

14. Muster: Aufforderung zur Auskunftserteilung an Finanzamt

▼

Datum:

Name:
Steuernummer:

Sehr geehrte Damen und Herren,

aus dem in Kopie beigefügten Betreuerausweis ergibt sich Art, Inhalt und Umfang des Amtes, welches mir vom Vormundschaftsgericht übertragen wurde. Im Rahmen der im Betreuerausweis genannten Aufgabenkreise bin ich gesetzlicher Vertreter meiner/meines Betreuten. Ich bitte Sie, dies in Ihren Unterlagen zu vermerken und künftig in Angelegenheiten, welche im Rahmen der Betreuung in meinen Aufgabenbereich fallen, ausschließlich mit mir in Verbindung zu treten.

Des weiteren bitte ich Sie, mir folgende Fragen zu beantworten bzw. Unterlagen zuzusenden:

- Für welche Steuerarten und/oder Einkunftsarten war mein(e) Betreute(r) bisher steuerpflichtig?
- Welche Steuererklärungen stehen derzeit noch aus?
- Welche Steuerverbindlichkeiten hatte mein(e) Betreute(r) zum Stichtag ▆▆▆▆ sowie zum heutigen Zeitpunkt (ich bitte Sie, mir entsprechende Belege und sonstige Nachweise hierüber zuzusenden)?
- Ich bitte Sie, mir von allen Steuerarten und Einkunftsarten, für die mein(e) Betreute(r) steuerpflichtig ist, Kopien der jeweils letzten Steuererklärung sowie des jeweils letzten Steuerbescheides zuzusenden.

Mit freundlichen Grüßen

M16 **15. Muster: Aufforderung zur Auskunfterteilung an behandelnden Arzt**

19

Name:
Adresse:

Datum:

Sehr geehrte Damen und Herren,

aus dem in Kopie beigefügten Betreuerausweis ergibt sich Art, Inhalt und Umfang des Amtes, welches mir vom Vormundschaftsgericht übertragen wurde. Im Rahmen der im Betreuerausweis genannten Aufgabenkreise bin ich gesetzlicher Vertreter meiner/meines Betreuten und trage somit, da zu den Aufgabenkreisen auch die Gesundheitsfürsorge gehört, u. a. für Behandlungen und Medikation die Verantwortung. Ich bitte Sie daher, mich künftig über Erkrankungen meiner/meines Betreuten sowie über maßgebliche Veränderungen des Gesundheitszustandes sofort zu informieren und, soweit mein(e) Betreute(r) die Tragweite und die Bedeutung von Behandlungsmaßnahmen und Medikationen nicht in ausreichender Weise zu erfassen vermag, vorab meine Einwilligung zu derlei Maßnahmen und Medikationen einzuholen. Des weiteren bitte ich Sie, mir mitzuteilen, welche Medikamente in welcher Form, Dosis und Häufigkeit derzeit meiner/meinem Betreuten verabreicht werden. Sollten in der Zukunft in der Medikation Änderungen erforderlich werden, so bitte ich um Benachrichtigung.

Mit freundlichen Grüßen

Fall 31:

20 Der Betreute, Herr Huber, erhält eine Altersrente. Der Betreuer, Rechtsanwalt Schulz, teilt dem Rentenversicherungsträger in einem Schreiben, welchem eine Kopie seines Betreuerausweises beigefügt ist, mit, daß er zum Betreuer von Herrn Huber bestellt worden ist. Hierauf erhält der Betreuer vom Rentenversicherungsträger ein Schreiben, in welchem er aufgefordert wird, entweder das Original oder eine notariell beglaubigte Kopie des Betreuerausweises vorzulegen, da man erst dann davon ausgehen könne, daß Rechtsanwalt Schulz tatsächlich der Betreuer von Herrn Huber sei. Rechtsanwalt Schulz möchte weder das Original des Betreuerausweises mit der Post versenden (wer weiß, ob und wann er ihn wieder erhält), noch möchte er das Vermögen des Betreuten mit Beglaubigungskosten belasten.

Lösung 31:

Der Betreuerausweis, welcher nach § 69 b II FGG ausgestellt wird, hat weder eine konstitutive Wirkung dergestalt, daß der Bestand des Amtes des Betreuers an die Existenz bzw. an den Besitz des Ausweises gekoppelt ist, noch hat er die Wirkung einer Vollmachtsurkunde gemäß § 174 BGB. Der Betreuerausweis dient lediglich dazu, daß sich der Betreuer im Rechtsverkehr ausweisen und seine Befugnisse dokumentieren kann,

> BayObLG FamRZ 1994, 1059 **[E41]** m. w. N.

Nachdem es dem Rentenversicherungsträger nach eigenen Angaben speziell darauf ankommt, Gewißheit darüber zu erhalten, ob Rechtsanwalt Schulz tatsächlich Betreuer von Herrn Huber ist, kann sich der Rentenversicherungsträger letztlich nur dadurch Klarheit verschaffen, daß er sich die entsprechende Information direkt vom Vormundschaftsgericht holt.

16. Muster: Nachweis der Betreuereigenschaft

Datum:

Name:
Ihr Zeichen:
Ihr Schreiben vom

Sehr geehrte Damen und Herren,

bezugnehmend auf Ihr vorbezeichnetes Schreiben teile ich Ihnen mit, daß ich Ihnen bereits eine Kopie meines Betreuerausweises zugesandt habe. Ihrem Schreiben entnehme ich, daß Sie davon ausgehen, daß Sie durch die Beglaubigung der Kopie meines Betreuerausweises oder durch die Zusendung des Originals einen Nachweis dafür zu haben glauben, daß ich tatsächlich zum Betreuer der o.g. Person bestellt worden bin und daß sowohl die Betreuung als auch mein Amt als Betreuer derzeit noch bestehen. Hierzu ist festzustellen, daß weder die Beglaubigung der Kopie des Betreuerausweises noch die Vorlage des Originals einen solchen Nachweis darstellen, da der Betreuerausweis weder eine konstitutive Wirkung noch die Wirkung einer Vollmachtsurkunde nach § 174 BGB hat (vgl. Bassenge/Herbst, FGG/RPflG, 6. Aufl., § 69 b FGG Anm. 3; Keidel/Kuntze, aaO, § 69 b Rn 7; BayObLG, Beschluß v. 17.3.1994, Az. 3Z BR 293/93). Sollten Sie sich also von dem Bestand und dem Inhalt meines Amtes, wie es sich aus der Ihnen vorliegenden Kopie meines Betreuerausweises ergibt, wirklich überzeugen wollen, so kann dies lediglich durch eine Einsicht in die Vormundschaftsgerichtsakte oder durch eine entsprechende Anfrage an das Vormundschaftsgericht geschehen.

Mit freundlichen Grüßen

III. Dringende Maßnahmen
Fall 32:

22 Rechtsanwalt Schulz wird zum Betreuer für Frau Meier bestellt. Die Betreuung umfaßt alle Angelegenheiten, einschließlich Postangelegenheiten. Rechtsanwalt Schulz nimmt anläßlich der Verpflichtung Einsicht in die Vormundschaftsgerichtsakte und stellt fest, daß die Betreuung vom Krankenhaus XY, in welchem sich die Betroffene seit einiger Zeit in stationärer Behandlung befindet, angeregt wurde. Das Krankenhaus teilte dem Vormundschaftsgericht mit, daß die Betroffene nach einem Schlaganfall, welcher sich auf der Straße ereignet habe, vom Notarzt in das Krankenhaus gebracht worden sei, seither äußerst verwirrt sei, nicht wisse, wo sie wohne und daß keinerlei Papiere bei ihr gefunden worden seien, welche Aufschluß über ihre persönlichen und wirtschaftlichen Verhältnisse geben würden. An eine Rückkehr nach Hause sei nicht mehr zu denken, da die Betroffene 24 Stunden am Tag Pflege und Aufsicht bedarf. Weiter teilte das Krankenhaus mit, daß die Betroffene nicht mehr im Krankenhaus behandelt werden müsse, sie sei mittlerweile ein Pflegefall. Es müsse daher möglichst schnell ein Heimplatz gefunden werden. Über die Existenz von Verwandten, Freunden oder Bekannten sowie über die Vermögensverhältnisse der Betroffenen sei nichts bekannt.

Mit Ausnahme des in der Vormundschaftsgerichtsakte befindlichen Gerichtsgutachtens sind keine weiteren verwertbaren Informationen vorhanden.

Unmittelbar nach seiner Verpflichtung zum Betreuer begibt sich Rechtsanwalt Schulz in das Krankenhaus. Die Situation stellt sich für ihn so dar, wie es das Krankenhaus dem Vormundschaftsgericht geschildert hat. Ein sachbezogenes Gespräch mit der Betreuten über ihre persönlichen und wirtschaftlichen Verhältnisse ist in keiner Weise möglich. Der Stationsarzt weist nochmals darauf hin, daß für die Betreute unverzüglich ein Heimplatz gefunden werden müsse, da die Betreute einerseits nicht mehr im Krankenhaus bleiben könne, da sie nur noch ein Pflegefall sei, andererseits aber aufgrund ihres hilflosen Zustandes nicht alleine nach Hause entlassen werden könne oder für den Fall, daß man die Betroffene nach Hause entließe, diese 24 Stunden täglich von einem hierfür geschulten Personal gepflegt und beaufsichtigt werden müsse. Weiter erklärte der Stationsarzt, daß es dem Sozialdienst des Krankenhauses nicht möglich gewesen sei, herauszufinden, ob und ggf. wo die Betreute krankenversichert ist. Im Rahmen des Gespräches erwähnt der Stationsarzt, daß es bei den Patientenunterlagen zwar keinerlei Hinweise auf irgendwelche nahestehenden Personen der Betreuten gäbe, daß ihm aber die Stationsschwester berichtet habe, daß vor einigen Tagen ein jüngerer Herr die Betreute besucht und ihr offensichtlich etwas zum Unterschreiben gegeben habe. Genaueres konnte die Stationsschwester hierzu nicht sagen, da, als sie diesen Vorgang beobachtete, der jüngere Herr die Unterlagen eingepackt und die Station hastig verlassen habe. Die Stationsschwester sei nicht in der Lage, definitiv zu bestätigen, ob und ggf. was die Betreute unterschrieben oder geschrieben habe, es sei lediglich ihr Eindruck gewesen. Was ist zu tun?

Lösung 32:

Gemäß § 1901 II 1 BGB nF. hat der Betreuer die Angelegenheiten des Betreuten so zu besorgen, wie es dessen Wohl entspricht. Hierzu gehört u. a., alles Erforderliche zu veranlassen, um einen drohenden Vermögensschaden zu vermeiden, wobei der Betreuer selbstverständlich auch abstrakten Gefahrensituationen mit geeigneten Maßnahmen und in geeigneter Weise entgegenzutreten hat

Wenn man die zahlreichen Problembereiche, die sich im vorliegenden Fall eröffnen, durchdenkt, so ist man gut beraten, wenn man zum Wohle und im Interesse der Betreuten von der für sie theoretisch ungünstigsten Sachverhaltskonstellation ausgeht. Im konkreten Fall bedeutet dies folgendes:

Der Betreuer sollte vorsichtshalber davon ausgehen, daß die Betreute entsprechend der Vermutung der Stationsschwester auf Veranlassung des »jungen Herrn« eine Unterschrift geleistet hat. Weiter sollte aus Gründen der Vorsicht davon ausgegangen werden, daß die Betreute nicht eine Geburtstagskarte unterschrieben hat, sondern daß sich der »junge Herr« eine Vollmacht einer Geschäftsunfähigen erschlichen hat und daß es sich hierbei um eine Bankvollmacht oder sogar um eine Generalvollmacht handeln könnte. Nachdem nicht auszuschließen ist, daß die Betreute vermögend ist, besteht die Gefahr, daß der »junge Herr« die Vollmacht mißbraucht und z.B. Konten der Betreuten plündert oder sonstige für die Betreute schädliche Vermögensverfügungen vornimmt. Derlei Vorkommnisse sind in der Praxis leider nicht selten. Im vorliegenden Fall wäre es daher dringend angezeigt, daß Rechtsanwalt Schulz zumindest alle Banken in der Stadt/Gemeinde und Umgebung, in welcher sich der Vorfall abspielt, anschreibt, alle bestehenden Vollmachten widerruft und den Banken mitteilt, daß nicht auszuschließen ist, daß sich Dritte bei der geschäftsunfähigen Betreuten Vollmachten erschlichen haben (bezüglich einer evtl. Bankverbindung besteht z.B. in Bayern die Möglichkeit, den Bayerischen Bankenverband, Kaufingerstr. 24, 80331 München, um Auskunft zu bitten). 23

Eine völlig andere Einschätzung der Vermögenssituation der Betreuten ist vorzunehmen, wenn man an die Finanzierung der bisherigen und künftigen Krankenhauskosten sowie an die Kosten eines künftigen Heimaufenthaltes denkt. Solange keine anderen Informationen vorliegen, sollte bzgl. dieser Frage davon ausgegangen werden, daß die Betreute einerseits mittellos und andererseits nicht krankenversichert ist. Wäre dies der Fall, so würde das bedeuten, daß die Betreute für die Kosten des stationären Krankenhausaufenthaltes selbst aufkommen muß und daß ihr hierdurch, da sie kein Vermögen besitzt, bisher erhebliche Verbindlichkeiten entstanden sind und auch weiterhin entstehen werden. 24

In diesem Zusammenhang ist **dringend zu beachten**, daß die Gewährung von Sozialhilfe davon abhängt, daß die Notlage dem Sozialhilfeträger oder den von ihm 25 beauftragten Stellen (z. B. Verbände der freien Wohlfahrtspflege) bekannt wird (§ 5 BSHG). »Bekanntwerden« i. S.d. § 5 BSHG bedeutet, daß die Notwendigkeit der Hilfe dargetan oder irgendwie anders erkennbar ist,

Schellhorn/Jirasek/Seipp, § 5 BSHG Rn 5.

Dies kann z.B. durch Hinweise Dritter, durch persönliche Vorsprache, durch fernmündliche(n) oder schriftliche(n) Mitteilung/Antrag geschehen, wobei selbstverständlich aus Gründen der Sorgfaltspflicht und einer evtl. Schadenersatzpflicht des Betreuers darauf zu achten ist, daß für die Bekanntgabe ein Nachweis erbracht werden kann.

Rechtsanwalt Schulz sollte daher unverzüglich, d.h. im vorliegenden Fall am selben Tag, bei dem zuständigen Sozialhilfeträger in nachweisbarer Art einen (evtl. formlosen) Antrag auf Übernahme der Krankenhauskosten stellen. Zwar wird Sozialhilfe nur dann gewährt, wenn beim Antragsteller gewisse Voraussetzungen vorliegen (z. B. eine im Sozialhilferecht näher geregelte Bedürftigkeit) und wenn der Antragsteller dies der Sozialbehörde in entsprechender Weise darlegt bzw. nachweist, doch können solche Darlegungen und Nachweise auch nachträglich vorgebracht/geführt werden. Sollte sich im Rahmen der vom Betreuer noch vorzunehmenden Vermögensermittlung herausstellen, daß der Betreute tatsächlich bedürftig im Sinne des Sozialhilferechts ist, so können diese Informationen daher ohne weiteres nachgereicht werden. Sollte sich das Gegenteil herausstellen, so ist dies unschädlich, da dann der vorab gestellte Sozialhilfeantrag ohne weiteres zurückgenommen werden kann.

Bei dem o.g. Gespräch mit dem Stationsarzt und dem Betreuten hat sich Rechtsanwalt Schulz davon überzeugt, daß die Einschätzung des Krankenhauses, nämlich daß der Betreute schnellstens in ein Heim verlegt werden muß, der Richtigkeit entspricht. Als weitere eilige Maßnahme obliegt es daher dem Betreuer, einen Heimplatz zu suchen. In diesem Zusammenhang hat der Betreuer darauf zu achten, daß er, sobald ein Heimplatz gefunden ist und der Zeitpunkt der Heimverlegung feststeht, rechtzeitig (also unter Berücksichtigung der vorstehenden Ausführungen) einen Sozialhilfeantrag auf Übernahme der Heimkosten sowie weitere Sozialleistungen stellt.

26 Nachdem krankheitsbedingt beim Betreuten eine Erwerbsunfähigkeit/Berufsunfähigkeit vorliegt und nachdem zumindest die theoretische Möglichkeit besteht, daß der Betreute einen Anspruch auf Gewährung einer Berufsunfähigkeits-/Erwerbsunfähigkeitsrente hat, sollte Rechtsanwalt Schulz auch diesbezüglich einen entsprechenden (evtl. formlosen) Antrag stellen. Nachdem ihm nicht bekannt ist, ob und bei welchem Rentenversicherungsträger der Betreute versichert war/ist, sollte Rechtsanwalt Schulz rein vorsorglich diesen Antrag sowohl an die BfA Berlin als auch an die zuständige Landesversicherungsanstalt senden und im Rahmen dieses Antrages zugleich bitten zu überprüfen, ob der Betreute bei dem jeweiligen Adressaten versichert war/ist und für den positiven Fall den

Rentenversicherungsträger bitten, dem Betreuer einen Versicherungsverlauf zuzusenden. Über den Rentenversicherungsträger bzw. über die auszahlende Stelle (Postrentendienstzentrum) sollte Rechtsanwalt Schulz schließlich auch versuchen, in Erfahrung zu bringen, ob und ggf. wo der Betreute krankenversichert ist.

Als letzte Sofortmaßnahme sollte Rechtsanwalt Schulz, sobald er die Adresse **27** seines Betreuten ermittelt hat, einen Postnachsendeauftrag an das Postamt senden, da in der Regel über die eingehende Post u. a. wichtige Informationen über die persönlichen und wirtschaftlichen Verhältnisse einer Person zu erhalten sind.

Wie der vorstehende Fall zeigt, ist es manchmal notwendig, bereits vor einer **28** genauen Sachverhaltsaufklärung sehr schnell und sehr gezielt zu handeln, um drohenden Schaden vom Betreuten (aber auch von sich selbst, wenn man in diesem Zusammenhang an eine evtl. Schadenersatzpflicht denkt) abzuwenden. Als Sofortmaßnahmen kommen i.d.R. insbesondere in Betracht

- im persönlichen Bereich:
  ☐ Anordnung/Genehmigung einer dringenden medizinischen Maßnahme
  ☐ Durchführung einer Unterbringung
  ☐ Durchführung einer Heimverlegung

- im Vermögensbereich:
  ☐ (vorsorgliche) Beantragung von Leistungen und Vergünstigungen aller Art, deren Gewährung entweder von einem Antrag beim Leistungsträger oder von dem Bekanntwerden gewisser Umstände beim Leistungsträger abhängt
  ☐ (vorsorgliche) Beantragung der Aufnahme als freiwilliges Mitglied bei der Krankenkasse (3-Monatsfrist beachten)
  ☐ Abschluß einer Privathaftpflichtversicherung/Haushaftpflichtversicherung/ Gebäudeversicherung
  ☐ Postnachsendeauftrag
  ☐ (vorsorglicher) Widerruf von (Bank-)Vollmachten
  ☐ ein unbewohntes Haus »winterfest« machen (Stichwort: Wasserleitungen)
  ☐ Räum- und Streudienst organisieren
  ☐ Haustiere versorgen (nachdem ein Haustier rechtlich gesehen eine Sache ist, unterliegt dies dem Aufgabenkreis »Vermögenssorge« – im übrigen stellt diese Versorgung auch ohne den entsprechenden Aufgabenkreis eine Selbstverständlichkeit dar)

Der vorstehende Fall zeigt, daß ein Betreuer sehr schnell in die Haftung geraten kann, selbst bei nur relativ geringfügiger Unaufmerksamkeit. Hier darf auf eine ausreichende Haftpflichtversicherung und auf §§ 1908 i I, 1835 II BGB hingewiesen werden.

IV. Weitere Maßnahmen

1. Beantragung von Leistungen etc.

29 Nach durchgeführter Informationsbeschaffung können dann weitere erforderliche Maßnahmen getroffen werden. Es handelt sich hier z.B. um mittel- und langfristige Planungen im Rahmen der angeordneten Aufgabenkreise. Hierzu sind in der Regel noch weitere Gespräche/Verhandlungen mit dem Betreuten sowie mit Dritten zu führen, wobei nun die bisher eingegangenen Informationen als Gesprächsgrundlage dienen können. Des weiteren sind die vorstehend genannten »Eilanträge« noch näher zu begründen bzw. zu bearbeiten. Schließlich sind, nachdem nun entsprechende genaue Kenntnisse vorliegen, weitere Leistungen/Vergünstigungen/Befreiungen zu beantragen wie z.B.:

- Arbeitslosengeld/Arbeitslosenhilfe
- Beihilfe
- Befreiung von der Zuzahlung zu Medikamenten
- Erziehungsgeld
- Freifahrtberechtigung für Schwerbehinderte
- Freistellungsaufträge für Banken usw.
- Kindergeld/Kinderzuschuß
- Krankengeld
- Pflegegeld/Pflegeleistungen
- Renten, Pensionen, Versorgungsbezüge (z. B. Altersrente, Erwerbsunfähigkeitsrente, Berufsunfähigkeitsrente, Unfallrente, Witwenrente, Waisenrente, Betriebsrente, Kriegsschadensrente usw.)
- Rundfunkgebührenermäßigung/-befreiung
- Schwerbehindertenausweis/Feststellung der Schwerbehinderung
- Sozialhilfe und so. Sozialleistungen aller Art
- Telefongebührenermäßigung/-befreiung
- Unterhalt jeglicher Art
- Wohngeld
- Zivilblindengeld

2. Muster: Checkliste zur Überprüfung von Leistungen etc.

M18

▼

Checkliste zur Überprüfung von Leistungen, welche evtl. zu beantragen sind 30

Betreuung

Leistungsvor-aussetzungen liegen vor: nein	ja/ evtl.	Leistung beantragt:	Leistungsart:
☐	☐	☐	Altersrente
☐	☐	☐	Arbeitslosengeld
☐	☐	☐	Arbeitslosenhilfe
☐	☐	☐	Befreiung von der Zuzahlung zu Medikamenten
☐	☐	☐	Befreiung von Kontoführungsgebühren
☐	☐	☐	Berufsunfähigkeitsrente
☐	☐	☐	Erwerbsunfähigkeitsrente
☐	☐	☐	Erziehungsgeld
☐	☐	☐	Freifahrtberechtigung für Schwerbehinderte
☐	☐	☐	Freistellungsauftrag bei Kreditinstituten
☐	☐	☐	Kindergeld bzw. Kindergeldzuschuß
☐	☐	☐	Krankengeld
☐	☐	☐	Kriegsschadenrente
☐	☐	☐	Pension
☐	☐	☐	Pflegegeld
☐	☐	☐	Rundfunkgebührenermäßigung
☐	☐	☐	Sozialhilfe
☐	☐	☐	Telefongebührenermäßigung
☐	☐	☐	Unterhaltsanspruch
☐	☐	☐	Versorgungsrente
☐	☐	☐	Waisenrente
☐	☐	☐	Witwenrente
☐	☐	☐	Wohngeld
☐	☐	☐	Zivilblindengeld
☐	☐	☐	Zusatzrente
☐	☐	☐	
☐	☐	☐	
☐	☐	☐	

▲

3. Sonstige Maßnahmen

Weiter sind evtl., je nach den angeordneten Aufgabenkreisen und je nach konkretem Bedarf, nachstehende Maßnahmen zu treffen, soweit sie nicht bereits vorher als Eilmaßnahme getroffen worden sind:

- ▪ lfd. Überwachung/Kontrolle der gesundheitlichen Verhältnisse des Betreuten (unter evtl. Einbindung dritter Personen wie z.B. Ärzte, Pflegepersonal, Freunde, Verwandte usw. als wichtige Informanten)
- ▪ finanzielle Versorgung des Betreuten mit Lebenshaltungskosten, Taschengeld usw.

- Vollmachtswiderruf
- effiziente Geldanlage
- Zusammenführung von Konten, Depots usw. zum Zwecke einer rationelleren und somit kostengünstigeren Vermögensverwaltung
- Aushandeln günstiger Bankgebühren und höherer Verzinsung
- evtl. Lastschriftermächtigungen/Daueraufträge erteilen/einrichten
- evtl. An-/Ab-/Ummeldung beim Einwohnermeldeamt
- steuerliche Angelegenheiten in Ordnung bringen
- Versicherungsschutz überprüfen / vervollständigen
- überprüfen, ob und ggf. welche Schenkungen/Nießbrauchsvereinbarungen/ Darlehensverträge der Betreute in der Vergangenheit gemacht/abgeschlossen hat, einschließlich der Geltendmachung von Rechten des Betreuten aus diesen Rechtsgeschäften
- Fristen überwachen (entsprechende Wiedervorlagen veranlassen) wie z.B.:
- Ablauf von Leistungen, Vergünstigungen, Befreiungen
- Betreuungsablauf
- Unterbringungsablauf
- Inhalt vorhandener Testamente überprüfen (hieraus können sich Indizien und Hinweise ergeben, die für die Betreuungsarbeit wichtig sein können, z.B. wer – zumindest zum Zeitpunkt der Abfassung des Testamentes – eine Vertrauensperson oder bevorzugte Person des Betreuten war, wenn mit dem Betreuten selbst hierüber nicht mehr gesprochen werden kann, oder wo in diesem Zusammenhang evtl. Interessenskollisionen oder Ursachen für manchmal unerklärliche Verhaltensweisen diverser Personen liegen).

Die vorstehende Aufzählung enthält nur einige immer wiederkehrende Maßnahmen und ist selbstverständlich nicht vollständig.

B. Typische Sachverhalte

I. Aufgabenkreise – Befugnis und Beschränkung zugleich

1. Grundlagen

31 § 1896 II 1 BGB stellt klar, daß ein Betreuer nur für **solche Aufgabenkreise** bestellt werden darf, in denen die Betreuung **erforderlich** ist. Nach seiner Bestellung vertritt der Betreuer den Betreuten in seinem Aufgabenkreis gerichtlich und außergerichtlich, wobei die Betreuung alle Tätigkeiten umfaßt, die erforderlich sind, um die Angelegenheiten des Betreuten nach Maßgabe der §§ 1901 ff. BGB **rechtlich** zu besorgen (§§ 1901 I BGB nF., 1902 BGB).

Schwierigkeiten ergeben sich in der Praxis häufig sowohl mit der genauen Formulierung als auch mit der genauen Definition des Inhalts eines Aufgabenkreises und damit verbunden mit seiner Abgrenzbarkeit einerseits sowie mit dem damit im Zusammenhang stehenden Problem, welche Aufgabenkreise erforderlich aber auch ausreichend sind, um die Interessen des Betreuten bestmöglich wahrnehmen zu können, immer aber unter Berücksichtigung dessen, daß seine Freiheitsrechte und somit sein Selbstbestimmungsrecht nur soweit tangiert werden darf, als dies unbedingt erforderlich ist (Stichwort: Erforderlichkeitsgrundsatz, Verhältnismäßigkeitsprinzip). Oftmals besteht hier ein Spannungsverhältnis zwischen Theorie und Praxis.

Stellvertretend für alle übrigen möglichen Aufgabenkreise, welche grundsätzlich **frei definierbar** und den jeweiligen Umständen anzupassen sind, wird die vorstehende Thematik in den folgenden vier Fällen anhand spezieller Probleme im Rahmen der Aufgabenkreise »Wohnungsangelegenheiten«, »Aufenthaltsbestimmung« und »Postangelegenheiten« näher beschrieben.

Fall 33:

Der Vermieter V stellt fest, daß sich Herr Huber, sein langjähriger Mieter, bereits seit einiger Zeit in einem Heim befindet, wohin ihn Verwandte gebracht haben, nachdem er aufgrund eines Schlaganfalles geschäftsunfähig und rund um die Uhr pflegebedürftig geworden und somit ein Verbleiben in seiner Wohnung nicht mehr möglich war. V würde die Wohnung gerne neu vermieten, was jedoch voraussetzt, daß das Mietverhältnis zwischen ihm und Herrn Huber beendet wird. Erkundigungen von V haben ergeben, daß Herr Huber keinerlei Vollmachten erteilt hat, die es einem Dritten ermöglichen, ihn in dieser Angelegenheit zu vertreten. Des weiteren mußte V feststellen, daß die Wohnung, nachdem sich Herr Huber offensichtlich in den letzten Monaten vor seiner Heimverlegung nicht mehr ordnungsgemäß versorgen konnte, gewisse Verwahrlosungstendenzen aufweist. V möchte daher das Mietverhältnis so schnell wie möglich beenden. Da V zwei Semester Jura studiert hat, kennt er § 131 I BGB und beantragt beim Vormundschaftsgericht die Anordnung einer Betreuung mit den notwendigen Aufgabenkreisen. Unter Beachtung der hierzu erforderlichen Maßnahmen und Vorschriften ordnet das Vormundschaftsgericht eine Betreuung mit dem Aufgabenkreis »Wohnungsangelegenheiten« an und fragt bei Herrn Rechtsanwalt Schulz, der dem Vormundschaftsgericht als Berufsbetreuer und als Spezialist in Mietrechtsangelegenheiten bekannt ist, an, ob er bereit wäre, das Amt des Betreuers zu übernehmen. Wie wird sich dieser entscheiden?

Lösung 33:

Es stellt sich vorab die allgemeine Frage, ob die Anordnung einer Betreuung im Interesse eines Dritten überhaupt möglich ist. Die Anordnung einer Betreuung setzt grundsätzlich ein Fürsorgebedürfnis seitens des Betroffenen voraus, doch muß es die Möglichkeit geben, daß, wenn das materielle Recht Ansprüche und andere Rechte eröffnet, diese auch gegen einen Geschäftsunfähigen geltend gemacht werden können,

BGH FamRZ 1985, 276.

Einhellig ist daher in der Literatur sowie in der überwiegenden Rechtsprechung anerkannt, daß in Ausnahmefällen eine Betreuung auch im ausschließlichen Interesse eines Dritten angeordnet werden darf, wenn die Geltendmachung von Rechten gegen den Betroffenen infrage steht und der Dritte daran, ohne die Bestellung eines Betreuers, wegen vorhandener Geschäftsunfähigkeit des Betroffenen gehindert wäre,

> hierzu BT-Drucksache 11/4528 S. 117f.; BayObLG FamRZ 1996, 1369 m. w. N.; Schwab FamRZ 1992, 494; a.A. LG Regensburg FamRZ 1993, 476.

Doch nun zu der Frage, wie sich Rechtsanwalt Schulz entscheiden wird:
Es kommt in der Praxis immer wieder vor, daß Aufgabenkreise unter Berücksichtigung der Freiheits- und Selbstbestimmungsrechte des Betroffenen so eng gefaßt werden, daß für ihn nur sehr eingeschränkt gehandelt werden kann und daher seine Interessen nur sehr begrenzt wahrgenommen werden können, was dazu führen kann, daß dadurch dem Betroffenen in manchen Fällen evtl. sogar ein Schaden erwächst. Mit dem im vorliegenden Fall angeordneten Aufgabenkreis »Wohnungsangelegenheiten« wird den Interessen und Bedürfnissen des Betreuten keinesfalls ausreichend Rechnung getragen. Der Grund hierfür besteht darin, daß es im vorliegenden Fall nicht ausreicht, lediglich jemanden zu bestellen, welcher für den Zugang einer Kündigung oder für den Abschluß eines Aufhebungsvertrages zuständig ist; es besteht seitens des Betreuten auch ein erhebliches wirtschaftliches Interesse daran, daß an die Folgen der Beendigung des Mietverhältnisses gedacht und diese ordnungsgemäß abgewickelt werden. Hierzu gehören Maßnahmen wie z.B. die Räumung und Renovierung der Wohnung sowie die Entscheidung über den Verbleib des Hausrates (Entsorgung, Veräußerung, Einlagerung usw.). Derlei Maßnahmen müssen in der Regel von Dritten durchgeführt werden, wozu es nötig ist, daß mit diesen Verträge geschlossen werden, im Rahmen derer üblicherweise eine Bezahlung vereinbart wird. Sowohl unter zivilrechtlichen als auch unter strafrechtlichen Gesichtspunkten empfiehlt es sich, solche Vereinbarungen nur zu schließen, wenn auch gewährleistet ist, daß der Betreute über ausreichendes Vermögen verfügt, um die jeweils eingegangenen Verbindlichkeiten zu erfüllen (Stichwort: Eingehungsbetrug). Selbst wenn der Abschluß der vorbezeichneten Verträge noch unter dem Aufgabenkreis »Wohnungsangelegenheiten« zu subsumieren wäre (was fraglich ist), so müßte der Betreuer die Vertragspartner vor Abschluß des Vertrages darauf hinweisen, daß ihm nicht bekannt ist, ob der Betreute ausreichendes Vermögen besitzt, um seinen Zahlungsverpflichtungen nachzukommen bzw. daß, falls tatsächlich ausreichendes Vermögen vorhanden sein sollte, eine Bezahlung nicht erfolgen kann, weil der Betreute in eigener Person hierzu nicht in der Lage ist und Dritte hierzu nicht befugt sind.

Selbst wenn das Gericht daran denken würde, dem geschäftsunfähigen und zu einer Auskunft nicht mehr fähigen Betroffenen einen Betreuer nur mit dem Aufgabenkreis »Wohnungsangelegenheiten« deshalb zur Seite zu stellen, um ausschließlich den rechtlichen Bereich des Mietverhältnisses abzuwickeln, so würde auch dies zu keinem befriedigenden Ergebnis führen, da zu bedenken ist, daß der nicht seltene Fall eintreten kann, daß es anläßlich der Auflösung des Mietverhältnisses zwischen Mieter und Vermieter zu Unstimmigkeiten kommt, welche gerichtlich ausgetragen werden müssen. Ein Rechtsanwalts-Betreuer wäre dann zwar ausreichend legitimiert, den Betreuten in einem solchen Rechtsstreit zu vertreten, wegen der fehlenden Auskunftsfähigkeit seines Betreuten wäre er jedoch nicht in der Lage, seinen anwaltlichen Pflichten insofern nachzukommen, als er normalerweise festzustellen hat, ob der Betreute Anspruch auf Prozeßkostenhilfe hat.

Die vorstehenden Ausführungen zeigen, daß es für den Betroffenen wenig hilfreich ist und ihm mit großer Wahrscheinlichkeit sogar Schaden zufügen wird, wenn für ihn nur eine Betreuung mit dem Aufgabenkreis »Wohnungsangelegenheiten« angeordnet wird. Im vorliegenden Fall ist es daher notwendig, zusätzlich auch den Aufgabenkreis »Vermögenssorge« anzuordnen. Ob und unter welchen Umständen und in welchem Umfang nach Abschluß der Wohnungsangelegenheiten dieser Aufgabenkreis eingeschränkt oder aufgehoben werden kann, ist Frage des Einzelfalles und soll hier nicht näher erörtert werden.

Rechtsanwalt Schulz wird das Gericht auf die vorstehende Problematik hinweisen und die Erweiterung der Betreuung um den Aufgabenkreis »Vermögenssorge« anregen.

Fall 34:

Die Verwalterin V einer Wohnungseigentümergemeinschaft unterbreitet dem Vormundschaftsgericht folgenden Sachverhalt:

Herr Huber, Wohnungseigentümer einer von ihm selbst bewohnten und von V verwalteten Eigentumswohnung, verhalte sich wunderlich, erschrecke manchmal Hausbewohner, schlafe manchmal auch im Treppenhaus oder im Keller und rieche äußerst übel. Angeblich soll die Wohnung von Herrn Huber verwahrlost sein, das Kellerabteil (Lattenverschlag) sei völlig vollgestellt mit Schachteln und Tüten unbekannten Inhalts. Weiter teilte die Verwalterin mit, daß Herr Huber bereits seit einiger Zeit sein monatliches Wohngeld nicht bezahlen würde, obwohl er schon mehrmals gemahnt worden sei. Nach Angaben der Verwalterin seien innerhalb der Eigentümergemeinschaft schon zahlreiche Stimmen laut geworden, die Eigentümer sollten doch wegen der vorstehenden Umstände einen Beschluß fassen, Herrn Huber das Wohnungseigentum zu entziehen. Die Verwalterin beantragt für Herrn Huber die Anordnung einer Betreuung mit den erforderlichen Aufgabenkreisen sowie die Einweisung von Herrn Huber in eine psychiatrische Klinik oder in ein Heim.

Die Ermittlungen des Gerichts ergaben, daß die von der Verwalterin geschilderten Umstände im wesentlichen zutreffen. Insbes. konnte sich das Gericht davon überzeugen, daß die Wohnung von Herrn Huber so vollgepackt mit Tüten und Schachteln war, daß sich die Wohnungstüre nur bedingt öffnen ließ, was letztlich auch dazu führte, daß Herr Huber, wie er selbst dem Gericht gegenüber angab, im Treppenhaus oder im Keller, häufig aber auch bei einem Freund übernachtete.

Der Gutachter, von dem sich Herr Huber bereitwillig explorieren ließ und dem die geschilderten Umstände bekannt waren, kam zusammenfassend zu dem Ergebnis, daß die medizinischen Voraussetzungen für eine Anordnung einer Betreuung mit den Aufgabenkreisen »Aufenthaltsbestimmung, Zuführung zur ärztlichen Behandlung, Wohnungsangelegenheiten« vorliegen würden. Herr Huber leide seit vielen Jahren unter einem zwanghaften Sammeltrieb, den er damit begründe, daß er Sachen für seine im östlichen Ausland lebenden Verwandten zusammentragen und in seiner Wohnung zwischenlagern müsse, damit er sie zu gegebener Zeit zu seinen Verwandten selbst transportieren oder transportieren lassen könne. Nachdem die Verwalterin gegenüber dem Vormundschaftsgericht auch angeregt hat, Herrn Huber in einer psychiatrischen Klinik oder in einem Heim unterzubringen und nachdem Herr Huber hierzu erklärt hat, daß er sich weder freiwillig behandeln lasse noch in ein Heim gehe, nahm der Gutachter hierzu insofern Stellung, als er ausführte, daß bei Herrn Huber zwar eine psychische Erkrankung (näher ausgeführt) vorliegen würde und daß Herr Huber krankheitsuneinsichtig sei und daher eine Behandlung ablehne, daß aber keinerlei Voraussetzungen dafür vorliegen würden, eine Zwangsbehandlung oder Zwangsunterbringung anzuordnen, da keinerlei Gefahr, wie sie in § 1906 I BGB gefordert ist, erkennbar sei.

Hierauf wurde vom Vormundschaftsgericht mit Zustimmung von Herrn Huber eine Betreuung mit den vorbezeichneten Aufgabenkreisen angeordnet und Herr Rechtsanwalt Schulz zum Betreuer bestellt.

Zwischenfrage:
Was war zu diesem Zeitpunkt zu tun?

Zwischenlösung:
Unabhängig von den üblichen Tätigkeiten zu Beginn einer Betreuung (diese sind in diesem Buch bereits erwähnt worden) drängten sich hier für den Betreuer folgende Probleme auf:

- ■ persönlicher Bereich:
  - ☐ Herr Huber sollte, sofern dies möglich ist, einer ärztlichen Behandlung zugeführt werden.

- ■ wirtschaftlicher Bereich:
  - ☐ die Wohnsituation sollte verbessert werden
  - ☐ die drohende Entziehung des Wohnungseigentums sollte verhindert werden

Weiter im Fall:
Nachdem Rechtsanwalt Schulz die Vermögensverhältnisse des Betreuten kurzfristig ermittelt hat (es war ausreichendes Vermögen vorhanden), hat er unmittelbar danach die rückständigen Wohngeldverbindlichkeiten beglichen, so daß aus dieser Richtung keine Gefahr mehr drohte. Um zu vermeiden, daß es künftig wieder zu Rückständen kommen kann und um aus Gründen der Rationalität zu vermeiden, daß er monatlich Überweisungen vornehmen muß, richtete Rechtsanwalt Schulz bezüglich der laufenden monatlichen Wohngeldzahlungen einen Dauerauftrag ein.

2. Muster: Einrichtung eines Dauerauftrages

▼

33

Name:
Konto-Nr.:   Datum:

Sehr geehrte Damen und Herren,

ich bitte Sie, für das o.g. Konto nachstehenden Dauerauftrag einzurichten und mir hierüber eine schriftliche Bestätigung zuzusenden:

Empfänger:
Bank:
Konto-Nr.:
BLZ:
Betrag: DM
Zeitabstände:
erstmalige Ausführung:
Verwendungszweck:

Mit freundlichen Grüßen

▲

Möglich wäre auch die Erteilung einer Lastschriftermächtigung gewesen.

3. Muster: Lastschriftermächtigung

▼

34

Name:
Ihr Zeichen: Datum:

Sehr geehrte Damen und Herren,

als Betreuer der o.g. Person ermächtige ich Sie hiermit ab ▓▓▓▓ zur Abbuchung der von der o.g. Person zu entrichtenden ▓▓▓▓ bei Fälligkeit zu Lasten des Kontos:

Kontoinhaber:
Geldinstitut:
Konto-Nr.:
BLZ:

Das Geldinstitut ist berechtigt, die Lastschriftabbuchungen vorzunehmen. Die Lastschriften sollen den Zahlungsgrund enthalten und an das kontoführende Geldinstitut weitergegeben werden. Ich bitte um schriftliche Bestätigung, daß Sie künftig von der vorstehenden Lastschriftermächtigung Gebrauch machen werden.

Mit freundlichen Grüßen

▲

Schwieriger gestaltete sich für Rechtsanwalt Schulz jedoch die Frage einer ärztlichen Behandlung des Betreuten. Nachdem dieser, trotz zahlreicher Gespräche mit ihm, weiterhin eine Behandlung abgelehnt und auf die diesbezüglichen Angebote seines Betreuers lediglich verärgert reagiert hat und hierdurch die von Anfang an recht gute Beziehung zwischen dem Betreuten und Betreuer getrübt zu werden drohte, gab es für Rechtsanwalt Schulz in diesem Bereich zunächst keine Möglichkeit, positiv auf die Gesamtsituation einzuwirken. Eine ohne die ausdrückliche Zustimmung des Betreuten von Rechtsanwalt Schulz evtl. beabsichtigte Zwangsbehandlung wäre nicht durchführbar, da, wie vorstehend bereits erwähnt, die rechtlichen Voraussetzungen hierfür nicht vorgelegen haben.

Bzgl. der Wohnung wies Rechtsanwalt Schulz den Betreuten immer wieder darauf hin, daß der Entzug des Wohnungseigentums drohen würde, wenn die Wohnung nicht in einen ordnungsgemäßen Zustand versetzt und der Betreute ggü. den Mitbewohnern/Miteigentümern sein Verhalten nicht ändern würde. Der Betreute erklärt seinem Betreuer hierzu, daß der derzeitige Zustand in Ordnung sei, er bestehe schon seit Jahren, er beabsichtige aber, demnächst alle in seiner Wohnung befindlichen Sachen zu seinen Verwandten zu transportieren bzw. transportieren zu lassen. Weiter argumentierte der Betreute, daß sich, entgegen der Aussage div. Personen, in seiner Wohnung kein Müll sondern zusammengetragene verwertbare Gegenstände befinden würden, welche seine Verwandten im östlichen Ausland, die sehr arm seien, dringend gebrauchen würden.

In diesem Zusammenhang sei die Zwischenbemerkung erlaubt, daß je nach Sichtweise die Grenzen zwischen Hausrat und Unrat manchmal fließend sind und daß es grundsätzlich nicht die Aufgabe eines Betreuers ist, seine eigenen ethischen und moralischen Vorstellungen seinem Betreuten aufzuzwingen, da immer daran zu denken ist, daß jeder Betreute ein Individuum ist (und auch bleiben soll), dem es in einem freiheitlich demokratischen Staatsgefüge erlaubt sein muß, sein Leben grundsätzlich so einzurichten, wie es seinen Vorstellungen entspricht. Auch ein krankhafter Sammeltrieb in dem geschilderten Ausmaß ändert hieran nichts,

>BayObLG BtPrax 1997, 239.

Rechtsanwalt Schulz wies seinen Betreuten immer wieder darauf hin, daß die vom Betreuten beabsichtigte Räumung unverzüglich stattfinden müsse, da nicht feststehe, ob und ggf. wie lange sich die Eigentümergemeinschaft noch in Geduld üben würde. Der Betreute versprach mehrfach, schnellstens zu handeln. Ein von Rechtsanwalt Schulz ebenfalls mehrfach unterbreitetes Angebot, daß dieser ihm hierbei persönlich oder durch die Beauftragung Dritter in jeder Weise helfen würde, lehnte der Betreute, aus dessen Vermögen die Beauftragung Dritter ohne weiteres hätte finanziert werden können, nachhaltig ab.

In der darauf folgenden Zeit stellte Rechtsanwalt Schulz durch wiederholte Nachschau immer wieder fest, daß sich bzgl. der Wohnung keinerlei Veränderungen ergeben haben. Immer wieder wies Rechtsanwalt Schulz seinen Betreuten auf die Dringlichkeit der vorbezeichneten Maßnahmen hin und bot ihm nochmals mehrfach seine persönlichen oder die Dienste Dritter hierzu an, was der Betreute jeweils strikt ablehnte und überdies Rechtsanwalt Schulz ausdrücklich verbot, seine Wohnung zu betreten oder evtl. zwangsweise zu öffnen.

Im Rahmen einer Eigentümerversammlung, in welcher der Betreuer versuchte, den ca. 270 Eigentümern sowohl die menschliche Seite als auch die rechtliche Problematik näher zu bringen, in der er jedoch überwiegend ausgelacht, beschimpft und schließlich aufgefordert wurde, dafür zu sorgen, daß der Betreute endlich »aus dem Verkehr gezogen und geschlossen untergebracht werden solle«, beschloß die Wohnungseigentümergemeinschaft gemäß § 18 WEG die Veräußerung des Wohnungseigentums des Betreuten und erzwang im Anschluß daran ein Urteil gemäß § 19 I WEG. Rechtsmittel des Betreuers blieben ohne Erfolg. Die Wohnungseigentümergemeinschaft forderte den Betreuer schließlich auf, die Wohnung seines Betreuten zu veräußern, andernfalls die Zwangsversteigerung betrieben werden würde. Selbst unter dem Eindruck der neuen Situation verbot der Betreute seinem Betreuer den Zutritt zur Wohnung, nahm weiterhin keine Hilfen an und veranlaßte auch selbst keine Räumung.

Was hätte Rechtsanwalt Schulz anders machen können? Was ist jetzt zu tun?

Lösung 34:

Bisherige Maßnahmen:

Hätte der Betreuer, evtl. auch gegen den ausdrücklich erklärten Willen des Betreuten, dessen Wohnung zwangsweise öffnen, betreten, räumen und/oder renovieren dürfen?

Es stellt sich sofort die Frage, ob der Aufgabenkreis »Wohnungsangelegenheiten« grundsätzlich geeignet ist, als Grundlage dafür zu dienen, sich zwangsweise gegen den Willen eines Betreuten Zutritt zu dessen Wohnung zu verschaffen. Der Aufgabenkreis »Wohnungsangelegenheiten« stellt grundsätzlich, wie jeder andere Aufgabenkreis auch, lediglich eine Aufgabenzuweisung dar und rechtfertigt ohne einen entsprechenden gesonderten Gerichtsbeschluß keinesfalls ein zwangsweises Betreten der Wohnung des Betreuten gegen dessen Willen.

Unter der Geltung des Grundgesetzes hat sich nämlich die Auffassung durchgesetzt, daß insbesondere im grundrechtsrelevanten Bereich (hier: Artikel 13 GG) die Aufgabenzuweisung (Aufgabenkreis »Wohnungsangelegenheiten«) keineswegs identisch ist mit der Befugnis, diese auch zwangsweise gegenüber dem Betreuten durchzusetzen, sondern daß es hierzu einer speziellen Ermächtigungsnorm bedarf,

LG Frankfurt FamRZ 1994, 1617; OLG Frankfurt BtPrax 1996, 71; LG Berlin FamRZ 1996, 821 **[E42]**.

Kontrovers wird allerdings in Literatur und Rechtsprechung beurteilt, ob das Vormundschaftsgericht überhaupt befugt ist, einen Beschluß, der eine solche Zwangsmaßnahme beinhaltet, zu erlassen,

> LG Frankfurt aaO, OLG Frankfurt aaO; a.A. LG Berlin aaO.

Hierauf kam es jedoch bis zu diesem Zeitpunkt nicht an, da folgendes zu berücksichtigen war:

Wenn es aufgrund aller bekannten Umstände (Gespräche mit dem Betreuten sowie mit Beteiligten der Eigentümergemeinschaft, Inhalt des medizinischen Sachverständigengutachtens usw.) feststeht, daß, wie es hier der Fall ist, der Betreute unter einem zwanghaften Sammeltrieb leidet, so steht damit auch fest, daß eine teilweise oder vollständige Räumung der Wohnung das Problem eines drohenden Verlustes seiner Wohnung durch den Entzug des Wohnungseigentums nicht lösen, sondern allenfalls eine relativ kurze Zeit aufschieben würde. Durch eine solche Maßnahme würde nämlich dem Betreuten aus dessen Sicht lediglich neuer Lagerraum zur Verfügung gestellt werden, den er in kürzester Zeit wieder auffüllen würde.

Wenn man also, wie dies hier der Fall ist, mit an Sicherheit grenzender Wahrscheinlichkeit von der vorstehend geschilderten Entwicklung ausgehen muß, so würde dies bedeuten, daß man ein relativ kurzes zeitliches Hinausschieben eines Problems erkauft hätte mit einer Grundrechtsverletzung, ohne daß man der Lösung des Problems auch nur einen Schritt näher gekommen wäre. Dies verbietet sich. Unabhängig davon, daß der Betreuer, welcher Rechtsanwalt ist, selbst eine rechtliche Beurteilung und eine Güterabwägung vorzunehmen hat, im Rahmen derer er zu dem vorstehenden Ergebnis kommen sollte, wäre, sollte er sich hierüber hinwegsetzen und gegen seine Überzeugung einen entsprechenden Antrag auf Genehmigung einer Zwangsmaßnahme an das Vormundschaftsgericht richten, dieser Antrag kaum vernünftig zu begründen. Anders wäre der vorliegende Fall selbstverständlich zu beurteilen, wenn die bisherige »Sammlung« das Ergebnis einer nicht wiederkehrenden Aktion des Betreuten gewesen wäre und mit einiger Wahrscheinlichkeit davon ausgegangen werden könnte, daß nach Räumung der Wohnung diese dann wenigstens in etwa in dem neu geschaffenen Zustand bleiben würde, da dann der Grundrechtsverletzung auf der einen Seite eine dauerhafte Lösung auf der anderen Seite gegenüberstünde. Die bisherige Vorgehensweise des Betreuers ist daher nicht zu beanstanden,

> BayObLG BtPrax 1997, 239.

Künftige Maßnahmen:

36 Nachdem nun feststeht, daß die Wohnung auf jeden Fall veräußert wird, gleichgültig ob im Rahmen eines freien Verkaufes oder im Rahmen einer Zwangsversteigerung (Gespräche mit der Verwalterin führten zu keinem befriedigenden Ergebnis), stellt sich die Situation völlig anders dar und muß neu beurteilt werden. Die jetzige Situation unterscheidet sich nämlich von der vorherigen Situation insofern grundlegend, als es vorher im Rahmen der Güterabwägung kein vernünftiges Gegengewicht zu der beabsichtigten Grundrechtsverletzung gab, jetzt aber doch. Vorher stand der Grundrechtsverletzung allenfalls (und dies auch nicht sicher) ein kurzfristiges Hinauszögern eines Problems, jetzt aber ein massiver Vermögensschaden gegenüber, da man sich unschwer vorstellen kann, was im Rahmen einer Zwangsversteigerung oder eines freien Verkaufes für ein Objekt geboten werden würde, das sich in dem beschriebenen Zustand befindet und das man noch nicht einmal betreten kann.

Es ist daher nun die Pflicht des Betreuers, die Wohnung in einen ordnungsgemäßen Zustand zu versetzen, um einen bestmöglichen Preis zu erzielen und somit diesbezüglichen Schaden vom Betreuten abzuwenden – uU auch gegen den Willen des Betreuten. Zur Abwendung eines Schadens und zum Zwecke des zwangsweisen Zutritts und der zwangsweisen Räumung und Renovierung der Wohnung ist, wie vorstehend bereits dargelegt, ein gesonderter Gerichtsbeschluß erforderlich, den der Betreuer nun beantragen sollte. Rechtsanwalt Schulz wird daher nun die vormundschaftsgerichtliche Genehmigung für ein zwangsweises Öffnen und Betreten der Wohnung zum Zwecke der vollständigen Räumung, Säuberung und Renovierung sowie der Entsorgung der in der Wohnung befindlichen und nicht mehr verwertbaren Gegenstände beantragen. Letzteres deshalb, da es sich bei diesen Gegenständen (gleichgültig, worum es sich hierbei handelt und in welchem Zustand sich diese befinden), rechtlich gesehen um Eigentum des Betreuten handelt, welches ebenfalls durch das Grundgesetz besonders geschützt ist und für welches daher im Prinzip die selben vorstehenden Überlegungen gelten wie für die Unverletzlichkeit der Wohnung.

Teilweise wird die Meinung vertreten, daß grundsätzlich für einen solchen Gerichtsbeschluß die Anordnung des Aufgabenkreises »Wohnungsangelegenheiten« nicht ausreichend ist, sondern der Aufgabenkreis überdies um den Bereich »Zutritt zur Wohnung« erweitert werden muß und daß erst dann, im Rahmen dieses Aufgabenkreises, ein entsprechender Beschluß auf zwangsweises Vorgehen angeordnet werden kann,

LG Berlin FamRZ 1996, 821 **[E42]**.

Unter Berücksichtigung der vorstehenden Rechtsprechung des LG Berlin sollte Rechtsanwalt Schulz rein vorsorglich auch die Erweiterung der Betreuung um den Aufgabenkreis »Zutritt zur Wohnung (nähere Bezeichnung) des Betreuten zum Zwecke der Entrümpelung, Säuberung und Renovierung« beantragen. Sollte sich dieser Fall außerhalb der Bezirke des OLG Frankfurt und des LG Berlin abspielen und sollte das Gericht den Antrag des Betreuers zurückweisen, so wäre ihm zu empfehlen, eine höchstrichterliche Entscheidung herbeizuführen.

Für den Umstand, daß sich Aufgabenkreise sehr häufig überschneiden und somit eine klare Abgrenzung oftmals nicht möglich ist, steht folgendes Beispiel:

Fall 35:

37 Rechtsanwalt Schulz ist Betreuer von Herrn Huber mit den Aufgabenkreisen »Aufenthaltsbestimmung, Zuführung zur ärztlichen Behandlung, Vermögenssorge«. Als Rechtsanwalt Schulz zum Betreuer für Herrn Huber bestellt wurde, hatten die Geschwister von Herrn Huber mit dessen Zustimmung bereits folgendes veranlaßt: Umzug von Herrn Huber von dessen Mietwohnung in ein Heim sowie vollständige Räumung und Renovierung der Wohnung des Betreuten. Das Mietverhältnis des Betreuten ist noch nicht beendet. Um unnötige Kosten für den Betreuten zu vermeiden, will Rechtsanwalt Schulz das Wohnungsmietverhältnis kündigen und beantragt unter Darlegung aller vorstehenden Umstände die Erweiterung der Betreuung um den Aufgabenkreis »Wohnungsangelegenheiten« sowie um vormundschaftsgerichtliche Genehmigung der Wohnungskündigung. Das Vormundschaftsgericht erteilt dem Betreuer die beantragte Genehmigung, weist jedoch den Antrag auf Erweiterung der Betreuung mit dem Hinweis zurück, daß eine solche Erweiterung nicht erforderlich sei und somit nur einen unnötigen Aufwand darstelle. Wie ist der Weg, gegen diese Entscheidung rechtlich vorzugehen?

Lösung 35:

Nachdem Rechtsanwalt Schulz auch Betreuer für den Aufgabenkreis »Aufenthaltsbestimmung« ist, fällt die Wohnungskündigung in seinen Kompetenzbereich,

E43   BayObLG FamRZ 1992, 1222; BayObLG FamRZ 1993, 852 = Rpfleger 1993, 490 **[E43]**.

Es ist zuzugeben, daß die zitierte Entscheidung Anlaß zu manchen Fragen gibt. Es sollte jedoch nur ein Beispiel dafür aufgezeigt werden, wie schwierig es oftmals ist, einen Aufgabenkreis klar zu definieren und einzugrenzen.

Fall 36:

38 Rechtsanwalt Schulz wurde zum Betreuer von Frau Meier mit den Aufgabenkreisen »Vermögenssorge, Vertretung gegenüber Behörden und Postangelegenheiten« bestellt. Der Verfahrenspfleger legt Rechtsmittel gegen den Betreuungsbeschluß insoweit ein, als ihm der Begriff »Postangelegenheiten« zu weit gehe, da darunter auch das Anhalten und Öffnen von sog. »Privatpost« fallen würde, was eindeutig sowohl gegen den Erforderlichkeitsgrundsatz des § 1896 II 1 BGB als auch dagegen verstoße, daß die Aufgabenkreise des Betreuers so klar und konkret wie möglich angegeben werden müssen,

E...   BayObLG FamRZ 1994, 1059 **[E45]**; BayObLG FamRZ 1995, 116 **[E44]**; OLG Hamm FamRZ 1995, 433.

Hierauf wird der Beschwerde insofern abgeholfen, als der genannte Aufgabenkreis wie folgt neu formuliert wurde: »Anhalten, Entgegennahme und Öffnen der Post, soweit es sich nicht um Privatpost der Betreuten handelt«. Der Verfahrenspfleger ist damit zufrieden. Kann es Rechtsanwalt Schulz auch sein?

Lösung 36:

Rechtsanwalt Schulz teilt dem Vormundschaftsgericht mit, daß er eine Rechtsanwaltskanzlei und keine »Hellseherei« betreibe. Was meint er damit?

Gemeint ist, daß Rechtsanwalt Schulz einem verschlossenen Brief nicht ansehen kann, welchen Inhalt er hat und somit nicht entscheiden kann, ob er den Brief öffnen darf oder nicht. Rechtsanwalt Schulz erklärt hierzu, er sei schließlich ein Organ der Rechtspflege und er werde auf keinen Fall etwas ungesetzliches tun oder riskieren, er werde also überhaupt keine Briefe öffnen. Das Vormundschaftsgericht könne hierin auch keine Pflichtverletzung (z. B. Nichtausübung des ihm anvertrauten Amtes), sehen, da von ihm schließlich nichts ungesetzliches verlangt werden kann, wozu es mit an Sicherheit grenzender Wahrscheinlichkeit kommen würde, wenn er alle Briefe seiner Betreuten öffnen würde, das es der Lebenserfahrung entspricht, daß sich in der allgemeinen Post eines Menschen immer wieder auch sog. »Privatpost« befinden würde. Wie ist das Problem zu lösen?

Hierzu ist folgendes zu beachten: § 1896 IV BGB stellt zwar klar, daß ein Betreuer nur dann die Post seines Betreuten anhalten, entgegennehmen und öffnen darf, wenn dies durch das Vormundschaftsgericht im Rahmen eines eigenen Aufgabenkreises ausdrücklich angeordnet wurde, eine gesetzliche Regelung, unter welchen Voraussetzungen eine solche Anordnung erfolgen kann und darf, existiert jedoch nicht. In diesem Zusammenhang ist besonders zu beachten, daß eine entsprechende Anordnung massiv in das Grundrecht des Postgeheimnisses (Art. 10 GG) und das allgemeine Persönlichkeitsrecht (Art. 2 I GG) des Betreuten eingreift,

> Knittel BtG § 1896 BGB Rn 41; Jürgens Betreuungsrecht § 1896, Rn 31,

weshalb diese eine strenge Beachtung des mit Verfassungsrang ausgestatteten Erforderlichkeitsgrundsatzes und des Verhältnismäßigkeitsprinzips verlangt,

> MüKo-Schwab, § 1896 BGB Rn 155; Bienwald Betreuungsrecht § 1896 BGB Rn 227.

Die Anordnung ist also nur rechtmäßig, wenn sie notwendig ist, damit der Betreuer die ihm übertragenen Aufgaben zum Wohle und im Interesse des Betreuten ordnungsgemäß erfüllen kann,

> Jürgens/Kröger/Marschner/Winterstein, Das neue Betreuungsrecht, Rn 242; BayObLG FamRZ 1997, 244.

Dies gilt selbstverständlich aber nicht nur für die Anordnung als solche, sondern wegen des zu beachtenden Erforderlichkeitsgrundsatzes insbesondere auch für den Umfang und die genaue Definition der Anordnung,

> BayObLG FamRZ 1995, 116 **[E44]**.

Die Lösung des Problems dürfte darin bestehend, daß man den Aufgabenkreis etwas differenzierter formuliert, z.B. wie folgt: »Anhalten, Entgegennahme und Öffnen der Post, soweit es sich nicht erkennbar um Post handelt, welche keinen Bezug zu den im Rahmen der Betreuung angeordneten Aufgabenkreisen hat«. Dies bedeutet zwar eine zusätzliche Schreibarbeit bei den Vormundschaftsgerichte (die Geschäftsstellen mögen es dem Verfasser verzeihen), doch wäre damit den berechtigten Bedürfnissen und Interessen aller Beteiligten, insbesondere aber dem Erforderlichkeitsgrundsatz des § 1896 II 1 BGB Rechnung getragen.

II. Wohnungsauflösung

1. Maßnahmen des Betreuers

39 Fall 37:

Der allgemeine Sozialdienst (ASD), welcher sich schon seit Jahren um Frau Meier, die allein in ihrer Mietwohnung lebt, gekümmert hat, teilt dem Vormundschaftsgericht mit, daß Frau Meier aufgrund eines Schlaganfalles ihre Angelegenheiten insgesamt nicht mehr besorgen könne und in ein Heim verlegt werden müsse. Frau Meier werde momentan von einem ambulanten Dienst und Nachbarn notdürftig zuhause versorgt. Dieser Zustand sei jedoch auf Dauer nicht haltbar. Der ASD regt daher die Anordnung einer Betreuung an. Das Vormundschaftsgericht und der Gutachter überzeugten sich von der Richtigkeit der Darstellung des ASD, worauf das Vormundschaftsgericht mit Zustimmung von Frau Meier eine Betreuung mit allen Aufgabenkreisen anordnete und Rechtsanwalt Schulz zum Betreuer bestellt. Der Betreuer stellt gleich zu Beginn seiner Tätigkeit fest, daß Frau Meier mit dem Umzug in ein Heim einverstanden ist. Frau Meier teilt ihrem Betreuer mit, daß sie keine Angehörigen habe. Hinsichtlich der Vermögensverhältnisse stellt der Betreuer fest, daß Frau Meier ein Girokonto, ein Sparkonto sowie Wertpapiere im Wert von insgesamt ca. 87.000 DM hat. Was ist zu tun?

Lösung 37:

Als eilige Maßnahme hat der Betreuer, nachdem Frau Meier zuhause nicht mehr ordnungsgemäß versorgt werden kann und überdies einer Heimverlegung auch ihrem Wunsch entspricht, dafür zu sorgen, daß schnell ein Heimplatz gefunden wird. Bei der Auswahl des Heimplatzes sind selbstverständlich die diesbezüglichen Wünsche der Betreuten zu berücksichtigen, soweit dies möglich ist (§ 1901 II u. III BGB nF). Da Betreute, welche in Ballungszentren leben, in der Regel dort bleiben wollen, können Wünsche des Betreuten nach Verlegung in ein speziell von ihnen benanntes Heim oftmals deshalb nicht berücksichtigt werden, da es dort häufig Wartelisten von einem Jahr und länger gibt. Hier ist in Zusammenarbeit mit dem Betreuten regelmäßig eine Kompromißlösung zu finden.

Im vorliegenden Fall taucht in dieser Phase plötzlich eine Nichte N auf, welche erklärt, daß es sich bei Frau Meier um ihre Lieblingstante handele, daß sie selbst in Hinterwildbach wohne, daß es dort ein Heim gäbe und daß Frau Meier dorthin verlegen werden müsse, da nur dort gewährleistet sei, daß sich die Nichte um ihre Tante, welche sie über alles liebe, kümmern könne. Nebenbei erwähnt sie, daß das Heim auch sehr billig sei. Hierzu ist festzustellen, daß gegen ein kostengünstiges Heim selbstverständlich nichts einzuwenden ist, daß jedoch

Vorsicht angezeigt ist, wenn plötzlich Verwandte auftauchen, welche ihre Liebe und Zuneigung zu dem Betreuten bekunden und welche auf die Frage, warum dies nun so plötzlich geschehe, antworten, Liebe und Zuneigung wären immer schon vorhanden gewesen, nur sei man in den letzten 30 Jahren nicht dazu gekommen, die 75 Kilometer Distanz zum Wohnort der Tante zu überwinden (... und welche nach Überprüfung der Sach- und Rechtslage nach dem Tod der Betreuten, welche kein Testament angefertigt hat, in der gesetzlichen Erbfolge an erster Stelle stehen).

Rechtsanwalt Schulz befragt hierzu Frau Meier, welche entgegen ihren ersten Angaben nun erklärt, daß es richtig sei, daß N ihre Nichte sei, daß sie in ihren ersten Gesprächen mit dem Betreuer diese aber deshalb nicht erwähnt habe, da zur Nichte nie irgendein Kontakt bestanden habe und sie die Nichte daher wohl vergessen habe. Auf Frage des Betreuers, wie Frau Meier zu ihrer Nichte stehe und ob sie in ein Heim nach Hinterwildbach wolle und nach Mitteilung, daß dies von N vorgeschlagen wurde, erklärt Frau Meier entsetzt, daß sie unter keinen Umständen weder nach Hinterwildbach noch zu N, sondern in ein Heim innerhalb ihres Wohnortes wolle. Es liegt die Vermutung nahe, daß N herausbekommen hat, daß Frau Meier in ein Heim verlegt wird, daß ihr bekannt ist, daß sie gesetzliche Erbin ist, daß sie vermutet, daß Frau Meier kein Testament gemacht hat und daß sie anstrebt, daß Frau Meier in ein möglichst billiges Heim verlegt wird, um soviel Vermögen wie möglich für den Nachlaß zu erhalten. Die in § 1901 BGB nF. genannten Pflichten des Betreuers bestehen nicht darin, Vermögen des Betreuten für künftige Erben zu erhalten oder zu vermehren, sondern bestehen vielmehr darin, die Lebensbedürfnisse des Betreuten in einer Weise zu befriedigen und im Rahmen dessen zu finanzieren, wie es dem Wohle, dem Interesse und den Wünschen (unter evtl. Einschränkung des § 1901 III BGB nF) des Betreuten entspricht. Leider hat sich ein Betreuer in der Praxis oftmals gegen äußerst eigennützige Interessen Dritter, insbes. gegen eigennützige Interessen künftiger Erben im Interesse und zum Wohle des Betreuten aufs heftigste zur Wehr zu setzen und sieht sich leider ebenso häufig verunglimpfenden Angriffen dieser Personengruppe ausgesetzt. Dies darf den Betreuer jedoch nicht daran hindern, seinen Verpflichtungen nach § 1901 BGB nF. in vollem Umfang nachzukommen, auch wenn ihm dies seine Tätigkeit und sein Leben manchmal sehr erschwert.

Nachdem schließlich in Übereinstimmung mit der Betreuten ein Heimplatz gefunden wurde, ist es Aufgabe des Betreuers, all diejenigen Gegenstände, die sich die Betreute herausgesucht hat (insbes. oftmals auch kleine persönliche Sachen und Andenken, welche für den Betreuten einen hohen Stellenwert haben), in das Heim schaffen zu lassen, wobei diesbezüglich, insbes. was größere Stücke wie z.B. Möbel betrifft, vorher eine Abstimmung mit dem Heim stattzufinden hat, da es oftmals nicht möglich ist, alle vom Betreuten gewünschten Gegenstände räumlich unterzubringen. Auch hier muß bisweilen eine Kompromißlösung gesucht und gefunden werden.

Was ist als nächstes zu veranlassen?

Sobald feststeht, daß und wann die Betreute im Heim aufgenommen werden kann, muß, um einen Vermögensschaden in Form unnötiger Mietzinsen zu vermeiden, die Mietwohnung schnellstmöglich gekündigt werden.

Teilweise wird die (nicht unumstrittene) Ansicht vertreten, daß im Fall einer Unterbringung im Zusammenhang mit einer Betreuung in analoger Anwendung von §§ 569, 570 BGB dem Betreuten ein Sonderkündigungsrecht gemäß § 565 I Ziff. 3, V BGB zusteht. Begründet wird dies damit, daß dieser Sachverhalt mit der in §§ 569, 570 BGB zugrundeliegenden Interessenslage vergleichbar sei,

AG Altötting BtPrax 1997, 207.

Im vorliegenden Fall ist unbedingt darauf zu achten, daß Wirksamkeitsvoraussetzung für die Kündigung eine vormundschaftsgerichtliche Genehmigung ist (§ 1907 I BGB), daß die Kündigung eine einseitige empfangsbedürftige Willenserklärung darstellt und daß spätestens zum Zeitpunkt des Zuganges der Kündigung beim Vermieter die vormundschaftsgerichtliche Genehmigung vorliegen muß (§§ 1908 i I, 1831 BGB). Nachdem der Mietvertrag ein Schuldverhältnis ist, kraft dessen die Betreute eine Leistung (Gebrauchsgewährung, §§ 241, 535 ff. BGB) verlangen kann, ist bzgl. des Erfordernisses einer vormundschaftsgerichtlichen Genehmigung auch die Vorschrift des §§ 1908 i I, 1812 I BGB zu beachten,

LG Berlin MDR 1973, 503.

40 **Hinweis**: Es hat sich bei Genehmigungsanträgen aller Art bewährt, dem Vormundschaftsgericht zwei Exemplare des Genehmigungsantrages zuzusenden, da dann das Vormundschaftsgericht die Möglichkeit hat, ein Exemplar zur Gerichtsakte zu nehmen und das zweite Exemplar mit einem entsprechenden Genehmigungsvermerk zu versehen und an den Betreuer zurückzugeben.

Der Betreuer sollte daher dem Genehmigungsantrag das Original-Kündigungsschreiben an den Vermieter nebst einer Kopie hiervon beifügen und das Gericht bitten, die Genehmigung auf dem Original des Kündigungsschreibens anzubringen und dieses an ihn zurückzugeben. Weiter sollte der Betreuer darauf achten, daß der Genehmigungsantrag ausreichend begründet wird. Hierzu gehört, daß dem Gericht nachgewiesen wird (Vorschriften über den Inhalt und die Qualität einen solchen Nachweises gibt es nicht; hier ist ausschließlich § 12 FGG maßgeblich), daß die Kündigung des Mietverhältnisses zum Wohle und im Interesse des Betreuten ist. Dies ist z.B. dann der Fall, wenn der Umzug dem ausdrücklichen Wunsch der Betreuten entspricht oder wenn ohne einen solchen Wunsch ein Umzug (aus medizinischen oder sonstigen Gründen) unumgänglich ist. Im vorliegenden Fall sollte der Betreuer seinem Genehmigungsantrag einerseits eine schriftliche Mitteilung der Betreuten (trotz der noch vorzunehmenden persönlichen Anhörung durch das Vormundschaftsgericht gemäß 69 d I FGG) beifügen, aus welcher hervorgeht, daß der Umzug ihrem Wunsch entspricht oder daß sie zumindest damit einverstanden ist und des weiteren ein ärztliches Attest beifügen, in welchem die Feststellung getroffen ist, daß es aus medizinischen

Gründen unvertretbar ist, daß die Betreute weiterhin zu Hause lebt, wobei hierzu einige nähere Ausführungen des Arztes erfolgen sollen.

Hinweis: Die Formulierung des § 1907 III 2. Hs. BGB ist verunglückt. Alle in § 1907 BGB geforderten Maßnahmen dienen erkennbar dem Zweck, die vom Betreuten gemietete Wohnung in ihrer Eigenschaft als Mittelpunkt der Lebensverhältnisse des Betreuten unter einen besonderen Schutz zu stellen. 41

Nach den Buchstaben des Gesetzes würde unter das Genehmigungserfordernis des § 1907 III 2. Hs. BGB auch eine Wohnung fallen, die der Betreute zu keinem Zeitpunkt selbst bewohnt sondern lediglich aus Gründen der Kapitalanlage erworben und vermietet hat. Dies steht jedoch im Widerspruch zu dem Sinn dieser Norm. In der Literatur ist diese Frage teilweise umstritten. Im Wege der teleologischen Reduktion ist festzustellen, daß die vorbezeichnete Norm wegen Ihrer eindeutig ausgerichteten Schutzfunktion ausschließlich auf von Betreuten selbstgenutzte Wohnungen anzuwenden ist,

LG Münster FamRZ 1994, 531 **[E46]**.

Sobald die vormundschaftsgerichtliche Genehmigung erteilt und die Kündigung wirksam erklärt worden ist, beginnt das mühselige Geschäft einer Wohnungsauflösung. Nachdem es sich hierbei um eine Maßnahme handelt, welche einerseits nicht täglich erfolgt und andererseits in sehr viele damit verbundene Einzelmaßnahmen zerfällt, hat es sich bewährt, hierzu eine Checkliste zu benutzen und nach dieser vorzugehen.

2. Muster: Checkliste Wohnungsauflösung

▼

Wohnungsauflösung 42

Name: ▓▓▓▓▓▓▓▓▓▓▓▓▓▓▓▓▓▓▓ Adresse: ▓▓▓▓▓▓▓▓▓▓▓▓▓▓▓▓

| erforderlich: | | durchgeführt/ | Tätigkeiten: |
nein:	ja:	beauftragt:	
☐	☐	☐	Wohnung besichtigen / durchsuchen: Strom: Zähler-Nr.: ▓▓▓ Zähler-Stand: ▓▓▓ Gas: Zähler-Nr.: ▓▓▓ Zähler-Stand: ▓▓▓ Wasser: Zähler-Nr.: ▓▓▓ Zähler-Stand: ▓▓▓
☐	☐	☐	gerichtl. Genehmigung f. Wohnungskündigung beantragen
☐	☐	☐	Wohnung kündigen (zum ▓▓▓▓▓)
☐	☐	☐	Strom – Gas – Wasser kündigen/abmelden
☐	☐	☐	Postnachsendeauftrag
☐	☐	☐	Telefon kündigen
☐	☐	☐	TV – Radio kündigen
☐	☐	☐	Kabelfernsehen kündigen
☐	☐	☐	Räumung veranlassen
☐	☐	☐	Renovierung veranlassen
☐	☐	☐	Kaution abgerechnet
☐	☐	☐	Versteigerer beauftragen

§ 9 Führung der Betreuung in der Praxis

☐ ☐ ☐	Daueraufträge stornieren
☐ ☐ ☐	Lastschriften stornieren
☐ ☐ ☐	Arbeitsverhältnisse kündigen (Putzfrau, Pflege usw.)
☐ ☐ ☐	Ab- bzw. Ummeldung bei Einwohnermeldeamt
☐ ☐ ☐	Wohnortwechsel dem Vormundschaftsgericht mitteilen
☐ ☐ ☐	Wohnortwechsel div. anderen Stellen mitteilen

☐ ☐ ☐ Zeitschriften / Abos abbestellen/kündigen:

☐ ☐ ☐ Versicherungen kündigen:

☐ ☐ ☐ Mitgliedschaften / Vereine kündigen/abmelden/verständigen:

☐ ☐ ☐ Heimvertrag abschließen / in Heim anmelden
☐ ☐ ☐ Sozialhilfe für Heimkosten usw. beantragen
☐ ☐ ☐ Pflegegeld beantragen
☐ ☐ ☐ (neue) Pflegestufe beantragen

▲

Bei diversen in dieser Checkliste enthaltenen Maßnahmen haben sich die folgenden Muster bewährt.

M22 **3. Muster: Abmeldung von Strom/Gas/Wasser bei den jeweiligen Versorgungsunternehmen**

▼

43

Datum:

Name:
Anschrift:
Kundennummer:

Sehr geehrte Damen und Herren,

aus dem in Kopie beigefügten Betreuerausweis ergibt sich Art, Inhalt und Umfang des Amtes, welches mir vom Vormundschaftsgericht übertragen wurde. Im Rahmen der im Betreuerausweis genannten Aufgabenkreise bin ich gesetzlicher Vertreter meiner/meines Betreuten.

Hiermit melde ich das Verbraucherverhältnis zum   ab und bitte Sie, mir zu diesem Stichtag eine Schlußrechnung zuzusenden.

Mit freundlichen Grüßen

▲

4. Muster: Kündigung des Fernsprechanschlusses bei dem jeweiligen Fernmeldeamt

M23

▼

44

Datum:

Fernsprechteilnehmer:
Fernsprechnummer/Fernmeldekontonummer:

Sehr geehrte Damen und Herren,

aus dem in Kopie beigefügten Betreuerausweis ergibt sich Art, Inhalt und Umfang des Amtes, welches mir vom Vormundschaftsgericht übertragen wurde. Im Rahmen der im Betreuerausweis genannten Aufgabenkreise bin ich gesetzlicher Vertreter meiner/meines Betreuten.

Hiermit melde ich den o.g. Fernsprechanschluß meiner/meines Betreuten ab und bitte Sie, mir eine Schlußrechnung zuzusenden.

Mit freundlichen Grüßen

▲

5. Muster: Abmeldung von Radio und TV bei der GEZ

M24

Die im Textbaustein erwähnten Abmeldeformulare liegen üblicherweise u. a. bei Banken und Sparkassen auf.

▼

GEZ
Gebühreneinzugszentrale der
öffentlich-rechtlichen
Rundfunkanstalten
Postfach 10 80 25

50656 Köln

45

Datum:

Rundfunkteilnehmer:
Rundfunkteilnehmer-Nummer:

Sehr geehrte Damen und Herren,

aus dem in Kopie beigefügten Betreuerausweis ergibt sich Art, Inhalt und Umfang des Amtes, welches mir vom Vormundschaftsgericht übertragen wurde. Im Rahmen der im Betreuerausweis genannten Aufgabenkreise bin ich gesetzlicher Vertreter meiner/meines Betreuten.

Hiermit melde ich gemäß dem in der Anlage beigefügten Abmeldeformular das Rundfunk-/Fernsehgerät meiner/meines Betreuten ab und bitte Sie, mir eine Schlußrechnung zuzusenden.

Mit freundlichen Grüßen

▲

6. Muster: An-/Ab-/Ummeldung beim Einwohnermeldeamt

M25

Für die An-/Ab-/Ummeldung bei Einwohnermeldeamt gibt es bereits entsprechende amtliche Formulare, welche zu verwenden sind.

46

▼

Datum:

Name:

Sehr geehrte Damen und Herren,

aus dem in Kopie beigefügten Betreuerausweis ergibt sich Art, Inhalt und Umfang des Amtes, welches mir vom Vormundschaftsgericht übertragen wurde. Im Rahmen der im Betreuerausweis genannten Aufgabenkreise bin ich gesetzlicher Vertreter meiner/meines Betreuten.

In der Anlage übersende ich Ihnen ein An-/Ab-/Ummeldeformular. Sollten einige der dortigen Fragen nicht oder nur unvollständig beantwortet worden sein, so liegt dies daran, daß von meiner/meinem Betreuten hierüber keine bzw. keine genauen Auskünfte zu erhalten sind und mir auch sonst keine diesbezüglichen Informationen vorliegen.

Mit freundlichen Grüßen

▲

47 Es stellt sich für Rechtsanwalt Schulz die Frage, was mit den übrigen in der Wohnung verbliebenen Gegenständen zu geschehen hat. Nachdem der Mietvertrag gekündigt ist und die Wohnung selbstverständlich geräumt übergeben werden muß, bleiben nur noch die Möglichkeiten, verwertbare Gegenstände einzulagern oder zu veräußern und unverwertbare Gegenstände zu entsorgen. Unter normalen Umständen verbietet sich eine Einlagerung, da eine solche Geld kostet und hierfür in der Regel keinerlei Rechtfertigung existiert. Anders verhält es sich evtl., wenn der Betreute vermögend ist und es seinem ausdrücklichen Wunsch entspricht, daß diverse Gegenstände nicht veräußert, sondern eingelagert werden, um sich das Gefühl zu bewahren, diese Gegenstände befänden sich weiterhin in seinem Eigentum und Besitz. Dies muß im Rahmen einer Güterabwägung und im Rahmen eines Gespräches mit dem Betreuten im Einzelfall geklärt werden.

Bei einer beabsichtigten Veräußerung von Gegenständen hat es sich bewährt, dies im Rahmen einer öffentlichen Versteigerung durchzuführen, da nur so gewährleistet ist, daß einerseits ein marktgerechter Preis erzielt wird und andererseits dem Betreuer nicht nachgesagt werden kann, er hätte möglicherweise diverse Gegenstände unter Wert z.B. an Freunde oder Bekannte veräußert.

7. Muster: Auftrag an Versteigerungshaus

M26

48

Datum:

Name:
Adresse:

Sehr geehrte Damen und Herren,

aus dem in Kopie beigefügten Betreuerausweis ergibt sich Art, Inhalt und Umfang des Amtes, welches mir vom Vormundschaftsgericht übertragen wurde. Im Rahmen der im Betreuerausweis genannten Aufgabenkreise bin ich gesetzlicher Vertreter meiner/meines Betreuten.
In der Anlage übergebe ich ihnen die Schlüssel zu der im Betreff genannten Wohnung meiner/meines Betreuten. Ich bitte Sie, die Wohnung vollständig zu räumen, verwertbare Gegenstände zu versteigern und nicht mehr verwertbare Gegenstände zu entsorgen. Einen Versteigerungsübererlös bitte ich, auf das nachstehende Konto meiner/meines Betreuten zu überweisen:

Bank:
Kto.-Nr.:
BLZ:

Nach Räumung der Wohnung bitte ich, die Schlüssel umgehend an mich zurückzugeben.

Mit freundlichen Grüßen

Welche Versteigerungshäuser seriös arbeiten, kann normalerweise bei Kollegen erfragt werden, welche im Betreuungswesen oder in ähnlichen Bereichen schon viele Jahre tätig sind. Vor einer Räumung der Wohnung ist es angezeigt, diese insbes. nach wichtigen Unterlagen wie z.B. Rentenbescheiden, Personenstandsurkunden, Versicherungsscheinen, Kontoauszügen usw. zu durchsuchen, falls dies nicht bereits vorher zu Beginn der Betreuung geschehen ist. Für den Betreuten sowie für die Betreuungsarbeit wichtige Unterlagen sollte der Betreuer in seinen Besitz nehmen.

Im vorliegenden Fall stellte sich bei der Durchsuchung der Wohnung u. a. heraus, daß die Betreute eine Betriebsrente bezieht. Weiter stellte sich heraus, daß der letzte Lohnsteuerjahresausgleich noch nicht durchgeführt wurde. Die hierfür erforderliche Lohnsteuerkarte war nicht mehr aufzufinden, weshalb bei der zuständigen Behörde die Ausstellung einer Ersatzlohnsteuerkarte zu beantragen ist.

8. Muster: Antrag auf Ausstellung einer Ersatzlohnsteuerkarte

49

Datum:

Lohnsteuerkarte für das Jahr

Sehr geehrte Damen und Herren,

aus dem in Kopie beigefügten Betreuerausweis ergibt sich Art, Inhalt und Umfang des Amtes, welches mir vom Vormundschaftsgericht übertragen wurde. Im Rahmen der im Betreuerausweis genannten Aufgabenkreise bin ich gesetzlicher Vertreter meiner/meines Betreuten.

Ich bitte Sie, mir für meine(n) Betreute(n) die im Betreff genannte Lohnsteuerkarte zuzusenden. Sollte eine solche bereits ausgegeben worden sein, so versichere ich hiermit, daß mir keine vorliegt. Für diesen Fall bitte ich um Zusendung einer Ersatzlohnsteuerkarte.

Mit freundlichen Grüßen

50 Abschließend soll im Zusammenhang mit der Kündigung eines Wohnraummietvertrages auf eine für Betreuer nicht uninteressante Rechtsprechung des VG München hingewiesen werden, wonach bei sozialhilfebedürftigen Betreuten der Sozialhilfeträger für den Fall, daß sich die vormundschaftsgerichtliche Genehmigung zur Wohnungskündigung verzögert, bei einem bereits im Pflegeheim wohnenden Betreuten neben den Pflegekosten auch noch die Mietkosten für die nicht mehr benötigte Unterkunft zu zahlen hat,
  VG München BtPrax 1993, 213.

III. Unterbringung zu Hause

51 Die Unterbringungsvoraussetzungen wurden in diesem Buch bereits ausführlich dargelegt. Es handelte sich hierbei jedoch jeweils um Unterbringungen, welche z.B. in Fachkliniken für Psychiatrie, geschlossenen Heimen oder beschützenden geschlossenen Werkstätten stattfinden. Wie verhält es sich jedoch mit einer Unterbringung zu Hause?

Fall 38:

Für Herrn Huber besteht eine Betreuung u. a. mit den Aufgabenkreisen »Aufenthaltsbestimmung, Zuführung zur ärztlichen Behandlung«. Betreuer ist Rechtsanwalt Schulz. In dem anläßlich der Anordnung der Betreuung erstellten medizinischen Gutachten kommt der Sachverständige zu dem Ergebnis, daß bei Herrn Huber eine »senile Demenz vom Typ Morbus Alzheimer sowie ein hirnorganisches Psychosyndrom mit insbesondere abendlicher und nächtlicher Getriebenheitstendenz« feststellbar ist. Der Betreuer unterbreitet dem Vormundschaftsgericht folgenden Sachverhalt: Der Betreute, welcher weder Angehörige noch Freunde habe, die sich um ihn kümmern würden, lebe alleine in seiner Wohnung. Dort würde er durch einen ambulanten Dienst morgens, mittags und abends versorgt werden, was grundsätzlich ausreichend sei. Probleme bestünden jedoch darin, daß der Betreute örtlich vollkommen desorientiert sei und in den Abendstunden und in letzter Zeit häufig auch nachts die Wohnung verlassen und nicht mehr zurückfinden würde. So sei er in jüngster Zeit des öfteren von Nachbarn, die ihn verwirrt auf der Straße angetroffen hätten, oder von der Polizei nach Hause gebracht worden. Angesprochen auf diese »Ausflüge« könne sich der Betreuten hieran jeweils nicht erinnern. Bei einem seiner letzten Ausflüge sei es nach Angaben der Polizei beinahe zu einem schweren Verkehrsunfall gekommen, da der Betreute, ohne auf den Verkehr zu schauen, eine verkehrsreiche Straße überquert habe und nur, wie durch ein Wunder, von keinem Kraftfahrzeug erfaßt worden sei.

Weiter teilt der Betreuer dem Vormundschaftsgericht mit, daß diese Ausflüge tatsächlich nur in den späten Abendstunden oder nachts, niemals jedoch am Tage stattfinden würden. Der Betreuer beantragt daher unter Hinweis auf § 1906 I 1 BGB die vormundschaftsgerichtliche Genehmigung dafür, daß es gestattet ist, daß jeweils abends die Wohnungstüre der Wohnung des Betreuten nach dem jeweils letzten Termin des ambulanten Dienstes abgeschlossen und jeweils am nächsten Morgen zu Beginn der Tätigkeit des ambulanten Dienstes aufgeschlossen wird, wobei der Betreuer dem Vormundschaftsgericht mitteilt, daß es sich hierbei exakt jeweils um den Zeitraum von 19.00 Uhr abends bis 7.30 Uhr morgens handelt. Der Betreuer weist darauf hin, daß nur durch eine solche Maßnahme die Unterbringung des Betreuten in einem geschlossenen Pflegeheim vermieden werden könne, da eine weitere Alternative, nämlich eine Beaufsichtigung des Betreuten während der fraglichen Stunden daran scheitern würde, daß der Betreute kein Vermögen habe, um dies zu finanzieren.

Das hierauf vom Vormundschaftsgericht in Auftrag gegebene medizinische Gutachten bestätigt nochmals die in dem o.g. Gutachten getroffenen medizinischen Feststellungen und empfiehlt dem Gericht, die beantragte Maßnahme zu genehmigen.

Das Gericht weist den Antrag zurück und begründet dies im Ergebnis damit, daß eine Rechtsgrundlage hierfür nicht vorliege, wobei es hierzu im wesentlichen ausführt:

Das Einsperren eines Menschen in seiner Wohnung sei eine Freiheitsentziehung i. S. der Bestimmung des Art. 104 I GG, deren sachlicher Schutzbereich dem des Art. 2 II S. 2 GG entspreche und die dem Einzelnen ein subjektives Recht auf Einhaltung der dort genannten Anforderungen im Hinblick auf evtl. Freiheitsbeschränkungen verleihe, das jeder natürlichen Person, gleichgültig ob geschäftsfähig oder nicht, zustehe und deren Verfahrensgarantien daher auch im vorliegenden Fall Anwendung finden würden, obwohl es sich um einen Akt der privatrechtlichen Aufenthaltsbestimmung handele. Dies folge aus der Ausstrahlung des Grundrechts auf privatrechtlich geordnete Rechtsbeziehungen – im Sinne der Drittwirkungslehre –, mehr aber vorliegend noch daraus, daß es sich hier der Sache nach um einen Akt der öffentlichen Fürsorge handele, zu deren Durchführung der Staat sich einer Privatperson bediene.

Weiter führt das Gericht aus, daß die Voraussetzungen, unter denen eine Freiheitsentziehung genehmigt werden könne, in § 1906 BGB abschließend geregelt seien, daß der vorliegende Sachverhalt aber vom Tatbestand dieser Norm nicht erfaßt werde.

Hierzu legt das Gericht dar, daß § 1906 I BGB keine Anwendung finde, da diese Vorschrift von einem engen Unterbringungsbegriff ausgehe,

> BT-Drucksache 11/4528 S. 146,

weshalb hierdurch lediglich eine Unterbringung in einem geschlossenen Krankenhaus, einer anderen geschlossenen Einrichtung oder dem abgeschlossenen Teil einer solchen Einrichtung erfaßt werde,

> LG Hamburg FamRZ 1994, 1619 **[E47]**.

Auch unter § 1906 IV BGB sei der vorliegende Sachverhalt nicht zu subsumieren, da gemäß § 1906 IV BGB die Bestimmungen des § 1906 I – III BGB nur dann entsprechend gelten würden, wenn dem Betroffenen, der sich in »einer Anstalt, einem Heim oder in einer sonstigen Einrichtung aufhält, ohne untergebracht zu sein«, durch mechanische Vorrichtungen, Medikamente oder auf andere Weise über einen längeren Zeitraum oder regelmäßig die Freiheit entzogen werden solle und daß nach dem Willen des Gesetzgebers damit vor allem im Bereich der häuslichen Pflege alle Maßnahmen aus dem Anwendungsbereich des § 1906 IV BGB herausgehalten werden sollten. Abgesehen vom eindeutigen Wortlaut des Gesetzes, der zumindest einen institutionellen Rahmen für die Anwendbarkeit des § 1906 IV BGB fordere, könne daher auch nach dem subjektiven Willen des Gesetzgebers die eigene Wohnung des Betroffenen nicht als »sonstige Einrichtung« im Sinne des § 1906 IV BGB betrachtet werden, da in der eigenen Wohnung auch die dauernde räumliche Nähe – und der dadurch gewährleistete Schutz – zum Pflegepersonal fehle. Zwar sei der Begriff der »sonstigen Einrichtung« weit zu fassen und schließe wohl auch Krankenhäuser, Pflegeheime und Altersheime unter jedweder Bezeichnung ein, die eigene Wohnung könne darunter jedoch keinesfalls mehr subsumiert werden.

Das Gericht führt weiter aus, daß die vom Betreuer beantragte Maßnahme auch nicht im Wege einer analogen Anwendung des § 1906 BGB erfolgen könne, denn gemäß Art. 104 GG könne ein Eingriff in die Freiheit einer Person nur auf Grundlage eines materiellen Parlamentsgesetzes erfolgen. Dieses müsse die Voraussetzungen der Freiheitsentziehung und auch die möglichen Folgen enthalten. Aus dieser Forderung leite das Bundesverfassungsgericht zurecht in der Regel ein Analogieverbot her.

Abschließend fordert das Gericht, daß aufgrund der Erfahrungen der Vergangenheit der Gesetzgeber tätig werden und Freiheitsentziehungen in berechenbarer, meßbarer und kontrollierbarer Weise regeln solle,

AG München Beschl. v. 12.12.1997, Az. 719 XVII 3439/94 **[E50]**.

Was nun?

Lösung 38:

Rechtsanwalt Schulz legt gegen den vorbezeichneten Beschluß aufgrund folgender Überlegungen Beschwerde:

Richtig ist, daß § 1906 I BGB im vorliegenden Fall keine Anwendung findet und daß dies vom Gericht zutreffend begründet wurde.

Ob die beantragte Maßnahme unter § 1906 IV BGB fällt, ist strittig. Das LG Hamburg hat in einem vergleichbaren Fall entschieden, daß der Begriff »sonstige Einrichtung« im Sinne von § 1906 IV BGB weit zu fassen sei und die eigene Wohnung einschließe, jedenfalls dann, wenn, wie im vorliegenden Fall, die Unterbringung außerhalb der Familie und die Pflege durch Dritte erfolge,

LG Hamburg FamRZ 1994, 1619 **[E47]**.

Das OLG Hamburg hat die sofortige weitere Beschwerde gegen die vorgenannte Entscheidung als unbegründet zurückgewiesen,

OLG Hamburg FamRZ 1995, 1019.

Die Ansicht des LG Hamburg erscheint zutreffend. Geschütztes Rechtsgut des § 1906 IV BGB ist die persönliche Bewegungsfreiheit und zwar sowohl die Freiheit, den Aufenthaltsort ohne fremde Hilfe zu verlassen als auch die Freiheit der Entscheidung,

Bienwald Betreuungsrecht § 1906 Rn 63.

Normzweck des § 1906 IV BGB ist es, Freiheitsentziehungen, welche zwar nicht im Rahmen der Unterbringung in einer geschlossenen Einrichtung geschehen, welche aber trotzdem für den Betroffenen insofern mit einem Übel verbunden sind, als sie dessen vorgenanntes Rechtsgut verletzen, einerseits zwar zu ermöglichen, um weit einschränkendere Maßnahmen zu vermeiden, andererseits diese Maßnahmen aber der scharfen richterlichen Kontrolle zu unterstellen. Anders kann bei verständiger Würdigung § 1906 IV BGB nicht verstanden werden. Eine andere Interpretation würde z.B. im vorliegenden Fall zu dem untragbaren Ergebnis führen, daß einerseits die vom Betreuer beabsichtigte Maßnahme eine freiheitsentziehende Maßnahme darstellt, daß aber andererseits mangels Anwendbarkeit des § 1906 BGB und somit mangels Genehmigungskompetenz des Vormundschaftsgerichts die vom Betreuer beabsichtigte Maßnahme nicht genehmigt werden könnte (auch wenn das Vormundschaftsgericht diese evtl. für sinnvoll erachtet) und daß dadurch der Betreuer zur Vermeidung unrechtmäßiger Maßnahmen gezwungen wäre, entweder den Betreuten durch Belassung des bisherigen Zustandes einer erheblichen Gefährdung auszusetzen oder den Betreuten zu dessen

Sicherheit und Schutz aus dessen Wohnung in eine geschlossene Einrichtung zu verlegen, was letztlich wieder zu einer freiheitsentziehenden Maßnahme führen würde, dann allerdings in einer fremden Umgebung. Daß dies der Gesetzgeber, insbesondere unter Berücksichtigung der Neuordnung des früheren Pflegschaftsrechts, nicht gewollt hat, liegt auf der Hand,

> zu dem gleichen Ergebnis kommt mittlerweile auch AG Tempelhof-Kreuzberg BtPrax 1998, 194.

Welche Rechtsauffassung sich letztlich durchsetzt, bleibt abzuwarten. Wichtig schien dem Verfasser in erster Linie, das Problem aufzuzeigen und von verschiedenen Seiten zu betrachten.

IV. Gesellschaftliche Ereignisse

Fall 39:

52 Herr Huber ist alleiniger Gesellschafter/Geschäftsführer der XY GmbH, welche elektronische Bauteile für den medizinischen Bereich herstellt und in Deutschland auf diesem Gebiet eine führende Stellung einnimmt. Er lebt bereits seit über 10 Jahren von seiner Ehefrau E getrennt, mit welcher er den gemeinsamen volljährigen Sohn S hat. E und S sind in der XY GmbH als Arbeitnehmer beschäftigt. Bereits seit mehreren Jahren lebt Herr Huber im Rahmen einer eheähnlichen Lebensgemeinschaft mit seiner Chef-Sekretärin zusammen. Die XY GmbH beschäftigt insgesamt 14 Arbeitnehmer. Das Vermögen von Herrn Huber besteht überwiegend aus einigen vermieteten Mehrfamilienhäusern, Wertpapieren sowie der vorbezeichneten Gesellschaft. Herr Huber hat in äußerst dominierender Weise in der Form eines »Alleinherrschers« die Gesellschaft aufgebaut und geführt. Soweit es nur irgendwie möglich war, hat es Herr Huber vermieden, sich hinsichtlich seiner privaten sowie geschäftlichen Vermögensverhältnisse in »die Karten schauen zu lassen«. Eine Person, welche innerhalb der Gesellschaft in irgendeiner Weise als sein Vertreter fungiert hätte, gab es nie. Nach einem Schlaganfall war Herr Huber nun fast vollständig gelähmt und nicht mehr ansprechbar. Nachdem S und E den vorstehenden Sachverhalt dem Vormundschaftsgericht mitgeteilt haben, hat dieses nach Überprüfung der Sach- und Rechtslage sowie der Durchführung aller erforderlichen Maßnahmen für Herrn Huber eine Betreuung mit den Aufgabenkreisen »Vermögenssorge, Aufenthaltsbestimmung und Zuführung zur ärztlichen Behandlung« angeordnet.

Zwischenfrage: Wen wird das Vormundschaftsgericht für den Aufgabenkreis »Vermögenssorge« zum Betreuer bestellen?

Zwischenlösung: Im vorliegenden Fall ist es erforderlich, zumindest im Bereich der Vermögenssorge eine Person zum Betreuer zu bestellen, welche neben allen anderen Fähigkeiten und Kenntnissen, die üblicherweise ein Betreuer haben sollte, betriebswirtschaftliche Kenntnisse einerseits und juristische Kenntnisse insbesondere im Bereich des GmbH-Rechts andererseits haben sollte.

Der in Fällen, wie dem vorliegenden, oftmals zu hörende Einwand, ein Spezialist sei nicht erforderlich, da die Gesellschaft einen guten Steuerberater habe und im übrigen auch die Ehefrau und/oder die Lebensgefährtin und/oder der Sohn wissen würden, was zu tun sei, übersieht völlig, daß insbesondere dann, wenn es um viel Geld geht, Menschen leider häufig dazu neigen, die Interessen des Betreuten gegenüber ihren eigenen Interessen zu vernachlässigen.

Weiter ist zu berücksichtigen, daß in dem hier geschilderten Fall ein Betreuer zumindest in der Lage sein muß, die wirtschaftlichen Strukturen, Abläufe und Zusammenhänge innerhalb der Gesellschaft zu erfassen und im Anschluß daran adäquate Entscheidungen zu treffen, welche neben rechtlichen Kenntnissen in der Regel u. a. ein hohes Maß an betriebswirtschaftlichem Wissen und Denken erfordern und wozu es z.B. auch erforderlich ist, daß der Betreuer in der Lage ist, Geschäftsberichte und Jahresabschlüsse (Bilanzen, Gewinn- und Verlustrechnungen) zu verstehen, zu bewerten und die entsprechenden Konsequenzen daraus zu ziehen.

Schließlich sollte ein Betreuer auch in der Lage sein, gewisse Vorgänge zu überwachen, so z.B. auch die Tätigkeit des Steuerberaters. Letztendlich sollte ein Betreuer als Führungspersönlichkeit auftreten können, u. a. auch deshalb, weil im vorliegenden Fall durch die geschilderten persönlichen Verhältnisse Reibereien zwischen div. Beteiligten, wie sie bereits anläßlich der vom Gericht durchgeführten Anhörungen zu bemerken waren, naheliegen und im übrigen der allgemeine Satz gilt: Je höher das Vermögen des Betroffenen ist, desto größer ist der Streit im Umfeld des Betroffenen.

S und E wiesen das Vormundschaftsgericht darauf hin, daß ein Rechtsanwalt, welcher die vorgenannten Fähigkeiten hat, als Betreuer nicht in Frage käme, da ein qualifizierter Rechtsanwalt viel zu teuer sei und es doch besser und billiger wäre, S oder/und E zum Betreuer zu bestellen. Diesem Vorschlag folgte das Vormundschaftsgericht allein schon wegen der erkennbaren Interessenskollision nicht.

Der Bruder B des Betreuten, zu welchem der Betreute stets ein gutes Verhältnis hatte, war und ist weder an der XY GmbH beteiligt noch für diese tätig. Er ist Schuhmachermeister, betreibt eine eigene Schuhmachereiwerkstatt mit zwei Angestellten und teilte dem Vormundschaftsgericht mit, er wolle Betreuer seines Bruders werden. Er sei in der Lage, dieses Amt auszuüben, da er schließlich auch Selbständiger sei und sich somit »auskenne«. B wird zum Betreuer bestellt.

Eine der ersten Informationen, welche B vom Steuerberater der XY GmbH erhält, besagt, daß in den vorangegangenen Monaten an einen der größten Kunden der XY GmbH, nämlich an die Firma Z, außergewöhnlich umfangreiche Lieferungen erfolgt seien, daß bis heute aber der vereinbarten Kaufpreis von insgesamt 1.375.000 DM nicht bezahlt worden sei, daß hierdurch die XY GmbH mittlerweile in erhebliche Liquiditätsschwierigkeiten gekommen sei, daß der Betreute kurz vor seinem Schlaganfall einen Rechtsanwalt mit der gerichtlichen Geltendmachung dieser Forderung beauftragen wollte (wozu es durch den Schlaganfall nicht mehr gekommen sei) und daß nun der Betreuer in dieser Angelegenheit schnellstens etwas unternehmen müsse, da sonst die Gefahr bestünde, daß die XY GmbH evtl. zahlungsunfähig werde und in Konkurs gerate. Hierauf fordert B die Schuldnerin unter letztmaliger Fristsetzung und unter Androhung einer Klage zur Zahlung auf. Hierauf erhielt B von der Schuldnerin lediglich die Mitteilung, daß B nicht klagebefugt sei, da der angeordnete Aufgabenkreis lediglich »Vermögenssorge« laute, was nicht das Recht beinhalte, die Schuldnerin zu verklagen. Nach fruchtlosem Ablauf der gesetzten Frist reicht B beim Landgericht stellvertretend für den Betreuten und namens der XY GmbH über den von ihm namens der XY GmbH beauftragten Rechtsanwalt R Klage gegen die Firma Z auf Zahlung der geschuldeten 1.375.000 DM ein. Die Firma Z beantragt Klageabweisung. Wie ist die Rechtslage und was sollte B als nächstes tun?

Lösung 39:

53 B sollte damit beginnen, schonend seine Haftpflichtversicherung darauf vorzubereiten, daß diese demnächst aus folgendem Grund in Anspruch genommen wird:

Der Umstand, daß für eine Person ein Betreuer bestellt wird, bedeutet noch lange nicht, daß der Betreuer (innerhalb des Aufgabenkreises) den Betreuten in **allen** Bereichen vertritt, in denen der Betreute irgendwie in Erscheinung getreten ist. So verbietet es sich selbstverständlich bei allen höchstpersönlichen Angelegenheiten, daß der Betreuer die Stellung des Betreuten einnimmt. Ansonsten wäre der Fall denkbar, daß z.B. als Rechtsanwalt eines Tages in seine Kanzlei käme und statt der hochqualifizierten Mitarbeiterin Frau Emsig, welche kurz vorher einen Schlaganfall erlitten hat, nun deren Betreuer Faul am Arbeitsplatz von Frau Emsig vorfände, da dieser der Ansicht ist, er vertrete Frau Emsig auch im Rahmen ihrer arbeitsvertraglichen Verpflichtungen. Allein schon an den vorstehenden Beispielen wird klar, daß eine Vertretung, sei es eine rechtsgeschäftliche (mittels Vollmacht) oder sei es im Rahmen einer Betreuung, ihre Grenzen hat.

Im vorliegenden Fall ist weiter zu beachten, daß die Rechtsstellung des Geschäftsführers als Vertretungsorgan der Gesellschaft eine zwingende ist, was sich u. a. auch aus § 37 II GmbHG ergibt. Nach allgemein h.M. folgt hieraus, daß eine organvertretende Bevollmächtigung eines Nichtgeschäftsführers, welche zum Inhalt hat, daß dieser unter Verdrängung des Geschäftsführers diesen vertreten soll, unzulässig ist,

BGH NJW 1977, 199 f.; a.A. Joussen WM 1994, 273, 277 f.

Aber auch dann, wenn die Vollmacht die Vertretungsbefugnis des Geschäftsführers nicht berühren sollte, wäre diese ebenfalls unzulässig,

Fuhrmann/Koppensteiner/Rasner/Rittner/Rowedder/Schaal/Schmidt-Leithoff/Wiedmann/Zimmermann § 35 GmbHG Rn 9.

Dies folgt aus der Überlegung, daß die Gesellschafter vor einer von Ihnen nicht gewollten Ausübung aller Geschäftsführerbefugnisse durch Personen geschützt werden müssen, die nicht ihr Vertrauen genießen. Auch die Rechtssicherheit sowie die Belange des Rechtsverkehrs könnten leiden, wenn die Gültigkeit einer Vollmacht im Einzelfall jeweils davon abhängen würde, ob ihr alle Gesellschafter oder die Gesellschaftermehrheit zugestimmt haben, da es sich hierbei um gesellschaftsinterne Vorgänge handelt, von denen ein Außenstehender i.d.R. keine Kenntnis hat und die daher für die allgemeine Vertretungsmacht nicht maßgeblich sein dürfen. Ein weiterer wichtiger Aspekt besteht darin, daß der Geschäftsführer einer GmbH auch öffentliche Pflichten wie z.B. die Konkursantragspflicht hat, (§ 64 GmbHG) welche nicht nur der Gesellschaft sondern auch bzw. gerade dem Schutz der Gesellschaftsgläubiger dienen,

BGH aaO.

Im vorstehend geschilderten Betreuungsfall führt dies zu dem Ergebnis, daß B den Betreuten zwar im Rahmen von dessen Stellung als Gesellschafter der XY GmbH vertritt, nicht aber in dessen Funktion als Geschäftsführer – und zwar weder im Rahmen des Anstellungsverhältnisses noch im Rahmen der organschaftlichen Vertretung –, da die genannten Überlegungen und Argumente selbstverständlich nicht nur für eine Vertretung im Rahmen einer rechtsgeschäftlichen Beauftragung und Bevollmächtigung sondern auch für eine gesetzliche Vertretung im Rahmen einer Betreuung gelten, da die maßgeblichen Gesichtspunkte die gleichen sind.

Ein weiterer Grund dafür, daß B den Betreuten nicht in seiner Eigenschaft als Geschäftsführer vertreten kann, besteht darin, daß das Vertretungsrecht eines Vertreters nur soweit gehen kann, wie auch der Vertretene entsprechende Rechte hat.

Hierzu folgendes:
Voraussetzung dafür, daß jemand Geschäftsführer einer GmbH werden kann, ist gemäß § 6 II GmbHG der Umstand, daß er unbeschränkt geschäftsfähig ist. Ein nachträglicher Wegfall dieser Voraussetzung führt ipso jure zum Erlöschen des Amtes,

BGH NJW 1991, 2566; OLG Düsseldorf GmbHRdsch. 1994, 114; BayObLG WM 1993, 1184.

Hieraus folgt, daß zu dem Zeitpunkt, als B zum Betreuer bestellt wurde, der Betreute bereits nicht mehr Geschäftsführer der XY GmbH war und es somit in diesem Bereich nichts mehr zu vertreten gab/gibt.

Aus den genannten Überlegungen ergibt sich, daß B nicht berechtigt war, die XY GmbH zu vertreten und in deren Namen die Firma Z zu verklagen sowie Rechtsanwalt R hierzu zu beauftragen. Der hierdurch entstandene Schaden ist erheblich.

Falsch war übrigens die Behauptung der Firma Z, B wäre deshalb nicht vertretungsbefugt gewesen, weil der Aufgabenkreis »Vermögenssorge« ihn nicht ermächtigen würde, Ansprüche gerichtlich geltend zu machen, da gemäß § 1902

BGB der Betreuer den Betreuten innerhalb des Aufgabenkreises nicht nur außergerichtlich sondern auch gerichtlich vertritt.

In diesem Zusammenhang ist zu beachten, daß gemäß § 52 ZPO in einem entsprechenden Rechtsstreit der Betreute, auch wenn er prozeßfähig sein sollte, für den Rechtsstreit einer nicht prozeßfähigen Person gleichsteht.

Das Vormundschaftsgericht bestellt, nachdem B völlig entnervt um Entlassung aus dem Amt des Betreuers gebeten hat, soweit es um den Aufgabenkreis »Vermögenssorge« geht, Rechtsanwalt Schulz, der nach Kenntnis des Gerichts die bereits genannten Fähigkeiten besitzt, in dem o.g. Aufgabenkreis zum neuen Betreuer für Herrn Huber (im »echten« Fall, wie er sich ähnlich in der Realität abgespielt hat, wurde Rechtsanwalt Schulz gleich zu Beginn der Betreuung zum Betreuer bestellt, da dem Vormundschaftsgericht selbstverständlich bewußt war, daß der Umstand, daß B Selbständiger ist, ihn noch lange nicht befähigt, sich in angemessener Weise um die äußerst anspruchsvollen Belange seines Bruders unter besonderer Berücksichtigung der Existenz der XY GmbH zu kümmern).

Die vorstehende Darstellung zeigt, daß durch falsch verstandene »Sparpolitik« in Verbindung mit der Auswahl des Betreuers das Vermögen des Betreuten ohne zwingenden Grund einem unkalkulierbaren und somit unverantwortlich hohen Risiko ausgesetzt wird. Weiter ist hierzu zu bemerken, daß der oftmals vorgetragene – von Personen aus dem Umfeld des Betroffenen, welche ihre eigenen Interessen verfolgen, häufig nur **vorgeschobene** – »Spareffekt« meist nicht eintritt. Der Grund hierfür besteht darin, daß ein qualifizierter Betreuer (also eine Person, welche sich durch ihre Ausbildung, Weiterbildung und Erfahrung auf die gesamte Palette der Betreuungsarbeit spezialisiert hat) sowohl den administrativen Teil als auch den übrigen Bereich seiner Betreuungstätigkeit (beachte hierzu insbesondere den Wortlaut des § 1901 I BGB nF) i.d.R. schneller, besser und, bezogen auf das Ergebnis, für den Betreuten vorteilhafter und somit insgesamt kostengünstiger erledigen kann als Personen, welche diese Qualifikationen nicht besitzen, durch die der Betreute in jeder Hinsicht einem erhöhten Risiko (höhere Kosten durch hören Zeitaufwand, höheres Schadensrisiko in den Bereichen der Personen- sowie der Vermögenssorge usw.) ausgesetzt ist. Im Rahmen der Betreuerauswahl wird man den Interessen unserer Kranken und Behinderten nur dann gerecht, wenn man ihnen das gewährt, worauf gerade sie als hilfsbedürftige Menschen einen Anspruch haben, nämlich einen gesetzlichen Vertreter mit bestmöglicher menschlicher **und** fachlicher Qualifikation.

Im vorliegenden Fall tritt der durch B verursachte Schaden jetzt zutage, da nicht zu erwarten ist, daß der Betreuer, ohne daß das Vormundschaftsgericht von dem gesamten Vorgang Kenntnis erlangt, den Schaden bezahlt.

Weitaus häufiger sind nach allgemeinen Erfahrungen jedoch Schäden, die den Betroffenen dadurch entstehen, daß durch unprofessionelle Betreuertätigkeit Ansprüche der Betreuten, gleich welcher Art und gleich welchen Umfangs, nicht oder nur unzureichend erkannt, verfolgt und realisiert werden. Zu denken ist in diesem Zusammenhang z.B. an unterlassenes, unzureichendes oder falsches Überprüfen, Erkennen, Beantragen sowie Aushandeln von Sozialleistungen, Vergünstigungen und Befreiungen jeglicher Art, günstigeren Zinsen von Kapitalanlagen jeglicher Art, günstigeren Konditionen z.B. bei Banken sowie das Verfolgen von Ansprüchen aus Rechtsgeschäften und Delikten, die der Betreute oder dessen Bevollmächtigte in der Vergangenheit vorgenommen haben bzw. am Vermögen des Betreuten vorgenommen worden sind. Als häufigste dieser Ansprüche sind solche aus unwirksamen Rechtsgeschäften (z. B. wegen Geschäftsunfähigkeit des Betroffenen), aus Schenkungen, aus Nießbrauchs- und Altenteils- und Leibgedingsvereinbarungen sowie aus deliktischen Handlungen zulasten des Betreuten (Diebstahl, Unterschlagung, Betrug usw.) zu nennen, wobei es sich oftmals um Vorgänge handelt, welche in der Vergangenheit vor Anordnung der Betreuung – nicht selten unter Mitwirkung oder auf Veranlassung von Verwandten, sog. Freunden oder sonstigen »Vertrauenspersonen« – stattgefunden haben. Durch solche Vorgänge entstehen den Betroffenen – aber auch dem Steuerzahler – oft Schäden in Millionenhöhe, was weitgehend durch die Auswahl qualifizierter Betreuer vermieden werden kann. Gerade der kranke und behinderte, oftmals alte und gebrechliche Mensch ist verstärkt auf die Hilfe Dritter angewiesen, ohne daß er in der Lage wäre, diese Hilfe zu überwachen. Wird ihm diese Hilfe vom Staat im Rahmen einer Betreuung gewährt (manchmal auch gegen seinen natürlichen Willen), so übernimmt das Vormundschaftsgericht diese Überwachungsfunktion. Nachdem diese Überwachung aber nicht lückenlos ist und auch nicht sein kann, ist das Vormundschaftsgericht umso mehr bei der Auswahl der Betreuer gefordert.

V. Unternehmensfortführung

Fall 40:

Im vorstehenden Fall leitet Rechtsanwalt Schulz unverzüglich die üblichen Erstmaßnahmen, wie z.B. schnelle und gründliche Informationsbeschaffung und Kontaktaufnahme zu allen relevanten Personen und Institutionen sowie die Durchführung aller anderen üblichen Maßnahmen ein. Rechtsanwalt Schulz informiert sich insbesondere über den Steuerberater der Gesellschaft, welcher zugleich der Steuerberater des Betreuten ist, sowie über S und E, aber auch über die Lebensgefährtin des Betreuten sowohl über dessen private Vermögensverhältnisse als auch über die Vermögensverhältnisse der Gesellschaft. Was ist sonst noch dringend zu erledigen?

54

Lösung 40:

Nachdem die Gesellschaft ohne Geschäftsführer ist, ist die Gesellschaft gehalten, unverzüglich einen neuen Geschäftsführer zu bestellen,

Rowedder/Fuhrmann/Koppensteiner § 35 GmbHG Rn 22,

was durch die Gesellschafter zu veranlassen ist und durch Mehrheitsbeschluß zu geschehen hat (§§ 46 Ziff. 5., 47 I GmbHG). Bestellt werden kann jede Person, welche die Eignungsvoraussetzungen des § 6 II, III GmbHG erfüllt, somit grds. auch Rechtsanwalt Schulz, was sich dann anbieten würde, wenn z.B. die Liquiditätslage der Gesellschaft die Bestellung einer anderen Person nicht zuließe oder keine geeignete andere Person zu finden wäre und der Betreuer es sich zutrauen würde, dieses Amt ordnungsgemäß auszuüben. Für diesen Fall wäre jedoch folgendes zu berücksichtigen:

Es ist zwar unbestritten, daß innerhalb einer Ein-Mann-GmbH der Gesellschafter die Möglichkeit hat, sich zum Geschäftsführer zu bestellen. Ein Betreuer eines Gesellschafters innerhalb einer solchen GmbH ist hierzu jedoch nicht befugt, da er in diesem Fall auf der einen Seite als Vertreter des Gesellschafters und auf der anderen Seite als eigene Person auftreten würde. Dies wäre ein Fall des § 181 BGB, welcher auf gesetzliche Vertretungen Anwendung findet,

> Palandt-Heinrichs § 181 BGB Rn 3.

Sobald ein neuer Geschäftsführer bestellt ist, hat dieser gemäß § 39 GmbHG im Handelsregister die Löschung des Betreuten als Geschäftsführer sowie die Eintragung des neuen Geschäftsführers zu veranlassen

Ob und wie im weiteren Verlauf der Betreuer die Gesellschaft fortführt oder liquidiert, ist eine Sache der Einzelfallprüfung und erfordert ein hohes Maß an betriebswirtschaftlicher Kenntnis und Verantwortung sowie »Fingerspitzengefühl«, zumal wenn, wie hier, von einer solchen Entscheidung das Schicksal von 14 Arbeitnehmern abhängt. Alle jetzt zu treffenden Entscheidungen sind auch stark davon abhängig, wie sich der Genesungsverlauf des Betreuten (voraussichtlich) entwickelt.

Ist davon auszugehen, daß der Betreute innerhalb relativ kurzer Zeit wieder die Geschicke seiner Gesellschaft selbst in die Hand nehmen kann, so sollte der Betreuer zwar einerseits alles Erforderliche veranlassen, dies aber andererseits auf das notwendige Maß beschränken, um zu vermeiden, daß evtl. unnötige Fakten geschaffen werden, welche den Vorstellungen des Betreuten evtl. nicht oder nicht in vollem Umfang entsprechen. Immerhin ist es seine Gesellschaft, die er bisher nach seinen Vorstellungen betrieben hat und die er künftig auch wieder so vorfinden möchte.

Ist jedoch davon auszugehen, daß der Betreute längerfristig oder sogar auf Dauer nicht mehr in der Lage sein wird, seine Angelegenheiten selbst zu besorgen, so sollte der Betreuer, sobald die Voraussetzungen hierfür vorliegen, mittel- und langfristige Konzepte entwerfen und entsprechende Maßnahmen einleiten.

VI. Verkauf einer Immobilie

Fall 41:

Nachdem aus verschiedenen Gründen, welche hier nicht näher zu erörtern sind, bereits seit einiger Zeit festgestanden hat, daß die Firma Z, selbst wenn sie wollte, ihre Verbindlichkeiten gegenüber der XY GmbH zumindest kurz- und mittelfristig nicht mehr begleichen kann (und vermutliche auch zu einem späteren Zeitpunkt nicht mehr begleichen können wird), hat Herr Huber noch kurz vor seinem Schlaganfall mit dem Steuerberater der Gesellschaft besprochen, was zu tun wäre, um neue Liquidität für die Gesellschaft zu schaffen.

Der Steuerberater erklärt Rechtsanwalt Schulz, daß sich im Rahmen dieses Gespräches Herr Huber auf Anraten des Steuerberaters entschlossen hat, der Gesellschaft aus seinem Privatvermögen ein Darlehen von 1.500.000 DM zu dem derzeit üblichen Zinssatz zu gewähren und hierzu eine seiner Immobilien zu verkaufen. Nach Überprüfung der Sachlage und auf entsprechendes Anraten des Steuerberaters kommt Rechtsanwalt Schulz ebenfalls zu dem Ergebnis, daß es unter Berücksichtigung aller Umstände, insbesondere unter Berücksichtigung dessen, daß die Banken aus diversen Gründen, welche hier nicht näher zu erörtern sind, nicht bereit sind, der GmbH einen Kredit in dieser Höhe gewähren, eine vernünftige Lösung ist, wenn der GmbH der genannten Kredit aus dem Privatvermögen des Betreuten gewährt wird, wobei der Betreuer bereits vorher abgeklärt hat, daß sich das Privatvermögen des Betreuten in einem Bereich bewegt, der es ihm ohne weiteres ermöglicht, einen solchen Kredit zu gewähren, allerdings mit der Maßgabe, daß eine der Immobilien des Betreuten veräußert werden muß. Wie geht Rechtsanwalt Schulz vor?

Lösung 41:

Nachdem im vorliegenden Fall die Veräußerung einer Immobilie nicht zwingend erforderlich ist (wie es z.B. der Fall wäre, wenn der Betreute ausschließlich von seiner Vermögenssubstanz lebt und mit Ausnahme der Immobilie keinerlei anderes Vermögen mehr vorhanden ist), ist Rechtsanwalt Schulz zu raten, unter Darlegung aller wirtschaftlichen Hintergründe eine Voranfrage des Inhalts an das Vormundschaftsgericht zu richten, ob das Gericht aufgrund der geschilderten Umstände einem Verkauf der (näher bezeichneten) Immobilie grundsätzlich zustimmen würde, da auf diese Weise vermieden wird, daß im Rahmen des beabsichtigten Verkaufes der Immobilie Kosten und Arbeit investiert werden und der Betreuer im Anschluß daran vom Vormundschaftsgericht die Mitteilung erhält, daß die Genehmigung aus diversen Gründen, die vorher evtl. nicht bedacht wurden, nicht erteilt wird.

Sollte die Genehmigung grundsätzlich in Aussicht gestellt werden, so wäre der nächste Schritt, ein Verkehrswertgutachten erstellen zu lassen. Dieses Verkehrswertgutachten dient dazu, daß der Betreuer, welcher in der Regel kein Sachverständiger für die Bewertung von Immobilien ist, im Rahmen nachfolgender

Verkaufsverhandlungen und im Rahmen eines nachfolgenden Kaufabschlusses beurteilen kann, welchen Kaufpreis er verlangen soll und ob der dann letztlich vereinbarte Kaufpreis dem Wohle und dem Interesse des Betreuten entspricht. Das Sachverständigengutachten dient im übrigen aber auch dazu, im Rahmen der noch zu beantragenden vormundschaftsgerichtlichen Genehmigung (§§ 1908 i I, 1821 I Ziff. 1 BGB) dem Gericht und dem noch zu bestellenden und anzuhörenden Verfahrenspfleger (§§ 69 d I 1, 67 I 1 FGG) objektive Kriterien an die Hand zu geben, aufgrund derer sowohl das Gericht als auch der Verfahrenspfleger in der Lage sind, beurteilen zu können, ob der vom Betreuer abgeschlossene Kaufvertrag dem Wohle und dem Interesse des Betreuten entspricht. Sobald das Verkehrswertgutachten erstellt ist, empfiehlt der Verfasser, den Vertrieb der Immobilie einem seriösen Makler zu übertragen. Nur so ist nämlich gewährleistet, daß einerseits die Immobilie einem breiten Publikum angeboten wird, daß der Verkauf in den Händen von Fachleuten liegt, daß auf diese Weise davon ausgegangen werden kann, daß ein angemessener Kaufpreis erzielt wird und daß später niemand dem Betreuer unterstellen kann, er hätte das Grundstück unter Wert, z.B. an einen Freund (evtl. über einen Strohmann), verkauft.

58 Bei einem Verkauf über einen Makler ist zu beachten, daß manche Makler dazu neigen, die ihnen zum Verkauf übertragene Immobilie gegenüber dem Verkäufer möglichst niedrig, häufig sogar unter Wert zu beurteilen. Dies dürfte daran liegen, daß Makler grundsätzlich ein Interesse daran haben, das Objekt möglichst schnell zu vermitteln. Spricht man Makler auf diese Tatsache an, so werden sie dies i.d.R. entrüstet mit der Bemerkung zurückgewiesen, daß diese Unterstellung schon deshalb nicht richtig sein könne, weil sie (die Makler) prozentual am Verkaufserlös beteiligt sind und sie sich somit selbst Schaden zufügen würden. Richtig ist jedoch, daß dieser Schaden äußerst gering ist im Verhältnis zu dem Schaden (Kosten), der einem Makler entsteht, wenn er ein Objekt über einen langen Zeitraum anbieten muß (Kosten der Präsentation wie z.B. Prospekte und Annoncen, Kosten der Arbeitskraft für Besichtigungen, Fahrzeugkosten usw.). Man sollte sich also von einem Makler das Verkaufsobjekt nicht »madig« machen lassen mit der Folge, daß das Objekt zu einem zu geringen Preis angeboten und schließlich verkauft wird.

Kommt es zu einem Verkauf, so ist im Rahmen der notariellen Beurkundung i.V.m. dem vormundschaftsgerichtlichen Genehmigungsverfahren folgendes häufig wiederkehrende Problem zu berücksichtigen:

59 Die Genehmigung kann bei zweiseitigen Rechtsgeschäften vorher oder nachher erteilt werden,

> Palandt-Diederichsen § 1828 BGB Rn 3,

(bei einem einseitigen Rechtsgeschäft muß sie gemäß §§ 1908 i I, 1831 1 BGB vorher erteilt werden). Eine vormundschaftsgerichtliche Genehmigung hat gemäß §§ 1908 i I, 1828 BGB gegenüber dem Betreuer zu erfolgen. Dies deshalb, um dem Betreuer die Wahl zu lassen, bis zuletzt zu entscheiden, ob er von dieser Genehmigung Gebrauch machen will,

> Palandt-Diederichsen § 1828 BGB Rn 1,

denn auch nach der Erteilung der Genehmigung hat der Betreuer zu überprüfen, ob es immer noch im Interesse des Betreuten liegt, von der Genehmigung Gebrauch zu machen, sie also dem Vertragsgegner mitzuteilen, wozu der Betreuer trotz Erteilung der Genehmigung nicht verpflichtet ist,

> Palandt-Diederichsen § 1829 BGB Rn 6.

Teilt der Betreuer die Genehmigung dem Vertragsgegner mit, so wird der bis dahin schwebend unwirksame Vertrag endgültig wirksam (§§ 1908 i I, 1829 I BGB). Voraussetzung ist jedoch, daß der Mitteilung ausdrücklich oder zumindest stillschweigend zu entnehmen ist, daß der Betreuer die Entscheidung des Vormundschaftsgerichts als endgültig betrachtet und die Mitteilung erfolgt, um den Vertrag endgültig wirksam werden zu lassen,

> Palandt-Diederichsen § 1829 BGB Rn 6.

In notariellen Kaufverträgen findet man immer wieder Klauseln, welche beinhalten, daß »der Notar bevollmächtigt ist, die für den Vertrag erforderlichen Genehmigungen für die Vertragsparteien entgegenzunehmen, diese Genehmigungen gegenseitig mitzuteilen und die Mitteilungen jeweils in Empfang zu nehmen«. Ist dies in Ordnung?

In der Rechtsprechung ist heute allgemein anerkannt, daß bei notariellen Verträgen eine Bevollmächtigung des Notars durch den Betreuer in der Weise zulässig ist, daß der Notar zur Entgegennahme der Genehmigung nach §§ 1908 i I, 1828 BGB, zum Gebrauch machen von ihr durch die Mitteilung der Genehmigung an den Vertragsgegner gemäß §§ 1908 i I, 1829 I S. 2 BGB sowie zur Entgegennahme dieser Mitteilung berechtigt ist. Es handelt sich bei diesen Klauseln um sog. »Doppelbevollmächtigungen«. **60**

Es ist darauf zu achten, daß der Wille des Notars, sich selbst als Bevollmächtigter des anderen Teils die Genehmigung mitzuteilen, nach außen irgendwie erkennbar wird, z.B. durch einen Vermerk auf der Urkunde,

> BayObLG FamRZ 1997, 1426; Palandt-Diederichsen § 1829 BGB Rn 7; MüKo § 1829 BGB Rn 18.

Fehlt bei der vorstehenden Klausel der Passus, daß der Notar bevollmächtigt wird, die in Empfang genommenen Genehmigungen dem Vertragsgegner mitzuteilen, so stellt dies einen gravierenden Mangel dar, da die Klausel dann als unzulässiger Verzicht (der Mitteilung) gesehen wird,

> LG Itzehoe NJW-RR 1998, 159; Palandt-Diederichsen § 1828 BGB Rn 7; § 1829 Rn 6; MüKo § 1829 BGB Rn 18 a.

Aus der Sicht des Betreuers ist darauf zu achten, daß die Doppelbevollmächtigung nicht dazu dienen darf, daß dem Betreuten das ihm zustehende Beschwerderecht

sittenwidrig abgeschnitten werden soll. Dies hätte zur Konsequenz, daß der Betreute sein Beschwerderecht behalten würde,
   Palandt-Diederichsen § 1829 BGB Rn 7.

Nach notarieller Beurkundung des Kaufvertrages wird Rechtsanwalt Schulz diesen dann gemäß §§ 1908 i I, 1821 I Ziff. 1 BGB dem Vormundschaftsgericht mit dem Antrag auf Erteilung einer Genehmigung vorlegen.

Eine im Zusammenhang mit der vormundschaftsgerichtlichen Genehmigung immer wieder gestellte Frage lautet, ob für einen geschäftsfähigen Betreuten die Möglichkeit besteht, die vormundschaftsgerichtliche Genehmigung dadurch zu umgehen, daß der Betreute selbst die Immobilie veräußert oder er seinen Betreuer mit einer entsprechenden wirksamen Vollmacht ausstattet, die es dem Betreuer ermöglicht, die Immobilie im Namen des Betreuten (jedoch aufgrund der Vollmacht des Betreuten und nicht aufgrund der Vertretungsmacht im Rahmen der Betreuung) zu veräußern.

61 Die nach §§ 1908 i I, 1821 BGB erforderliche Genehmigung stellt aus der Sicht des Betreuers eine Beschränkung seiner Vertretungsmacht dar. Unstreitig ist daher immer dann die Genehmigung des Vormundschaftsgerichts erforderlich, wenn der Betreuer in seiner Eigenschaft als solcher das Grundstücksgeschäft abschließt, gleichgültig, ob sein Betreuter geschäftsfähig ist oder nicht. Schließt der Betreute, welcher geschäftsfähig ist, ein genehmigungspflichtiges Rechtsgeschäft selbst ab, so ist zu dessen Wirksamkeit nicht die vormundschaftsgerichtliche Genehmigung erforderlich.

62 Unterschiedliche Meinungen bestehen in Literatur und Rechtsprechung jedoch für den Fall, daß der geschäftsfähige Betreute seinem Betreuer eine wirksame Vollmacht zum Abschluß eines Rechtsgeschäftes erteilt, welches einerseits in den für die Betreuung angeordneten Aufgabenkreis fällt und andererseits genehmigungspflichtig ist. Teilweise wird hierzu die Ansicht vertreten, daß der Betreute auch dann, wenn er geschäftsfähig ist, den Betreuer nicht wirksam bevollmächtigen kann, Geschäfte nach §§ 1908 i I, 1821, 1822 BGB, soweit diese in seinen Aufgabenkreis fallen, ohne die Genehmigung des Vormundschaftsgerichts vorzunehmen,
   Palandt-Diederichsen § 1902 BGB Rn 2.

Überwiegend wird jedoch die gegenteilige Auffassung vertreten,
   OLG Frankfurt FamRZ 1997, 1424 m. w. N.

Was der Betreuer zu veranlassen hat, wenn die vormundschaftsgerichtliche Genehmigung erteilt wird und eine Doppelbevollmächtigung nicht vorliegt, wurde vorstehend bereits dargelegt, weshalb hierauf verwiesen wird.

Die vom Betreuer beabsichtigte Darlehensvergabe an die XY GmbH wird in diesem Rahmen nicht näher erörtert. Es wird lediglich auf die Beachtung der hierfür maßgeblichen Bestimmungen hingewiesen, insbesondere auf §§ 1908 i I, 1807, 1811 BGB.

VII. Die Pflichten des Betreuers nach der Abgabenordnung
Fall 42:

Im vorliegenden Fall stellte Rechtsanwalt Schulz im Rahmen der von ihm durchgeführten Vermögensermittlungen fest, daß der Betreute ein Bankschließfach hat, in welchem u. a. festverzinsliche Wertpapiere im Nennwert von 720.000 DM enthalten waren. Rechtsanwalt Schulz hat die Papiere anläßlich der Öffnung des Schließfachs diesem entnommen und bei der Bank, wo sich das Schließfach befindet, in ein von ihm sofort auf den Namen seines Betreuten eröffnetes Wertpapierdepot gegeben.

63

Hinweis: Beim Öffnen von Schließfächern sollte der Betreuer zu seiner eigenen Absicherung darauf achten, daß stets ein Zeuge anwesend ist und der Inhalt des Schließfachs in einem Protokoll aufgenommen wird, dessen Richtigkeit und Vollständigkeit der Zeuge durch Unterschrift bestätigt. Zeugen aus dem Bereich der jeweiligen Bank wären zwar wünschenswert (weil vor Ort und somit kostengünstig), doch sträuben sich nach den diesbezüglichen Erfahrungen des Verfassers i.d.R. die jeweiligen Bankmitarbeiter, als Zeugen bei Schließfachöffnungen mitzuwirken.

Auf Nachfrage beim Steuerberater des Betreuten erklärt dieser, daß ihm von den vorstehenden Wertpapieren bisher nichts bekannt gewesen sei und daher diese sowie deren Erträge dem Finanzamt gegenüber nie angegeben worden seien. Weiter teilt der Steuerberater etwas kleinlaut mit, daß dies nicht die einzige Unterlassungssünde gewesen sei. Der Betreute und seine Ehefrau hätten nämlich stets gemeinsame Einkommensteuererklärungen abgegeben und im Rahmen dieser den Umstand, daß sie mittlerweile bereits seit ca. 10 Jahren getrennt leben, verschwiegen und stets die gemeinsame Veranlagung beantragt und seien entsprechend diesen Anträgen gemeinsam veranlagt worden. Auf Frage, ob sich der Betreute und dessen Ehefrau darüber bewußt gewesen seien, daß sich diese falschen Angaben gegenüber dem Finanzamt steuerlich positiv für sie ausgewirkt hätten, erklärt der Steuerberater, daß beide Ehegatten dies selbstverständlich gewußt hätten und daß dies ja schließlich der Grund gewesen sei, so zu verfahren.

Im übrigen, so meint der Steuerberater, träfe es sich gut, daß der Betreuer gerade bei ihm sei, denn die neue Steuererklärung (mit gemeinsamer Veranlagung) sei gerade fertig geworden und müsse vom Betreuer nur noch unterzeichnet werden. Der Steuerberater weist darauf hin, daß es wohl nicht zu umgehen sei, daß der Betreuer hinsichtlich der gemeinsamen Veranlagung eine unrichtige Angabe mache, da sonst alles »auffliegen« würde, was nicht im Interesse des Betreuten sein könne. Der Steuerberater erklärt forsch, er habe sich im Betreuungsrecht kundig gemacht und wisse daher genau, daß der Betreuer wegen § 1901 II BGB nF. geradezu verpflichtet sei, weiterhin die Voraussetzungen für eine gemeinsame Veranlagung zu behaupten und sie zu beantragen. Etwas weniger forsch fügt er hinzu, daß seine bisherige Mitwirkung wohl nicht ganz korrekt gewesen sei.

Zwischenbemerkung: Es ist davon auszugehen, daß letzteres sowie die damit im Zusammenhang stehende und dem Steuerberater selbstverständlich bekannte Strafbarkeit seines eigenen bisherigen Handelns bei seinen Überlegungen im Vordergrund gestanden haben dürften und er daraufhin verzweifelt nach einer Lösung seines Problems gesucht hat, welche er in § 1901 II BGB nF. gefunden zu haben glaubt und die er nun, verpackt als Wohltat für den Betreuten, dem Betreuer »unterzujubeln« versucht.

In der Praxis wird man leider immer wieder mit einer Personengruppe konfrontiert, welche sich dadurch auszeichnet, daß sie unter völliger Mißachtung der tatsächlichen Interessen des Betreuten und somit zu dessen Schaden ihre eigenen Belange in der Weise durchzusetzen versucht, daß sie versucht, unter dem Deckmantel des »Wohles und Interesses des Betreuten« und meist unter Vorspiegelung falscher oder unvollständiger Tatsachen, den Betreuer dazu zu bringen, Handlungen oder Unterlassungen vorzunehmen, die allenfalls scheinbar, aber keinesfalls tatsächlich dem Wohl und Interesse des Betreuten entsprechen. Weiter zeichnet sich diese Personengruppe dadurch aus, daß sie häufig dann, wenn der Betreuer auf ihre Vorstellungen (die in der Praxis, insbesondere bei vermögenden Betreuten, hinsichtlich ihrer Dreistigkeit oftmals Anlaß zum Staunen geben und die üblicherweise immer wieder auf das Thema »wie komme ich an das Vermögen des Betreuten« hinauslaufen) nicht oder nicht ausreichend eingeht, ihre eigenen Interessen mit allen erdenklichen Mitteln durchzusetzen versucht. Hierzu gehört leider häufig auch die massive Beeinflussung des oftmals aufgrund seiner psychischen Lage einer solchen Situation völlig hilflos ausgesetzten und leicht beeinflußbaren Betreuten, welcher dazu mißbraucht werden soll, Wünsche zu äußern, die keinesfalls das Produkt seiner eigenen Vorstellungen und Bedürfnisse sind, was sich i.d.R. dann erweist, wenn der Betreute einfühlsam und in Abwesenheit des jeweiligen »Beeinflussers« zu dem entsprechenden Thema befragt wird,

E48 vgl. hierzu BayObLG FamRZ 1994, 1353 **[E48]**.

An dieser Stelle kann nur eindringlich geraten werden, sich als Betreuer nicht zum Handlanger dieser Personen machen zu lassen, vielmehr zugunsten des Betreuten stets wachsam zu sein und ausschließlich dessen Interessen und Rechte zu vertreten und, wenn es nötig ist, auch zu verteidigen. Hierauf hat der Betreute in der besonderen Situation, in welcher er sich befindet und in welcher er verstärkt auf die Fürsorge und Hilfe Dritter angewiesen ist, sowohl einen rechtlichen als auch einen moralischen Anspruch.

Zum vorliegenden Fall: Wie sind die vorstehenden Handlungen rechtlich einzuordnen? Was kann, darf oder muß Rechtsanwalt Schulz tun?

Lösung 42:

Unterstellt man, daß der Betreute die Wertpapiere nicht deshalb im Bankschließfach deponiert hat, um sich Depotgebühren zu sparen, sondern daß er hierdurch eine Besteuerung seiner Zinsen vermeiden und vor der Abschaffung (sowie nach der zu erwartenden Wiedereinführung) der Vermögenssteuer diese sparen wollte, so stellt dies eine Steuerhinterziehung gemäß § 370 I AO dar.

Hieran ändert im Hinblick auf die Zinsen auch der Umstand nichts, daß ab Einführung der Quellenbesteuerung eine Steuer gleich bei Auszahlung der Zinsen einbehalten wird, da der dort zugrunde gelegte Steuersatz bei Einlösung von Zinsscheinen geringer ist, als der Einkommensteuersatz von 53 %, dem der Betreute unterliegt.

Eine Steuerhinterziehung im Sinne des § 370 I AO stellt auch der Umstand dar, daß der Betreute in der Vergangenheit gegenüber der Finanzbehörde das Getrenntleben von seiner Ehefrau verschwiegen und die gemeinsame Veranlagung beantragt hat.

Es steht somit fest, daß der Betreute fortgesetzt mehrere Steuerstraftaten begangen hat und daß durch die genannten Handlungen dem Staat erhebliche Steuern entgangen sind. Werden diese Umstände dem Finanzamt bekannt, so führt das i.d.R. einerseits zu strafrechtliche Konsequenzen und hat andererseits zur Folge, daß mit erheblichen Steuernachzahlungen zu rechnen ist.

Manche mögen sich an dieser Stelle vielleicht fragen: Was geht das einen Betreuer an? Die Antwort lautet: Eine ganze Menge!

Allein schon aus dem Umstand, daß im vorliegenden Fall der Betreuer für den Aufgabenkreis »Vermögenssorge« verantwortlich ist, resultiert dessen Pflicht, sich um die steuerlichen Angelegenheiten seines Betreuten zu kümmern (wobei sich die Frage stellt, in welchem Umfang dies zu erfolgen hat, worauf nachstehend noch eingegangen wird). Die Betreuungsvorschriften, welche den Betreuer in diesem Bereich zu einem Handeln zwingen und auch Vorgaben machen, wie der Betreuer seine Handlungen grds. vorzunehmen hat (z. B. »den Wünschen des Betreuten entsprechend« oder »seinem Wohl entsprechend«), stellen jedoch nur Normen dar, aus denen der Betreute und allenfalls noch das Vormundschaftsgericht Rechte gegenüber dem Betreuer herleiten können.

Unabhängig davon hat es sich der Steuergesetzgeber nicht nehmen lassen, die diesbezüglichen Pflichten eines Betreuers insbesondere in der AO zu konkretisieren. An dieser Stelle wird daher, dem Aufbau der AO folgend, auf einige wichtige Bestimmungen der AO hingewiesen, soweit sie für einen Betreuer relevant sind:

- Ein Betreuer hat gemäß **§ 34 I AO** in seiner Eigenschaft als gesetzlicher Vertreter des Betreuten dessen steuerliche Pflichten zu erfüllen und insbesondere dafür zu sorgen, daß die Steuern aus dem Vermögen entrichtet werden, welches er verwaltet. Zu bemerken ist, daß § 34 I AO den Betreuer nicht zum Steuerschuldner macht (dieser ist weiterhin der Betreute), § 34 I AO besagt lediglich, daß der Betreuer als steuerliche Hilfsperson Haftungsschuldner ist (Haftungsnorm).

Der Wortlaut des § 34 I AO wirft sofort die Frage auf, welche »steuerlichen Pflichten« der Betreute hat. Diese können, wegen der großen Vielfalt, hier nicht aufgezählt werden. Sie sind sowohl in der AO als auch in den jeweiligen Spezialgesetzen wie z.B. Einkommensteuergesetz oder Umsatzsteuergesetz geregelt. Als wichtigste Pflichten sind die Abgabe der jeweiligen Steuererklärungen (sofern die entsprechenden Voraussetzungen vorliegen), sowie die Pflicht, wahrheitsgemäße und vollständige Angaben zu machen, zu nennen.

- Von erheblicher praktischer Bedeutung im Rahmen der Betreuertätigkeit ist auch **§ 36 AO**, welcher besagt, daß durch die Beendigung des Amtes des Betreuers die nach § 34 I AO entstandenen Pflichten unberührt bleiben, soweit sie den Zeitraum betreffen, in welchem der Betreuer sein Amt ausgeübt hat und soweit er noch in der Lage ist, sie zu erfüllen.

  Die bedeutet, daß beispielsweise eine Steuererklärung, die vor Beendigung des Betreueramtes abzugeben gewesen wäre, vom damaligen Betreuer aber nicht abgegeben wurde, von diesem nachträglich nach Beendigung seines Amtes noch abzugeben ist. Auch über steuerlich relevante Geschäftsvorfälle aus seiner Zeit als Betreuer hat dieser noch Auskunft zu erteilen. Steuern braucht der ehemalige Betreuer nach Beendigung seines Amtes jedoch nicht mehr zu entrichten, da er zu diesem Zeitpunkt die entsprechenden Mittel nicht mehr verwaltet (§ 34 I S. 2 AO).

- Gemäß **§ 44 I AO** haften der Steuerschuldner (Betreuter) sowie der Haftende (Betreuer) als Gesamtschuldner.

- Gemäß **§ 69 AO** haftet der Betreuer in vollem Umfang, soweit Ansprüche aus dem Steuerschuldverhältnis (§ 37 AO), also z.B. die vom Betreuten geschuldete Steuer, wegen vorsätzlicher oder grob fahrlässiger Verletzung seiner Pflichten z.B. nicht oder nicht rechtzeitig festgesetzt oder erfüllt wurden.

- Aus **§ 71 AO** ergibt sich die Haftung des Betreuers u. a. für verkürzte Steuern, welche das Ergebnis einer von ihm z.B. als Täter, Mittäter, Gehilfe oder Anstifter begangenen Steuerhinterziehung sind.

- Im Gegensatz zu den vorstehenden Haftungsnormen, welche die persönliche gesetzliche Haftung regeln, stellt § 77 AO eine dingliche gesetzliche Haftungsnorm dar, die zum Inhalt hat, daß der Betreuer verpflichtet ist, unter den dort genannten Voraussetzungen die Zwangsvollstreckung in das Vermögen des Betreuten zu dulden.

- Über **§ 81 AO** hat die Finanzbehörde unter den dort genannten Bedingungen die Möglichkeit, das Vormundschaftsgericht zu ersuchen, einen Vertreter zu bestellen, für welchen bei Fällen des § 81 I Ziff. 4 AO die Vorschriften über die Betreuung gelten (§ 81 IV AO).

- Wichtig für einen Betreuer ist auch **§ 153 AO**, wonach dieser verpflichtet ist, wenn er nach Abgabe der Steuererklärung (durch ihn oder – insbesondere bei neuen Betreuungen – durch den Betreuten), jedoch vor Ablauf der Festsetzungsfrist (§§ 169, 191 III, 239, 346 AO) Kenntnis z.B. von der Unrichtigkeit oder Unvollständigkeit einer von/für dem/den Betreuten abgegebenen Steuererklärung erlangt, unverzüglich der Finanzbehörde hierüber Mitteilung zu machen und entsprechende Berichtigungen bzw. Vervollständigungen vorzunehmen.

- Aus **§ 235 I 3 AO** ergibt sich die Schuld (nicht die Haftung) des Betreuers für Zinsen aus der dort genannten Art von Steuerhinterziehungen.

Kommen wir nun zum Ausgangspunkt dieses Falles, nämlich zu den Steuerstraftaten zurück:

- **§ 369 I AO** enthält eine Legaldefinition der Steuerstraftaten und nimmt somit eine Abgrenzung zu den Steuerordnungswidrigkeiten gemäß §§ 377 ff. AO vor. § 369 II AO schreibt die Anwendung der allgemeinen Gesetze über das Strafrecht vorbehaltlich spezieller Steuernormen vor, womit zum Ausdruck kommt, daß Steuerstraftaten grds. nach dem allgemeinen Strafrecht zu beurteilen sind und somit kein Sonderstrafrecht darstellen.

Der Betreute hat durch seine beschriebenen Handlungen gegenüber der Finanzbehörde über steuerlich erhebliche Tatsachen (Getrenntleben – §§ 26 ff. EStG) unrichtige Angaben gemacht und überdies die Finanzbehörde über steuerlich erhebliche Tatsachen (Einkünfte aus Kapitalvermögen – §§ 2 I Ziff. 5, 20 ff. EStG) pflichtwidrig (§§ 149 f. AO, 25 EStG, 56 EStDV) in Unkenntnis gelassen. Nachdem der Betreute, wie vom Steuerberater zu erfahren war, den Steueranspruch der Finanzbehörde kannte und ihn trotz dieser Kenntnis verkürzen wollte und auch verkürzt hat, sind sowohl der subjektive als auch der objektive Tatbestand der Steuerhinterziehung gemäß § 370 I AO erfüllt. Auf die Tätereigenschaften bzw. die Teilnahmehandlungen des Steuerberaters sowie der Ehefrau den Betreuten soll hier nicht näher eingegangen werden.

Was kann bzw. muß der Betreuer unternehmen, um den Betreuten vor den strafrechtlichen sowie wirtschaftlichen negativen Folgen zu bewahren bzw. diese zu minimieren?

- Die AO sieht in solchen Fällen die Möglichkeit einer Selbstanzeige gemäß **§ 371 AO** vor. Wenn der Betreuer die unrichtigen, unvollständigen und/oder unterlassenen Angaben des Betreuten ggü. der Finanzbehörde berichtigt, ergänzt und/oder nachholt, so führt dies zur Straffreiheit des Betreuten, wenn zugleich auch alle anderen Voraussetzungen und Bedingungen des § 371 II, III, IV AO vorliegen bzw. erfüllt werden.

Die negative Konsequenz einer solchen Selbstanzeige wurde vorstehend bereits angedeutet, nämlich die, daß i.d.R. mit erheblichen Steuernachzahlungen zu rechnen ist.

Der Betreuer hat sich daher zwischen zwei Übeln zu entscheiden, nämlich entweder auf die bisher vom Betreuten gemachten unrichtigen, unvollständigen und/oder unterlassenen Angaben nicht zu reagieren, mit der Folge, daß dem Betreuten, sollte die Steuerbehörde hiervon Kenntnis erlagen, Strafe droht, oder dem Finanzamt die bisher vom Betreuten gemachten unrichtigen, unvollständigen und/oder unterlassenen Angaben zu berichtigen, vervollständigen und/oder nachzuholen, mit dem Übel, daß ihm erhebliche Steuernachzahlungen drohen.

Zur Lösung des vorliegenden Problems sowie des Zwiespaltes, in welchem sich der Betreuer hierbei befindet, würde sich evtl. § 1901 II BGB nF. in der Weise anbieten, daß der Betreuer im Rahmen einer Güterabwägung feststellt, welches der beiden genannten Übel für den Betreuten das größere Übel ist, um sodann gemäß dem Auftrag des § 1901 II BGB nF. dieses größere Übel zum Wohle des Betreuten zu beseitigen. Zu welchem Ergebnis der Betreuer kommt, spielt jedoch aus folgendem Grund keine Rolle:

Im vorliegenden Fall ist der Versuch einer Problemlösung über § 1901 II BGB nF. falsch. Es geht nämlich nicht so sehr darum, ob die eine oder die andere Handlungsweise dem Wohle des Betreuten mehr oder weniger entspricht, es geht – und dies sollte niemals vergessen werden – schlicht darum, daß sich der Betreuer bei allen seinen Handlungen stets im Rahmen der Gesetze zu bewegen hat. Schließlich spielt sich das Betreuungsrecht nicht in einem gesetzesfreien Raum ab. Ein Betreuer tut daher gut daran, den gesetzestreuen Pfad nicht zu verlassen, auch nicht aus falsch verstandener Hilfsbereitschaft oder sonstigen, menschlich durchaus nachvollziehbaren Gründen.

In diesem Zusammenhang könnte man evtl. auch damit argumentieren, daß von einer Offenbarung gegenüber dem Finanzamt dann abgesehen werden solle oder gar müsse, wenn der Betreute gemäß § 1901 III BGB nF. dies ausdrücklich wünscht. Dies wäre jedoch der klassische Fall, daß einem Betreuer eine solche Handlungsweise nicht zuzumuten ist (§ 1901 III 1, 2. Hs. BGB nF). Hinzu kommt, daß eine entsprechende Mitteilung an das Finanzamt zwar vordergründig scheinbar nicht dem Wohl des Betreuten entspricht, in letzter Konsequenz aber in seinem Interesse ist, weshalb eine solche Mitteilung zugleich auch als korrekte Erfüllung des in § 1901 II BGB nF. enthaltenen Auftrages zu sehen ist.

Die ganze Angelegenheit muß aber auch unter einem weiteren Aspekt betrachtet werden, welcher vorstehend bereits im Rahmen der Zumutbarkeit gemäß § 1901 III 1 BGB nF. angesprochen wurde. Es blieb bisher nämlich vollkommen unberücksichtigt, daß der Betreuer als gesetzlicher Vertreter **eigene** Pflichten hat, welche insbesondere aus § 34 AO resultieren und welche dazu führen, daß auch er sich unter gewissen Voraussetzungen wegen seines **eigenen** Fehlverhaltens strafbar und überdies haftbar sowie schadenersatzpflichtig machen kann, z.B. wenn er die vorstehende Meldung an die Finanzbehörde unterläßt, da gemäß § 370 I Ziff. 2 AO auch derjenige bestraft wird, welcher »die Finanzbehörden pflichtwidrig über steuerlich erhebliche Tatsachen in Unkenntnis läßt ... und dadurch ... für einen anderen nicht gerechtfertigte Steuervorteile erlangt«.

Daß derlei Mitteilungen an die Finanzbehörden häufig verbunden sind mit erheblichen Anfeindungen seitens derjenigen Personen, welche bei der Begehung der Straftaten als Täter, Mittäter oder Beteiligte mitgewirkt oder hierzu angestiftet haben (z. B. Steuerberater, Ehegatten, Freunde, Verwandte usw.), liegt auf der Hand. Dies sollte den Betreuer jedoch unter keinen Umständen von einer korrekten Handlungsweise abhalten.

Beabsichtigt man eine Selbstanzeige, so sollte man, unabhängig von allen zu befürchtenden Vorwürfen von Beteiligten diese von dem geplanten Schritt unterrichten, da man ihnen die Chance geben sollte, ebenfalls diesen Weg einzuschlagen und dadurch straffrei zu werden, andernfalls diesen Personen mit Sicherheit Strafverfolgung drohen würde, da der Finanzbehörde ja nun durch die Selbstanzeige des Betreuers der gesamte Sachverhalt zur Kenntnis gelangt.

Ausschlaggebend für diese Vorgehensweise ist, neben dem Gebot der Fairness, § 1901 II, III BGB nF., da unter normalen Umständen davon auszugehen ist, daß es dem Willen des Betreuten entspricht (mutmaßlicher Wille), daß z.B. seiner Ehefrau, auch wenn er von dieser getrennt lebt, oder seinem Steuerberater usw. keine strafrechtliche Verfolgung droht.

Wenn, wie im vorliegenden Fall, die Finanzbehörde darauf hingewiesen wird, daß sich im Schließfach des Betreuten Wertpapiere befunden haben, deren Zinsen bisher nicht versteuert wurden, so neigen manche Mitarbeiter der Finanzbehörden dazu, ohne erkennbare Gründe gewisse Zeiträume zu unterstellen, in denen angeblich unversteuerte Zinsen angefallen sind. Die Finanzbehörde unterstellt also in solchen Fällen, daß der Betreute in diesem Zeitraum Eigentümer der Wertpapiere war. So hat z.B. eine Finanzbehörde dem Verfasser im Anschluß an eine solche Mitteilung einen Steuerbescheid zugesandt, in welchem von einer 5-jährigen Nachversteuerung ausgegangen wurde. Auf Nachfrage erklärte die Mitarbeiterin der Finanzbehörde, daß sie, ohne vorangegangene entsprechende Nachfrage beim Verfasser, einfach davon ausgegangen sei, daß sich die Wertpapiere bereits seit 5 Jahren im Eigentum des Betreuten (welcher nicht mehr ansprechbar war) befunden hätten.

Das eingelegte Rechtsmittel hatte Erfolg. Der Verfasser hat bei der Bank, bei welcher sich das Schließfach befunden hat, über die entsprechende Unterschriftskarte ermittelt, daß vor der Öffnung des Schließfaches durch den Verfasser dieses letztmals ca. 6 Monate vorher, und zwar vom Betreuten, geöffnet wurde. Hierauf hat der Verfasser ggü. der Finanzbehörde den Standpunkt vertreten, daß er zugunsten seines Betreuten davon ausgehe (und letztlich im Interesse des Betreuten auch ausgehen muß), daß dieser unmittelbar vor dem genannten Zeitpunkt die Wertpapiere erworben und sie anschließend sofort in das Schließfach gegeben hat und daß, wenn die Finanzbehörde von einem anderen, für sie günstigeren Sachverhalt ausgehe, sie dies nachweisen müsse. Hierauf mußte nur noch eine Zeitraum von

6 Monaten nachversteuert werden, denn ebenso wie das Betreuungsrecht bewegt sich auch die Finanzbehörde nicht in einem gesetzesfreien Raum.

Ein weiterer Fall aus der Praxis des Verfassers zeigt, daß man sich auch nicht der falschen Hoffnung hingeben soll, die Finanzbehörde würde für den Fall, daß man eine entsprechende Mitteilung unterlassen würde, von den Steuerhinterziehungen nichts mitbekommen:

Der Verfasser teilte im Rahmen einer neuen Betreuung der Finanzbehörde mit, daß sein Betreuter und dessen Ehefrau, welche aufgrund ihrer Angaben stets gemeinsam veranlagt wurden, seit über 10 Jahren getrennt leben. Nach mehreren Wochen hatte der Verfasser mit dem zuständigen Sachbearbeiter der Finanzbehörde eine Besprechung. Inhalt dieser Besprechung war die Stundung der Nachzahlungen, welche mittlerweile in erheblicher Höhe festgesetzt wurden. Der Verfasser wies den zu Beginn des Gespräches etwas unbeugsamen Sachbearbeiter darauf hin, daß die Finanzbehörde ihm gegenüber als Betreuer des Steuerpflichtigen ruhig etwas toleranter sein könne, da es schließlich dem Verfasser zu verdanken sei, daß der Staat in den Genuß erheblicher Steuernachzahlungen käme.

Hierauf lächelte der Sachbearbeiter und erklärte, daß es der Mitteilung nicht bedurft hätte, da bereits vor dieser Mitteilung eine anonyme Anzeige bei der Finanzbehörde eingegangen sei, welche die mitgeteilten Umstände offenbart hätten.

Auch dieser Fall zeigt, daß auch nur ein geringfügiges Abweichen vom Pfad der Steuertugend katastrophale Folgen sowohl für den Betreuten als auch für den Betreuer haben kann.

Wegen der Häufigkeit, mit welcher dies im Rahmen von Betreuungen vorkommt, ist noch darauf hinzuweisen, daß bereits dann, wenn entgegen den diesbezüglich bestehenden Pflichten z.B. die Einkommenssteuererklärungen oder Umsatzsteuervoranmeldungen nicht abgegeben und hieraus folgend die geschuldeten Steuerbeträge nicht gezahlt werden, der objektive Tatbestand der Steuerhinterziehung gemäß § 370 I AO erfüllt ist.

Im Zusammenhang mit den steuerlichen Tätigkeiten sei abschließend noch erwähnt, daß es, bei entsprechendem Aufgabenkreis, auch zu den Pflichten eines Betreuers gehört, dort Freistellungsaufträge zu erteilen, wo dies erforderlich ist, da sonst dem Betreuten evtl. ein Vermögensschaden entstehen kann.

VIII. Ehescheidung

Fall 43:

64   Nachdem nun in dem vorstehenden Fall dem Finanzamt die volle Wahrheit offenbart wurde, somit der Vorteil einer gemeinsamen Veranlagung künftig entfällt, teilt die Ehefrau des Betreuten Rechtsanwalt Schulz mit, sie wolle sich vom Betreuten scheiden lassen. Sie übergibt dem Betreuer eine notarielle Ehescheid-

dungsvereinbarung, in welcher in wirksamer Weise für den Fall der Ehescheidung der Versorgungsausgleich ausgeschlossen wird. Weiter ist dort geregelt, daß die Ehegatten für den Fall der Ehescheidung gegenseitig auf Ehegattenunterhalt verzichten und daß der Betreute die Kosten des Ehescheidungsverfahrens zu tragen hat. Gemeinschaftliche minderjährige Kinder sind keine vorhanden.

Rechtsanwalt Schulz weiß, daß dem Ehescheidungsantrag, selbst wenn der Betreute dies wollte (dieser ist weiterhin nicht ansprechbar), rechtlich nichts entgegenzusetzen ist. Nachdem Rechtsanwalt Schulz wirtschaftlich denkt, schlägt er der Ehefrau vor, daß er, um die Kosten des Ehescheidungsverfahrens und somit die Kosten für den Betreuten so gering wie möglich zu halten, den Ehescheidungsantrag einreichen wird und bittet die Ehefrau des Betreuten, für sich selbst keinen Anwalt zu beauftragen, wobei er davon ausgeht, daß auch das Gericht der Ehefrau wegen der einfachen Sachlage keinen Rechtsanwalt beiordnen wird.

In diesem Zusammenhang ist darauf hinzuweisen, daß die Tätigkeit, die Rechtsanwalt Schulz in dem Ehescheidungsverfahren erbringt (gleichgültig von wem der Antrag gestellt wird), eine anwaltliche Tätigkeit darstellt, im Rahmen derer gemäß §§ 1908 i I, 1835 III BGB Gebühren nach der BRAGO entstehen. Würde der Ehescheidungsantrag von der Ehefrau gestellt werden, müßte sie sich gemäß § 78 II ZPO durch einen Rechtsanwalt vertreten lassen, so daß die Kosten für insgesamt zwei Anwälte anfallen würden; reicht dagegen der Betreute den Ehescheidungsantrag ein, fallen im vorliegenden Fall nur die Kosten für einen Rechtsanwalt an (vorausgesetzt, die Ehefrau beauftragt keinen Rechtsanwalt und das Gericht ordnet keinen Rechtsanwalt bei).

Was hat, nachdem sich die Ehefrau des Betreuten mit dem von Rechtsanwalt Schulz gemachten Vorschlag einverstanden erklärt, dieser zu veranlassen?

Lösung 43:

Da die Durchführung der beabsichtigten Ehescheidung keine Tätigkeit darstellt, welche unter die angeordneten Aufgabenkreise zu subsumieren ist (auch nicht unter den Aufgabenkreis »Vermögenssorge«, da der eigentliche Sinn und Zweck einer Ehescheidung, auch wenn sie i.d.R. vermögensrechtliche Konsequenzen haben wird, in der Auflösung der Ehe und nicht in der Regelung von Vermögensangelegenheiten besteht), hat Rechtsanwalt Schulz den Sachverhalt dem Vormundschaftsgericht zu unterbreiten und die Erweiterung der Betreuung um den Aufgabenkreis »Vertretung des Betreuten im Ehescheidungsverfahren« zu beantragen.

Frage: Kann Rechtsanwalt Schulz, sobald die Betreuung um den beantragten Aufgabenkreis erweitert ist, einen Ehescheidungsantrag für den Betreuten stellen?

Anwort: Nein.

Der Gesetzgeber fordert für den Fall, daß der Betreute der Antragsteller ist, eine gesonderte Genehmigung des Vormundschaftsgerichts (§ 607 II 2, 2. Hs. ZPO), welche nicht dadurch ersetzt wird, daß der Betreuer mit dem entsprechenden Aufgabenkreis ausgestattet ist.

Sobald diese Genehmigung erteilt ist, kann der Betreuer einen wirksamen Ehescheidungsantrag einreichen.

IX. Altenteil/Leibgeding

Fall 44:

65 Im vorliegenden Fall erfährt Rechtsanwalt Schulz zu Beginn seiner Tätigkeit, daß der Betreute bisher zusammen mit seiner Lebensgefährtin (Chefsekretärin) ein in seinem Alleineigentum stehendes kleines Einfamilienhaus bewohnt habe. Weiter erlangt Rechtsanwalt Schulz Kenntnis davon, daß der Betreute wenige Tage vor seinem Schlaganfall, welcher zur Anordnung der Betreuung geführt hat, dieses Haus seiner Lebensgefährtin zu Eigentum übertragen und sich im Rahmen dieser Übertragung einen lebenslanges unentgeltliches Wohnrecht an div. Räumen des Hauses vorbehalten habe.

Des weiteren habe der Betreute mit seiner Lebensgefährtin vereinbart, daß diese ihm eine lebenslange Leibrente von mtl. 1.200 DM zu zahlen und ihm für den Fall der Krankheit und/oder Gebrechlichkeit »Wart und Pflege« zu gewähren habe. Die genannten Gegenleistungen seien durch Eintragung im Grundbuch unter dem Oberbegriff »Leibgeding« (dem dann die einzelnen grundbuchrechtlich genau definierten Belastungen wie Grunddienstbarkeit und Reallast folgen) dinglich gesichert worden. Diese Gegenleistungen, so erfährt der Betreuer, seien dem Betreuten sehr wichtig gewesen, da er immer Angst davor geäußert habe, irgendwann einmal »pleite zu sein« und dann, nachdem er keine Altersversorgung aufgebaut habe, mit leeren Händen und unversorgt dazustehen. Überprüfungen durch Rechtsanwalt Schulz bestätigen die vorstehenden Angaben.

Der Sohn des Betreuten teilt Rechtsanwalt Schulz mit, daß ihm sein Vater an dem gleichen Tag, an welchem dieser die vorstehende Übereignung an dessen Lebensgefährtin vorgenommen hat, eine bis dahin in Alleineigentum seines Vaters gestandene Eigentumswohnung schenkungsweise übertragen habe.

Von diversen Personen aus dem Umfeld des Betreuten erfährt Rechtsanwalt Schulz, daß der vorbezeichnete Schlaganfall des Betreuten nicht der erste seiner Art gewesen sei, der Betreute habe vielmehr vorher drei weitere Schlaganfälle gehabt, wobei der letzte nach den genannten Eigentumsübertragungen stattgefunden und zur Einleitung und Anordnung der Betreuung geführt habe. Der vorletzte Schlaganfall habe vor den Eigentumsübertragungen stattgefunden; nach diesem Schlaganfall sei der Betreute geistig nicht mehr ganz in Ordnung gewesen. Der Betreute sei jedoch nie zum Arzt gegangen.

Nach Gesprächen mit dem Arzt steht für den Betreuer fest, daß der Betreute, welcher sich momentan noch in einem Krankenhaus befindet, einer stationären Krankenhausbehandlung nicht mehr bedarf, sondern vielmehr in ein Pflegeheim verlegt werden muß, wobei der Arzt erklärt hat, daß mit an Sicherheit grenzender Wahrscheinlichkeit davon auszugehen sei, daß der Betreute für immer ein schwerer Pflegefall bleibe und daher nicht mehr nach Hause zurückkehren könne.

Die Lebensgefährtin des Betreuten, welche, seit der Betreute in der XY GmbH nicht mehr präsent ist, nicht mehr »unter seinem Schutz steht« und seither diversen Anfeindungen der übrigen Arbeitnehmer ausgesetzt ist, hält es dort nicht mehr aus und kündigt das Arbeitsverhältnis.

Was hat Rechtsanwalt Schulz in Bezug auf den vorstehend geschilderten Sachverhalt zu beachten?

Lösung 44:

Aufgrund der Hinweise, daß der Betreute bereits vor der Übereignung der genannten Immobilien Schlaganfälle gehabt hat und daß die Geistestätigkeit des Betreuten nach dem vorletzten Schlaganfall angegriffen war, hat der Betreuer zu überprüfen, ob die beiden Rechtsgeschäfte evtl. wegen fehlender Geschäftsfähigkeit des Betreuten gemäß § 105 I BGB nichtig sind. Sollte sich Geschäftsunfähigkeit des Betreuten und somit die Nichtigkeit der beiden Rechtsgeschäfte herausstellen, so ist der Betreuer selbstverständlich verpflichtet, dafür zu sorgen, daß die Grundbücher entsprechend der materiellen Rechtslage berichtigt werden (§ 894 ff. BGB) und daß evtl. im Rahmen einer einstweiligen Verfügung im Grundbuch ein Widerspruch gegen die Richtigkeit des Grundbuches eingetragen wird, falls zu befürchten ist, daß die momentan im Grundbuch eingetragenen Eigentümer Verfügungen über die jeweilige Immobilie vornehmen wollen (§ 899 BGB).

66

Wenn in solchen Fällen, wie es in der Praxis häufig vorkommt, von den jeweiligen Vertragsgegnern dem Betreuer der Vorschlag unterbreitet wird, ob es nicht möglich sei, daß er den jeweiligen Vertrag nachträglich genehmige, zur Not auch unter der Bedingung, daß der Vertragsgegner eine mehr oder minder angemessene Gegenleistung erbringt, braucht sich der Betreuer über die Höhe der Gegenleistung nicht den Kopf zu zerbrechen, da eine nachträgliche Genehmigung eines nichtigen Rechtsgeschäftes nicht möglich ist,

67

<small>Palandt-Heinrichs vor § 104 BGB Rn 27.</small>

Allenfalls ist an eine Neuvornahme des Rechtsgeschäfts zu denken, im Rahmen derer sich der Betreuer dann Gedanken über die Gegenleistung machen kann und muß.

Stellt sich jedoch heraus, daß der Betreute zum Zeitpunkt der Eigentumsübertragungen geschäftsfähig war oder daß Geschäftsunfähigkeit nicht nachweisbar ist, so wird sich der Betreuer für den Fall, daß der Betreute evtl. einmal vermögenslos werden sollte, vormerken, daß der Betreute aus von ihm vorgenommenen Schenkungen Rückforderungsansprüche gegen den Beschenkten gemäß § 528 BGB hat, sofern die übrigen Voraussetzungen der §§ 528 f. BGB vorliegen.

68 Hinweis: Solange und soweit dem Betreuten vorstehende Rückforderungsansprüche zustehen, gilt der Betreute hinsichtlich der dem Betreuer zustehenden Vergütung nicht als mittellos. Eine Betreuervergütung gehört nämlich zum angemessenen Unterhaltsbedarf des Betreuten gemäß § 528 I BGB. Hieraus folgt, daß der Betreuer, auch wenn der Betreute außer dem vorbezeichneten Rückforderungsanspruch kein weiteres Vermögen besitzt, beim Vormundschaftsgericht die Bewilligung einer Vergütung aus dem Vermögen des Betreuten beantragen und nach entsprechender Bewilligung diesen Vergütungsanspruch gegenüber dem/den Beschenkten nach § 528 BGB geltend machen kann,

OLG Zweibrücken FamRZ 1989, 433.

Was muß Rechtsanwalt Schulz im Zusammenhang mit den vorbezeichneten Rechtsgeschäften noch beachten?

69 Bevor sich Rechtsanwalt Schulz Gedanken darüber macht, ob und ggf. welche Ansprüche der Betreute aus dem »Leibgeding« hat, muß er sich Klarheit darüber verschaffen, um welche Art von Recht mit welchem Inhalt es sich hierbei tatsächlich handelt und welche Schlußfolgerungen hieraus zu ziehen sind. Hierzu ist vorab festzustellen, daß allein der Umstand, daß die vorstehend vereinbarten Gegenleistungen unter den Begriff »Leibgeding« dinglich abgesichert wurden, noch lange nicht bedeutet, daß es sich hierbei tatsächlich um ein Leibgeding handelt (was immer das auch ist), da es bei der rechtlichen Einordnung eines Anspruches nicht darauf ankommt, wie dieser bezeichnet wurde (auch wenn dies durch einen Notar geschehen ist), sondern welche rechtliche Qualität dieser Anspruch tatsächlich hat.

70 Vorauszuschicken ist, daß die Begriffe »Leibgeding, Leibzucht, Altenteil oder Auszug« lediglich verschiedene Bezeichnungen desselben Rechtsgebildes sind,

OLG Frankfurt Rpfleger 1972, 20.

Eine gesetzliche Definition dieser Begriffe existiert nicht. Unter den genannten Begriffen wird ein vertraglich zugewandter Inbegriff von Nutzungen und Leistungen verstanden, die aus und auf einem Grundstück zu gewähren sind, die der allgemeinen langfristigen, meist lebenslänglichen leiblichen und persönlichen Versorgung des Berechtigten dienen und die eine Verknüpfung des Berechtigten mit einem Grundstück bezwecken, wobei entsprechend seinem Versorgungs- und Fürsorgecharakter und unter Berücksichtigung seiner geschichtlichen Entwicklung der Leibgedingsvertrag bzw. Altenteilsvertrag besondere persönliche Beziehungen (nicht notwendig verwandtschaftliche) zwischen den Beteiligten voraussetzt. Die soziale Motivation, nicht die synallagmatische Verknüpfung von Leistung und Gegenleistung, die annähernd als gleichwertig betrachtet werden, ist für die Annahme eines Leibgedings entscheidend.

71 Die im Rahmen eines Leibgedings vereinbarten Nutzungen und Leistungen bestehen in der Regel aus der Einräumung eines Wohnrechts, der Gewährung einer Leibrente sowie der Gewährung von Wart und Pflege, zum Begriff des Leibgedings vgl. BGH NJW 1962, 2249; 1981, 2568; BayObLG NJW-RR 1993, 984.

Für die Annahme eines Leibgedings ist aber eine Mehrheit von Nutzungen und Leistungen nicht unbedingt notwendig, vielmehr kann auch eine einzige Nutzung/ Leistung ausreichen (z. B. Wohnrecht), um die Vereinbarung als Leibgedingsvertrag qualifizieren zu können,

OLG Hamm Rpfleger 1986, 270; LG Frankfurt Rpfleger 1989, 324.

Nicht notwendig ist auch, was in der Rechtsprechung seit langem anerkannt ist, daß die eingetragenen Rechte ausdrücklich als »Leibgeding« oder »Altenteil« oder Ähnliches bezeichnet sind, es genügt vielmehr, daß sich der Charakter dieses Rechts bzw. dieser Rechte als der eines Leibgedings oder Altenteils aus der Grundbucheintragung hinreichend ergibt,

BGH FamRZ 1994/626.

Für die Ausführlichkeit der rechtlichen Qualifizierung des Wohnrechts, des Rechts auf Wart und Pflege sowie der Leibrente. Der Grund besteht darin, daß, wenn die vorstehenden Rechte als Altenteil bzw. als Leibgeding qualifiziert werden, hieraus insbesondere im Bereich der Leistungserbringung sowie der Leistungsstörung andere Rechtsvorschriften anzuwenden bzw. Rechtsfolgen abzuleiten sind, als wenn es sich hierbei nicht um ein Leibgeding oder Altenteil handeln würde. Diese Rechtsfolgen ergeben sich aus den relativ unbekannten Bestimmungen des Art. 96 EGBGB i.V.m. den jeweiligen landesgesetzlichen Vorschriften,

in Bayern Art. 7 ff. AGBGB.

Diese landesgesetzlichen Vorschriften gemäß Art. 96 EGBGB sind gegenüber den entsprechenden Regeln des BGB »lex spezialis«, sofern die zugrunde liegenden vereinbarten Leistungen als Leibgeding oder Altenteil zu qualifizieren sind.

Im vorliegenden Fall (falls sich dieser in Bayern abspielt) hat der Betreute gegenüber seiner Lebensgefährtin einen Anspruch auf Geldrente als Ausgleich dafür, daß er künftig weder sein Wohnrecht nutzen noch seine Rechte auf Wart und Pflege in Anspruch nehmen kann (Art. 18 AGBGB). Die Höhe der Rente richtet sich (in Bayern) gemäß Art. 18 AGBGB nach dem geschätzten Wert der Vorteile, die der Schuldner dadurch erlangt, daß er von der jeweiligen Verpflichtung befreit wird.

Dies bedeutet, daß sich die Bewertung des Wohnrechts nach der Möglichkeit einer anderweitigen Nutzung der Räume richtet. Diese Nutzbarkeit stellt für die Lebensgefährtin einen Vorteil darstellt, der berechenbar ist (Mietwert).

Schwieriger stellt sich die Berechnung für Wart und Pflege dar. Hier ist die gewonnene Freizeit, welche sich die Lebensgefährtin dadurch erspart, daß sie den Betreuten nicht zu pflegen hat, als Nutzen anzusetzen. Um welchen Zeitaufwand es sich hierbei handelt, ist Tatfrage. Nach Ermittlung dieses Zeitaufwandes in Stunden ist dieser mit einem angemessenen Stundenlohn, welcher für

Tätigkeiten dieser Art bezahlt wird, zu multiplizieren. Die aus den vorstehenden Ermittlungen gewonnene monatliche Stundenzahl multipliziert mit dem Stundensatz ergibt schließlich die monatliche Geldrente als Ersatzleistung für Wart und Pflege,

> Für die Berechnung der Geldrente vgl. OLG Hamm, MDR 1983, 756; LG Duisburg NJW-RR 1987, 1349; OLG Düsseldorf NJW-RR 1988, 326; LG Osnabrück NJW-RR 1992, 453.

Für den Fall, daß die vereinbarten Gegenleistungen rechtlich nicht als Leibgeding oder Altenteil zu qualifizieren sind, steht der Betreute, falls er, wie im vorliegenden Fall gegeben, die Gegenleistungen oder Teile davon nicht mehr in Anspruch nehmen kann, weil er in ein Heim verlegt werden muß, nicht vollkommen anspruchslos da. Seine Ansprüche richten sich nunmehr zwar nicht mehr nach Art. 96 EGBGB i.V.m. den entsprechenden landesgesetzlichen Vorschriften, doch bietet auch das BGB Anspruchsgrundlagen wie z.B. Wegfall der Geschäftsgrundlage oder die sonstigen allgemeinen Bestimmungen im Rahmen von Leistungsstörungen,

> OLG Hamm MDR 1979, 401; OLG Düsseldorf NJW-RR 1988, 326; BGH NJW-RR 1989, 451; BayObLG NJW-RR 1993, 984; OLG Düsseldorf NJW-RR 1994, 201.

X. Ablösung

Fall 45:

73 Die Lebensgefährtin des Betreuten, welche nach der Beendigung des Arbeitsverhältnisses in der XY GmbH keine Einkünfte mehr hat und aufgrund ihres mittlerweile fortgeschrittenen Alters auch keine Hoffnung auf einen anderen Arbeitsplatz hat, trägt sich mit dem Gedanken, die Immobilie, welche sie vom Betreuten übereignet bekommen hat, zu veräußern. Sie weiß, daß aufgrund der vorstehenden Belastungen, welche auf dem Grundstück ruhen, nur sehr schwer ein Käufer zu finden ist und selbst dann, wenn ein solcher gefunden werden sollte, unter den gegebenen Umständen davon auszugehen ist, daß nur ein geringer Kaufpreis bezahlt wird. Sie wendet sich daher an den Betreuer mit der Bitte, dieser möge einer Löschung der im Grundbuch eingetragenen Belastungen zustimmen. Wie wird sich der Betreuer verhalten?

Lösung 45:

Vorab stellt sich für den Betreuer die Frage, ob er grundsätzlich dem Wunsche der Lebensgefährtin des Betreuten nach einer Ablösung entsprechen soll und kann. Maßstab für diese Überlegung ist wieder einmal § 1901 II BGB nF., wonach sich die Entscheidung danach richtet, ob die Ablösung dem Wohle und dem Interesse des Betreuten entspricht. Zu berücksichtigen dürfte im vorliegenden Fall aber auch § 1901 III BGB nF. insofern sein, als der Wunsch des Betreuten zu berücksichtigen ist, wobei im vorliegenden Fall aufgrund des gesundheitlichen Zustandes des Betreuten auf dessen mutmaßlichen Wunsch abzustellen ist.

Der Betreuer hat sich bereits zu Beginn seiner Tätigkeit darüber informiert, daß zwischen dem Betreuten und seiner Lebensgefährtin eine sehr gute und harmonische Beziehung bestanden hat, innerhalb derer der Betreute stets darauf bedacht war, die Wünsche seiner Lebensgefährtin zu erfüllen, soweit ihm dies irgendwie möglich war.

Ausgehend von diesem Sachverhalt wird daher der Betreuer unter Berücksichtigung des § 1901 III BGB nF. bemüht sein, dem Wunsche der Lebensgefährtin des Betreuten auf Ablösung entgegenzukommen, allerdings unter Berücksichtigung des § 1901 II BGB nF., nämlich daß durch die beabsichtige Ablösung das Wohl und das Interesse des Betreuten nicht beeinträchtigt werden. Hiervon ausgehend wird der Betreuer der Lebensgefährtin eine Ablösung unter der Bedingung in Aussicht stellen, daß die Lebensgefährtin für die im Grundbuch eingetragenen Rechte eine angemessene Gegenleistung erbringt. Hiermit erklärt sich die Lebensgefährtin grundsätzlich einverstanden und äußert in diesem Zusammenhang den Wunsch, die Gegenleistungen als einmalige Zahlung zu erbringen. Wie wird der Betreuer weiter verfahren? **74**

Vorab sollte der Betreuer, worauf vorstehend schon einmal hingewiesen wurde, die Angelegenheit mit dem Vormundschaftsgericht besprechen und klären, ob für die vom Betreuer beabsichtigte Maßnahme grundsätzlich eine Genehmigung des Vormundschaftsgerichts in Aussicht gestellt wird. Sollte dies der Fall sein, so wird der Betreuer versuchen, eine Berechnung durchzuführen, deren Ergebnis die bereits erwähnte angemessene Gegenleistung ist.

Zur Berechnung der Ablösung von lebenslangen Leistungen/Nutzungen mittels einer sofortigen einmaligen Zahlung ist folgendes zu berücksichtigen: **75**

Lebenslange Leistungen und Nutzungen, wie es z.B. die Leibrente, der lebenslange Nießbrauch, das lebenslange Wohnrecht, das lebenslange Recht auf Wart und Pflege usw. darstellen, bedeutet aus der Sicht des Verpflichteten, daß dieser seine Leistungen nicht sofort sondern erst in einer mehr oder minder entfernten Zukunft zu erbringen hat und zwar in periodischen (meist monatlichen) Zeitabschnitten auf die Dauer des Lebens des Berechtigten. Rechnet man die einzelnen monatlich zu erbringenden Leistungen/Nutzungen, welche nicht bereits aus einer Zahlungsverpflichtung bestehen, in einen ihrem Wert entsprechenden Geldbetrag um (was bei der Berechnung einer Ablösung stets vorab zu geschehen hat) und betrachtet man im Anschluß daran die geschuldeten Leistungen/Nutzungen nicht als solche sondern als periodisch zu zahlende Geldbeträge, so folgt hieraus, daß der Verpflichtete dem Berechtigten in gewissen Zeitabständen immer wieder bestimmte Zahlungen schuldet und zwar jeweils entweder zum Beginn oder zum Ende eines solchen periodischen Zeitabschnittes, je nachdem, ob es sich um eine vorschüssige und um eine nachschüssige Leistung handelt. Bei einer Ablösung durch Erstattung eines einmaligen Geldbetrages in Höhe der Summe aller künftig geschuldeten Zahlungen besteht das Problem darin, daß der Ablösungsbetrag i.d.R. sofort fällig wird, die mit ihm abgelösten Leistungen/Nutzungen jedoch erst zu späteren Zeitpunkten fällig geworden wären, wodurch der Verpflichtete einen erheblichen Zinsverlust erleiden würde.

Diesem Nachteil begegnet man dadurch, daß man alle künftigen Leistungen und Nutzungen abzinst um auf diese Weise einen adäquaten Ablösungsbetrag (Barwert) zu erhalten. Abzinsung bedeutet die Ermittlung des gegenwärtigen Wertes (Barwert B) einer künftigen Zahlung (Endwert E) unter Berücksichtigung eines bestimmten Zinssatzes (p) sowie des Zeitraumes zwischen der Ermittlung des Barwertes und der Fälligkeit des Endwertes. (N = Jahre) Somit kommt man zur Berechnung des Barwertes einer einmaligen künftigen Zahlung auf die bis dahin noch relativ einfache Formel: $B = E : (1 + p : 100)^n$. Was aber, wenn von regelmäßig wiederkehrenden Leistungen/Nutzungen bis zum Todes des Berechtigten auszugehen ist? Hier wird nicht nur die Formel länger sondern in gleichem Maße auch die Gesichter der Anwender. Es besteht jedoch kein Grund zur Besorgnis, denn hierfür gibt es Tabellen mit sog. Abzinsungsfaktoren, bei deren Anwendung man nur noch den Wert der jeweiligen künftigen Leistungen/Nutzungen (E), das Alter des Berechtigten, den Zinssatz (p) sowie einen Taschenrechner benötigt,

> z.B. Vogels, Verrentung von Kaufpreisen – Kapitalisierung von Renten.

76 Doch nun wieder zum Fall, bei welchem der Barwert für die Leibrente, das Wohnrecht sowie »Wart und Pflege« zu ermitteln sind.

Relativ einfach gestaltet sich die Berechnung des Barwertes der lebenslangen Leibrente, da der Betrag der künftigen Leistungen festgelegt ist und man daher mit Unterstützung der genannten Tabellen schnell zum Ergebnis kommt.

Bei der Bewertung des Wohnrechts ist von der Überlegung auszugehen, daß es die Nutzung bestimmter Räume zum Inhalt hat und der Wert daher dem Mietwert dieser Räume entspricht. Im vorliegenden Fall ist daher zuerst der entsprechende monatliche Mietwert zu ermitteln. Nachdem es sich hierbei um einen Wert handelt, welcher im Laufe der Zeit erheblichen Schwankungen unterliegen kann, muß zugleich zu der Ermittlung des derzeitigen Mietwertes auch eine Zukunftsprognose über die wahrscheinliche Mietzinsentwicklung des konkreten Objektes bis zum statistischen Tod des Berechtigten erstellt werden.

Ähnlich wie bei einem Grundstücksverkauf ist es auch hier sowohl für die eigene Wertfindung sowie für das spätere vormundschaftsgerichtliche Genehmigungsverfahren erforderlich, den Mietwert anhand objektiver Kriterien bestimmbar zu machen, was wohl nur durch ein entsprechendes Gutachten möglich sein dürfte. Nachdem die Ablösung des Wohnrechts auf den ausdrücklichen Wunsch der Lebensgefährtin des Betreuten zurückzuführen ist, sollte der Betreuer dafür Sorge tragen, daß die Kosten des Gutachtens von der Lebensgefährtin des Betreuten übernommen werden.

Sobald der Mietwert gefunden wurde, ist hinsichtlich der weiteren Berechnung wie bei der Leibrente zu verfahren.

In der Praxis als äußerst schwierig erweist sich regelmäßig eine Kapitalisierung (Berechnung des Barwertes) von Wart und Pflege. Der Grund hierfür ist darin zu sehen, daß der leider sehr häufig isoliert verwendete Begriff »Wart und Pflege«, für den es keine gesetzliche Definition gibt, viel zu unbestimmt ist, als daß genau festgelegt werden könnte, welche Leistungen in welchem Umfang hieraus konkret geschuldet werden. Dies wäre aber Grundlage dafür, um wenigstens annähernd eine Wertbestimmung vornehmen zu können.

Weiter stellt sich in diesem Zusammenhang die Frage, ob sich der Wertnach den jeweils ersparten Aufwendungen des Verpflichteten oder nach dem Wert einer entsprechenden Substitution (z. B. Haushaltshilfe, Pflegedienst, Pflegeheim usw.) richtet.

Die größten Probleme in der Praxis entstehen jedoch regelmäßig bei der Beurteilung der künftigen Entwicklung des Gesundheitszustandes des Berechtigten bis zu seinem statistischen Tod und die damit im Zusammenhang stehende Prognose hinsichtlich der künftigen Intensität und Qualität von »Wart und Pflege«. Selbst halbwegs exakte Berechnungen sind hier kaum möglich.

Ohne ein vernünftiges Arrangement wird man hier kaum zu einer Lösung kommen.

XI. Das Ende einer Betreuung

Fall 46:

Im vorliegenden Fall stirbt der Betreute nach einigen Jahren der Betreuung. Was ist in diesem Fall seitens des Betreuers zu veranlassen?

Lösung 46:

Es ist zwar nirgends ausdrücklich erwähnt, daß mit dem Tode des Betreuten sowohl die für ihn bestehende Betreuung als auch das Amt des Betreuers enden, dies ergibt sich jedoch daraus, daß die wichtigste Voraussetzung für die Anordnung einer Betreuung die Existenz der Person des Betreuten ist und daß, falls diese Person nicht mehr existiert, auch die für ihn bestehende Betreuung endet,

<small>Palandt-Diederichsen § 1908 d BGB Rn 1.</small>

Der Betreuer hat das Ableben des Betreuten dem Vormundschaftsgericht mitzuteilen. Auch dies ist nirgends gesetzlich vorgeschrieben. Lediglich in den §§ 1908 i I BGB, 1839 BGB ist festgehalten, daß ein Betreuer dem Vormundschaftsgericht jederzeit auf dessen **Verlangen** Auskunft über die persönlichen Verhältnisse des Betreuten zu erteilen hat (von einer selbständigen Auskunftspflicht ist im Gesetz nicht die Rede). Es gehört jedoch nach Ansicht des Verfassers selbstverständlich zu den ungeschriebenen Pflichten des Betreuers, dem Vormundschaftsgericht, als aufsichtsführende Stelle, alle im Rahmen der Betreuung für das Vormundschaftsgericht wichtigen Tatsachen unaufgefordert mitzuteilen wie z.B. einen neuen Wohnsitz des Betreuten oder, wie hier, den Tod des Betreuten.

80 Weiter gehört es zu den im Gesetz nicht ausdrücklich genannten Pflichten eines Betreuers, daß er allen Personen und Institutionen, denen er die Existenz der Betreuung sowie sein Amt als Betreuer mitgeteilt und sich Ihnen gegenüber entsprechend legitimiert hat, den Tod des Betreuten sowie den Todestag mitteilt. Zweckmäßig ist es, im Rahmen dieser Mitteilungen überdies die Rechtslage darzulegen, nämlich daß durch den Tod des Betreuten sowohl die Betreuung als auch das Amt des Betreuers beendet sind und daß dem Adressat empfohlen wird, sich künftig in Angelegenheiten des verstorbenen Betreuten an dessen Erben zu wenden, wobei es dem Betreuer überlassen bleibt, ob er im einzelnen diese, sofern sie ihm überhaupt bekannt sind, näher bezeichnet. Die vorstehenden Hinweise sind allein schon deshalb sinnvoll, weil dadurch unterbunden wird, daß die vorbezeichneten Adressaten auch künftig ständig an den Betreuer herantreten, was zu unnötigem Zeitaufwand und zu unnötiger Arbeit führt.

81 Des weiteren sind die Bestimmungen der §§ 1908 i I, 1893 I, 1698a, 1698 b BGB zu berücksichtigen. Insbesondere § 1698 b BGB ist von Bedeutung, da nach dem Tode eines Betreuten in der Regel noch einige wichtige Angelegenheiten anfallen, welche nicht ohne Gefahr aufgeschoben werden können, bis der Erbe anderweitig Fürsorge treffen kann.

82 In diesem Zusammenhang ist festzustellen, daß, wenn Erben bekannt und präsent sind und diese sich unverzüglich um den Nachlaß kümmern können, kaum vorstellbar ist, daß es irgendwelche Geschäfte gäbe, welche unter § 1698 b BGB fallen könnten und somit vom ehemaligen Betreuer noch zu besorgen wären. Sind Erben jedoch nicht bekannt oder nicht präsent, so verleiht § 1698 b BGB dem ehemaligen Betreuer eine von der jeweiligen Situation abhängige Geschäftsführungsbefugnis und Vertretungsmacht, bis der Erbe in der Lage ist, selbst die Angelegenheiten in die Hand zu nehmen,

MüKo § 1698b BGB Rn 1.

83 Zu den unter § 1698 b BGB fallenden Geschäften gehört vor allem die Durchführung einer ordnungsgemäßen Bestattung. Als weitere Geschäfte im Sinne des § 1698 b BGB kommen in Betracht z.B. die Versorgung von Haustieren, die Versorgung einer/eines leerstehenden Wohnung/Hauses bei der Gefahr von eintretenden Frostschäden, dringende Reparaturarbeiten (z. B. an Installationen und Versorgungsleitungen), ohne deren sofortige Durchführung mit Schäden zu rechnen ist uä.

84 Wird der ehemalige Betreuer in Ausübung des § 1698 b BGB tätig, so entstehen in der praktischen Umsetzung aus folgendem Grund häufig Schwierigkeiten:

Fest steht, daß trotz der Verpflichtung, welche die vorstehende Vorschrift, dem ehemaligen Betreuer aufbürdet, dessen Amt als Betreuer mit dem Tode des Betreuten geendet hat, sich seine Legitimation also nur noch aus § 1698 b BGB herleiten läßt. Fest steht weiter, daß der ehemalige Betreuer, falls er im Rahmen des § 1698 b BGB tätig wird bzw. werden muß, keinesfalls den verstorbenen Betreuten (mangels Existenz) vertreten bzw. dessen Geschäfte führen kann, sondern daß dies allenfalls für bzw. in Vertretung des Nachlasses bzw. der unbekannten Erben geschehen kann.

Wenn nun der ehemalige Betreuer in Anwendung und bei vorliegender Voraussetzung des § 1698 b BGB als Vertreter des Nachlasses bzw. der unbekannten Erben nach außen auftritt (z B. im Rahmen der Durchführung einer dringend notwendigen Reparaturarbeit), so wird es im Rahmen der Beauftragung eines Handwerkers evtl. noch keine Probleme geben; spätestens jedoch dann, wenn die Handwerkerrechnung aus dem Nachlaß bezahlt werden soll und der ehemalige Betreuer die Bank entsprechend anzuweisen versucht, zeigt sich in der Praxis, daß die Bank der Anweisung des ehemaligen Betreuers i.d.R. keine Folge leisten wird. Dies geschieht dann meist mit dem Hinweis, daß der ehemalige Betreuer hierzu nicht legitimiert sei, da er nicht mehr Vertreter des Betreuten sei und er sich auch als evtl. Vertreter des Nachlasses bzw. der unbekannten Erben nicht ordnungsgemäß legitimieren könne. Der Hinweis des ehemaligen Betreuers auf die Bestimmungen der §§ 1908 i I, 1893I, 1698 b BGB und auf die nach seiner Ansicht hieraus abzuleitenden Legitimation bringt ihn i.d.R. auch nicht weiter. Nach Ansicht des Verfassers ist die genannte Vorgehensweise der Banken aus folgendem Grund absolut korrekt (ob sie geschickt ist, ist eine andere Sache):

§ 1698 b BGB gibt dem ehemaligen Betreuer zwar eine Geschäftsführungsbefugnis sowie eine Vertretungsmacht, jedoch einerseits begrenzt durch die anderweitige Fürsorge des Erben, andererseits beschränkt auf nichtaufschiebbare Geschäfte. Geschäftsführungsbefugnis und Vertretungsmacht sind also in einer Weise eingeschränkt, dies es den Banken sowie sonstigen Erklärungsempfängern nicht ermöglichen, zu erkennen, ob der ehemalige Betreuer innerhalb seiner Geschäftsführungsbefugnis und Vertretungsmacht handelt oder ob er sie überschreitet.

§ 1698 b BGB stellt daher lediglich eine »Aufgabenzuweisungsnorm« bzw. »Pflichtenzuweisungsnorm« für den ehemaligen Betreuer dar, welche diesen jedoch mangels Bestimmbarkeit nicht mit der hierfür eigentlich erforderlichen eindeutigen Legitimation nach außen ausstattet.

Der ehemalige Betreuer sollte daher bei allen von ihm im Rahmen des § 1698 b BGB zu erbringenden Maßnahmen diese jeweils bis in letzter Konsequenz durchdenken und alle damit verbundene und erkennbaren Probleme (wie z.B. die Verfügungsmöglichkeit über ein Nachlaßkonto) vorher abklären.

Üblicherweise gibt es bei der Bezahlung von Bestattungskosten und allen damit im Zusammenhang stehenden Rechnungen bei Banken insofern keine Probleme, als diese die entsprechenden Abbuchungen von den jeweiligen Nachlaßkonten nach Vorlage der entsprechenden Rechnungen vornehmen. Aber auch dies sollte vorher abgeklärt werden. Auch im Falle der Beauftragung eines Bestattungsdienstes sollte diesem spätestens bei Beauftragung die vorstehende Problematik erklärt und im übrigen eindeutig festgestellt werden, daß der ehemalige Betreuer keine persönliche Kostenhaftung übernimmt. Auch in diesem Bereich gibt es üblicherweise in der Praxis keine Schwierigkeiten mit den jeweiligen Bestattungsinstituten, die diese Problematik kennen.

Weiter gehört es zu den Aufgaben des ehemaligen Betreuers, seinen Betreuerausweis an das Vormundschaftsgericht zurückzugeben und das von ihm verwaltete Vermögen an die Erben herauszugeben und diesen über die Verwaltung in Form einer Rechnungslegung Rechenschaft abzulegen, wobei diese Rechnungslegung zweckmäßigerweise dem Vormundschaftsgericht vorgelegt wird, auf die der ehemalige Betreuer dann gegenüber den Erben Bezug nehmen kann (§§ 1908 i I, 1893 II, 1890 BGB).

86 Ein Tip zu den Abrechnungen: Der Betreuer sollte darauf achten, daß er diese, insbesondere die darin enthaltenen Einnahmen und Ausgaben im Rechnungsjahr schriftlich so klar und übersichtlich darstellt, daß das Vormundschaftsgericht einen vernünftigen Überblick über alle Vorgänge erhält und seinen Verpflichtungen gemäß §§ 1908 i I, 1843 I, 1837 III BGB ohne Probleme nachkommen kann. Die bloße Vorlage von Unterlagen und Belegen genügt zur Erfüllung der Verpflichtung aus §§ 1908 i I, 1841 BGB nicht,

E49 BayObLG FamRZ 1993, 237 **[E49]**.

Auch ohne die entsprechenden gesetzlichen Bestimmungen und auch ohne die hierzu ergangene Rechtsprechung müßte es eigentlich selbstverständlich sein, daß Abrechnungen die vorstehenden Kriterien zu erfüllen haben, da es einerseits dem Mitarbeiter des Vormundschaftsgerichts, der in der Regel nur einmal pro Jahr mit den laufenden Vermögensvorgängen einer bestimmten Betreuung befaßt ist und somit i.d.R. kein oder nur wenig Hintergrundwissen über diese spezielle Betreuung hat und daher ausschließlich auf die Übersichtlichkeit und Verständlichkeit der Abrechnung angewiesen ist, nicht zuzumuten ist, sich durch einen unsortierten Wust von Papier zu wühlen, und es andererseits auch für die eigene Betreuertätigkeit nicht gerade förderlich ist, wenn es an der nötigen Übersichtlichkeit und Transparenz des verwalteten Vermögens fehlt, da man zwischendurch immer wieder darauf angewiesen ist, daß Daten aus der Vergangenheit abgerufen werden müssen, was mit einem geringen Arbeitsaufwand nur dann möglich ist, wenn die Abrechnungen die vorstehend geforderten Kriterien erfüllen.

87 Sobald die Erben ermittelt sind, bietet es sich an, die dem Betreuer noch zustehende Vergütung mit den Erben zu vereinbaren, statt deren Bewilligung beim Vormundschaftsgericht zu beantragen. Solche Vereinbarungen sind deshalb dem Bewilligungsverfahren vorzuziehen, da den Erben im Rahmen eines Gesprächs anläßlich der Vereinbarung genau dargelegt werden kann, wie groß der Aufwand und die Schwierigkeiten bei der Führung der Betreuung waren, was in der Regel dazu führt, daß die Erben erheblich mehr Verständnis für die beantragte Vergütung aufbringen, als wenn sie lediglich vom Vormundschaftsgericht die Mitteilung erhalten, daß der Betreuer einen bestimmten Betrag als Vergütung beantragt hat. Letzeres führt leider immer wieder zu Unstimmigkeiten und daraus resultierend zu Beschwerdeverfahren im Rahmen der Vergütungsgewährung. Wenn den Erben sachlich und ausführlich über die erbrachte Tätigkeit berichtet wurde, so besteht oftmals auch kein Problem, daß die Erben dem Betreuer eine Entlastungserklärung unterzeichnen.

In diesem Zusammenhang stellt sich die Frage, welche rechtliche Qualität und, **88** hieraus resultierend, welche rechtlichen Folgen eine solche Entlastungserklärung eigentlich hat

Die Rechtsnatur der »Entlastung« ist gesetzlich nicht festgelegt, der Begriff wird im BGB nicht verwendet. Die Entlastung kann daher grundsätzlich ein negatives Schuldanerkenntnis sein, sie kann aber auch eine andere Bedeutung haben,

> MüKo § 397 BGB Rn 10.

Überwiegend wird die Ansicht vertreten, daß durch eine Entlastung alle zum Zeitpunkt der Erteilung der Entlastung dem Erklärenden bekannten oder erkennbaren Ersatzansprüche erlöschen, daß sie aber keinen Verzicht auf materielle Ansprüche, deren Vorhandensein nicht erkennbar war und auch keinen Verzicht auf Ansprüche aus strafbaren Handlungen enthält. Teilweise wird auch die Ansicht vertreten, daß die Entlastung außerhalb des Vereins- und Gesellschaftsrechts ein negatives Schuldanerkenntnis im Sinne des § 397 II BGB darstellt,

> BGH NJW-RR 1988, 745; OLG Celle NJW-RR 1991, 979; Palandt-Heinrichs § 397 BGB Rn 11; Palandt-Diederichsen § 1892 BGB Rn 6.

Ein Rechtsanspruch auf die Erteilung einer Entlastung existiert nicht. Dem ehemaligen Betreuer bleibt aber die Möglichkeit einer Feststellungsklage nach § 256 ZPO mit dem Inhalt der rechtskräftigen Feststellung, daß der ehemalige Betreuer ordnungsgemäß Rechnung gelegt hat. Die Feststellung führt zu einer Beweislastumkehr (§ 363 BGB), nicht aber zum Verlust etwaiger Ansprüche des früheren Betreuten bzw. dessen Erben,

> Gleißner Rpfleger 1986, 462.

Sollten Erben nicht bekannt sein und auch nicht in einem relativ kurzen Zeit- **89** raum ermittelt werden können und existiert ein noch zu verwaltendes Vermögen, so bleibt nur noch die Möglichkeit, beim Nachlaßgericht die Anordnung einer Nachlaßpflegschaft anzuregen, falls dies nicht bereits durch das Vormundschaftsgericht geschehen sein sollte.

Wenn der Betreuer anläßlich der Beendigung seiner Tätigkeit Unterlagen heraus- **90** gibt (je nach Sachlage im Falle der Aufhebung der Betreuung an den Betreuten, im Falle eines Betreuerwechsels an den neuen Betreuer oder im Falle des Todes des Betreuten an die Erben oder an den Nachlaßpfleger), so sollte er unter allen Umständen darauf achten, daß ihm hierfür eine Quittung erteilt wird, worauf er gemäß § 368 BGB einen Anspruch hat.

Eine häufig angesprochene Frage lautet, ob und in welchem Umfang der Betreuer **91** an den von ihm verwalteten Vermögen, insbes. an Urkunden und sonstigen Unterlagen ein Zurückbehaltungsrecht (§§ 273, 274 BGB) hat, bis seine Ansprüche

(z. B. auf Auslagenersatz und Vergütung) erfüllt sind. Hierzu ist festzustellen, daß dem Betreuer zwar grundsätzlich ein solches Zurückbehaltungsrecht zusteht, daß er dieses aber nicht ungebührlich ausdehnen darf,
> Palandt-Diederichsen § 1890 BGB Rn 2.

92 Im Rahmen des Todes eines Betreuten sollte man auch § 118 IV SGB VI Beachtung schenken, welcher mit Wirkung zum 1.1.1996 durch das SGB-ÄndG eingefügt worden ist. § 118 IV 1 SGB VI hat zum Inhalt, »daß, wenn der Rentenversicherungsträger Renten für die Zeit nach dem Tode des Betreuten zu Unrecht erbracht hat, diejenigen Personen, welche die Geldleistung in Empfang genommen oder über den entsprechenden Betrag verfügt haben, so daß dieser nicht von dem Geldinstitut zurücküberwiesen wird, dem Rentenversicherungsträger zur Erstattung des entsprechenden Betrages verpflichtet ist«. Verfügender ist derjenige, welcher vom Konto, auf welches die Rente gutgeschrieben wurde, den entsprechenden Geldbetrag z.B. abgehoben oder überwiesen hat,
> Hauck/Haines, Sozialgesetzbuch SGB VI § 118 Rn 14a.

Dies bedeutet in der Praxis folgendes: Renten aus der gesetzlichen Rentenversicherung werden jeweils im voraus am Ende des vorangegangenen Monats (in der Regel einige Tage vor Monatswechsel) überwiesen. Wenn der Betreute noch in den letzten Tagen eines Monats stirbt, so steht ihm die dann evtl. bereits überwiesene Rente für den darauffolgenden Monat nicht mehr zu, so daß diese an den Rentenversicherungsträger zurückzuerstatten ist. Wenn jedoch die Rente beispielsweise am 28. eines Monats für den darauffolgenden Monat auf dem Konto des Betreuten eingegangen ist, wenn am 29. des Monats der Betreuer über diese Rente verfügt hat und sonst kein weiteres Guthaben auf dem Konto war und ist, und wenn der Betreute am 30. des Monats stirbt und wenn schließlich, bedingt durch die vorbezeichnete Situation, das Kreditinstitut nicht in der Lage ist, die genannte Rente zurückzuerstatten, wozu es gemäß § 118 III 2 SGB VI grundsätzlich verpflichtet wäre, so ist aufgrund § 118 IV 1 SGB VI der Betreuer zur Erstattung dieser Rente verpflichtet.

Eine durchaus beachtenswerte Vorschrift.

Schlußwort zur Novelle:

Der Gesetzgeber hat bereits seinen Willen bekräftigt, eine umfassende Neuordnung des Betreuungsrechts vornehmen zu wollen, »unter Einbeziehung des sozialrechtlichen Instrumentariums«,
> BT-Drucksache 13/10331.

Was darunter zu verstehen ist, wird erheblich von den Haushaltsmöglichkeiten bestimmt werden.

Literaturverzeichnis

Nachfolgend eine Auswahl von speziell im Betreuungsrecht relevanten Werken (über die in diesem Buch aufgeführten Monographien und Standardwerken hinausgehend)

Baer, Psychiatrie für Juristen, 1988

Bassenge/Herbst, Gesetz über die Angelegenheiten der Freiwilligen Gerichtsbarkeit, 7. Aufl. 1995

Bienwald, Betreuungsrecht, 1. Aufl. 1992

Bumiller/Winkler, Freiwillige Gerichtsbarkeit, 6. Aufl. 1995

Damrau/Zimmermann, Betreuung und Vormundschaft, 2. Aufl. 1995

Jürgens, Betreuungsrecht, 1995

Jürgens/Kröger/Marschner/Winterstein, Das neue Betreuungsrecht, 1991

Labuhn, Vormundschaftsgerichtliche Genehmigung, 2. Aufl. 1995

Saage/Göppinger, Freiheitsentziehung und Unterbringung, 3. Aufl. 1994

Sonnenfeld, Betreuungs- und Pflegschaftsrecht, 1996

Schmidt/Böcker, Betreuungsrecht, 2. Aufl. 1993; eine Neuauflage ist beim Deutschen Anwaltverlag in Vorbereitung

Zimmermann, Bayerisches Unterbringungsgesetz, 1994

Die jeweils neueste Rechtsprechung ist z.B. bei *Dodegge* regelmäßig aufgeführt, zuletzt in NJW 1998, 2710 ff.

Ausschließlich die Änderungen im Betreuungsrecht kommentieren *Bäumel, Bienwald* u. a., Familienrechtsreformkommentar, 1998

Stichwortverzeichnis

Fette Zahlen = §§, magere Zahlen = Randnummern

Abgabenordnung und Betreuerhandeln **9** 63 ff.
Abhilfeentscheidung **4** 2
Ablösung von Grundbuchrechten des Betroffenen **9** 73
Abrechnung des Betreuers **6** 56 ff.
Abwägung zwischen Unterbringungsarten **4** 106
Affektive Psychosen **2** 4
Affektstörungen **2** 4
Akteneinsichtsrecht **4** 121
Akutgefährdungen **2** 5
Alkoholkranke **2** 3
Allgemeine Ermächtigung bei Kontoverfügungen **6** 50
Altenteil **9** 65 ff.
Alternativen zur Einrichtung einer Betreuung **5** 1 ff.
Alzheimer-Erkrankung **2** 3
Andere Hilfen **4** 22 u. 25
– Erforderlichkeit der Betreuung **4** 25
Anfangsbericht des Betreuers **6** 56 ff. u. 62
Anfangsvermögensverzeichnis **4** 61
Anhörung beim Betroffenen in seiner üblichen Umgebung **4** 15 ff.
Anhörung der Betroffenen überhaupt in den Gerichtsräumen **4** 15 ff.
Anhörung des Betroffenen **4** 15 ff.
Anhörung zu beteiligender Personen oder Stellen **4** 14
Anlegung von Betreutengeld **6** 51 ff.
Antragsrücknahme **3** 2
Antragsteller **3** 2
Anwaltszwang **4** 7
Ärztliche Maßnahmen
– Genehmigungspflicht **6** 17 f.
Ärztliches Zeugnis **2** 8 f.
– und Eilverfahren **4** 37
– Unterschied zum Gutachten **2** 9
Aufgabe der Wohnung des Betroffenen **6** 34 ff. u. **9** 39 ff.
Aufgabenkreise
– Abgrenzung der **9** 37 f.
– Befugnis und Beschränkung **9** 31
Aufhebung der Betreuung **4** 73
Aufhebung einer Unterbringungsmaßnahme **4** 2

Aufhebung und Einschränkung der Betreuung **4** 73
Aufsicht durch das Vormundschaftsgericht **4** 56 ff. u. 63 ff.
Aufwandsentschädigung für ehrenamtliche Betreuer **7** 2
Aufwendungsersatz **7** 24
– Festsetzungsverfahren **7** 45 ff.
– nach neuem Recht **7** 25 u. 46
Aufwendungsersatz des Betreuers
– nach neuem Recht **7** 25
Ausländer im Betreuungsrecht **4** 20
Auswahl des Sachverständigen **2** 10
Auszug als Leibgeding **9** 70

Bankvollmacht des Betreuten **9** 23
Barwert
– f. Leibrente **9** 76
– f. Wart und Pflege **9** 76
– f. Wohnrecht **9** 76
Befreiungen von der Rechnungslegung **6** 67
Behandlungsabbruch bei kranken Betroffenen **6** 33
Behinderungen
– körperliche **2** 1
– seelische **2** 1
Beiordnung eines Rechtsanwalts **3** 8
Bekanntmachung der Entscheidung **4** 18
Berufsausübung
– Führung der Betreuung im Rahmen der **4** 18
Berufsunfähigkeit **9** 26
Berufsvormündervergütungsgesetz **7** 30 ff.
Beschränkung der gesetzlichen Vertretung des Betreuers **6** 1 ff.
Beschwerdebefugnis im Unterbringungsverfahren **4** 117
Beschwerdebefugnis des Verfahrenspflegers **3** 6
Beschwerdeberechtigung **4** 11
Beschwerdefrist **4** 117
Bestattungskosten **9** 85
Beteiligte im Betreuungs- und Unterbringungsverfahren **3** 1 ff.
Betreuer **3** 11
– als Gesellschafter **9** 52

Stichwortverzeichnis

- als gesetzlicher Vertreter **6** 1 ff.
- als Vertreter der Erben **9** 84
- Aufwandsentschädigung **7** 1 ff.
- Auswahl des **3** 7 u. **4** 47 ff.
- Befugnisse b. Tod des Betroffenen **6** 70 ff. u. **9** 77 ff.
- Beschränkung der Vertretungsmacht **6** 1 ff.
- Entlastung des **6** 11 u. **9** 88
- Haftpflichtversicherung des **6** 12
- Haftung des **6** 8 ff.
- Handlungspflichten im Todesfall **9** 77 ff.
- Meldepflichten bezüglich Vergütungen **8** 1 f.
- Rechnungslegungspflichten **6** 56 u. 64
- rechtliche Stellung ggü. Betroffenen **6** 1 ff.
- Steuerhaftung des **9** 63
- steuerliche Pflichten **9** 63
- Übertragung von Befugnissen **6** 6
- Überwachung des **6** 68
- und Steuerrecht **9** 63
- Vergütung des **7** 1 ff.
- Verpflichtung des **6** 7
- Zurückbehaltungsrecht an Unterlagen **9** 91

Betreuerauswahl **3** 7 u. **4** 47 ff.
- Eignung zur persönlichen Betreuung **4** 55

Betreuerausweis **6** 7 u. **9** 20
Betreuerentlassung **4** 57 ff.
- und milderes Mittel **4** 61
- und wichtiger Grund **4** 60

Betreuertypen
- Reihenfolge bei Bestellung **4** 53

Betreuerwechsel **4** 47, 57 ff., 64
- materielle Voraussetzungen **4** 66

Betreuung
- Aufhebung der **4** 73
- Einschränkung der **4** 73
- Erweiterung der **4** 27
- Führung der **1** 1 u. **6** 1 ff. u. **9** 1 ff.
- Verlängerung der **2** 8 u. **4** 44 ff. u. 74

Betreuung und Gesellschaftsrecht **9** 52
Betreuungseinrichtung
- materielle Voraussetzungen **4** 19 f.

Betreuungsrecht **1** 4 f.
- anwendbare Vorschriften **1** 4

Betreuungsstelle **3** 9
- Anhörungsrecht der **4** 14

Betreuungsverfügung **5** 1 u. 7
Betroffene **2** 1
BVormVG **7** 30 ff.

Dauer der Maßnahme/Ende bei Anordnung im Betreuungseilverfahren **4** 41
DDR
- Rechtsgeltung im Gebiet der ehemaligen **1** 3

Demenz **2** 1 u. 3

Ehegatten
- Anhörungsrechte der **4** 14

Ehescheidung des Betreuten **9** 64
Eignung zur persönlichen Betreuung bei Betreuerauswahl **4** 55
Eilentscheidung **4** 28
Eilmaßnahme bei zivilrechtlicher Unterbringung **4** 90
Eilmaßnahmen des Betreuers **9** 22
Einholung eines Sachverständigengutachtens im Unterbringungsverfahren **4** 83
Einigungsvertrag **1** 3
Einlegung der Beschwerde **4** 6
Einschränkung der Betreuung **4** 73
Einstweilige Anordnung
- eilige **4** 38
- im Betreuungsrecht **4** 28

Einwilligungsunfähigkeit des Betroffenen bei Genehmigung ärztl. Maßnahmen **6** 29 ff.
Einwilligungsvorbehalt **4** 27 ff.
- im Eilverfahren **4** 31

Eltern
- Anhörungsrechte **4** 14

Ende einer Betreuung **6** 70 u. **9** 77 ff.
Endogene Psychosen **2** 1
Endogene Depressionen **2** 4
Entbindung von Verpflichtungen nach § 1806 ff BGB **6** 50
Entlassung des Betreuers **4** 47 u. 57 ff.
Entlastung des Betreuers **6** 11 u. **9** 88
Entscheidungsmöglichkeiten des Gerichts bei Genehmigung ärztl. Maßnahmen **6** 32
Erben u. Betreuer **9** 77 ff.
Erforderlichkeit der Betreuung **4** 23 ff.
Erlöschen der Vergütungsansprüche nach neuem Recht **7** 36
Errichtung einer Betreuung **4** 1 ff.
Erstbericht des Betreuers **6** 62
Erweiterung der Betreuung **4** 27 ff.
Erwerbsunfähigkeit **9** 26
Euthanasie **6** 33
Exogene Psychosen **2** 1

Familiäre oder freundschaftliche Bindungen bei Betreuerauswahl **4** 54
Familienrechtliche Genehmigungsvorbehalte **6** 55
Festsetzungsverfahren bei Vergütungs- u. Aufwendungsersatz **7** 48

Stichwortverzeichnis

Fixierungsmaßnahmen 4 115 ff.
Form der Vorsorgevollmacht 5 4
Formale Denkstörungen 2 4
Formvorschriften und Vorsorgevollmacht 4 24 u. 5 4
Freibeweisverfahren 2 7
Freiheitsentziehung
– Legaldefinition 4 100
FreihEntzG 1 4
Führung der Betreuung 6 1 ff. u. 9 1 ff.
Führung der Betreuung in der Praxis 9 1 ff.
Gebrechlichkeitspflegschaften 1 3
Geistige Behinderungen 2 6
Geldanlage von Betreutengeld 6 8, 45 ff., 51
Genehmigung des Vormundschaftsgerichts 6 10
Genehmigungsbedürftige Rechtsgeschäfte 6 14 ff.
Genehmigungspflicht
– b. Immobilienverkauf 9 55
– b. Verfügungen über Girokonten 6 50
– von ärztl. Maßnahmen 6 17
Genehmigungsvorbehalte
– familienrechtliche 6 55
Generalvollmacht 4 24 u. 5 1 ff. u. 9 23
Gerichtliches Verfahren im Betreuungs- und Unterbringungsrecht 4 1 ff.
Geschäftsfähigkeit 3 8 u. 6 4
– des Betroffenen 3 1
– und Einwilligungsvorbehalt 4 29 f.
Geschäftsunfähigkeit 6 104
Gesetz über das gerichtliche Verfahren bei Freiheitsentziehungen 1 4
Girokonto
– Verfügung über 6 45
Grundschuld
– Genehmigungspflichten 6 42
Grundstücksgeschäfte des Betreuers f.d. Betroffenen 6 37 ff.
Gutachten des Sachverständigen 2 8
– Inhalt des 2 11
– Unterschied zum ärztlichen Zeugnis 2 9

Haftpflichtversicherung des Betreuers 6 12
Haftung des Betreuers 6 8 ff.
Heimkosten 9 24 ff.
Heimplatzsuche 9 24
Hemmung
– der Verjährung 6 11
Herausgabe von Unterlagen
– bei Beendigung der Betreuung 9 90 f.
Immobilie
– Verkauf einer 9 55

Information
– Erlangung von 9 2 ff.
Inhalt der Entscheidung 4 18
Intelligenzdefekte 2 1
Intelligenzstörungen 2 6
Interessenskollisionen bei Betreuerauswahl 4 52

Jahresbericht des Betreuers 6 63

Kinder
– Anhörungsrechte der 4 14
Kontosperre 6 48
Kontoverfügungen 6 45 ff.
Körperliche Behinderungen 2 1
Korsakow-Syndrom 2 3
Krankenhauskosten 9 24
Krankheitsbegriff im Betreuungs- und Unterbringungsrecht 2 1 ff.
Krankheitsbilder 2 1 ff.
– Übersicht f. Nichtmediziner 2 6

Leibgeding 9 66 f.
Leibrente 9 66 f.
Leibzucht 9 66 f.
Löschungsbewilligung
– Genehmigungspflichten 6 42

Manien 2 4
Materielle Voraussetzungen der Betreuungsverlängerung 4 46
Materielle Voraussetzungen einer Betreuungseinrichtung 4 19 ff.
Melancholie 2 4
Meldepflicht des § 1908 k BGB 8 1
Mietwohnungen des Betroffenen 6 36
Minderjährigkeit des Betroffenen 4 20
Mitteilung von Entscheidungen an Dritte 4 121
Mittellosigkeit des Betroffenen
– nach altem Recht 7 8
– nach neuem Recht 7 29
Multiinfarktdemenz 2 1 u. 3
Mündelgeld
– Anlage von 6 113
Muster eines Vorsorgevertrages/ Vorsorgevollmacht 5 6

Nachholung der unterlassenen Anhörung bei Erlaß einer eiligen Anordnung 4 90
Neurosen 2 1
Nichtöffentlichkeit des Verfahrens 4 87
Nießbrauch 9 73 f.
Novelle
– erneute Planungen des Gesetzgebers 9 92 aE.

Stichwortverzeichnis

Objektive Interessen des Betroffenen, Stellung des Verfahrenspflegers **3** 5
Öffentlich-rechtliche Unterbringung **1** 4
– materielle Voraussetzungen **4** 77 u. 91 ff.
Öffentliche Sicherheit und Ordnung
– Unterbringung zur Abwendung von Gefahren für **1** 4
Öffentlichkeit des Verfahrens **4** 87
Ort der Anhörung im Unterbringungsverfahren **4** 89
Ort der Unterbringung **4** 100 u. 104

Patientenverfügung **6** 30
Pauschalierung der Vergütung **7** 34
Person des Betroffenen **4** 20
Person des Vertrauens **4** 14 f.
– Anhörungsrecht der **4** 14
Persönliche Anhörung
– Unterlassung der **4** 88
Persönliche Anhörung und die Verschaffung des unmittelbaren Eindrucks im Unterbringungsverfahren **4** 86
Persönlichkeitsstörungen **2** 1
Pflegeeltern
– Anhörungsrechte der **4** 14
Pflicht zur persönlichen Anhörung
– in der Beschwerdeinstanz **4** 3
Postangelegenheiten **9** 38
Postnachsendeauftrag **9** 27
Prozesse gegen Verwandtschaft **6** 52
Psychopathien **2** 1
Psychose **2** 4

Rechnungslegung **6** 64
– des Betreuers **6** 64
Rechtliche Stellung von Betreuer im Verhältnis zum Betreuten **6** 1 ff.
Rechtliches Gehör durch Verfahrenspfleger **3** 3 u. **4** 13
Rechtsanwaltsanderkonten u. Betreutengeld **6** 46
Rechtsbehelf
– im Betreuungsverfahren **4** 42
– im Unterbringungsverfahren **4** 117
– und Einwilligungsvorbehalt **4** 42
Rechtsmittel
– bei Betreuerentlassung gegen Willen des Betreuers **4** 69
Rechtsschutzbedürfnis der Beschwerde **4** 10
Regreßanspruch der Staatskasse **7** 40 u. 52

Sachverständige aus nichtmedizinischen Bereichen **2** 14
Sachverständiger **2** 7 ff.
– Auswahl des **2** 10
– medizinischer **2** 7
– Qualifikation des **2** 7
Sachverständigengutachten
– Absehen von der Einholung eines **2** 9
– bei Genehmigung ärztl. Maßnahmen **6** 22
– im Unterbringungsverfahren **4** 83
– Inhalt des **2** 11
– Verzicht auf erneute Einholung in der Beschwerdeinstanz **4** 3
Sammeltrieb und Wohnungsräumung **9** 32
Schadenersatzansprüche bei Nichtübernahme einer Betreuung **4** 48
Schenkungen aus dem Betreutenvermögen **6** 53
Schizophrene Krankheitsbilder **2** 4
Schlußbericht **6** 66 u. 70 ff.
Schlußgespräch **4** 15 u. 17
– im Unterbringungsverfahren **4** 90
Seelische Behinderungen **2** 1
Seelische Störungen **2** 1
Sofortige Beschwerde bei Entlassung gegen Willen des Betreuers **4** 69
Sofortmaßnahmen des Betreuers **9** 28
Sozialhilfe **9** 25
Sozialpflegerischer Ansatz **4** 22
Sparkassengesetze **6** 48
Sperrvermerk bei Kontenanlage von Betreutengeld **6** 48
Statthaftigkeit einer Beschwerde **4** 4
Sterbehilfe beim Betroffenen **6** 33
Sterberichtlinien der Bundesärztekammer **6** 33
Sterilisationsgenehmigung **6** 13
Steuerliche Pflichten des Betreuers **9** 63
Strafrechtliche Unterbringung **1** 4
– Konkurrenz zu anderen Unterbringungsarten **4** 107
Suchterkrankungen **2** 1 u. 5
Suizidgefahr **2** 4

Teilungsversteigerung
– Genehmigungspflichten **6** 43
Textbaustein
– Abmeldung v. Strom, Wasser etc. bei Wohnungsauflösung **9** 43
– Abmeldung von Rundfunk u. Fernsehen **9** 45
– An-/Ab-/Ummeldung Einwohnermeldeamt **9** 46
– Anforderung einer Ersatzlohnsteuerkarte **9** 49
– Betreuerausweis **9** 21
– Betreuungsanzeige an Banken **9** 49
– Betreuungsanzeige an Bausparkassen **9** 17

- Betreuungsanzeige an behandelnden Arzt **9** 19
- Betreuungsanzeige an Brandversicherung **9** 14
- Betreuungsanzeige an Finanzamt (allgemein) **9** 18
- Betreuungsanzeige an Finanzamt wg. Einheitswert **9** 13
- Betreuungsanzeige an Grundbuchamt **9** 12
- Betreuungsanzeige an Krankenkassen **9** 10
- Betreuungsanzeige an Lebensversicherungen **9** 16
- Betreuungsanzeige an sonst. Leistungsträger **9** 11
- Betreuungsanzeige an Versicherungen **9** 15
- Checkliste b. Wohnungsauflösung **9** 42
- Checkliste f. Leistungsansprüche d. Betroffenen **9** 30
- Kontaktpersonen zur Betreuung **9** 8
- Kündigung des Telefonanschlusses **9** 44
- persönliche Daten **9** 6
- Versteigerungs- und Räumungsauftrag b. Wohnungsauflösung **9** 48
- wirtschaftliche Daten **9** 7
- zur Einrichtung eines Dauerauftrages **9** 33
- zur Lastschriftermächtigung **9** 34

Tod des Betreuers **4** 71 ff.

Tod des Betreuten
- Ende der Betreuung **9** 77 ff.

Meldung an das Vormundschaftsgericht **9** 77
- und Rentenversicherung **9** 92

Tod des Betroffenen
- Fortführung der Betreuung **6** 70 ff. u. **9** 77

Tötung des Betroffenen **6** 33

Übergangsfälle **1** 3
- bei Vergütungsansprüchen **7** 47

Übernahme einer zumutbaren Betreuung, Pflicht zur **4** 48

Überprüfungsfrist
- ehem. Vormundschaften u. Gebrechlichkeitspflegschaften **1** 3

Überprüfungszeitraum der Betreuung **4** 18

Überwachung des Betreuers durch das Gericht **6** 68

Unfähigkeit zur Besorgung seiner Angelegenheiten **4** 22

Ungeeignetheit des Betreuers **3** 7 u. **4** 47

Unterbringung **4** 75 ff.
- Bestellung eines Verfahrenspflegers **4** 82
- Einholung eines Sachverständigengutachtens **4** 83
- endgültige **4** 108
- in der eigenen Wohnung **9** 51
- materielle Voraussetzungen der ö.-r. Unterbringung **4** 77 u. 91 ff.
- materielle Voraussetzungen einer zivilrechtlichen **4** 78
- öffentlich-rechtliche **1** 4
- Ort der **4** 100 u. 104
- strafrechtliche **1** 4 u. **4** 107
- und StGB/StPO **4** 93
- Verfahrensfähigkeit des Betroffenen **4** 81
- Voraussetzungen der zivilrechtlichen **4** 110
- zuständiges Gericht **4** 80
- Zweck der zivilrechtlichen **4** 103

Unterbringung zu Hause **9** 51

Unterbringungsähnliche Maßnahmen **4** 115
- Verlängerung **4** 120

Unterbringungsanordnung
- einstweilige **4** 79
- Verfahren bei **4** 76

Unterbringungsarten
- Abwägung zwischen **4** 106

Unterbringungsrecht **1** 1
- anwendbare Vorschriften **1** 4

Unterlagen
- Herausgabe von **9** 90

Unterlassung der persönlichen Anhörung **4** 80

Unterschied: Gutachten – ärztliches Zeugnis/medizinisches Attest **2** 9

Untersuchung, persönliche **2** 9
- zwangsweise Vorführung **2** 12

Unverzüglich
- im materiellen Unterbringungsrecht **4** 111
- im Sinn der Nachholung von notwendigen Verfahrensschritten **4** 90

Urlaubsvertretungen **6** 6

Verfahrensfähigkeit **4** 9
- des Betroffenen **3** 1

Verfahrenspfleger **3** 3 u. 13
- alternativ: Beiordnung eines Rechtsanwalts **3** 8
- Anspruchsgrundlage bez. Vergütung im alten Recht **7** 61
- bei Genehmigung ärztl. Maßnahmen **6** 21
- bei Nichteröffnung des Sachverständigengutachtens **4** 15
- Beschwerdebefugnis **3** 6
- Dauer der Bestellung **3** 5
- Prüfungspflichten des **4** 70

Stichwortverzeichnis

- Vergütung des 7 53 ff.
- Vergütung nach neuem Recht 7 63
- zur Sicherung des rechtlichen Gehörs 3 13

Verfahrensvoraussetzungen
- bei Betreuungsverlängerung 4 44 ff.

Verfahrensvorschriften 1 1

Verfügung über ein Grundstück 6 37

Verfügung über Giro- und andere Konten 6 45 ff.

Vergütung
- d. Betreuers nach altem Recht 7 1 u. 3 ff.
- Erlöschen nach altem Recht 7 17
- Erlöschen nach neuem Recht 7 36
- Festsetzungsverfahren 7 48
- Pauschalierung der 7 34
- Regreß der Staatskasse 7 40 u. 52
- Übergangsfälle 7 47

Vergütung des Betreuers nach neuem Recht 7 25

Vergütung des Betreuers bei mittellosen Betroffenen nach neuem Recht 7 25 f.

Vergütung des Betreuers bei vermögenden Betroffenen nach neuem Recht 7 41

Vergütung des Verfahrenspflegers nach altem Recht 7 53 ff.

Vergütung des Verfahrenspflegers nach neuem Recht 7 63

Vergütung nach § 1836 BGB aF. 7 1 ff.

Vergütung nach BRAGO 7 18

Vergütung und Umsatzsteuer nach altem Recht 7 21

Vergütungsansprüche des Verfahrenspflegers 3 5

Vergütungsfragen 7 1

Vergütungshöhe
- bei mittellosen Betroffenen nach altem Recht 7 21
- nach altem Recht 7 9

Vergütungsverfahren
- in der Übergangszeit 7 13

Verjährung
- der Haftung 6 11
- der Vergütungsansprüche 7 11
- des Vergütungsanspruchs nach neuem Recht 7 39

Verkauf einer Immobilie 9 55

Verlängerung der Betreuung 2 8 u. 4 44 u. 74
- materielle Voraussetzungen 4 44

Verlängerung der Unterbringung 2 13

Verlängerung von Fixierungsmaßnahmen 4 120

Verpflichtung des Betreuers 6 7

Verschaffung des unmittelbaren Eindrucks 4 15

Versteigerung von Hausratsgegenständen 9 48

Vertreter von Amts wegen 4 26

Verwandtschaft
- Prozesse gegen 6 52

Volljährigkeit
- als Voraussetzung für Betreuung 4 20

Vollmacht
- Beurkundungspflicht 5 4
- und Erforderlichkeit der Betreuung 4 23 ff.
- und Sterilisationsgenehmigung 4 24 aE.

Vollmachtserteilung 3 1

Vollstreckungstitel
- Vergütungsfestsetzungsbeschluß als 7 51

Vorführung zur Begutachtung und Unterbringung zur Beobachtung 2 12

Vorhandensein anderer Hilfen 4 25

Vormundschaften 1 3

Vormundschaftsgericht 2 10

Vorrang der Privatpersonen vor Behörden- oder Vereinsbetreuern 4 53

Vorsorgevertrag 4 24 u. 5 1 ff.
- Muster 5 6

Vorsorgevollmacht, Hinweis auf Möglichkeit im Rahmen der Anhörung 4 15
- in der anwaltlichen Beratung 5 1 ff.
- Muster 5 6
- und Geschäftsfähigkeit 4 15

Wahlrecht 1 1

Wahnideen 2 4

Wart und Pflege 9 71 f.

Wesentliche Erweiterung der Aufgabenkreise der Betreuung 4 27

Widerspruchsmöglichkeit d. Betroffenen gegen Betreten seiner Wohnung 4 15 f.

Wiedereinsetzung bei Fristversäumung 4 117

Wohnrecht 9 71

Wohnungsangelegenheiten 9 32
- auch Zwangsmaßnahmen in diesem Bereich 9 32

Wohnungsaufgabe 6 34 u. 9 39

Wohnungsauflösung 9 39

Zeitpunkt des Wirksamwerdens der Entscheidung 4 18

Zurückbehaltungsrecht d. Betreuers an Unterlagen des Betroffenen 9 91

Zuständiges Gericht
- bei Beschwerde 4 5
- bei Betreuerbestellung 4 12

Zustimmungserklärung zur Übernahme der
    Betreuung **4** 48

Zwangsgeld
– gegen Betreuer **6** 56 ff.

Zwangsweise Vorführung z. Untersuchung
    2 12

Zweck der Unterbringung **6** 103

Zwischenentscheidung
– Nichtanfechtbarkeit einer **4** 13

Rechtsprechungsverzeichnis

E 1 § 68 b I S. 1 FGG
Sachverständigengutachten nur durch Facharzt
BayObLG, 3. ZS, Beschluß v. 17.09.1992 – 3Z BR 112/92; FamRZ 1993, 351

E 2 §§ 13a, 68 b III S. 2, 68 b IV FGG
Rechtsmittel gegen Anordnung der Untersuchung und Unterbringung zur Beobachtung des Betroffenen im Betreuungsverfahren
BayObLG, 3. ZS, Beschluß v. 20.01.1994 – 3Z BR 316, 317 und 320/93; FamRZ 1994, 1190

E 3 §§ 19, 67 FGG
Unstatthaftigkeit der Beschwerde des Betroffenen gegen die Bestellung eines Verfahrenspflegers
BayObLG, 3. ZS, Beschluß v. 10.10.1994 – 3Z BR 262/94; FamRZ 1995, 301 f.

E 4 §§ 70b, 67 FGG
Verfahrenspfleger zur Gewährung rechtlichen Gehörs
LG München I, 13. ZK, Beschluß v. 25.01.1995 – 13 T 1275/95; FamRZ 1995, 1440 f.

E 5 § 14 FGG; § 121 II ZPO
Beiordnung eines Rechtsanwalts
LG Aachen, 3. ZK, Beschluß v. 12. 6. 1997 – 3 T 142/97; FamRZ 1998, 108

E 6 §§ 1897 IV, 1897 V BGB; §§ 67 I S. 1, 68 I S. 4, 69 g I, 69 g V S. 1 FGG
Vorschläge zur Person des Betreuers
OLG Hamm, 15. ZS, Beschluß v. 30.05.1996 – 15 W 122/96; FamRZ 1996, 1372 f.

E 7 § 1896 BGB; § 20 I FGG
Bestellung eines Betreuers im Interesse eines Dritten
BayObLG, 3. ZS, Beschluß v. 27.02.1996 – 3Z BR 337/95; FamRZ 1996, 1369 f.

E 8 §§ 1896, 1901 IV S. 1 BGB; § 69 I Nr. 5 FGG
Schubförmig verlaufende psychische Krankheiten
BayObLG, 3. ZS, Beschluß v. 16.12.1994 – 3Z BR 343/94; FamRZ 1995, 510 f.

E 9 § 1903 I BGB
Einwilligungsvorbehalt
BayObLG, 3. ZS, Beschluß v. 04.02.1993 – 3Z BR 11/93; FamRZ 1993, 851

E 11 § 1908 b BGB; §§ 20 I, 57, 69g, 69 i FGG
Beschwerderecht der Mutter eines Betreuten
BayObLG, 3. ZS, Beschluß v. 10.10.1995 – 3Z BR 205/95; FamRZ 1996, 508 f.

E 12 §§ 68 b III, 33 FGG
Anfechtbarkeit der Androhung der zwangsweisen Vorführung
BayObLG, 3. ZS, Beschluß v. 14.06.1995 – 3Z BR 51/95; FamRZ 1996, 499 f.

E 13 §§ 1846, 1908 i BGB
Interessenkollision
AG Nettetal -VormG, rkr. Beschluß v. 19.10.1995 – 9 X 119/95; FamRZ 1996, 1104 f.

E 14 § 1846 BGB
Verhinderung des Vormundes
OLG Düsseldorf, 3. ZS, Beschluß v. 19.08.1994 – 3 Wx 423/94; FamRZ 1995, 637 f.

E 15 § 1906 IV BGB
Einschließen des Betreuten in seiner Wohnung
LG Hamburg, 1. ZK, Beschluß v. 09.09.1994 – 301 T 206/94; Fam RZ 1994, 1619 f.

E 16 §§ 1908 i I, 1821 I Nr. 1 BGB
Genehmigung eines vom Betreuer abgeschlossenen Vertrages
BayObLG, 3. ZS, Beschluß v. 13. 8. 1997 – 3Z BR 234/97; FamRZ 1998, 455 f.

E 17 § 1896 IV BGB; §§ 12, 67 FGG
Kein Verfahrenspfleger zur Beschwerdebegründung; Datenschutz im Betreuungsverfahren; Postkontrolle
OLG Oldenburg, 5. ZS, Beschluß v. 21.11.1995 – 5 W 121/95; FamRZ 1996, 757

E 18 § 1896 II S. 1, 1896 IV BGB; Art. 13 GG
Zutrittsrecht des Betreuers zur Wohnung des Betreuten
LG Frankfurt/M., 28. ZK, Beschluß v. 19.07.1994 – 2 – 28 T 54/94; FamRZ 1994, 1617 ff.

E 19 §§ 22, 212 StGB
Abbruch einer ärztlichen Maßnahme abhängig vom mutmaßlichen Einverständnis des Patienten
BGH, Urteil v. 13.09.1994 – 1 StR 357/94; NJW 1995, 204, 205

E 20 § 1904 BGB
Vormundschaftsgerichtliche Genehmigung eines Behandlungsabbruchs bei mutmaßlicher Einwilligung

OLG Frankfurt a.M., Beschluß v. 15. 7. 1998 – 20 W 224/98; NJW 1998, 2747 ff.

E 21 §§ 4, 4c III HeimG; §§ 259, 242 BGB; § 254 ZPO
Erhöhungsverlangen
BGH, 3. ZS, Urteil v. 22.06.1995 – III ZR 239/94; NJW 1995, 1222 f.

E 22 §§ 1804 1908 i II S. 1 BGB
Lebzeitige Übertragung von Vermögen des Betreuten an seine Erben durch den Betreuer
BayObLG, 3. ZS, Beschluß v. 24.05.1996 – 3Z BR 104/96; FamRZ 1996, 1359 f.

E 23 §§ 1835, 1836, 1908 e I S. 1, 1908i, 1893 I, 1698 b BGB
Notgeschäftsführungsbefugnis des Betreuers nach Tod des Betreuten
LG Koblenz, 2. ZK, Beschluß v. 19.05.1995 – 2 T 302/95; FamRZ 1995, 1376 f.

E 24 §§ 1835 I, 1836 BGB; § 12 FGG
Aufwendungsersatz
BayObLG, 3. ZS, Beschluß v. 22.06.1995 – 3Z BR 66/95; FamRZ 1995, 1375 f.

E 25 §§ 1835 IV S. 2, 1836 II S. 4 BGB; Art. 3 I, 103 I GG; § 16 ZSEG
Statthaftigkeit der weiteren Beschwerde
OLG Schleswig, 2. ZS, Beschluß v. 30.08.1995 – 2 W 135/94; FamRZ 1996, 624 f.

E 26 §§ 1836 II S. 1, 1967 BGB
Vergütungsanspruch des Betreuers nach Tod des vermögenden Betreuten
BayObLG, 3. ZS, Beschluß v. 10.04.1996 – 3Z BR 56/96; FamRZ 1996, 1173 f.

E 27 § 1835 IV S. 1 BGB; § 88 II Nr. 7 BSHG
Mittellosigkeit des Betreuten; Eigentumswohnung als verwertbares Vermögen
BayObLG, 3. ZS, Beschluß v. 19.02.1997 – 3Z BR 61/96; FamRZ 1997, 1498 ff.

E 28 §§ 1835 IV S. 1, 1836 II S. 4, 1908d I S. 1 BGB
Mittellosigkeit des Betreuten; Vergütungsanspruch des Betreuers
BayObLG, 3. ZS, Beschluß v. 9. 10. 1997 – 3Z BR 225/97; FamRZ 1998, 507

E 29 §§ 1908e, 1836 I BGB
Vergütungsanspruch eines Betreuungsvereins; Angemessenheit der Vergütung
BayObLG, 3. ZS, Beschluß v. 01.02.1995 – 3Z BR 186/94; FamRZ 1995, 507 f.

E 30   § 1836 I BGB; § 287 I ZPO
       Regelstundensatz in Höhe von 200 DM für Anwaltsbetreuer
       BayObLG, 3. ZS, Beschluß v. 27.02.1996 – 3Z BR 341/95; FamRZ 1996,
       1171 f.

E 31   §§ 1836, 1908 i BGB
       Regelstundensatz eines Anwaltsbetreuers
       OLG Karlsruhe, 11. ZS, Beschluß v. 9. 1. 1998 – 11 Wx 46/97; FamRZ
       1998, 698

E 32   §§ 1836 I, 1836 II, 1908 i BGB
       Betreuervergütung
       OLG Köln, 16. ZS, Beschluß v. 23.10.1996 – 16 Wx 208/96; FamRZ 1997,
       1303 (Leitsätze)

E 33   §§ 1908 i I 1, 1836 I 2, 3 BGB
       Regelstundensatz eines Anwaltsbetreuers bei 200 DM
       BayObLG, 3. ZS, Beschluß v. 27.12.1996 – 3 Z BR 266/96

E 34   §§ 1835 IV S. 1, 1836 II S. 4, 1908d I S. 1 BGB
       Mittellosigkeit des Betreuten; Vergütungsanspruch des Betreuers
       BayObLG, 3. ZS, Beschluß v. 9. 10. 1997 – 3Z BR 225/97; FamRZ 1998,
       507

E 35   §§ 1908i I S. 1, 1836 II S. 4, 1835 IV S. 2, 195 BGB
       Vergütungsansprüche des Berufsbetreuers gegen die Staatskasse; Verjährung
       LG München I, 13. ZK, Beschluß v. 25. 8. 1997 – 13 T 14926/97; FamRZ
       1998, 323

E 36   §§ 1835 IV, 1836 I, 242 BGB; §§ 287, 114, 115 ZPO; § 88 BSHG; § 92 KostO
       Bewilligung einer Vergütung des Betreuers
       BayObLG, 3. ZS, Beschluß v. 13.07.1994 – 3Z BR 162/94; FamRZ 1995,
       112

E 37   §§ 1908i, 1835 IV, 1836 II BGB; § 15 II ZSEG
       Erlöschen des Anspruchs auf Betreuervergütung
       AG Celle – VormG, nicht rkr. Beschluß v. 30.12.1995 – 25 XVII K 293;
       FamRZ 1996, 759 f.

E 38   BGB § 1836 I BGB; § 287 ZPO
       Schätzung des erforderlichen Zeitaufwandes eines Betreuers
       OLG Schleswig, 2. ZS, Beschluß v. 22. 8. 1997 – 2 W 62/97; FamRZ 1998,
       185

E 39   §§ 1835 IV S. 1, 1836 II S. 4, 1908d I S. 1 BGB
       Mittellosigkeit des Betreuten; Vergütungsanspruch des Betreuers
       BayObLG, 3. ZS, Beschluß v. 9. 10. 1997 – 3Z BR 225/97; FamRZ 1998,
       507

E 40 § 70 b FGG; §§ 1836 I, 1835 III BGB; § 112 BRAGO
Rechtsanwalt als Verfahrenspfleger eines vermögenden Betreuten; Vergütung
BayObLG, 3. ZS, Beschluß v. 31.08.1995 – 3Z BR 176/95; FamRZ 1996, 436 f.

E 41 § 1896 II BGB; §§ 25, 68 b FGG; Art. 103 I GG
Einwendungen gegen Sachverständigengutachten; Erforderlichkeitsgrundsatz bei Bestimmung der Aufgabenkreise des Betreuers
BayObLG, 3. ZS, Beschluß v. 17.03.1994 – 3Z BR 293/93; FamRZ 1994, 1059

E 42 § 1896 BGB; Art. 13 II GG
«Zutritt zur Wohnung» als Aufgabenkreis
LG Berlin, 83. ZK, Beschluß v. 08.02.1996 – 83 T 490/95; FamRZ 1996, 821

E 43 § 1903 BGB
Einwilligungsvorbehalt für den Aufgabenkreis »Aufenthaltsbestimmung«
BayObLG, 3. ZS, Beschluß v. 01.04.1993 – 3Z BR 9/93; FamRZ 1993, 852

E 44 § 1896 II BGB
Erforderlichkeitsgrundsatz bei der Benennung der Aufgabenkreise des Betreuers
BayObLG, 3. ZS, Beschluß v. 19.05.1994 – 3Z BR 70/94; FamRZ 1995, 116

E 45 § 1896 II BGB; §§ 25, 68 b FGG; Art. 103 I GG
Einwendungen gegen Sachverständigengutachten; Erforderlichkeitsgrundsatz bei Bestimmung der Aufgabenkreise des Betreuers
BayObLG, 3. ZS, Beschluß v. 17.03.1994 – 3Z BR 293/93; FamRZ 1994, 1059

E 46 §§ 1907 II, 1812, 1822 Nr. 5 BGB
Mietvertrag über eine vom Betreuten selbst bewohnte Wohnung
LG Münster, 5. ZK, rkr. Beschluß v. 07.12.1993 – 5 T 908/93; FamRZ 1994, 531

E 47 § 1906 IV BGB
Einschließen des Betreuten in seiner Wohnung
LG Hamburg, 1. ZK, Beschluß v. 09.09.1994 – 301 T 206/94; Fam RZ 1994, 1619

E 48 § 1908 b I, 1908 b III BGB; § 27 FGG
Wechsel des Betreuers; Beeinflussung des Betreuten
BayObLG, 3. ZS, Beschluß v. 28.04.1994 – 3Z BR 25/94; FamRZ 1994, 1353

E 49 §§ 1837 III, 1841, 1843 I, 1908 i BGB
Jahresabrechnung des Betreuers
BayObLG, 3. ZS, Beschluß v. 08.10.1992–3Z BR 105/92; FamRZ 1993, 237

E 50 Art. 104 GG; § 1906 BGB
Einsperren des Betreuten in seiner Wohnung
AG München, Beschluß v. 12.12.1997–719 XVII 3439/94

Benutzerhinweise zur CD-ROM

Auf der dem Werk beiliegenden CD-ROM sind sämtliche abgedruckten Dokumente als Datei enthalten. Im Druckwerk sind zu jedem Dokument Referenznummern vergeben, die Sie aus den jeweils neben dem Dokument angeordneten CD-ROM-Symbolen entnehmen können.

Sollten Sie die **Textverarbeitung Word für Windows** verwenden, haben Sie die Möglichkeit, nach der Ausführung der nachfolgend beschriebenen Installationsroutine, die Dokumente direkt zu übernehmen und wie gewohnt zu bearbeiten.

Falls Sie eine **andere Textverarbeitung als Word für Windows** verwenden, so können Sie die Formularmuster direkt über das Menü »Datei, Datei öffnen« Ihrer Textverarbeitung laden. Voraussetzung ist, daß ihre Textverarbeitung einen entsprechenden Importfilter (RTF, DOS-Text ..) hat und daß dieser Filter auch installiert wurde.

Alle Formulare stehen auf der CD-ROM zusätzlich
– als RTF-Dateien im Verzeichnis \rtf,
– als MS-DOS-(ASCII-)Textdateien im Verzeichnis \txt und
– als WINDOWS-(ANSI-)Textdateien im Verzeichnis \ansi.

Die Textdateien (MS-DOS und Windows) beinhalten nur den reinen Text ohne Formatierungen.

Sollten Sie auf eine Installation auf Platte verzichten wollen, können Sie auch als Word für Windows-Benutzer die Formulardateien direkt von der CD über »Datei, Öffnen« laden oder über »Einfügen, Datei« in Ihre eigenen Dokumente einfließen lassen.

Installation unter Word für Windows

Es sind folgende **EDV-Voraussetzungen** zu beachten:
– Windows 3.1 x und höher
– Microsoft Word für Windows, Version 6.0 deutsch und höher
– 4,5 MB freier Platz auf einer Festplatte.

Wählen Sie im Programm-Manager aus dem Menü »Datei« die Option »Ausführen«. Unter Windows 95 bzw. Windows NT 4.0 die Funktion »Ausführen« im Startmenü. Starten Sie dann das Programm Setup.exe von der CD-ROM. Folgen Sie danach bitte den weiteren Anweisungen am Bildschirm.

Während der Installation wird, falls nicht bereits vorhanden, eine eigene Programmgruppe »AnwaltVerlag« für die Anwendung eingerichtet. Zum Öffnen der Schriftsätze unter Word für Windows genügt ein Doppelklick auf die Ikone »AnwaltSkript Betreuungsrecht« in der Programmgruppe AnwaltVerlag. Sie können die Dokumente auch öffnen, indem Sie unter Word für Windows über »Datei öffnen« das Zentraldokument BeSkript.doc im Zielverzeichnis (normalerweise C:\AnwVerl\BeSkript) laden.

Zur **Auswahl des gewünschten** Dokuments nutzen Sie die Inhaltsübersicht, indem Sie auf die entsprechende Formular-Ikone ( ) doppelklicken. Durch die Inhaltsübersicht bewegen Sie sich mit den bekannten Cursortasten bzw. mit der Maus.

Darüber hinaus können Sie über die **Symbolleiste**

das gewünschte Dokument durch Eingabe der Dokument-Nr. öffnen. Klicken Sie dafür auf die Ikone »Öffne Dokument Nr.« (dritte von rechts) und geben Sie die Nummer (inkl. »M« für Muster oder »E« für Entscheidung«) des Dokumentes ein.

Wenn Sie ein Dokument verändern wollen, so müssen Sie zunächst **den Schreibschutz aufheben** – dazu gibt es eine Ikone (zweite von links) in der Symbolleiste.

Sie können innerhalb des Dokumentes mit der Ikone »Nächstes Feld« (zweite von rechts) **von Feld zu Feld** springen. Bei Benutzung dieser Funktion wird der Schreibschutz der Dokumente automatisch aufgehoben.

Sollten Sie den **Originalzustand eines Dokumentes wiederherstellen** wollen, legen Sie die CD-ROM in das entsprechende Laufwerk und benutzen die Ikone »Dokument-Wiederherstellen« (dritte von links).

Für die Bedienung der einzelnen Programmfunktionen beachten Sie bitte auch die **Hinweise im Hilfetext,** den Sie über die Ikone »Hilfe zur Formularsammlung« (erste von rechts) erhalten.

Anwalt Skript

- ▶ Für Einleser, Referendare, Berufseinsteiger
- ▶ **Basiswissen** und zahlreiche **Beispiele** aus der Praxis
- ▶ **Checklisten** am Ende jedes Kapitels
- ▶ Die wichtigsten **Urteile** und **Schriftsatzmuster** auf **CD-ROM**

Die Reihe AnwaltSkripten schließt eine Lücke zwischen den aus dem Studium und Referendariaten bekannten Skripten und der speziellen Anwaltsliteratur. Auch erfahrene Anwälte können sich mittels dieser Skripten schnell und sicher in ein „neues" Rechtsgebiet einarbeiten. Das theoretische Grundwissen wird jeweils ergänzt durch zahlreiche Beispiele, typische Fallgestaltungen und Hinweise auf die gerichtliche Praxis. Checklisten runden jedes Urteil übersichtlich ab. Zum schnellen Zugriff finden sie die wichtigsten Urteile und grundlegenden Schriftsatzmuster auf der beiliegenden CD-ROM. Die rein praxisorientierte Aufbereitung durch erfahrene Autoren garantiert, daß typische Anfängerfehler vermieden werden können.

AnwaltSkript Familienrecht, Band 2

Unterhalts- und Güterrecht
Von RiAG Peter Wohlfahrt
1. Auflage 1999, ca. 400 Seiten, broschiert,
mit CD-ROM, 68,– DM, ISBN 3-8240-0267-1
Erscheint Februar 1999

Band 2 des Anwaltskriptes zum Familienrecht **ergänzt Band 1** um die Unterhalts- und Güterrechtsverfahren. Auch hier wird der Leser über die systematische Vermittlung von Grundlagenwissen an die Bearbeitung des konkreten Einzelfalls herangeführt. Im Bereich des Unterhaltsrechts bietet das Buch einen **Wegweiser** durch den kaum zu überblickenden Dschungel verschiedener OLG-Entscheidungen. Die Neuregelung durch das KindUG sind schwerpunktmäßig berücksichtigt. Ergänzt wird die Darstellung durch praxisorientierte **Prüfungsschemata**, zahlreiche **Rechenbeispiele**, ca. **50 BGH-Entscheidungen** sowie **Antragsmuster**, die problemlos von der mitgelieferten CD-ROM in die Textverarbeitung übernommen werden können.

AnwaltSkript Verkehrsrecht

Von RA Dr. Peter Xanke
1. Auflage 1999, 290 Seiten, broschiert,
mit CD-ROM, 68,– DM, ISBN 3-8240-0268-X

Alles für die Praxis Wesentliche in einem Band: Verkehrszivilrecht, Verkehrsverwaltungsrecht sowie Verkehrsordnungswidrigkeiten und -strafrecht. Zusätzlich erhalten Sie die wichtigsten Muster und Urteile auf CD-ROM.

AnwaltSkript Betreuungsrecht

Von RiAG Martin Scholz und
RA und Dipl.-Betriebsw. August Glade
1. Auflage 1999, 280 Seiten, broschiert,
mit CD-ROM, 68,– DM, ISBN 3-8240-0302-3

Die Bevölkerung wird immer älter; die Fälle der Betreuung werden damit immer häufiger, die Anforderungen an den Betreuer immer höher. Die **Novellierung des Betreuungsrechts zum 1.1.1999** bringt zudem zahlreiche tiefgreifende Änderungen. Das AnwaltSkript Betreuungsrecht macht das gesamte Betreuungsrecht inklusive der Neuerungen von Grund auf transparent. Die „klassischen" **Problemstellungen** aus dem Alltag und deren Lösungen werden aufgezeigt. Die erfahrenen Autoren geben außerdem wichtige **Tips** für den Betreuer, z.B. zum Umgang mit Sterbewünschen der Betreuten und Verwandten, aber auch zur Vergütung der Betreuung oder zur neugeschaffenen Meldepflicht.

Jedes Kapitel beginnt zunächst mit einer prägnanten theoretischen Einführung, der sodann ein typischer Fall aus der täglichen Praxis folgt. **Checklisten** erleichtern den Umgang mit den unübersichtlichen Gesetzestexten. Das Werk empfiehlt sich für alle, die beruflich mit Betreuungen zu tun haben. Die beiliegende **CD-ROM** erleichtert den Alltag zusätzlich: Sie enthält Schriftsatzmuster, die grundlegenden Urteile und die einschlägigen Spezialgesetze.

AnwaltSkript Familienrecht, Band 1

Scheidungs-, Sorge-, Umgangs-, Hausrats- und Kindschaftssachen
Von RiAG Peter Wohlfahrt
1. Auflage 1999, 440 Seiten, broschiert,
mit CD-ROM, 68,– DM, ISBN 3-8240-0266-3

Das Familienrecht ist aufgrund seines komplizierten Aufbaus für nicht wenige Berufsanfänger ein „Buch mit sieben Siegeln". Diese Situation hat sich durch die einschneidenden Änderungen des KindRG eher noch verschärft. Der Band 1 des Anwaltskriptes zum Familienrecht schafft hier in verständlicher und nachvollziebarer Weise Abhilfe durch

- eine **systematische Einführung** in das familiengerichtliche Verfahren,
- die Darstellung der Scheidungs-, Sorge-, Umgangs-, Hausrats- und Kindschaftssachen,
- eine Vielzahl **praxisbezogener Beispiele**,
- Zusammenfassung nach jedem Kapitel zur kurzfristigen Wissensauffrischung,
- **50** der wesentlichsten **BGH-Entscheidungen** (auf CD-ROM),
- zahlreiche Muster für eine zulässige und erfolgreiche Antragstellung (auf CD-ROM).

AnwaltSkript Insolvenzrecht

Von RAuN Dr. Thomas Grohmann
1. Auflage 1999, 266 Seiten, broschiert,
mit CD-ROM, 68,– DM, ISBN 3-8240-0283-3
Erscheint Dezember 1998

Das neue Insolvenzrecht ist für die meisten Rechtsanwälte Neuland. Nicht nur Referendaren und Berufseinsteigern, sondern auch erfahrenen Anwälten bietet das AnwaltSkript Insolvenzrecht deshalb die Möglichkeit, sich schnell und gründlich **mit dem neuen Recht**, anwaltsgerecht aufbereitet, vertraut zu machen. Die langjährige anwaltliche Erfahrung des Autors auf dem Gebiet des Konkursrechts garantiert den starken Praxisbezug des Werkes. **Zahlreiche Tips und Tricks** fließen ein. Beispielhaft wird der Verlauf eines gesamten Verfahrens dargestellt. Die dazugehörigen **Schriftsatzmuster** und die grundlegenden Urteile finden sich zum schnellen und unmittelbaren Zugriff **auf der beiliegenden CD-ROM**. Soweit die bisherigen gesetzlichen Bestimmungen noch fortgelten, werden auch diese mit einbezogen.

Deutscher Anwalt Verlag

Lengsdorfer Hauptstraße 75 · 53127 Bonn
T 0228 91911-0 · F 0228 91911-23

Familienrecht

in der anwaltlichen Praxis

Herausgegeben von RiOLG Fritz Finke und RA Roland Garbe
3. Auflage 1999, ca. 800 Seiten, Subskriptionspreis (bis 31.3.1999) 128,– DM, danach 148,– DM
ISBN 3-8240-0245-0

Einige Vorteile des Handbuchs:
- die für die Beratung wichtigen Gebiete in einem Band – ideal zum Erlernen und Nachschlagen
- an der Anwaltstätigkeit orientierte Darstellung
- Vom „richtigen Einstieg" in das Mandat bis hin zur richtigen Taktik in Beratung und Prozeß
- die Darstellung ist ausgerichtet auf die Lehrgänge zum Fachanwalt für Familienrecht
- zahlreiche Beispiele und Formulierungsvorschläge.

Aus dem Inhalt:
- Übersicht über das Ehe- und Familienrecht (RA Roland Garbe)
- Ehescheidung (RA Roland Garbe)
- Unterhalt (RiOLG Dr. Helmut Büttner)
- Sorgerechts-/Hausratssachen (RiOLG Fritz Finke)
- Güterrecht (RiOLG Helmut Borth)
- Versorgungsausgleich (RiOLG Helmut Borth)
- Einstweiliger Rechtsschutz (VRiOLG Dr. Hans Gießler)
- Erbrecht (RAuN Dr. Hubertus Rohlfing)
- Nichtehelichenrecht (RiOLG Fritz Finke)
- Steuerrecht (RA Wolfgang Arens und RA Ulrich Spieker)
- Internationales Familienrecht (DirAG Dr. Claus Oellrich)

Prozeß- und gebührenrechtliche Hinweise erfolgen am Ende eines jeden Kapitels.
Die 3. Auflage ist völlig überarbeitet. Die neue Gesetzeslage sowie die sich daraus ergebenden Konsequenzen in materieller und prozessualer Hinsicht sind umfassend eingearbeitet, insbesondere zum Kindschaftsrecht, Kindesunterhalt, Eheschließungsrecht und Erbrecht (Gleichstellungsgesetz)

„...ausgesprochen praxisbezogen ... eine ideale Hilfe, die jeder Anwalt nutzen sollte"
VRiOLG Dr. Günter Otto zur Vorauflage in RPfleger 1995, 522

„Entsprechend dem selbst gesteckten Ziel wird in den jeweiligen Kapiteln die Rechtslage leicht verständlich, weil gut strukturiert und erfrischend kurz, dennoch aber umfassend dargestellt, immer mit Blick auf die Durchsetzbarkeit eines Anspruchs im gerichtlichen Verfahren. Besonders hilfreich zur schnellen Orientierung sind ausführliche Inhaltsverzeichnisse zu den einzelnen Kapiteln und ein gut sortiertes Sachverzeichnis.
Fazit: Ein praxisnahes themenübergreifendes Handbuch, das in komprimierter Form alle wesentlichen Bereiche des Ehe- und Familienrechts einschließlich benachbarter Rechtsgebiete in anschaulicher Weise darstellt."
RiLG Dr. Clemens Theimer zur Vorauflage in NJW 1996, 184

„... Grundstein für eine familienrechtliche Bibliothek..."
RA Jörg Kleinwegener zur Vorauflage in FamRZ 1996, 922

DeutscherAnwaltVerlag

Lengsdorfer Hauptstraße 75 · 53127 Bonn · **T** 0228 91911-0 · **F** 0228 91911-23